21 世纪全国高职高专物流类规划教材

仓储与配送管理实务

王登清　主　编

林敏晖　杨文新　副主编

北京大学出版社
PEKING UNIVERSITY PRESS

内 容 提 要

本书根据仓储配送职业岗位实际工作的要求,以工作任务为核心,以业务流程为主线,围绕仓储配送岗位职业能力,采用情境化为导向的能力模块组织学习内容。内容分为十个模块:职业教育能力、仓储商务能力、仓库布局与库房规划管理能力、仓储经营管理能力、仓库作业能力、仓库包装作业能力、库存控制管理能力、仓库安全管理能力、仓库货物配送组织能力、仓储成本及绩效管理能力。

本书适合各类物资、物流、运输、营销管理、工商管理专业的"仓储与配送管理"课程的教学用书,也适用于仓储、物资管理、流通管理的物流仓储从业人员培训用书和岗位培训参考教材。

图书在版编目(CIP)数据

仓储与配送管理实务/王登清主编. —北京:北京大学出版社,2009.2
(21 世纪全国高职高专物流类规划教材)
ISBN 978-7-301-14812-9

Ⅰ. 仓… Ⅱ. 王… Ⅲ. ①仓库管理—高等学校:技术学校—教材②物流—配送中心—企业管理—高等学校:技术学校—教材 Ⅳ. F253

中国版本图书馆 CIP 数据核字(2008)第 196728 号

书　　　名:	仓储与配送管理实务
著作责任者:	王登清　主　编
责 任 编 辑:	卢英华
标 准 书 号:	ISBN 978-7-301-14812-9/F·2100
出 版 者:	北京大学出版社
地　　　址:	北京市海淀区成府路 205 号　100871
电　　　话:	邮购部 62752015　发行部 62750672　编辑部 62765126　出版部 62754962
网　　　址:	http://www.pup.cn
电子信箱:	xxjs@pup.pku.edu.cn
印 刷 者:	北京大学印刷厂
发 行 者:	北京大学出版社
经 销 者:	新华书店
	787 毫米×980 毫米　16 开本　21 印张　453 千字
	2009 年 2 月第 1 版　2014 年 11 月第 4 次印刷
定　　　价:	38.00 元

未经许可,不得以任何方式复制或抄袭本书之部分或全部内容。
版权所有,侵权必究
举报电话:010−62752024;电子信箱:fd@pup.pku.edu.cn

序

随着我国社会主义市场经济体系建设的深入,世界经济全球化进程的加快和科学技术的飞速发展,物流业作为现代服务经济的重要支柱和组成部分,已成为本世纪我国国民经济中新的增长点,在我国存在着巨大的市场潜力和广阔的发展前景。各级政府以及市场意识敏锐的企业,已经把物流作为提高市场竞争力和提升企业核心竞争力的重要手段。

现代物流是基于"降低成本、提高效率、客户满意"服务理念,内容涉及管理学、经济学、系统论、运筹学等多学科的综合性领域,也是涉及多技术的业务领域,其复杂性远远超出传统意义上的运输或仓储等业务所包含的知识和技术层面,它集包装、装卸搬运、运输、仓储、流通加工、配送和信息网络技术等诸多内容于一体。现代意义上的物流业发端于二十世纪五六十年代,成熟于七八十年代,从全球看,只有不到半个世纪的发展史,以致国外有些著名经济学家和管理学家曾把它称为经济管理领域最后一块神秘未知的土地。我国直到九十年代中后期,才开始重视现代物流业。

仓储与配送管理作为现代物流业中的重要环节,同时也是现代物流业中的主要利润增长点,越来越受到各级政府、企业的广泛关注,并促进其大力发展壮大。尤其是作为传统物流业中的仓储职能日趋成熟完善,作为现代物流业中典型职能环节的配送呈现出急剧成长的态势,各大中小城市不同类型的配送中心像雨后春笋般地不断涌现。专业配送公司的业务日趋个性化、多样化、综合化。

社会对仓储与配送人才的需求日益多样化,特别是对仓储与配送实务技能型人才需求尤为旺盛,但国内现有物流人才的教育培养模式及大部分高校使用的物流教材偏向理论的阐述,造成培养人才与社会需求相脱节,迫切需要一本与社会、学校相适应的实践性强的教材。基于眼前社会各方面的强烈需求,这本《仓储与配送管理实务》教材在王登清主编的精心组织下,其内容从根本上改变以往教材的编写方式,重点体现仓储与配送运营中的实用性、综合性、全面性等特点,取得了较大突破。

实用性——本书立足仓储与配送岗位的工作流程,重点介绍岗位情境下的实际问题的解决和相关内容的学习。

全面性——本书较为全面地介绍了仓储与配送岗位要求的能力,如职业能力、商务能力、经营管理能力、仓储规划与布局能力、仓储作业能力、库存管理能力、包装能力、安全管理能力、配送组织能力及成本与绩效管理等能力。

综合性——本书将仓储与配送的知识与技能渗透到每个学习单元,形成了模块化、情境化、工作任务模拟化的三位一体的综合模式。

本书旨在强调培养实践技能性的仓储与配送人才为服务目标,把握现代仓储与配送岗位的能力要求,以岗位的能力模块为经,以岗位情境为纬,系统地介绍了仓储与配送管理中各岗位要求掌握的技能知识,是一本在短时间内掌握理论知识、提高业务能力的力作。本书向本科院校、高职高专院校物流管理专业的教学科研人员及学生推荐使用,也是社会各界物流从业人员提升专业水平的学习参考用书。

2008.12

前　言

根据 2006 年年底教育部颁发《关于全面提高高等职业教育教学质量的若干意见》（简称 16 号文件），在高职高专院校中推广"工学结合"的教学模式，强调"能力本位"的教学思想，更加注重培养学生的应用能力。在 2006 年我院被教育部评为国家级高职示范建设单位。示范的核心在于改变传统的教学培养模式，建立与行业结合的"工学交替"的教学培养模式。随着我院工学结合人才培养模式改革的推进，原来那种"本科教材的压缩版"的高职高专教材无法适应新形势下的人才培养模式。所以必须开发符合工学结合、理实一体教学模式的课程和教材，成为当下本书出版的重要背景。

本书根据仓储配送职业岗位实际工作的要求，以工作任务为核心，以业务流程为主线，围绕仓储配送岗位职业能力，采用情境化为导向的能力模块组织学习内容。设计为 10 大模块：职业教育能力、仓储商务能力、仓库布局与库房规划管理能力、仓储经营管理能力、仓库作业能力、仓库包装能力、库存控制管理能力、仓库安全管理能力、仓库货物配送组织能力、仓储成本及绩效管理能力等。

本书以"工作过程为导向"的课程设计理念为指导方针，并结合高职学生特点，体现如下特色。

1. 在岗位能力模块下设计学习情境。每个岗位能力模块采取单元化学习模式展开，在每个单元下设计一个学习情境，学习情境以能力要求的典型工作任务为核心，展开学习内容的介绍。

2. 校企合作，顶岗实习。本书聘请了当地有影响力的物流公司老总参与教材的设计、编写工作，并且由于他们的大力支持，他们所在的企业都成为我们的校外实训基地，使学生有机会在仓储配送课程学习时采取顶岗实习，工学交替的培养模式。

3. 案例本地化。在本套教材中描述了大量的本地化案例，以保证其有更强的实用性和区域性特点，并与理论内容有更强的关联性。

4. 学习型工作任务的设计。在每学习单元下，都设计了一个学习型工作任务。主要的目的是让学生学中做，做中学；通过学习型任务的完成提高学生的社会实践工作能力，更进一步加深对仓储配送理论知识的理解。

5. 教学评价多元化。在教学评价中突破期末考试定课程成绩的模式，加强平时考核，突出过程评价为主。该课程评定成绩＝工作任务成绩×50％＋平时成绩×20％＋期末成绩×30％。工作任务成绩由每个学习单元中设定的模拟工作任务完成的情况来评定出来，平时成绩包含出勤、平时发言等，期末成绩以试卷的形式进行考核。

该课程课时分配为 64 学时，教学过程采取校企合作、工学结合、教学做一体。其中，实践教学 24 学时，占总学时的 37.5%；理论教学 40 学时，占总学时的 62.5%。

本书适合各类物资、物流、运输、营销管理、工商管理专业的"仓储与配送管理"课程的教学用书，也适用于仓储、物资管理、流通管理的物流仓储从业人员培训用书和岗位培训参考教材。

本书由王登清（福建交通职业技术学院）担任主编，林敏晖（福建交通职业技术学院）、杨文新（福建教育学院）担任副主编，参加本书编书的人员由高职院校教师和企业人员组成：其中王登清（模块一、三、四、五）；吴吉明（模块九）；杨玉婷、王登清（模块二）；陈榕（模块六和八）；陈良云（模块七和十）。企业方参与指导编写的有深圳神州通物流公司福州分公司经理郑秋；安得物流华南分公司福州仓库经理蒋新雨；荣泰物流集团高级物流经理张新友。借此机会，向本书给予大力支持的福建交通职业技术学院领导，向提供物流实训基地的福建八方物流集团、福建盛辉物流集团、福建盛丰物流集团、深圳神州通物流公司、安得物流公司、福州畅通物流咨询公司、福建省新鼎基信息技术有限公司等领导，向给本书热情指导的周万森博士，向本书的出版社北京大学出版社，向本书的全体编者表示衷心的感谢。正是有了他们的大力支持，才有了本书的出版，衷心地感谢他们！

本书在编辑出版过程中，参考了大量的物流文献资料，引用了一些专家学者的研究成果，编者尽可能在参考文献中列出，在此对文献的作者表示诚挚的敬意。引证材料可能有疏漏没有列出，在这里深表歉意。由于仓储与配送管理实务是一门与物流实践结合很紧密的课程，同时本书采取能力模块化、学习情境化及工作任务模拟化的三位一体化编写模式，很多的理论和实践操作仍处在探索过程中，加上编著的时间紧迫及水平的限制，难免在书中有不妥之处，我们衷心地希望专家和读者给予批评指正。敬请将宝贵意见提供至福建交通职业技术学院，王登清（地址：福建交通职业技术学院，福州仓山区首山路 80 号，邮编：350007），或北京大学出版社邮箱 xxjs@pup.pku.edu.cn。

编　者

2008 年 12 月

目　　录

模块一　职业教育能力 1
　单元一　仓储企业组织结构 1
　　一、仓储企业组织结构设计的步骤 2
　　二、仓储企业组织机构的主要形式 3
　　三、仓储企业主要职能部门及岗位设置 8
　单元二　仓储企业主要岗位职责 11
　　一、仓储企业主要职能部门岗位列表 12
　　二、仓储部门主要职责 13
　　三、仓库部门主要操作岗位职责说明 13
　单元三　仓储公司仓库管理制度 20
　　一、仓库收货管理制度 21
　　二、发货流程管理制度 22
　　三、库存管理制度 22
　　四、仓库日常管理制度 23
　　五、仓库建立关键绩效考核制度 24

模块二　仓储商务能力 26
　单元一　市场调研 26
　　一、市场营销调研的程序 27
　　二、物流仓储企业市场调研 31
　单元二　仓储业务客户开发与招投标 35
　　一、客户开发流程 36
　　二、投标管理 41
　单元三　仓储合同管理 45
　　一、仓储合同基本知识 46
　　二、仓储合同的订立 48
　　三、合同的生效与无效 52
　　四、合同的履行 52
　　五、仓储合同的转让、变更、解除和终止 55
　　六、仓储合同违约责任和免责 56

七、仓储合同纠纷的解决 58
　　八、仓单 58

模块三　仓库布局与库房规划管理能力 66
　单元一　仓库布局规划 66
　　一、仓库平面布局规划 67
　　二、仓库设备配置 68
　　三、仓库面积及主要参数说明 71
　　四、仓库布局规划的案例 74
　单元二　库房储存规划 82
　　一、库房内部布置规划 83
　　二、库房分区与货位编号规划 87
　　三、库房商品堆垛设计 88

模块四　仓储经营管理能力 92
　单元一　仓储物流经营战略选择 92
　　一、仓储经营战略类型 93
　　二、仓储经营战略制定 96
　　三、情境案例中的HJ物流公司经营战略制定 99
　单元二　仓储经营方法 104
　　一、保管仓储经营 105
　　二、混藏仓储经营 106
　　三、消费仓储经营 106
　　四、仓库租赁经营 107
　　五、创新式仓储经营方法 108

模块五　仓储作业能力 112
　单元一　入库作业操作 112
　　一、仓库入库作业流程 113
　　二、仓库入库业务操作 115
　　三、仓库入库信息作业操作 119
　单元二　仓库理货作业操作 127
　　一、仓库理货作业流程 128
　　二、仓库理货作业操作 130
　　三、仓库理货作业信息化操作 134
　单元三　仓库保管作业操作 137
　　一、仓库保管作业流程 138
　　二、仓库保管作业操作 140

单元四　仓库盘点作业操作 152
　　　一、盘点作业流程 153
　　　二、盘点作业操作 154
　　　三、盘点信息化操作 158
　　单元五　仓库出库作业操作 161
　　　一、出库作业流程 162
　　　二、出库作业操作 163
　　　三、出库作业信息化操作 165

模块六　仓储包装作业能力 174
　　单元一　包装材料选用 174
　　　一、包装材料 175
　　　二、包装容器 178
　　　三、UPS 的包装材料选用 181
　　单元二　包装作业操作 188
　　　一、包装技法 189
　　　二、UPS 的包装物 190
　　　三、UPS 包装不规则形状物品的操作 193

模块七　库存控制管理能力 196
　　单元一　ABC 分类库存管理方法 196
　　　一、ABC 分类法的内涵 196
　　　二、ABC 分类法的基本程序 197
　　　三、ABC 分类的库存策略 198
　　　四、ABC 分类法的具体步骤 198
　　　五、ABC 库存管理应用实例 200
　　单元二　安全库存控制 203
　　　一、安全库存的含义 204
　　　二、确定需要安全库存的物料 205
　　　三、安全库存量的确定 206
　　　四、降低安全库存 209
　　单元三　定期库存管理方法 211
　　　一、定期订货法的含义和原则 212
　　　二、定期订货法的应用范围 212
　　　三、定期订货法控制参数的确定 213
　　单元四　定量库存管理方法 216
　　　一、定量订货法的概念和基本原理 217

二、定量订货法控制参数的确定 218
　　三、两种企业库存订货管理方式的比较 221

模块八　仓库安全管理能力 224
单元一　仓库消防管理 224
　　一、仓库火灾基本知识 225
　　二、防火与灭火 226
　　三、仓库消防管理 230
单元二　仓库抗台风防雨汛管理 232
　　一、防台风 233
　　二、防汛 235
　　三、防雷 235
　　四、防震 236
　　五、防静电 236
单元三　仓库安全生产管理 237
　　一、仓库治安保卫管理 238
　　二、仓库安全生产 240

模块九　仓库货物配送组织能力 244
单元一　仓库货物配送计划 244
　　一、配送系统的构成 245
　　二、车辆配送服务要点 246
　　三、配送运输的基本作业流程 247
　　四、配送计划的制订 249
单元二　仓库货物配送组织 251
　　一、配送的方法 252
　　二、共同配送 254
单元三　仓库车辆调度操作 259
　　一、车辆调度工作的作用及特点 260
　　二、车辆调度工作的原则 260
　　三、车辆调度方法 261
单元四　仓库车辆积载 271
　　一、车辆亏载的原因 272
　　二、提高配送运输车辆吨位利用率的具体办法 272
　　三、车辆积载的原则 273
　　四、装车堆积 274
　　五、绑扎和封盖 275

单元五　配送中心车辆配送线路选择 276
　　　　一、直送式配送线路选择 277
　　　　二、分送式配送线路选择 280
　　单元六　仓库服务管理 288
　　　　一、配送服务构成 289
　　　　二、配送服务水平与配送成本 290
　　　　三、服务质量管理 292
模块十　仓储成本及绩效管理 296
　　单元一　仓储成本管理 296
　　　　一、仓储成本的构成 296
　　　　二、仓储成本的计算 300
　　　　三、仓储成本控制 304
　　单元二　仓储绩效管理 310
　　　　一、仓储绩效管理的目标 310
　　　　二、仓储绩效考核指标的管理原则 311
　　　　三、仓储部门绩效考核标准 311
　　　　四、仓储业务考核指标 314
　　　　五、降低仓储库存成本对公司绩效的影响分析 316
参考文献 321

模块一　职业教育能力

单元一　仓储企业组织结构

 学习情境

　　深圳市 SZT 物流有限公司成立 2002 年，几年来一直致力于移动通讯产品流通领域的专业物流服务，在长达 6 年的实际运作中，积累了丰富的行业经验和人才资源。目前，SZT 物流拥有覆盖全国各区域的四大配送中心和分布在全国的 28 个直属分公司、200 多个地市、县市的办事处及联络机构，形成覆盖全国一、二线城市和主要三级城市的自建物流网络。这种以仓储配送为主的大型物流企业，她的组织结构是如何设置的，才做到专业的组织做专业的事，为客户提供最佳、最快的物流服务呢？

 学习目标

1．了解仓储企业组织结构设计的步骤
2．学会仓储企业组织结构的主要形式如直线式、职能式、直线职能式、事业部制、矩阵制等
3．掌握仓储企业组织的主要职能部门及各部门的岗位设置

 学习地点

1．校内教室
2．调研对象办公室

 学习内容

一、仓储企业组织结构设计的步骤

仓储企业组织是一个整体,她是由许多元素按照一定的形式排列组合而成的。一个企业在考虑采用什么样的组织形式,必须考虑 4 个基本问题:什么样的组织形式有利于实现企业战略目标?什么样的组织形式能提高组织效率?组织形式与企业活动如何适应?组织与外部环境如何适应?

那么,在进行组织结构设计是应该如何进行呢?组织结构设计的过程主要包括以下 6 个步骤,如图 1-1 所示。

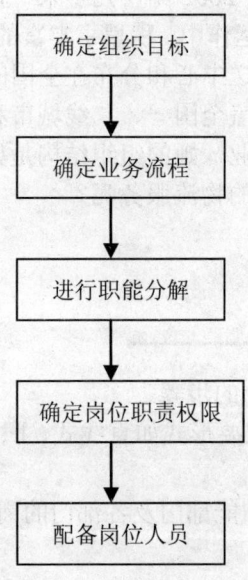

图 1-1 组织结构设计步骤

1. 确定组织目标。仓储企业组织目标设立是紧紧围绕企业面临的内外部环境,结合自身的资源,合理确定组织的总体目标。在学习情境中所描述的深圳 SZT 物流有限公司的组织目标就是"使客户忠诚,并成为具有现代化管理的全国知名的 3C 产品领域的 QSC(品质高、服务好、成本低)物流供应商"。

2. 确定业务流程。确定业务流程就是明确组织的具体工作内容和主导业务流程,并对

流程中各节点的工作内容进行分工。SZT物流主营业务流程涉及分公司仓储管理和库存监控；小件快运、快递、普通快运；国内航空、铁路、公路运输、货物配送、再加工和分拣、售后及回收物流增值服务；整体供应链解决方案、物流信息咨询等方面。

3. 确定组织结构。根据行业特点及组织环境等因素，确定采取何种组织形式，应设置那些部门，将性质相同或相近的工作内容进行优化组合。深圳SZT物流公司根据主营手机物流的行业特点快速、安全、便捷，以分布在全国主要中心城市的仓库、配送中心为依托，以航空、铁路、公路等运输方式为纽带，以物流信息平台为核心，形成覆盖全国的综合物流服务组织。

4. 进行职能分解。仓储物流公司确立总体结构框架后，确定各部门职能并对各部门进行职能分解，明确每一部门的具体职能和设立岗位，明确各岗位人员的素质要求。深圳SZT物流公司把业务部、仓储部、快递部、财务部、信息管理、人力资源、行政管理等各主要部门的具体职责进行职能分解。一般把公司划分一、二、三级职能，明确各部门及岗位的职责。"一级职能"是指本部门的主要业务及管理职能，"二级职能"是指在一级职能下分解的若干项职能，"三级职能"是指在"二级职能"作业项目的分解。该公司仓储部"一级职能"是"货物的仓储管理"，"二级职能"是"货物出入库"、"货物保管"等几项，"三级职能"是"二级职能"中的"货物保管"分解成"货物保管及防护"、"货物理货"等。

5. 确定岗位职责及权限。规定各职位的权利、责任和义务，同时明确各部门之间、上下级之间和同级之间的职权关系，以及相互之间的沟通与原则。

6. 配备职位人员。根据仓储公司部门的工作性质和对职务人员的素质要求，为各个部门配备人员，明确其职务和职称。

二、仓储企业组织机构的主要形式

当前仓储企业中，实行的组织结构形式主要有直线式、职能式、直线职能式、事业部、矩阵式等。每一种组织结构均有明显的优势和不足，每一家仓储公司应根据各自的实际情况，依据自身企业规模、业务情况、管理者能力等多种因素来选择适合自己的组织结构。

1. 直线式组织结构

直线式组织结构是最古老的组织结构形式。所谓的"直线"是指在这种组织结构下，职权直接从高层开始向下"流动"（传递、分解），经过若干个管理层次达到组织最低层。其特点是：(1) 组织中每一位主管人员对其直接下属拥有直接职权。(2) 组织中的每一个人只对他的直接上级负责或报告工作。(3) 主管人员在其管辖范围内，拥有绝对的职权或完全职权。即主管人员对所管辖的部门的所有业务活动行使决策权、指挥权和监督权。仓储公司直线式组织结构如图1-2所示。

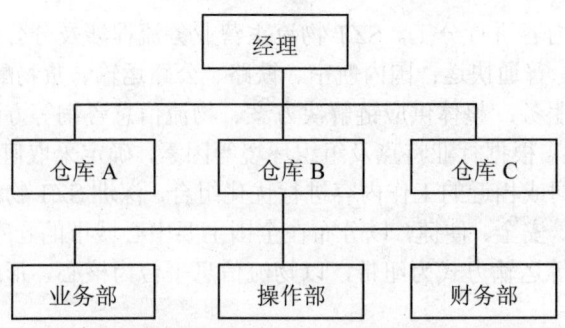

图 1-2 直线式组织结构

直线式组织结构的优缺点如表 1-1 所示。

表 1-1 直线式组织结构的优缺点

优　点	缺　点
★权力集中，职权和职责分明、命令统一	★对主管的能力要求高
★信息沟通简捷方便，便于统一指挥，集中管理	★缺乏横向的协调关系

这种直线式组织结构适用于仓储企业规模不大，职工人数不多，生产和管理工作都比较简单的情况或现场作业管理。

2．职能式组织结构

职能式组织结构本质是将企业的主导业务分解成各个环节，并由相应部门负责执行，即按照职能设置部门及各部门间的层级关系，如图 1-3 所示。

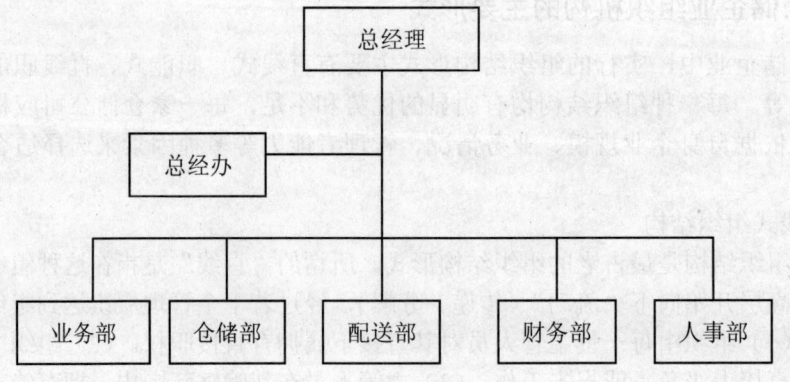

图 1-3 职能式组织结构

职能式组织结构的核心优势是专业化分工，因此部门和岗位的设置以及名称是以"职能"、"专业"来称呼，这种类型的组织不需要太多的横向协调，公司主要通过纵向层级来实现控制和协调。职能式组织结构的优缺点如表1-2所示。

表1-2 职能式组织结构的优缺点

优 点	缺 点
★促进深层间技能的提高	★对外界环境的变化比较慢
★促进组织实现职能目标	★可能引起高层决策堆积、层级负荷加重
★一种或少数几种产品、服务时最优	★导致部门间缺乏横向协调，对组织目标的共识有限
★在中、小型企业规模下最优	★导致组织缺乏创新

该类型组织比较适合外界环境稳定、技术相对标准、不同职能部门间的协调相对简单的情况。

3．直线职能式组织结构

直线职能制，也称直线参谋制。它是在直线制和职能制的基础上，取长补短，吸取这两种形式的优点而建立起来的。目前，我们绝大多数仓储企业都采用这种组织结构形式。这种组织结构形式是把仓储企业管理机构和人员分为两类，一类是直线领导机构和人员，按命令统一原则对各级组织行使指挥权；另一类是职能机构和人员，按专业化原则，从事组织的各项职能管理工作。直线领导机构和人员在自己的职责范围内有一定的决定权和对所属下级的指挥权，并对自己部门的工作负全部责任。而职能机构和人员，则是直线指挥人员的参谋，不能对直接部门发号施令，只能进行业务指导。直线职能制组织结构图如图1-4所示。

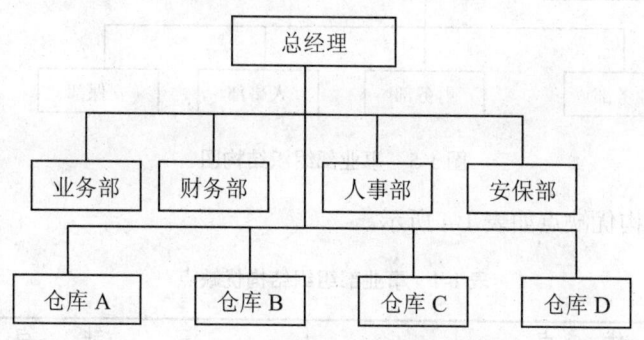

图1-4 直线职能制组织结构图

采用直线职能制组织的优缺点如表1-3所示。

表1-3 直线职能制组织的优缺点

优 点	缺 点
★权利集中,有利资源优化配置,发挥整体优势 ★各功能划分功能,充分发挥各专业管理机构的作用	★职能部门之间的协作和配合性较差 ★集权式管理增加了高层领导的协调工作,不易发挥中层领导的积极性,易产生相互推诿现象,减弱物流公司的效益和整体实力。

4．事业部制组织结构

事业部制是一种高度集权下的分权管理体制。事业部制是分级管理、分级核算、自负盈亏的一种形式,即一个公司按地区或按产品类别分成若干个事业部,从产品的设计,原料采购,成本核算,产品制造,一直到产品销售,均由事业部及所属工厂负责,实行单独核算,独立经营,公司总部只保留人事决策,预算控制和监督大权,并通过利润等指标对事业部进行控制。仓储物流公司比较常见的是按照地区划分事业部的形式出现。仓储物流公司组织结构采用事业部组织结构图如1-5所示。

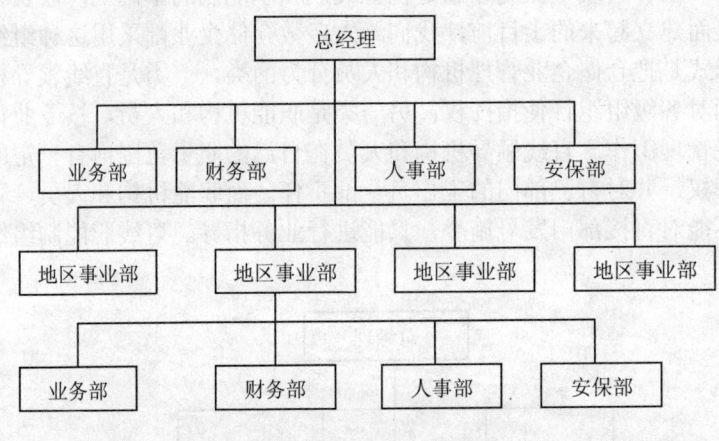

图1-5 事业部组织结构图

事业部组织结构优缺点如表1-4所示。

表1-4 事业部组织结构优缺点

优 点	缺 点
★总公司领导可以摆脱日常事务,集中精力考虑全局问题 ★事业部实行独立核算,更能发挥经营管理的积极性,更利于组织专业化生产和实现企业的内部协作 ★各事业部之间有比较,有竞争,这种比较和竞争有利于企业的发展	★公司与事业部的职能机构重叠,构成管理人员浪费 ★事业部实行独立核算,各事业部只考虑自身的利益,影响事业部之间的协作

事业部组织结构适用于规模庞大,品种繁多,技术复杂的大型企业,是国外较大的联合公司所采用的一种组织形式,近几年我国一些大型仓储物流企业集团也引进了这种组织结构形式。

5. 矩阵式组织结构

在仓储物流公司中,有时也会根据业务项目或某些专门任务而成立跨部门的专门机构或项目小组,形成矩阵式组织结构,具体的组织结构形式见图 1-6 所示。它是职能式和事业部制组织结构形式的组合,大多是临时设置,一个项目或业务运作完成后即取消。

矩阵式组织结构的优缺点如表 1-5 所示。

表 1-5 矩阵式组织结构的优缺点

优 点	缺 点
★任务明确,目的清楚,各方面人才有备而来	★容易导致员工对双重领导的迷惑
★横向信息沟通容易	★为解决冲突,管理者需要耗费较多时间
★适应性强,协调配合好	★员工需要具备良好的沟通能力和获得培训

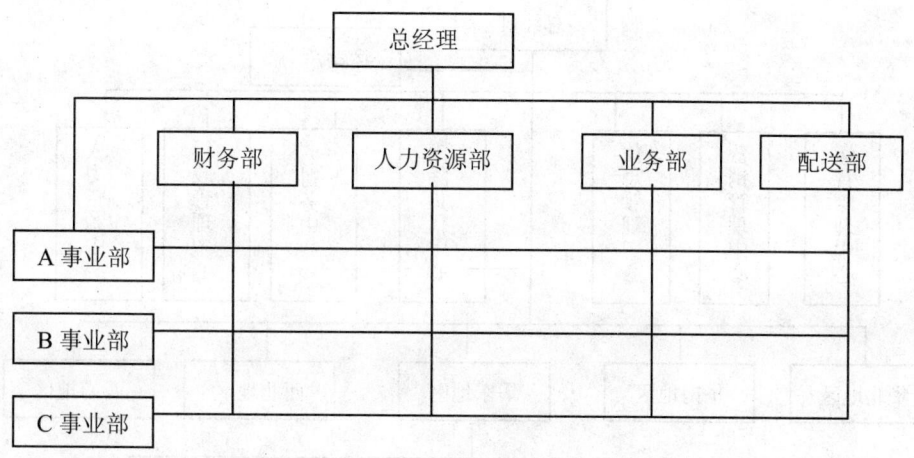

图 1-6 矩阵式组织结构

6. 仓储公司组织结构示例

(1) 中小型仓储物流公司组织结构示例,某小型仓储物流公司组织结构示例如图 1-7 所示。

(2) 大中型仓储物流公司组织结构示例,如图 1-8 所示。

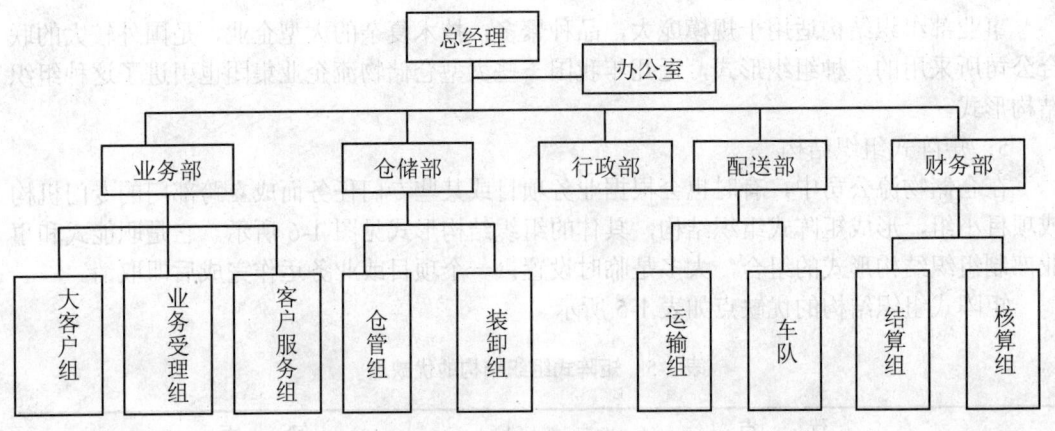

图 1-7　某小型仓储物流公司组织结构

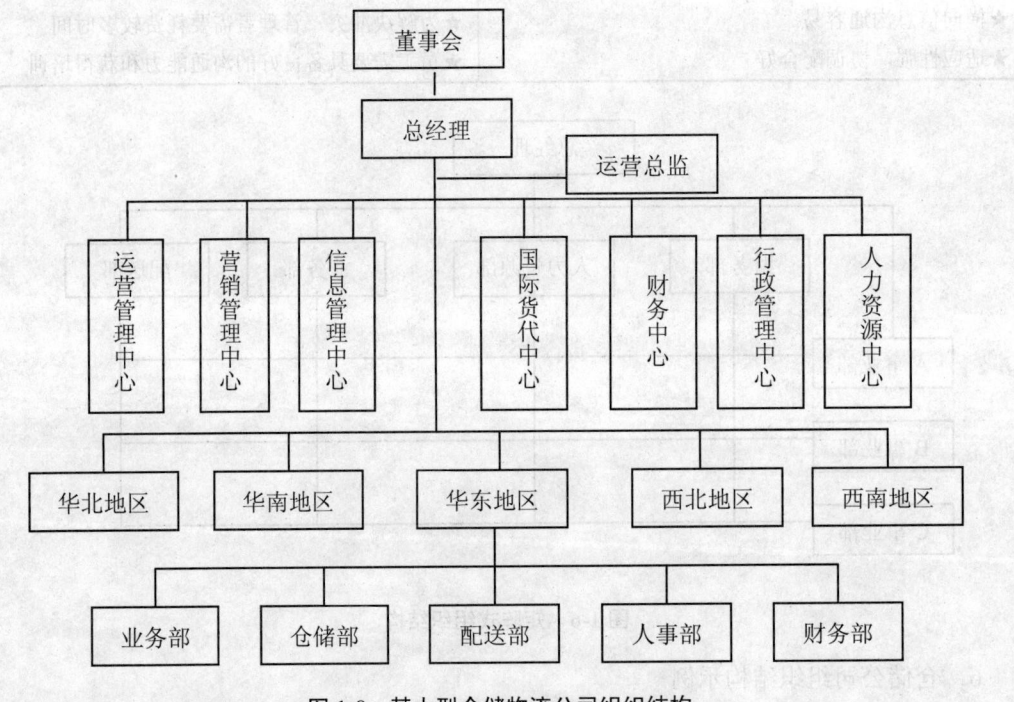

图 1-8　某大型仓储物流公司组织结构

三、仓储企业主要职能部门及岗位设置

仓储物流公司组织随着现代物流的发展和客户需求的差异化也呈现出多样化的趋势。每家公司都有适合自身业务特点的业务流程，公司的职能部门设置也是根据企业业务流程

的需要进行适当的调整和改造。那现在仓储企业的主要职能部门有哪些以及岗位是如何设置的？下面，我们以学习情境中的 SZT 物流公司为例说明该公司的 3 个主要职能部门的组织结构形式及岗位设置供参考。

1. 业务部组织结构及岗位设置

该仓储物流公司业务部组织结构如图 1-9 所示。该公司业务部下设三个科室，分别是大客户服务科、业务受理科、客户服务科；四个业务岗位是大客户服务专员、业务专员、开单员、客户专员。

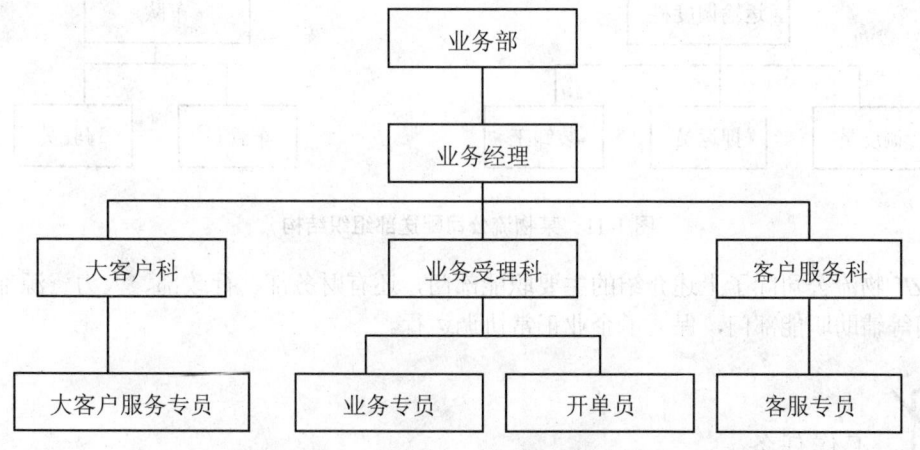

图 1-9　某物流公司业务部组织结构

2. 仓储部组织结构及岗位设置

该仓储物流公司仓储部组织结构如图 1-10 所示。该公司仓储部设装卸组、仓管组、叉车组三个科室，下有五个岗位分别是装卸工、库管员、验货员、理货员、车辆管理员、叉车司机等。

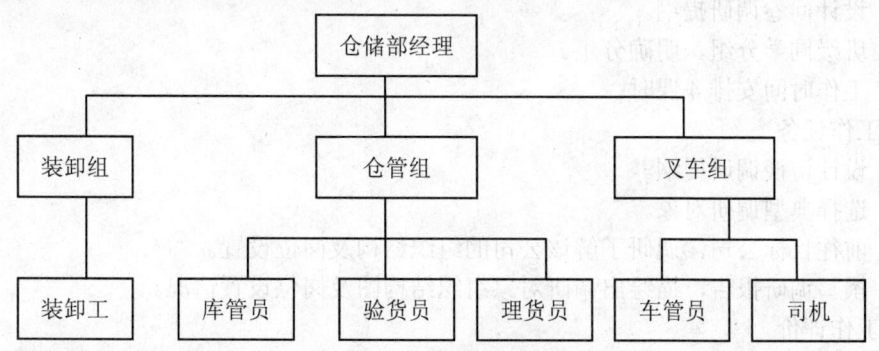

图 1-10　某物流公司仓储部组织结构

3. 配送部组织结构及岗位设置

该仓储物流公司配送部组织结构如图 1-11 所示。该公司配送部设运输调度科和车队两个部门，下有押运员、运输调度员、驾驶员、车辆管理员、装卸工等五个岗位。

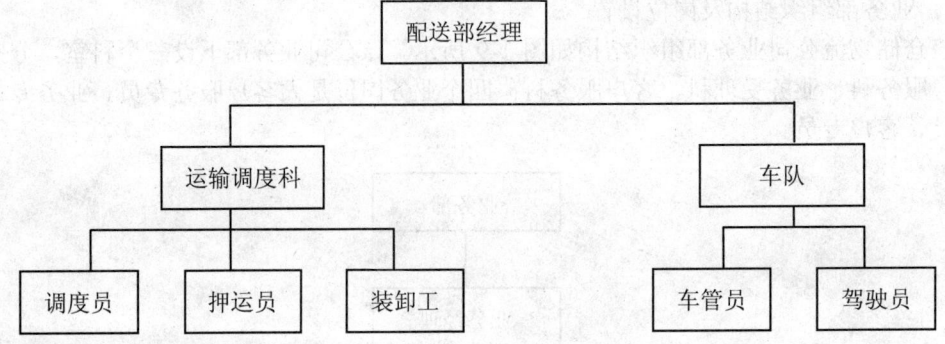

图 1-11　某物流公司配送部组织结构

SZT 物流公司除了上述介绍的主要职能部门，还有财务部、行政部、人力资源部、安保部门等辅助职能部门，保证了企业正常协调运行。

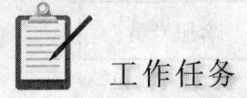

工作任务

1．工作目标

前往某仓储物流公司调研，了解该公司的组织结构及岗位设置情况。

2．工作准备

（1）了解物流公司的组织设计流程。

（2）设计问卷调研提纲。

（3）班级同学分组，明确分工。

（4）工作时间安排 4 课时。

3．工作任务

（1）设计访谈调研提纲。

（2）选择典型调研对象。

（3）前往目标公司，调研了解该公司的组织结构及岗位设置。

（4）撰写调研报告，描绘出调研对象组织结构图及岗位设置情况。

4．工作评价

工作评价的方式有教师评价、小组内部成员评价和第三方评分组成员评价三种，建议教师评价占 60%权重，小组内部成员评价占 20%的权重，第三方评分组成员评价占 20%的权重，将三者综合起来的得分为该生在该项目的评价分。工作评价单见表1-6。

表1-6 工作评价单

考评人		被考评人	
考评地点			
考评内容			
考评标准	具体内容	分值（分）	实际得分
	工作态度	10	
	沟通水平	10	
	调研提纲合理性	20	
	选择典型调研对象	10	
	实地调研	20	
	调研报告	30	
	合计	100	

注：考评满分100分，60以下为不及格，60~69分为及格，70~79分为中，80~89分为良，90分以上为优。

单元二 仓储企业主要岗位职责

 学习情境

小孙是2008年的物流管理专业的毕业生，参加了宝供集团组织的校园招聘会。经历了过五关斩六将的招聘流程，即宣讲会—笔试—小组讨论——对一面试—录用，最后顺利应聘成为该公司仓储管理岗位的职员。他成功的应聘，很大的原因归功于：（1）在学校担任学生干部锻炼出来的组织活动、演讲才能、团队合作等能力。（2）在学校里，打下了深厚的专业知识基础。（3）在应聘前，充分地收集招聘方资料，了解面试职位的岗位职责，深入理解岗位的要求与自身素质符合程度。所以在这个单元，让我们一起学习一下仓储企业的主要岗位职责，为将来的应聘搭起方便之桥。

 学习目标

1. 了解仓储企业主要职能部门及主要岗位

2. 熟悉仓储部的主要职责
3. 学会仓库部门主要操作岗位职责
4. 通过模拟招聘会现场,让学生适应招聘会现场及招聘流程

 学习地点

1. 校内
2. 模拟招聘现场

 学习内容

一、仓储企业主要职能部门岗位列表

仓储物流公司主要职能部门的岗位如表 1-7。

表 1-7 仓储物流公司主要职能部门的岗位

部门	岗位编号	岗位名称
业务部	1-001	业务部经理
	1-002	业务主管
	1-003	业务专员
	1-004	客户服务主管
	1-005	客户服务专员
	1-006	大客户服务专员
仓储部	2-001	仓储部经理
	2-002	货物验收员
	2-003	仓管员(出入库管理)
	2-004	保管员(在库管理)
	2-005	理货员主管
	2-006	理货员
	2-007	库存控制专员
配送部	3-001	配送部经理
	3-002	货运主管
	3-003	运输调度员
	3-004	送货员(押运员)
	3-005	装卸员

二、仓储部门主要职责

仓储部的主要职责如图 1-12 所示。

职责 1 仓储部各类管理制定的制定与执行

职责 2 仓储部各项工作的流程、操作标准的制定与执行

职责 3 进行出入库货物的检验工作

职责 4 各类商品的出入库管理

职责 5 进行仓储规划，合理利用仓库资源

职责 6 对库内物资进行妥善保管，合理控制库存

职责 7 合理处理呆滞废料，对验收不合格物资按有关规定处理

职责 8 仓库内使用叉车等器具的管理

职责 9 各类物资的分拣、拆包装、理货、配货等工作

职责 10 各类物资的装卸、搬运、转移及配送管理

职责 11 仓库消防、治安管理，避免出现安全事故

职责 12 其它相关工作

图 1-12 仓储部门的职责

三、仓库部门主要操作岗位职责说明

1. 货物验收员（见表 1-8）

表 1-8 货物验收员岗位职责

岗位名称：货物验收员		部门：仓储部	编制日期：
直接上级：仓储部经理		负责对象：出入库商品	任职人签字：
任职条件	学历　　大学专科以上		
	经验　　2年以上仓储出入库货物验收经验		
	专业知识　　商品学、货物学、质量管理、物流管理等相关知识		
	业务了解范围
熟悉仓库管理业务流程，全面掌握商品质量验收相关知识；熟悉商品出入库验收程序		
工作目标　　负责商品出入库的验收检验工作，对不符合验收要求的货物按公司的有关规定进行处理			
职责范围
1. 协助主管制定物资验收作业规范，并严格参照执行
2. 负责所有物资的出入库验收工作，并如实填写相应的出入库验收单据
3. 识别和记录物资的质量问题，对客户的包装、运输及其他方面提出改进建议
4. 拒收物资中不合格产品，退回客户处；对包装有残损的，进行单独处理
5. 做好物资验收记录，对物资的验收情况进行统计、分析、上报
6. 完成上级领导交办的相关事宜			

2．仓库管理员（见表 1-9）

表 1-9 仓库管理员岗位职责

岗位名称：仓库管理员		部门：仓储部	编制日期：
直接上级：仓储部经理		负责对象：出入库商品	任职人签字：
任职条件	学历　　高职高专		
	经验　　2年以上仓库管理工作及物流公司相关经验		
	专业知识　　仓储管理、物流管理、统计的相关知识，熟练使用常见计算机办公软件		
	业务了解范围
熟悉物流仓储管理业务流程，全面掌握仓储物资的存储、调配等相关知识；了解公司内部的管理流程		
工作目标　　按照公司仓储管理制定全面负责货物出入库管理工作，根据货物的特性合理安排储位			
职责范围
1. 规章制定：协助仓储部经理制定货物验收、出入库、存储等规章制度，报主管领导审批后，形成规章制度，严格执行
2. 货物的出入库管理：负责货物出入库的搬运设备与人员调配工作，安排好出入库计划；严格办理出入库手续，签发相关出入单
3. 库存统计与建立台账：建立相应的货物出、入库台账，定期对出入库数据进行统计；对库存货物进行定期盘点，向信息管理部门及财务部提交库存盘点数据
4. 库房管理：负责辖区内各类库房的管理工作，做好库房的定额管理监督货物的装卸，严格监督货物的装载上车与卸货，进行现场指挥			

3. 货物保管员（见表1-10）

表1-10 货物保管员职责

岗位名称：货物保管员		部门：仓储部	编制日期：
直接上级：仓储部经理		负责对象：在库货物	任职人签字：
任职条件	学历	中专以上	
	经验	2年以上仓库货物保管经验	
	专业知识	仓储管理、库房管理、商品学、质量管理等	
	业务了解范围	熟悉物流仓储管理业务流程，掌握仓储物资的储存、保管要求。	
工作目标		确保在库货物安全，商品质量完好和数量准确无误；定期巡查，发现异常问题及时处理	

职责范围
1. 协助货物的出入库管理：协助仓库管理员进行货物的进出仓，协助相关部门对出入库货物进行检验
2. 负责其保管区域内物资的保管工作
3. 定期清扫保管区，保证保管区内清洁卫生、无虫害
4. 定期检查仓库的温湿度，做好相关记录并控制和调节仓库温湿度
5. 定期检查所保管的货物品种、数量、质量状况
6. 负责保管物资的安全管理工作，协助进行安全消防管理
7. 定期盘点库存货物，做到账、物、卡相符

4. 理货员（见表1-11）

表1-11 理货员岗位职责

岗位名称：理货员		部门：仓储部	编制日期：
直接上级：仓储部经理		负责对象：货物	任职人签字：
任职条件	学历	高中以上文化	
	经验	1年以上工作经验	
	专业知识	仓储管理、货物学、财会、叉车驾驶等	
	业务了解范围	熟悉仓储管理、运输流程；了解相关货物知识；熟悉仓储信息化操作	
工作目标		完成对出入仓库的货物进行验收、整理、核对和堆码等工作，在合理安排货物仓储的同时，并对它们进行有序整理、拣选、配货、包装、置唛以及复核作业	

职责范围
1. 货物检查与核对：按照提货单提出货物，并核对货物品种、数量、规格、等级、型号
2. 理货员根据每次入库理货的情况，制作理货清单
3. 货物分拣包装：根据客户订单的要求，把出货商品分拣、组配、整理出来；对待出库待运货物检验核对，并进行包装、贴包装标志
4. 货物分拣与发运：理货人员根据货物的运输方式、流向和收货地点，将出库货物分类集中在出货区，通知驾驶员提货发运

5. 库存控制专员（见表1-12）

表1-12　库存控制专员职责

岗位名称：库存控制专员		部门：仓储部	编制日期：
直接上级：仓储部经理		负责对象：库存物资	任职人签字：
任职条件	学历	本科以上，物流管理、统计信息管理专业	
	经验	3年库存控制管理工作经验；拥有大中型制造企业库存控制经验者优先	
	专业知识	物流管理、仓储管理、计算机信息、统计学等知识	
	业务了解范围	熟悉仓储管理业务流程，掌握库存控制的方法，了解仓储出入库台账	
工作目标			
在仓储部经理领导下，具体执行各项库存管理制度和流程，搜集、统计、跟踪库存状况，提出合理库存管理方法，降低库存费用			
职责范围			
1. 分析跟踪每日库存状态，并根据分析的结果采取合理的库存控制方法
2. 协助仓储部经理，不断优化库存控制系统，降低库存控制成本
3. 具体负责对呆滞物品的处理工作
4. 分析和改进库存控制系统，协助仓储部经理降低库存和提高库存周转率
5. 负责库存数据录入和提交库存报表
6. 完成上级交办的相关任务			

6. 运输调度员（见表1-13）

表1-13　运输调度员岗位职责

岗位名称：运输调度员		部门：配送部	编制日期：
直接上级：配送部经理		负责对象：车、司机	任职人签字：
任职条件	学历	高职高专文化、运输组织管理、物流管理专业	
	经验	3年货物运输调度经验	
	专业知识	物流管理、仓储管理、运输组织、车辆性能等专业知识	
	业务了解范围	熟悉物流管理知识，掌握货运调度的各种方法及技巧，了解货运地区天气、交通路况等，妥善安排货运车辆、路线和人员。	
工作目标		合理规划运输线路和运输车辆，监控货物及时安全到达目的地	
职责范围			
1. 协助运输主管，制定运输规章制度和安全管理制定，组织执行并监督
2. 合理进行车辆和人员调度，确保运输效率
3. 制定月度运输计划并监督执行
4. 审核运输、保险费用，并在相关单据上签字
5. 处理运输事故，并负责善后工作
6. 审核发运要求，合理选择运输线路和方式
7. 监督、检查、评估运输方面的工作质量、及时性和运输费用等
8. 负责组织实施专项运输方案制定与监督执行
9. 完成领导交办的其他工作			

7. 送货员（见表1-14）

表1-14 送货员岗位职责

岗位名称：送货员	部门：配送部	编制日期：
直接上级：配送部经理	负责对象：运输的货物	任职人签字：
任职条件	学历　　高中以上文化	
	经验　　1年以上工作经验	
	专业知识　　运输知识、安全知识、配送管理等知识	
	业务了解范围　　了解货运产品相关知识，熟悉仓储管理、运输流程	
工作目标　　在运输过程中完成相关的日常事务工作，将货物安全送达到指定地点，把送货单交给货主签字后送回		
职责范围 1. 运输前工作：指导并协助装卸人员搬运、堆码、装载待运货品，查验办理运输货物数量，办理相关运输手续 2. 运输途中管理：在货物运输途中，根据货物特性进行保管、护送、喂养等工作，保证货品安全到达目的地；如遇突发事件，及时向公司相关领导汇报，尽快予以解决；对于运输途中出现的货品损坏，按照相关规定进行处理，如退换货、修理等 3. 货物交付：按照客户要求将货物运送指定地点交货卸货，进行货物的检验，办理交付手续，与客户进行交流，做到周到微笑服务		

8. 装卸专员（见表1-15）

表1-15 装卸员岗位职责

岗位名称：装卸专员	部门：配送部	编制日期：
直接上级：配送部经理	负责对象：装卸货物	任职人签字：
任职条件	学历　　高中以上	
	经验　　2年以上相关工作经验	
	专业知识　　仓储、货运、商品、装卸等知识	
	业务了解范围 了解物流业务流程，熟悉装卸搬运工具及其使用	
工作目标 利用装卸搬运工具，合理对货物进行装卸、堆码、拆垛、分拣、搬运等工作，实现货物按照物流业务流程进行转移，保证配送、仓储、包装等业务顺利完成		
职责范围 1. 做好装卸人员的制度、流程建设 2. 负责组织装卸人员进行货物装卸作业，保证按时按量装卸 3. 负责货物装载后加固防护工作 4. 负责作业后场地清扫和物资清理工作 5. 负责装卸人员的业务、劳动纪律、现场管理等日常的检查、督导、考核工作 6. 完成领导交办的其他工作		

9. 业务员（见表1-16）

表1-16 业务员岗位职责

岗位名称：业务员	部门：业务部	编制日期：
直接上级：业务经理	负责对象：客户	任职人签字：
任职条件	学历　高职高专文化	
	经验　1年以上市场营销工作经验或相关物流工作经验	
	专业知识　市场营销、物流管理、人际关系、沟通演讲技巧等知识	
	业务了解范围 了解国内仓储行业相关政策、法规，熟悉仓储业经营发展趋势；了解公司的运作方式、运作流程	
工作目标 在业务主管领导下，根据公司的销售政策，建立、维护、扩大客户资源，完成公司下达的销售计划，实现公司销售目标			
职责范围 1. 寻找潜在客户，积累客户资源；不断挖掘老客户需求，扩大合作领域 2. 与客户日常接洽：预约、拜访客户；与客户签订合同；回访客户与客户关系维护合作过程中各事项的有效沟通 3. 客户资料存档管理：记录每一客户详细资料，并整理归档，方便公司查询、业务交接和售后服务 4. 客户意见反馈：定期、不定期拜访重点客户，接受客户意见，整理客户信息反馈单，反馈到相关部门			

10. 客户服务专员（见表1-17）

表1-17 客户服务专员职责

岗位名称：客户服务专员	部门：业务部	编制日期：
直接上级：客户服务主管	负责对象：客户	任职人签字：
任职条件	学历　大学专科以上	
	经验　1年以上相关工作经验	
	专业知识　市场营销、客户关系管理等专业知识，具备良好的语言表达能力与沟通能力	
	业务了解范围 了解国家有关物流行业的法律、法规，熟悉公司的业务情况，掌握与客户的沟通方法，特别是电话沟通技巧	
工作目标　组织搜集整理客户信息；建立和维护良好的客户关系；为客户提供周到、满意的服务			
职责范围 1. 建立客户档案数据库：按照公司和客户需求对客户档案进行分类和管理，建立客户档案数据库 2. 客户信息调查：对客户进行电话访问，资料收集等方法，调查客户服务满意度、经营状况等信息 3. 客户关系管理：根据公司客户档案，定期与新、老客户联系，了解客户需求，及时向相关部门反馈客户信息；妥善处理客户提出的有关问题，维护与客户的良好关系 4. 客户投诉处理：接听客户投诉电话，做好记录并及时处理；超出权限范围及时上报领导处理			

工作任务

1．工作目标

通过模拟招聘会现场，让学生参加招聘会，使学生熟悉招聘的流程，懂得招聘前准备工作，掌握招聘过程的形象树立和沟通技巧。

2．工作准备

（1）了解应聘岗位的要求及岗位职责。

（2）准备招聘会现场布置工作。

（3）招聘方准备面试的考题。

（4）将全部同学（全班以 50 人为标准）分成 5 组，每组 10 人，3 人担任招聘方考官，7 人扮演应聘者。

（5）工作时间安排 4 学时。

3．工作任务

（1）要求模拟仓储物流企业招聘三个岗位业务员、仓管员、客户服务人员。

（2）要求以组为单位，共同布置招聘会现场，准备白板介绍公司简介、公布招聘流程（宣讲会—笔试—小组讨论—一对一面试—录用）、招聘岗位的要求及招收人数等信息。

（3）招聘方准备面试考题、答案以及设计面试的评分标准及评分单。

（4）应聘者参加面试前准备工作。要求做到服装干净整洁，精神面貌好；准备好应对考官提出的考题和笔试考题。

（5）每组按照要求，模拟招聘现场。招聘方根据招聘流程进行宣讲会—笔试—小组讨论—一对一面试—录用等工作。应聘者必须按照考官的要求做出响应。

（6）每一组招聘方对面试的应聘者每个环节进行打分，招聘出最适合岗位要求的应聘者，并公布面试结果。

4．工作评价

工作评价的方式有教师评价、小组内部成员评价和第三方评分组成员评价三种，建议教师评价占 60%权重，小组内部成员评价占 20%的权重，第三方评分组成员评价占 20%的权重，将三者综合起来的得分为该生在该项目的评价分。工作评价单见表 1-18。

表 1-18　工作评价单

考评人		被考评人	
考评地点			
考评内容			
考评标准	具体内容	分值（分）	实际得分
	工作态度	10	

（续表）

考评标准	沟通水平	10	
	招聘前准备工作	10	
	招聘现场布置工作	10	
	模拟招聘现场	20	
	考官表现	20	
	应聘者表现	20	
合计		100	

注：考评满分 100 分，60 以下为不及格，60~69 分为及格，70~79 分为中，80~89 分为良，90 分以上为优。

单元三 仓储公司仓库管理制度

学习情境

广东东立商贸物流有限公司创办于二〇〇一年八月，其前身为惠州市汇秀物流有限公司，2007 年 4 月 27 日更名，是一家从事第三方物流服务的综合型物流公司，主要以公路干线运输、仓储管理、城市第二次配送为主，兼营商品贸易与代理。该公司总部设在广州，下辖人力资源管理中心、财务管理中心、核算管理中心、3PL 管理中心、营销管理中心、营运管理中心、法律事务中心、客户服务中心、分公司管理中心等九大职能中心。公司在惠州、广州、南海、北京、西安、浙江等地设立了分公司；全国有 3 个 CDC 和 25 个 RDC 仓，仓储管理面积达 11 万多平方米。从资料中，可以看出来，该公司正处在由区域性仓储物流公司向全国性的物流公司迈进的发展过程。这种类型的仓储物流公司她的仓库管理制度是如何规定的呢？

〖资料来源：广东东立商贸物流有限公司网站 http:// www.dongli56.com/〗

学习目标

1. 熟悉仓储型物流公司的仓库管理制度
2. 通过调研活动，要求学生更熟悉仓库的管理制度

学习地点

校内教室

学习内容

一、仓库收货管理制度

1. 正常产品收货制度

（1）货物到达后，收货人员根据司机（送货人员）的送货单和产品订单清点收货。

（2）收货人员应与司机共同打开车门检查货品状况，如货物有严重受损状况，需马上通知客户等候处理，必要时拍照留下凭证。如货物状况完好，开始卸货工作。

（3）卸货时，收货人员必须严格监督货物的装卸状况（小心装卸），确认产品的数量、包装及保质期与箱单严格相符。任何破损，短缺必须在收货单上严格注明，并保留一份由司机签字确认的文件，如事故记录单，运输质量跟踪表等。破损，短缺的情况须进行拍照，并及时上报经理，主管或库存控制人员，以便及时通知客户。

（4）卸货时如遇到恶劣天气（下雨，雪，冰雹等），必须采取各种办法确保产品不会受损。卸货人员须监督产品在码放到托盘上时全部向上，不可倒置，每拍码放的数量严格按照产品码放示意图。（产品码放按照托盘的尺寸及货位标准设计）。

（5）收货人员签收送货单，并填写相关所需单据，将有关的收货资料产品名称、数量、生产日期（保质期或批号）、货物状态等交订单处理人员。

（6）订单处理人员接单后必须在当天完成将相关资料通知客户并录入系统。

（7）破损产品须与正常产品分开单独存放，等候处理办法。并存入相关记录。

2. 退货或换残产品收货制度

（1）各种退货及换残产品入库都须有相应单据，如运输公司不能提供相应单据，仓库人员有权拒收货物。

（2）退货产品有良品及不良品的区别，如良品退货，货物必须保持完好状态，否则仓库拒绝收货；不良品收货则必须与相应单据相符，并且有配套的纸箱，配件齐全。

（3）换残产品则须与通知单上的型号、机号相符，否则仓库拒绝收货。

（4）收货人员依据单据验收货物后，将不同状态的货物分开单独存放，将退货或换残单据及收货入库单，记录产品名称、数量、状态等交订单处理人员。

（5）订单处理人员依据单据录入系统。

二、发货流程管理制度

1. 订单处理制度

（1）所有的出库必须有客户授权的单据（授权签字，印章）作为发货依据。

（2）接到客户订单或出库通知时，订单处理人员进行单据审核（检查单据的正确性，是否有充足的库存），审核完毕后，通知运输部门安排车辆。

（3）订单处理人员依据不同的单据处理办法录入系统，制作送货单及依据货品或客户要求制作拣货单。

（4）将拣货单交仓管员备货。

2. 备货制度

（1）备货人员严格依据备货单（出库单或临时出库单）拣货，如发现备货单上或货物数量有任何差异，必须及时通知库存控制人员、主管、经理，并在备货单上清楚注明问题情况，以便及时解决。

（2）货物按备货单备好后，根据要求按车辆顺序进行二次分拣，根据装车顺序按单排列。

（3）每单备货必须注明送货地点，单号，以便发货。各票备货之间需留出足够的操作空间。

（4）备货分拣完毕后，将拣货单交还，订单做拣货单确认，并通知运输部。

3. 发货制度

（1）发货人员依据发货单核对备货数量，依据派车单核对提货车辆，并检查承运车辆的状况后方可将货物装车。

（2）发货人员按照派车单顺序将每单货品依次出库，并与司机共同核对出库产品型号、数量、状态等。

（3）装车后，司机应在出库单上写明车号、姓名，同时发货人员签字。发货人员将完整的出库单交接单人员进行出库确认。

三、库存管理制度

1. 货品存放制度

（1）入库产品需贴好标签后入位，货物的存放不能超过产品的堆码层数极限。

（2）所有货物不可以直接放置在地面上，必须按照货位标准整齐的码放在托盘上。开箱货物应及时封箱，并粘贴提示说明。货物必须保持清洁，长期存放的货物须定期打扫尘土，货物上不许放置任何与货物无关的物品，如废纸，胶带。

（3）破损及不良品单独放置在搁置区，并保持清洁的状态，准确的记录。

（4）托盘放置须整齐有序。上货架的货物要保证其安全性。

（5）货架上不允许有空托盘，空托盘须整齐放置在托盘区。

（6）出入库产生的半拍产品应放置在补货区（一层）。半拍产品码放应整齐有序，不可以梯形码放。

2．盘点制度

（1）所有的货物每个月必须大盘一次。

（2）针对每天出库的产品进行盘点，并对其他产品的一部分进行循环盘点，以保证货物数量的准确性。

（3）盲盘：针对每次盘点，接单人员打印盘点表，不包括产品数量，交给盘点人员。至少两名盘点人员进行盘点，将盘点数量填写在空白处，盘点后由二人共同签字确认数量。将盘点表交于报表人员，报表人员将盘点数量输入盘点表，进行数量的匹配，如有数量的差异，需重新打印差异单，进行二次盘点，二次盘点后无差异存档。如有差异，需进行核查，如发现有收发货错误的，需及时联系客户，是否能挽回损失，无法挽回的损失，按照事故处理程序办理。

四、仓库日常管理制度

（1）定期检查库区和库内地面是否无淤泥、尘土、杂物等。

（2）装卸作业工具（如叉车、小拖车等）在不用时，停放在指定区域。

（3）门、窗、天窗及其他开口在不用时保持关闭，状况良好，能有效阻止鸟及其他飞行类昆虫进入。

（4）仓库照明设备是否完好、安全。（检查方法：将库内的灯全部打开，检查是否有不亮的灯和亮度够否）

（5）仓库办单处是否整洁。（要求：A. 所有单据摆放整齐；B. 有清晰的分类。）

（6）仓库地面是否清楚标明堆码区和理货区。

（7）手摸货架、货物、托盘，无灰尘。

（8）空托盘在指定区域堆放整齐。

（9）货物堆码无倒置和无超高现象。

（10）货物堆放整齐、无破损、开箱或变形货物。（破损、搁置区存放的货物除外。）

（11）仓库的活动货位连贯，没有不必要的活动货位。（活动货位：用活动的标志表示的货位，根据需要，可以在仓库里灵活移动。）

（12）各类警示标志（包括安全线路的箭头指示、禁止吸烟等）保持有效、整洁、张贴规范。

（13）每次收货，正确、清晰填写并张贴"收货标签"。

（14）破损、搁置、禁发货物分开存放并张贴相应标签。

（15）破损、搁置货物在3个月内（食品类为1个月）处理完毕。

（16）所有退货的处理必须在2天内完成，并且退货上必须贴有"退货通知单"。

（17）仓库无"四害"侵袭痕迹。

(18) 定期作"四害控制"处理，并记录每次处理的工序、时间、结果。（查看记录）

(19) 同库、同品种的货物必须堆放于同区域或相近区域；同品种的货物应该存放于同一仓库。

(20) 同一客户的产品，如果可以共存于一个仓库，且一个仓库能够存放的下，那么该客户的产品必须存放于同一仓库。

五、仓库建立关键绩效考核制度

1. KPI 1—盘点准确率

定义：每月盘存箱数与系统实际盘存箱数的百分比。考核标准：99.9%。

计算方法：KPI1＝实际盘存数/系统库存数×100%

2. KPI 2—破损率

定义：操作中发生的累计破损量与累计操作量的百分比。考核标准：不超过0.1%。

计算方法：破损率%＝操作中发生的累计破损量/累计操作量×100%

3. KPI 3—收发货不及时率（车辆到达15分钟以内收发为合格）

定义：每月收发货不及时单数与每月收发货总单数。考核标准：2%。

计算方法：收发货不及时率＝每月收发货不及时单数/每月收发货总单数×100%

 工作任务

1. 工作目标

前往某仓储物流公司调研，了解该公司的仓库管理制度。

2. 工作准备

（1）设计问卷调研提纲。

（2）班级同学分组，明确分工。

（3）工作时间安排4课时。

3. 工作任务

（1）设计访谈调研提纲。

（2）选择典型调研对象。

（3）前往目标公司，调研了解该公司的仓库管理制度。

（4）撰写调研报告，描述出调研对象仓库管理制度的合理性及需要完善之处。

4. 工作评价

工作评价的方式有教师评价、小组内部成员评价和第三方评分组成员评价三种，建议教师评价占60%权重，小组内部成员评价占20%的权重，第三方评分组成员评价占20%的权重,将三者综合起来的得分为该生在该项目的评价分。工作评价单见表1-19。

表1-19 工作评价单

考评人		被考评人	
考评地点			
考评内容			
考评标准	具体内容	分值(分)	实际得分
	工作态度	10	
	沟通水平	10	
	调研提纲合理性	10	
	选择典型调研对象	10	
	实地调研	20	
	调研报告	40	
	合计	100	

注:考评满分100分,60以下为不及格,60~69分为及格,70~79分为中,80~89分为良,90分以上为优。

模块二 仓储商务能力

单元一 市场调研

学习情境

某物流专业的大专毕业生小陈在新设立的物流公司市场部就职,该公司拥有2个2000平方米仓库和相关设备,其仓储条件以电子类产品为主,拥有流动资金300万,员工80人。现公司要求市场部调查本地区的仓储的需求状况并根据公司自身的情况设计一套完整并且具有针对性的调查问卷。对此,市场部门应该怎么做,小陈要做些什么工作。

学习目标

1. 能够对客户、物流市场及竞争对手进行调研,做好市场信息的收集、整理和反馈工作,能够进行问卷的设计与调查,撰写调查报告的编写
2. 根据物流市场的发展情况和业务开展的实际需要,有针对性地编写市场调查计划,并根据调研计划开展市场调查
3. 通过有效途径定期了解本地区物流供求状况和潜在市场潜力,定期对客户的需求信息进行调查

学习地点

1. 教室
2. 调研对象单位

 学习内容

每个企业都需要或多或少地进行市场调研。市场营销调研 1910 年首先在美国出现，二次大战后逐渐推广于世界各地。现企业通常将销售额的一定百分比作为营销调研的预算，工期延误市场营销研究部门使用或购买外部专业市场营销研究公司的服务。从最一般的意义上讲，市场营销调研是为营销管理和决策的目的，运用科学方法，对有关信息进行有计划、有步骤、系统地收集、整理、分析和报告的过程。

市场营销调研应用的范围很广，物流企业中常见的一些调研项目有：物流市场环境调研、供应调研、需求调研、物流价格研究及物流销售分析等。

一、市场营销调研的程序

市场营销调研程序没有一种一成不变的程序可以适用于各种各样的调研。不过，典型的市场营销调研大都可以分为以下三个阶段：准备调查阶段、正式调查和结果处理阶段。三个阶段又可以进一步分为五个步骤：明确问题；制订调研计划；组织实施计划；分析调查资料；提出研究报告，如图 2-1 所示。

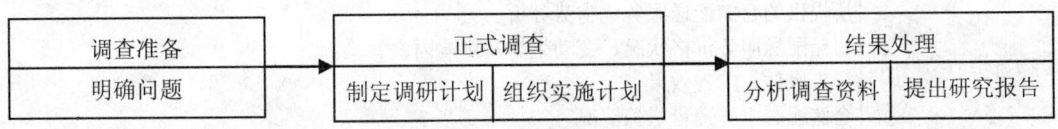

图 2-1　市场营销调研程序

1. 明确问题

物流企业会面临这样或那样的问题，但一项调研的目标不能漫无边际，相反只有将每次调研所要解决问题的范围圈定到一个确切的限度内，才便于有效地制订计划和实施调研。如：某一区域的工业企业或商业企业希望仓储企业能提供哪些服务？问题提得越明确，越能防止调研过程中不必要的浪费，将信息采集量和处理量减至最低。明确问题阶段提出的假设或目标，即是正式调查阶段所要验证或解决的。

2. 制订调研计划

调研计划需要包含以下内容。

（1）确定所需要的信息。明确调研目的之后，就要确定调研对象和范围，这主要是为了解决向谁调研和由谁具体提供资料的问题。在确定调研对象和范围时，要特别注意调研对象和调研范围之间的联系，这是整个计划的基础。

选择调研对象时，要综合考虑以下几个因素：结合调研目的，达到调研要求；结合考

虑调研对象群体人数的多少、分布范围的宽广、调研难易程度等具体情况;考虑所选样本的代表性,若调研对象之间差异较小,任何一个样本的代表性都强,则可选择较少样本,反之,则应选择较多的样本。

确定物流企业调研范围时,可参照表2-1进行。

表2-1 物流市场调研一览表

调研范围	具体内容
市场环境调研	国内外政治形势、外交关系、体制改革状况 国家经济、环保、外贸等相关法律、行政法规动态及其影响 宏观经济状况及产业、行业、市场供求关系 社会文化、消费习俗和传统 与目标市场相关的地理条件等
市场需求调研	仓储配送服务需求总量以及影响因素 仓储配送服务需求者及其分布结构分析 仓储配送服务需求者购买因素分析
市场供应调研	提供同类服务的企业和机构 仓储配送服务的供应总量及预测 仓储配送服务范围变化
市场营销活动调研	竞争对手状况 所提供的仓储配送服务优劣势分析 仓储配送服务价格状况、变动趋势及影响因素 广告媒体、广告效果 仓储配送服务销售增长情况 客户对服务的评价
其他调研	除以上市场调研范围外,仓储配送公司还可视情况选定其他的市场调研项目和任务

(2)信息来源。

信息可分为第一手资料和第二手资料:一手资料又称为"原始资料",是为当前某种特定目的直接从调查对象那里获取的信息;二手资料则是已经由别人收集、整理且通常是已经发表过的信息,如各种公开的出版物,各类咨询、信息公司提供的数据,企业信息系统里储存的各种数据。一般来说,调研中应尽可能利用二手资料,因为获得二手资料相对来说比较容易而且快捷。但是在有些营销调研中,收集一手资料必不可少,一是一手资料对解决当前问题针对性更强;二是二手资料可能存在客观性、时效性和准确性等方面的问题。

(3)调研方法。

选择调研方法时,要综合考虑各调研方法的适用范围,这个阶段主要是收集一手资料,方法有三种:观察法、实验法和询问法。

①观察法,通过调研人员直接到现场观察调查对象收集信息,也可以通过照相机、摄

像机等工具达到观察的目的。有经验的调研人员可以通过观察法方便地得到某些在其他场合难得到的信息,并能排除被调查对象的紧张心理或主观因素的影响。但观察法不适合用于需要判断调查对象内心的情况。因此更适合描述型的调查,不适合因果型调查。

②实验法,最科学的方法,适合因果型调查,如研究仓储费用对仓储市场的影响。运用实验法,需挑选被实验者,组成若干相互对照的小组,给予不同的条件,同时对其他变量加以控制,然后观察不同条件下所得结果的差异是否具有统计学上的意义,以找出因果关系。

③询问法,介于观察法的探索性和实验法的严密性之间,是最常见的方法,更适合于描述性调查。询问法在具体做法上又有多种形式:邮寄问卷、电话询问和直接面谈等。

目前,在大多数市场调研中,往往会采用两种以上的调研方法收集市场信息。

(4) 抽样计划。

这一计划要解决以下三个问题:谁是抽样对象?调查样本有多大?样本应如何挑选出来?抽样方法常见的有随机抽样和非随机抽样两大类。在随机抽样中包括单纯随机抽样、分层抽样、分群抽样和地区抽样几种具体方法;在非随机抽样中包括任意抽样、判断抽样和配额抽样等几种具体方法。这些方法各有利弊,需要根据实际情况权衡之后选择使用。

(5) 调研工具

在收集原始数据时,有两类可供选择的调研工具:一是问卷;二是某些机械工具,如录音机、照相机、摄像机、收视测试器、印象测试机等。其中,最常用的是问卷。

除以上内容外,调研计划还应该包含行动的时间安排和费用预算。

3. 组织实施计划

计划报上级主管部门批准后,就要按照计划规定的时间、方法、内容着手信息的收集工作了。这一阶段的实际工作量最大,费用支出也最大,而且最容易出现错误。

这一阶段的工作主要有:(1)市场调研人员招聘与培训,市场调研人员必须具备品德素质、业务素质和良好的身体素质,公司需要根据市场调研人员的总体和个体情况,结合具体的市场调研项目,制订有针对性地、内容和方法不同的培训计划,使调研人员明确调研的目的与任务和调研内容;(2)根据调研实施计划中规定的人员、任务、日程,安排具体的调研活动;(3)调研项目负责人应对具体的调研活动进行管理、协调和控制。这一阶段还可根据调研项目的实际情况外请专业调查公司。

4. 分析调查资料

实地调研中收集的原始数据大多是零散的、不系统的,只能反映事物的表面现象,无法深入研究事物的本质和规律性,这就需要对大量的原始资料进行加工、汇总,使之系统化、条理化。

这一阶段的工作包括:(1)对资料进行审核、订正、分类汇总,检查资料是否齐全;(2)分辨资料的真实可靠性,并核查资料是否有遗漏,对资料进行加工整理;(3)对资料进行分类、列表,以便于归档、查找、使用;(4)运用统计模型和其他数学模型对数据进行处理,以充分发掘从现有数据中可推出的结果,在看似无关的信息之间建立起内在联系。

例：某物流仓储公司经过市场调研，其调研的主题是该区域内相关企业对物流仓储业务外包的认可程度，经调查问卷中所获信息进行整理后可得以下表格，如表 2-2 所示。

表 2-2　物流仓储业务外包认可程度调研表

变量名	变量值	频数	百分比	有效百分比	累计百分比
非常不好	1	1	0.20	0.23	0.23
不好	2	10	2.00	2.29	2.52
一般	3	193	38.52	44.27	46.79
好	4	216	43.11	49.54	96.33
非常好	5	16	3.19	3.67	100.00
缺失		65	12.97		
		501			

5．提出研究报告

调研的目的显然不是让大量的统计数字、表格和数学公式搅昏决策者的头脑，而是要对决策者关心的问题提出结论性的建议。市场调研报告是市场调研的终点，是调研的最后一个环节，也是调研成果的集中表现。因此，调研报告的好坏可以说是衡量整个调研工作好坏的一个重要标志。本步骤包括书面调研报告撰写和调研成果的提供，物流市场调研报告书包括以下内容。

（1）调研项目的产生和项目过程概况。说明调研项目的产生过程，项目的目的和意义、项目的大致过程等。

（2）调研过程。这部分要具体说明调研工作的全过程，包括具体阶段、步骤、人员、组织、调研计划、调研对象、调研内容、调研方法、进度安排、控制措施、实际工作情况等。

（3）调研结果。这部分是调研的到的原始数据资料的说明，原始资料分析整理后的得到的数据资料及其说明，整理后的对象资料的空间时间结构和变化规律说明等。

（4）分析和建议。这部分工作是结合调研过程对调研结果进行理论分析，特别是对数据资料的空间时间结构、变化规律、发展趋势等进行分析；为帮助说明，可以根据数据资料画成图表，进行数学分析计算，得出一些具体的结论。再根据这些结论，结合企业的工作实际对企业的工作进行分析评价，找出问题、提出改进工作的方法、方案等方面的建议。这部分文字主要是主观性文件，是最有价值的内容，是直接根据调研结果得出的、对企业经营决策提供决策支持的建议方案，要有理有据、有说服力，文字不含糊、观点要明确，这部分是决策者最为关心的一个部分。

（5）其他说明。关于调研过程、调研结果和调研分析以外的其他内容的说明，是辅助性文字，例如，人员组成和介绍，经费使用、组织领导、调研风险和意外事故等。

（6）附录。这部分是调研有关文件，包括项目建议书、调研计划、调研大纲、样本分配、调研原始资料、数据图表、访问记录、参考资料目录等。这些文件作为附件附在调研报告之后，存档以备参考。

调研过程中，有些常见的错误应引起注意。

（1）资料收集过多，或过分强调原始资料，使整个调查耗时长，费用大，花了很多时间在访问或阅读计算机输出的冗长报告上，却难以从数据中找出有意义的结论。

（2）访问人员缺乏训练。研究人员耗费许多时间设计出了可行的计划和问卷，却由于访问人员对调研目标和问卷的理解不当而误事。此外，调研人员素质参差不齐，导致调研结果不甚理想，也会加深主管人员对调研的偏见，以为市场调查不过是设计问卷、选择样本，进行访问，然后报告结果这么一项简单的信息采集工作，不能为决策部门提出有意义的建议。

（3）不注意利用外部力量。专业调研公司一般比企业附设的调研部门有更充足而且训练有素的专业调研人员，能根据客户要求在较短时间完成调研课题，更能减少企业内部人员主观因素对调研结果的干扰，企业应该注意内部调研部门和专业调研公司的结合使用。

二、物流仓储企业市场调研

（一）物流仓储企业市场调研工作流程图，如图2-2所示。

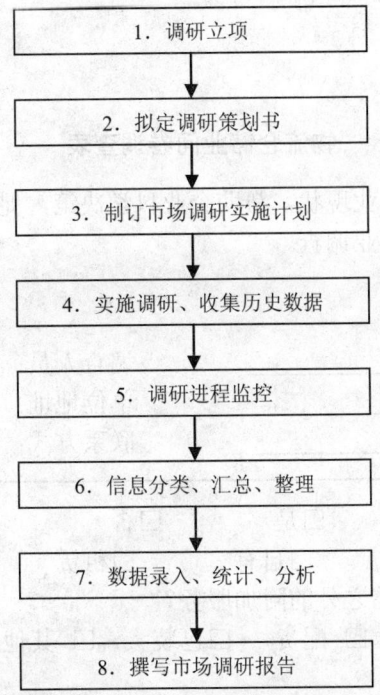

图2-2　物流仓储企业市场调研流程图

关键点控制。

1. 调研立项：物流市场调研项目负责人提出调研立项申请，报公司审批；公司批准后，形成调研任务书。

2. 拟定调研策划书：调研项目负责人接到调研项目后任务书后，仔细研究公司的批复意见，明确调研目的、任务及要求，对调研项目进行策划，制订调研计划。

3. 制订市场调研实施计划：调研项目负责人针对调研计划中的某一具体项目进一步制订调研是实施计划。

4. 实施调研、收集历史数据：根据调研实施计划，组织安排调研小组进行实地调查，并安排人员收集相关的历史资料和二手数据。

5. 调研进程监控：调研项目负责人应对调研过程予以指导、协调、监督，以保证调研结果的客观性、科学性。

6. 信息汇总、分类、整理：组织调研小组成员将调研所得资料按一定规律进行初步的汇总、分类和整理，并审核信息的有效性，剔除无效信息。

7. 数据录入、统计分析：组织人员录入数据，以便利用专业的统计软件进行数据分析，并根据结果进行策略研究。

8. 撰写市场调研报告：调研项目负责人应根据资料分析的结果撰写相应的市场调研报告，提供给公司领导作为决策参考。

附：问卷调查表

物流仓储业问卷调查表

为了了解××市物流仓储业现状，帮助企业科学决策，促进物流仓储业健康发展，在全市范围内展开本次物流仓储业调查。

感谢您的支持！

调查时间：_____   调查人员：_____
调查单位：_____   单位地址：_____
接待部门：_____   联系方式：_____

1. 贵公司是否拥有仓库：　　□是　　　　□否
2. 仓库属性为：　　　　　　□自有　　　□租赁
3. 贵公司提供哪些除仓储之外的附加服务？
   □流通加工　　□运输　　□配货　　□包装　　□其他

4．贵公司仓库情况调研。

仓库地址	类型	面积（米^2）	主要储存的货物	利用率	周转天数	年储存量

5．贵仓库主要仓储设备情况。

	货架（储存设备）	叉车（搬运设备）	传送带（输送设备）	其他设备
规格				
数量（长度）				
购买金额				

6．商品的存储是否实现条形码化？有否相关的系统的支持？

7．贵公司是否已使用相关物流信息系统？请写出软件名。如果没有使用物流信息系统，是否有意愿在近期上系统？

8．从接到客户的生意到提供服务一般需要多长时间：
□30 分　　□30～60 分　　□2 个小时　　□6 个小时　　□24 小时　　□其他

9．主要客户所在地：_____
　　客户类型比例：大型客户_____　　小型客户_____

10．客户满意度情况如何？对客户需求的了解程度（时间、价格、服务水平）。

11．贵公司仓储业务的主要客户的分布？有效半径为多少？这些客户的存储周转速度情况如何？

12．仓储服务的收费大概在一个什么标准？

13．企业发展过程中自身存在的问题：
□资金不足　　□市场需求不能有效满足　　□标准化问题
□诚信问题　　□人才短缺　　□自身管理水平　　□其他：

14．如果本地区有专门的物流中心提供仓储场所，请问贵公司是否有意向进驻？
□是　　□否（如果答否请简单说明原因）

 **工作任务**

1. 工作目标

学生能够组织开展市场调研工作,从调研项目的产生,调研具体过程,调研的结果,并能结合调研过程对调研结果进行分析,得出一些具体的结论,再根据这些结论结合企业的工作实际对企业的工作进行分析评价,找出问题、提出改进工作的方法、方案等方面的建议。

2. 工作准备

(1) 掌握市场调研相关知识和方法,熟悉物流市场调研的特点及相关内容。

(2) 将全班学生分组,每组 5~10 人。

(3) 时间安排 4 学时。

3. 工作任务

(1) 制订物流仓储公司市场调研方案。

调查内容包括:企业经营情况、业绩、主要物流设施、流动资金、组织机构及员工素质、公司的经营战略和理念、公司的主要经营方式、手段和策略等,调查方法有:座谈会、个别访谈、资料查询等。

深入某地工商行政管理部门,了解该区域企业的设置情况;通过实地考察,全面了解仓储配送公司所处地位的交通情况;拟订调查方案初稿,包括:调查对象、内容、方式、线路、费用预算等;对初步方案进行评审并修订;拟订正式调查方案。

(2) 设计该物流公司物流市场调研问卷。

确定问卷的结构与内容:调研问卷的基本结构一般可由前言、问题与答案、结束语、被访者个人资料几部分组成;设计问卷中的问题;问卷的自查;问卷的测试。

(3) 进行该物流公司物流市场调研的实施。

分组确定调研人员;训练调研人员,包括:态度训练、能力训练、处理问题训练、市场调研专业知识的培训;调研实施过程:典型企业调查经营业务范围和物流业务,典型企业调查物流业务实施现状和物流业务外包的可能性;调研实施过程中的监督和管理。

(4) 市场调查的调研控制。

回收和检查问卷;对问卷进行编码与数据录入:问卷编码、数据录入;对问卷进行分组整理:频数、百分比、频数分析表;对调查结果进行分析;使用图表表示调研分析的结果

(5) 撰写调研报告。

4. 工作评价

工作评价的方式有教师评价、小组内部成员评价和第三方评分组成员评价三种,建议教师评价占 60%权重,小组内部成员评价占 20%的权重,第三方评分组成员评价占 20%的

权重，将三者综合起来的得分为该生在该项目的评价分。工作评价单见表 2-3。

表 2-3 工作评价单

考评人		被考评人	
考评地点			
考评内容		物流市场调研	
考评标准	具体内容	分值（分）	实际得分
	调研方案订立	20	
	问卷调查设计	20	
	调研记录内容全面、准确	20	
	调研结果分析	20	
	调研报告	20	
	合计	100	

注：考评满分 100 分，60 以下为不及格，60~69 分为及格，70~79 分为中，80~89 分为良，90 分以上为优。

单元二 仓储业务客户开发与招投标

 学习情境

××物流有限公司是一家仓储物流公司，成立于 2000 年 1 月，公司注册资金为壹千万元整，流动资金 6000 万元。该物流有限公司主要从事仓储管理和终端配送业务，拥有分布在全国各地的仓库总面积超过 50 万平方米，仓储规模位居同行业前列，公司仓储服务能力达 1000 万吨/年以上，产品仓储与运输残损率控制在 0.1%以下；仓储最高利用率保证在 70%以上；提供 24 小时全方位服务。某高校物流专业大专生生小王毕业后到这家物流公司市场拓展部工作，在拓展部小王主要学习怎样进行客户开发，现有一家电制造企业要为其在本区域的家电产品仓储配送招标，小王学习了投标的整个过程。

 学习目标

1. 熟悉客户开发流程及关键控制要点
2. 对客户进行调查，收集客户相关资料
3. 掌握仓储业务招投标流程，学会投标书制作

4. 模拟仓储业务招投标操作

学习地点

教室
仓储物流公司

学习内容

一、客户开发流程

（一）客户开发

在进行客户开发前，我们先要掌握客户信息收集和客户开发的相关知识，以及熟悉客户的需求。客户开发的工作流程如图2-3所示。

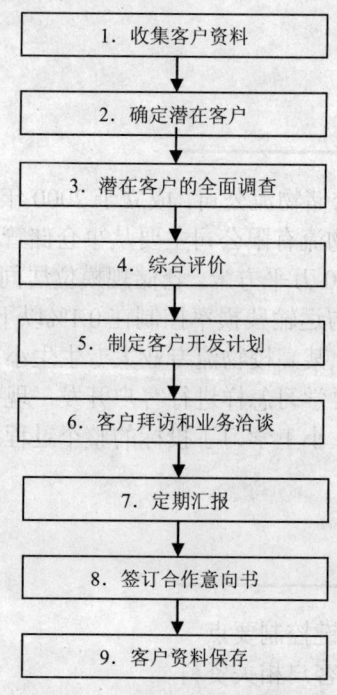

图2-3　客户开发流程图

关键点控制。

1. 收集客户资料：根据仓储配送公司市场定位和业务方向，广泛收集客户资料。

收集客户信息的渠道主要有三个：一是面谈，与客户进行交谈，进一步了解其生产经营和物流业务需求情况，听取其对本企业的基本看法；二是文献搜索，通过报纸、网络及其他媒体了解客户的各类情况，并对这些情况进行汇总；三是实地调研，走访客户的主要合作伙伴或竞争对手听取其对客户的意见和看法。

收集客户信息主要有两个原则：一是信息全面原则，信息的种类包括客户基本情况、信用情况、经营者情况以及客户所在行业情况等；二是信息准确原则，客户的信息必须准确，防止信息失真给企业决策造成误导。

2. 确定潜在客户：根据收集的客户信息确定潜在客户。

根据收集到的客户资料进行分析，筛选出潜在客户。选择潜在客户一般有以下标准：（1）具有较强的经济实力；（2）具有同本公司一致的物流业务需求；（3）没有重大业务违约和信用事件。

3. 潜在客户全面调查：对潜在客户进行全面调研，重点了解客户近三年的经营数据、业务合作伙伴、总经理和业务负责人的情况、企业文化的特点以及员工管理水平、素质、工作能力等，以确定开发成功的难易程度和客户开发的成本策略。

4. 综合评价：根据调研数据对客户进行综合评价，对其信用等级、经营能力进行划分，排列出客户开发的先后顺序和难易程度。

5. 制订客户开发计划：根据信用等级的划分、经营能力的强弱、管理人员的特点和企业文化模式分别制订客户开发计划。客户开发计划的主要内容包括：客户开发的渠道和方法、客户开发人员的分配情况、客户开发进度安排、客户开发经费预算和分配。

6. 客户拜访和业务洽谈：根据客户开发计划，选择恰当的时机对客户进行拜访和业务洽谈。首先，在进行客户拜访前要明确客户拜访的目的：如引导客户作出决策；对客户的信用状况作出判断；向客户传达资料、服务等信息；客户的经营风格和个人品质进行考察；创造一个与客户交流的机会，听取客户意见等。其次，要订立客户访问要点，确定对不同客户的访问计划，内容包括访问的重点、具体业务、访问的时间和频率，同时还要编制预定访问表以合理安排访问时间和确定洽谈的重点内容与对策。再次，拜访客户的时候要注意业务洽谈的技巧，考虑客户的利益和注意倾听，争取给客户留下良好的印象。最后，要作出拜访总结，即对拜访过程进行记录和整理，总结形成客户资料。

根据业务洽谈的结果，采取不同的业务跟踪方式：如是近期紧迫需求，可以做物流方案的预案，与客户进行互动完善，让客户尽可能的参与方案的制订过程；如没有得到相应的信息，需要进行进一步跟踪，对深入了解客户的想法，找出项目决策人，重点跟踪。如果说之前做的是针对企业，现在则是在和客户建立私人朋友关系，因此需要有更深层次沟通，要收集客户的个人资料，投其所好，建立信任度。

7. 定期汇报：对客户开发的进展情况及时向上级主管汇报并听取上级主管对开发进程

的意见和建议。

8．签订合作意向书：同新开发客户签订合作意向书，就双方的合作范围、合作时间、合作方式、合作报价以及付款方式等作出规定。

9．客户资料保存：对客户资料进行建档、保存并及时进行更新。

（二）客户信用调研

客户的信用等级对企业而言是非常重要的，为了掌握客户的信用状况，及时了解客户信用情况的变化，降低企业业务往来风险，我们必须对客户进行信用调研。

1．调研机构的选择。对客户进行信用调研的时候首先要选择调研机构，调研机构可分为外部调研机构和内部调研机构。

（1）外部调研。外部调研是聘请外部的专业机构进行客户信用的调研，具体的操作方法有聘请金融机构、专业资信调研机构等，选择不同外部调研机构的优缺点，外部调研机构及其优缺点如表2-4所示。

表2-4 外部调研机构及其优缺点一览表

外部调研机构	优 点	缺 点
金融机构	可信度比较高 所需费用少 通过委托调研，有利于提高本公司信用	难以把握具体细节 因客户的业务员银行不同，需要花费较长时间才能得出调研结果
专业资信调研机构	按本方提出的调研意图调研 能够在短时间内完成调研	调研人员的素质和能力对调研结果影响较大 经费支出较大
同行业组织	熟悉本行业情况，可深入具体的调研	真实情况与虚假信息混杂，难辨真伪 因竞争关系，诸多信息会秘而不宣，难以把握 受地域限制

（2）内部调研。内部调研是指企业自行借助客户员工进行调研，或利用新闻报道等材料进行分析。一般而言，较少采用内部调研结构进行信用等级的调研。

2．调研内容。调研客户的信用等级一般从经营者、企业内部状况、企业资金筹措能力和企业支付情况这几个方面进行。

（1）经营者调研，从经营者及其团队的品德以及经营能力方面进行调研，该项调研根据企业的董事长、总经理、部门负责人的文化水平、道德品质、信用观念、同行口碑等进行综合的评价。经营者调研的主要内容如表2-5所示。

（2）企业内部状况调研，从企业内部的管理和员工的各个方面进行调研，该项调研根据企业的内部管理和各层次员工的素质、工作态度和能力进行综合的评价。企业内部状况调研的主要内容如表2-6所示。

表 2-5　经营者调研内容

调研类别	详细内容
家庭生活	其家庭生活氛围 是否有不良嗜好
工作态度	是否对工作有热情 是否对工作放任自流、不闻不问 是否热衷于社会兼职和名誉职务 其行为是否与企业经营的理念、方针相悖 其经营人员是否努力工作、锐意进取 经营者是否高高在上、只管发号施令 总经理是否不拘小节
经营能力	是否确定了合适的继任者、无权利争夺之虞 是否制订出明确的经营方针 总经理是否为筹措资金而伤神 经营者讲话是否朝令夕改 经营者是否难觅其踪 经营者是否整日疲惫不堪 经营者是否对主要经营指标一无所知或一知半解
团队建设	经营者之间是否存在着财产争夺的隐患 经营者之间是否存在面和心不和、相互掣肘的情况 员工见到经营者打电话时是否经常窃窃私语

表 2-6　企业内部状况调研内容

调研类别	详细内容
员工工作态度	员工劳动纪律是否松懈 是否有员工从事第二职业 员工是否崇尚团队精神、团结一致 员工是否服从上级主管，做到令行禁止 总经理不在时，员工是否表现出兴高采烈的表情
员工沟通协作	员工是否将牢骚、不满向企业外部人员倾诉 员工是否在已知总经理行踪的情况下仍对询问故作不知
员工任务分配	员工是否每日无所事事 对分配的工作，员工是否能按时、按质完成
内部管理秩序	生产、办公场所是否经常有身份不明的外来者 办公区域、仓库等地是否杂乱无章、一片狼藉
员工管理水平	辞职率是否居高不下 对不良行为是否放任自流 员工是否违反规定损公肥私

（3）资金筹措能力调研，从企业自身的资金充裕情况以及企业同金融机构的关系方面进行调研，确保企业资金周转能力。对客户的资金筹措调研的主要内容见表 2-7。

表 2-7 客户筹措资金能力调研内容

调研类别	详细内容
资金充裕情况	是否要求票据转期 延期支付债务 提前收回赊销款 出现往来融通票据 为筹措资金低价抛售 取消公积金和交易保证金 将票据贴现,将证券折成现款 出现预收款融资票据和借入性融通票据 现金不足,提前回收货款以解资金不足之急
金融机构关系	银行账户是否被冻结 是否频繁更换业务银行 其票据是否被银行拒收 是否与业务银行关系紧张 是否与其他债权人关系紧张 经营者和财务负责人是否经常奔走于各类金融机构

（4）支付情况调研，从企业的支付态度和支付行为方面进行调研，根据信用履约情况、偿债能力、盈利情况等方面进行综合的评价。对客户支付情况的调研是客户信用调研的一项重要内容，客户支付情况调研内容如表 2-8 所示。

表 2-8 客户支付能力调研内容

调研类别	详细内容
支付态度	不能如约付款 推迟现金支付日,无故推迟签发票据 受到银行的强制性处分 对一部分供货商消极应付 对催付货款搪塞应付、缺乏诚意 要求延长全部票据的支付期限 经常托词本企业的付款通知未到 再三督促支付货款,却杳无音讯,连表示其信用和诚意的小额货款都拒不支付
支付行为	要求票据延期 开始进行小额融资 每天进行票据结算 由支票变为票据支付 变更支票和票据的签发银行 收到新业务银行签发的票据 支付货款构成中,现金（或票据）所占比例过小

3. 客户信用调研结果运用。客户调研人员应及时将信用调研过程中形成的客户信用调查结果，编制成信用调研报告。如果发现客户的信用等级发生变化，应及时向上级主管报告，并采取一定的办法进行处理。

二、投标管理

招投标是在市场经济条件下进行大宗货物买卖以及服务项目采购与提供所采用的一种交易方式。招投标要注意以下原则：保密原则；诚实信用原则；公开、公平、公正的原则。

（一）投标工作的管理流程如图 2-4 所示

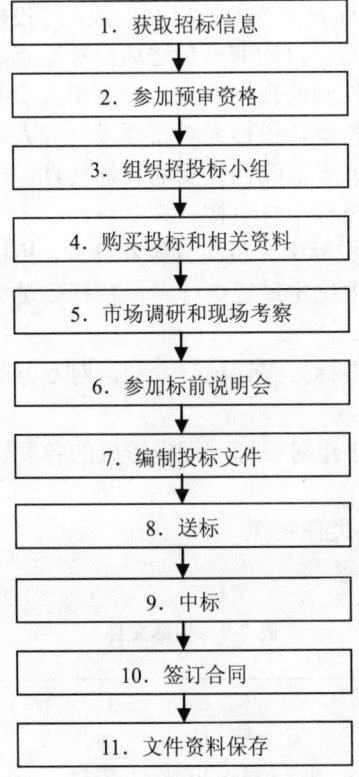

图 2-4　投标管理流程

关键点控制。
1. 获取招标信息。通过各种渠道获取招标信息即《招标公告》。
2. 参加资格预审。企业向招标委员会提交资格预审申请书和相关文件，填写投标申请书。
3. 组织投标小组。成立投标小组，负责投标事宜。

4. 购买标书和相关资料。投标小组根据招标公告的要求在规定的时间内购买标书和相关资料，并根据需要交纳保证金。

5. 市场调研和现场考察。投标小组针对投标要求进行市场调研，通过调研评价项目的成本、技术要求等条件；投标小组参加由招标方组织的现场考核，深入了解招标标的。

6. 参加标前说明会。投标小组参加由招标方组织的标签说明会，重点就标的的各种问题回答投标方的问题。

7. 编制投标文件。投标小组编制投标文件，投标文件包括：（1）投标函；（2）投标人资格、资信证明文件；（3）投标项目方案及说明；（4）投标价格；（5）投标保证金或者其他形式的担保；（6）招标文件要求具备的其他内容。

8. 送标。投标小组根据招标方要求的清单和份数，将投标方的资格文件和报价文件进行包装，并在招标公告规定的截止日期前密封送达投标地点。招标人或者招投标中介机构对在提交投标文件截止日期后收到的投标文件，应不予开启并退还。招标人或招投标中介机构应对收到的投标文件签收备案，投标人有权要求招标人或者招投标中介机构提供签收证明。投标人可以撤回、补充或者修改已提交的投标文件，但是应当在提交投标文件截止日之前，书面通知招标人或招投标中介机构。

9. 中标。通过招标人或招投标中介机构开标和评标，招标委员会或招投标中介机构从评标委员会确立的中标候选人中确定最终中标者，招标委员会或招投标中介机构编制并向中标者送达《中标通知书》。

10. 签订合同。招标方同中标方签订项目合同，对双方的责任、权利、价格及违约、争议等进行约定。

11. 文档资料保存。投标小组对投标过程中形成的各类资料进行汇总保存，并及时交档案管理部门进行备案。

（二）招投标过程中的主要文件

1. 招标文件，如表2-9所示

表2-9　招标文件

	（正本）
招　标　文　件	
招标项目名称：××电子有限公司区域仓储配送	
招标人：××电子有限公司	
地址：××省××市××工业区	
投标人：××物流有限公司	
地址：××省××市××工业城	
联系人：张三	
电话：	传真：

2．投标报名表，如表 2-10

表 2-10 投标报名表

××项目投标报名表

××电子有限公司：

我单位报名参加贵公司家电产品区域配送投标，愿恪守信誉，并提供良好的合作。现附上基本情况表壹份。

企业名称				企业性质	
详细地址					
主管部门		法人代表		职务	
联系人姓名		联系方式		电话	
注册资本				传真	
自有车辆数量				手机	
营运时间				电子邮箱	
企业简介					
企业物流运输的优势和特长					
重要客户概况					
企业基本情况	职工总数				
	流动资金		资金来源	自有资金	
				银行贷款	
	固定资产	原值		万元	
		净值		万元	
	近三年销售额		近三年盈利情况		
设备配置情况	设备名称	购入时间		数量	设备状态
备注					

主管领导签字： 　　　　　　　　　　　　　　　日期_____年___月___日

3．投标书

制作投标书前应该首先认真研究招标文件，分析招标内容，提出招标文件中的质疑问题，并做好询标工作；其次要分解招标内容，组成解决各个有关内容的工作小组；最后编制投标文件，确定项目实施的资源、人力以及费用等，进行投资效益分析、可行性研究等。投标书的制作如下。

投 标 书

投标单位名称：＿＿××物流有限公司＿＿

投标项目：××电器销售有限公司家电产品区域配送

我公司按照贵公司物流部《××公司家电产品区域仓储配送招标书》的要求进行投标，我公司能够严格做到和遵守《××公司家电产品区域仓储配送招标书》和《200×年××产品区域仓储配送基本要求》的要求，为更好地为贵公司服务，特制订此运输方案和投标报价，详见附件。请予收标。

单位地址：＿＿＿＿＿＿＿＿＿＿＿＿　　联系方式：＿＿＿＿＿＿＿＿＿＿

项目负责人：＿＿＿＿＿＿＿＿＿＿＿　　电　话：＿＿＿＿＿＿＿＿＿＿

传　真：＿＿＿＿＿＿＿＿＿＿＿＿＿　　电子邮箱：＿＿＿＿＿＿＿＿＿＿

投标时间：＿200×年×月×日＿

一、公司基本情况介绍（企业性质、注册资本、员工数目、员工素质、业务量）

二、运输能力（车辆来源、计划响应速度、车辆检查、装车业务、在途跟踪、运费结算、事故处理）

三、仓储能力（仓库情况、仓库设施、仓库管理、安全措施）

四、配送能力（配送车辆、配送半径、服务内容、集货分货能力）

五、管理状况（物流理念、公司的流程制度、公司是否有质量保证体系）

六、财务状况

七、信息化水平（信息系统的应用、信息传递手段）

八、主要客户群（主要客户、业务量）

九、公司信誉

十、公司优势

十一、可提供的增值服务

十二、相关运作流程方案

 工作任务

1. 工作目标

学生能够从各种渠道收集相关客户的信息，能分辨出潜在的客户并能对其进行全面的调查，从而进行客户开发；能够根据招标方的招标文件和对招标方的调查，结合自身的情况完成投标工作并编制投标书。

2．工作准备

（1）掌握客户开发的流程和招投标相关知识和方法，熟悉招投标的流程。

（2）将全班学生分组，每组 5～10 人，分别扮演招标方和投标方。

（3）时间安排 4 学时。

3．工作任务

（1）客户调查。通过各种渠道收集客户资料，确定潜在客户，对潜在客户进行全面调查，根据调查结果综合评价潜在客户，制订出客户的开发计划。

（2）编写投标书。根据招标方的招标书，再进行调研和考察，结合自身的优势特点编制投标书。

4．工作评价

工作评价的方式有教师评价、小组内部成员评价和第三方评分组成员评价三种，建议教师评价占 60%权重，小组内部成员评价占 20%的权重，第三方评分组成员评价占 20%的权重，将三者综合起来的得分为该生在该项目的评价分。工作评价单见表 2-11。

表 2-11 工作评价单

考评人		被考评人	
考评地点			
考评内容		招投标业务	
考评标准	具体内容	分值（分）	实际得分
	客户资料收集	20	
	制订客户开发计划	25	
	客户信用状况调查报告	25	
	制作投标书	30	
	合计	100	

注：考评满分 100 分，60 以下为不及格，60~69 分为及格，70~79 分为中，80~89 分为良，90 分以上为优。

单元三 仓储合同管理

学习情境

2008 年 6 月 3 日，某市 NJ 家用电器集团（下称 NJ 公司）向该市 WH 储运公司发出一份函电称："由 WH 储运公司为 NJ 公司储存保管家用电器，保管期限自 2008 年 7 月 10

日至 2009 年 7 月 10 日，仓库租金是全国统一价 12 元/平方米/月，任何一方违约，均需支付违约金 2 万元，如无异议，一周后正式签订合同。"WH 仓储公司的小陈学习了合同的起草和签订。合同签订后，WH 储运公司即开始清理其仓库，并拒绝其他有关部位在这三个仓库存货的要求。后另一家储运公司以更低的价格招揽 NJ 公司，于是同年 7 月 8 日，NJ 公司书面通知 WH 储运公司：因故我公司家电不需存放贵公司仓库，双方于 6 月 3 日所签订的仓储合同终止履行，请谅解。WH 储运公司接到 NJ 公司书面通知后，电告 NJ 公司：同意仓储合同终止履行，但贵公司应当按合同约定支付违约金 20000 元。NJ 公司拒绝支付违约金，双方因此而形成纠纷。WH 仓储公司的小陈应怎样处理合同的纠纷？

学习目标

1. 熟知仓储合同中的仓储合同当事人、仓储合同的标的和标的物
2. 能够订立仓储合同并熟知仓储合同的条款，知晓仓储合同生效和无效
3. 在合同履行过程中能对仓储物进行妥善保管，在发生纠纷时能做出应对的措施
4. 模拟仓储合同订立

学习地点

1. 教室
2. 仓储公司

学习内容

一、仓储合同基本知识

（一）仓储合同的定义

仓储合同，又称仓储保管合同，是保管人储存存货人交付的仓储物，存货人支付仓储费的合同。仓储业是专为他人储藏、保管货物的商业营业活动，是现代化大生产和国际、国内商品货物的流转中一个不可或缺的环节。根据我国《合同法》第 381 条的规定"仓储合同是保管人储存存货人交付的仓储物，存货人支付仓储费的合同。"

仓储合同具有以下法律特征。

1. 仓储合同为诺成合同。为约束仓储合同双方的行为，更好地维护双方利益，法律规定仓储合同自双方达成合意时起就成立，而不需以存储货物的实际交付。因此，《合同法》第 382 条规定：仓储合同自成立时起生效。

2．保管人必须是拥有仓储设备并从事仓储保管业务的人。根据 1985 年 9 月 25 日国务院批准的（仓储保管合同实施细则）第 3 条的规定，保管人必须是经工商行政管理机关核准，依法从事仓储保管业务的法人。

3．仓储合同为双务有偿合同。由于仓储业是一种商业营业活动，因此，仓储合同的双方当事人互负给付义务，保管人提供仓储服务，存货人给付报酬和其他费用。这与一般的保管合同不同，因为保管合同既可有偿、也可无偿。

（二）仓储合同的种类

1．一般保管仓储合同

仓库经营人提供完善的仓储条件，接受存货人的仓储物进行保管，在保管期届满，将原先收保的仓储物原样交还给存货人而订立的仓储保管合同。该仓储合同的仓储物为确定物，保管人需要原样返还。一般保管合同特别重视对仓储物的特定化，且保管人严格承担归还原物的责任，包括仓储物在仓储期间自然增加的孳息。本情境中 NJ 公司和 WH 储运签订的仓储合同即为一般保管仓储合同。

2．混藏式仓储合同

混藏式仓储是指存货人将一定品质数量的种类物交付给保管人，保管人将不同存货人的同样仓储物混合保存，存期届满时，保管人只需以相同种类、品质、数量的商品返还给存货人，并不需要原物归还的仓储方式。

这种仓储方式常见于粮食、油品、矿石或保鲜期较短的商品的储藏。混藏式仓储合同的标的物为确定种类物，保管人严格按照约定的数量、质量承担责任，且没有合理损耗的权利。混藏式仓储合同具有保管仓储物价值的功能。

3．消费式仓储合同

存货人在存放商品时，同时将商品的所有权转移给保管人，保管期满时，保管人只需将相同种类、品质、数量的替代物归还给存货人。存放期间的商品所有权由保管人掌握，保管人可以对商品行使所有权。消费保管的经营人一般具有商品消费的能力，如面粉加工厂的小麦仓储、加油站的油库仓储、经营期货交易的保管人等。消费式仓储合同的不同之处是涉及仓储物所有权转移到保管人，自然地保管人需要承担所有人的权利和义务。

4．仓库租赁合同

仓库所有人将所拥有的仓库以出租的方式开展经营仓储，由存货人自行保管商品的仓储经营方式。仓储人只提供基本的仓储条件，进行一般的管理，如环境管理、安全管理等，并不直接对所存放的商品进行管理。仓库租赁合同严格意义上来说不是仓储合同，只是财产租赁合同，但是由于出租方具有部分仓储保管的责任，具有仓储合同的一些特征。

5．仓储多种经营

仓储多种经营的概念仓储多种经营是指仓储企业为了实现经营目标，采用多种经营方式的经营方式。如在开展仓储业务的同时，还开展运输中介、商品交易、配载与配送、仓储增值服务等。

（1）仓储增值服务，如：托盘化、包装、贴标签、产品配套、组装简单的加工生产退货和调换服务订货决策支持等。

（2）运输中介，运输中介即运输服务中间商，例如：货运代理人和经纪人。

（三）仓储合同当事人

仓储合同双方当事人分别为存货人和保管人。

1．存货人：是指将仓储物交付仓储的一方。存货人必须是具有将仓储物交付仓储的处分权的人，可以是仓储物的所有人，如货主；也可以是只有仓储权利的占有人，如承运人；或者是受让仓储物但未实际占有仓储物的拟似所有人，或者是有权处分人，如法院、行政机关等。可以是法人单位、非法人单位、个人等的企业、事业单位、个体经营户、国家机关、群众组织、公民等。本情境中存货人即为 NJ 公司。

2．保管人：保管人为仓储货物的保管一方。根据合同法规定，保管人必须是有仓储设备和专门从事仓储保管业务的资格。也就是说保管人必须拥有仓储保管设备和设施，具有仓库、场地、货架、装卸搬运设施、安全、消防等基本条件；取得相应的公安、消防部门的许可。从事特殊保管的，还要有特殊保管的条件要求。保管人可以是独立的企业法人、企业分支机构，或个体工商户、其他组织等可以是专门从事仓储业务的仓储经营者，也可以是贸易堆栈、车站、码头的兼营机构，从事配送经营的配送中心。本情境中保管人即为 WH 仓储公司。

（四）标的和标的物

1．标的——仓储保管行为，包括仓储空间、仓储时间和保管要求

合同标的是指合同关系指向的对象，也就是当事人权利和义务指向的对象，即存货人按时交付货物、支付仓储费，保管人给予养护、保管期满，完整归还。因此仓储合同是一种行为合同，一种双方当事人都要行为的双务合同。

2．标的物——仓储物

标的物是标的的载体和表现，如仓储货物的质量、数量完好，说明保管人保管行为良好。仓储物可以是生产资料，如生产原料、配件、组件、生产工具、运输工具等；也可以是生活资料，如一般商品。仓储物必须是动产，并且是有形的实物动产，有具体的物理形状，能够移动到仓储地进行仓储保管。不动产不能成为仓储物，货币、知识产权、数据、文化等无形资产和精神产品不能作为仓储物。本情境中的标的物即为家用电器。

二、仓储合同的订立

（一）仓储合同订立的程序

一般来说，订立合同主要有两个阶段即准备阶段和实质阶段，实质阶段又包括要约和

承诺两个阶段。

1. 准备阶段

在许多场合，当事人并非直接提出要约，而是经过一定的准备，才考虑订立合同，其中包括接触、预约和预约邀请，其意义在于使当事人双方相互了解，为双方进入实质的缔约阶段（即要约和承诺阶段）创造条件，扫除障碍。

2. 实质阶段

根据《合同法》的规定，只要存货人与保管人之间依法就仓储合同的有关内容经过要约与承诺的方式达成意思表示一致，仓储合同即告成立，正因为要约与承诺直接关系到当事人的利益，决定合同是否成立，所以我们将之称为合同订立的实质阶段。

（1）仓储合同中的要约

要约，是指向特定人发出的订立合同的意思表示，发出要约的当事人称为要约人，而要约所指向的当事人则称为受要约人。要约具有两个特点：一是要约的内容必须明确具体，不能含糊其词、模棱两可。对方也不得对要约的内容做出实质性变更，否则视为对方的新要约；二是要约一经受要约人承诺，要约人即受该意思表示的约束，不得因条件的改变而对要约的内容反悔。

在仓储合同中，一般来说，要约的内容至少应当包括以下内容：标的物数量、质量、仓储费用，即使没有具体的数量、质量和仓储费用表述，也可以通过具体的方式来确定这些内容。本情境中要约方 NJ 公司向受要约方 WH 储运发出要约"由 WH 储运公司为 NJ 公司储存保管家用电器，保管期限自 2008 年 7 月 10 日至 2009 年 7 月 10 日，仓库租金是全国统一价 12 元/平方米/月，任何一方违约，均需支付违约金 2 万元，如无异议，一周后正式签订合同。"

（2）承诺

承诺，是指受要约人作出的同意要约内容的意思表示，承诺必须在要约的有效期限或合理期限内作出，并与要约的内容一致。本情境中，WH 储运并无异议，做出了承诺，即表明合同成立。

（二）合同的形式

根据合同法的规定，合同可以采取书面形式、口头形式或其他形式，因而仓储合同也可以采用书面形式、口头形式或者其他形式，订立仓储合同的要约、承诺也可以是书面、口头或者其他形式。本情境中采用书面合同的形式。

（三）仓储合同主要内容

仓储合同的内容，又称仓储合同的主要条款，是经存货人和保管人双方协商一致订立的，规定双方的主要权利和义务的条款，同时也是检验合同的合法性、有效性的重要依据，下面就仓储合同的主要内容作出简要介绍。

1. 货物的品名或品类

一般来说，仓储合同的标的物是存货人交付的，由保管人保管的货物，而且是特定物或是特定化了的种类物。保管人不但应妥善保管，以免发生损毁，而且在保管期满后应当按约定将原物及孳息交还给存货人。因此，双方当事人必须在合同中对货物的品名和种类作出明确详细的规定。如果存放的是易燃、易爆、易渗雨、有毒等危险货物或易腐、超限等特殊货物，还必须在合同中加以特别注明。

2．货物的数量、质量、包装

在此条款中，货物的数量应使用标准的计量单位，计量单位应准确到最小的计量单位；货物的质量应使用国家或有关部门规定的质量标准，也可以使用经批准的企业或行业标准。在没有上述质量标准时，可以由存货人与保管人在仓储合同中自行约定质量标准。至于货物的包装，一般由存货方负责，有国家或专业标准的，按照国家或专业标准执行；没有国家或专业标准，应根据货物的性能和便于保管、运输的原则由保管人与存货人双方约定。

3．货物验收的内容、标准、方法、时间

验收存货人的货物是保管人的义务和责任，合同中应明确约定验收的内容、标准。货物验收是入库的重要工作，通常验收的内容、标准包括三个方面：一是无需开箱拆捆，即直观可见的质量情况，验收项目主要有货物的品名、规格、数量、外包装状况等；二是包装内的货物品名、规格、数量，以外包装或者货物上的标记为准；无标记的，以供货方提供的验收资料为准；三是散装货物按国家有关规定或合同的约定验收。

验收的方法有全验和按比例抽验两种，具体采用那种方法，双方当事人应在合同中明确写明。验收的期限是自货物和验收资料全部送达保管人之日起，至验收报告送出之日止，日期以运输或邮电部门的戳记或直接送达的日期为准。超过验收期限所造成的实际损失由保管人负责。如果保管人未能按照合同约定或法律法规规定的内容方法、期限验收仓储物或验收不准确，就应当负责因此所造成的损失。如果存货人未能提供验收资料或提供资料不齐全、不及时，应对此所造成的损失负责。

4．货物保管条件和保管要求

仓储合同的标的物即存货人委托储存保管的货物，种类繁多，性质各异，因而对保管和保管要求也各不相同，许多货物需要特殊的保管条件和保管方法，在合同中应做出相应的约定。必要的时候，存货人还应向保管方提供储存、保管、运输等方面的技术资料，以便保管方根据货物的性能，按国家或合同规定的要求操作、储存危险品和易腐货物。

5．货物入出库手续、时间、地点、运输方式

双方应当详细约定货物入出库的具体的交接事项，以便分清责任。合同对货物入库，应明确规定是由存货人或运输部门、供货单位送货到库，还是由保管人到供货单位、车站、码头等处提取货物，入库时，保管人要根据合同规定的数量、质量、品种、规格等对入库货物进清点、验收和接收。验收无误后，向存货人开出仓单，并报仓库会计统计入账、登记。同样，货物出库一定要当面交接清楚，并做好记录，对货物出库，也应明确规定是由存货人、用户自提或是由保管人代送、代办发运手续。

6．货物损耗标准和损耗的处理

货物损耗标准是指货物在储存运输过程中，由于自然因素（如干燥、风化、散失、挥

发、黏结等）和货物本身的性质或度量衡的误差原因，产生的一定数量破损或计量误差。因此，双方当事人应当在合同条款中约定货物在储存保管和运输过程中的损耗标准和磅差标准。此类标准有国家或行业标准的，采用国家或行业标准；无国家或行业标准的，双方协商确定标准。货物储存期间，损耗量在法律规定或约定标准范围内，保管人不承担责任；超过标准范围的，保管人应当承担责任。

7. 计费项目、标准和结算方式、银行、账号、时间

计算项目和计算标准是最终计算保管人收取的仓储费用的根据，只有明确了计费项目和计费标准，才能准确地确定存货人的支付义务。计算项目包括：保管费、转仓费、出入库装卸搬运费、车皮、站台、包装整理、商品养护等费用。此条款除了明确上述费用由哪一方承担外，还应对下列项目作出明确规定：计算标准、支付方式、支付时间、地点、开户银行、账号等。

8. 责任划分和违约处理

仓储合同可以从货物的入库、验收、保管、包装、出库等五个方面明确双方当事人的责任。同时双方应约定，什么性质的违约行为承担什么性质的违约责任，并且明确约定承担违约责任的方式，即支付违约金、赔偿金及赔偿实际损失等，约定赔偿金的数额和计算方法。

9. 合同的有效期限

合同一般应规定仓储物的保管期限，即合同的有效期限，保管期限届满，保管人应当将仓储物返还给存货人，存货人应及时取仓储物，有的合同也可以不规定有效期限，只要存货方按日或按月支付保管费用，即可继续有效。

10. 变更和解除合同的期限

存货人和保管人变更、解除合同的，应当事先通知对方当事人，双方达成一致即可变更或解除合同、但一方要变更或解除合同的，须在法律规定或约定的期限内提出。

上述十项，是仓储合同通常所应具备的主要条款。另外，合同当事人根据双方的利益考虑，可以对其他更多、更广泛的事项做出约定：如争议的解决方式，合同的履行地点等，只要不违反法律、法规的强行性规定，即为有效。

（四）仓储合同格式

仓储合同格式主要合同书、确认书、计划表和格式合同，当事人可以协议采取任何合同格式。

1. 合同书。合同书是仓储合同的最常用格式，合同书由合同名称、合同编号、合同条款、当事人签署四部分构成，合同书具有形式完整、内容全面、程序完备的特性，便于合同订立、履行和留存、合同争议的处理。

2. 确认书。在采取口头、传真、电子数据等形式商定合同时，为了明确合同条款和表达合同订立，常采用一方向另一方签发确认书的方式确定合同。确认书有两种形式，一种仅列明合同的主要事项，合同的其他条款在其他文件中表达，如传真：本公司同意接受贵

公司 6 月 3 日提出的仓储家用电器的要求,请按时送货。另一种是将完整合同事项列在确认书上,形式相当于合同书。

3. 计划表。在订立长期仓储合同关系中,对具体仓储的安排较多采用计划表的形式,由存货人定期制订仓储计划交保管人执行。计划表就是长期仓储合同的补充合同或执行合同。

4. 格式合同。对于仓储次数多、批量小的公共仓储,如车站仓储等保管人可以采取格式合同。格式合同是由一方事先拟定,并在工商管理部门备案的单方确定合同。在订立合同时只是由保管人填写仓储物、存期、费用等变动事项后直接签发并让存货人签认,不进行条款协商。

三、合同的生效与无效

(一)生效——合同成立时生效

仓储合同为承诺性合同,在合同成立时就生效。仓储合同生效的条件为合同成立,具体表现为:双方签署合同书;合同确认书送达对方;受要约方的承诺送达对方;公共保管人签发格式合同或舱单;存货人将仓储物交付保管人,保管人接收。无论仓储物是否交付存储,仓储合同自成立时生效。仓储合同生效后,发生的存货人未交付仓储物、保管人不能接受仓储物都是仓储合同的未履行,由责任人承担违约责任。本情境中,仓储合同已经签订,属有效合同。

(二)无效——无论什么时候认定都是自始无效

无效仓储合同,是指仓储合同虽然已经订立,但是因为违反了法律、行政法规或者公共利益,而被确认为无效。无效仓储合同具有违法性、不得履行性、自始无效性、当然无效性等特征。合同无效由人民法院或仲裁机构、工商行政机关认定,可以认定为合同整体无效或部分无效,可以采取变更或撤销的方式处理;合同无效可以在合同订立之后、履行之前、履行之中或者履行之后认定。

常见的无效合同:(1)一方以欺诈、胁迫手段订立合同,损害国家利益的仓储合同;(2)恶意串通,损害国家、集体或者第三人利益的仓储合同;(3)以合法形式掩盖非法目的的仓储合同;(4)损害社会公共利益的仓储合同。

无效仓储合同无论什么时候认定,都是自始无效,也就是说因无效合同所产生的民事关系无效。依法采取返还财产或折价赔偿、赔偿损失、追缴财产等方式是因无效合同所产生的利益消亡,对造成合同无效方给予处罚。

四、合同的履行

仓储合同一经成立,即发生法律效力。存货人和保管人都应严格按照合同的约定履行自己的法律义务。

（一）保管人的义务

1. 给付仓单的义务

我国《合同法》第385条规定："存货人交付仓储物的，保管人应当给付仓单。"仓单既是存货人已经交付仓储物的凭证，又是存货人或仓单持有人提取仓储物的凭证。因此，保管人在存货人交付仓储物时给付仓单就成为一项重要的义务。

2. 仓储物入库时的验收义务与通知义务

我国《合同法》第384条规定："保管人应当按照约定对入库仓储物进行验收，保管人验收时发现入库仓储物与约定不符合的，应当及时通知存货人；保管人验收后，发生仓储物的品种、数量、质量不符合约定的，保管人应当承担损害赔偿责任。"保管人在接受存货人交存的货物入库时，应当按照合同的约定对货物进行验收，一般而言，保管人的正常验收项目包括：货物的品名、规格、数量、外包装状态。在验收中发现仓储物与合同约定不相符合的，保管人有及时通知存货人的义务，如果保管人怠于通知，视为仓储物符合合同的约定。保管人验收后，发生仓储物的品格、数量、质量、不符合约定的，保管人应承担损害赔偿责任。

3. 妥善保管储存货物的义务

保管方应当按照合同约定的保管条件和保管要求，妥善保管仓储物。保管人储存易燃、易爆、有毒、有腐蚀性、有放射性等危险物品的，应当具备相应的保管条件。我国《合同法》第383条规定："保管人储存易燃、易爆、有毒、有腐蚀性、有放射性等危险物品的，应当具备相应的保管条件。"

总之，在保管期间，保管方应按合同议定的储存条件和保管要求保管货物，并定期进行检查，使保管的货物不短缺、不损坏、不污染、不灭失，处于完好状态，发现货物出现异状，应及时通知存货方处理。未经存货方允许，无权委托第三方代管。

4. 危险通知义务

我国《合同法》第389条规定："保管人对入库仓储物发现有变质或者其他损坏的，应当及时通知存货人或者仓单持有人。"一般而言，仓储物出现危险包括以下几种情况：（1）如果第三人对其保管的货物主张权利而起诉或扣押时，保管人有义务通知存货人；（2）储存的货物发现有变质或其他损坏的，保管人应及时通知存货人；（3）储存的货物发现有变质或其他损坏，危及其他仓储物的安全和正常保管的，应通知并催告存货人处理。如果保管人违反通知义务，给他人的储存物造成腐蚀、污染等损害的，存货人不承担责任。

5. 返还仓储物的义务

我国《合同法》第392条规定："储存期间届满，存货人或者仓单持有人应当凭仓单提取仓储物。存货人或者仓单持有人逾期提取的，应当加收仓储费；提前提取的，不减收仓储费。"由此可见，保管期限届满，或因其他事由终止合同时，保管人应将储存的原物返还给存货人或仓单持有人，保管人不得无故扣押仓储物。

6. 送货与发货的义务

如果合同约定在仓储期限届满后,由保管人送货上门的,保管方应按照合同规定的时间、数量,将货物送至存货方,如果合同约定由保管人代办运输的,保管人应负责向运输部门申报运输计划,办理托运手续。

(二)存货方的主要义务

根据我国《合同法》规定,存货人的主要义务包括以下几个方面。

1. 按照合同的约定交存货物入库

存货人应当按照合同约定的品种、数量、质量、包装等将货物交付给保管人入库,并在验收期间向保管人提供验收资料,存货人不能全部或部分按照约定入库储存货物的,应当承担违约责任。存货人应按照合同的约定负责货物的包装,因包装不符合要求而造成货物损坏的,由存货人负责。

2. 如实告知货物情况的义务

我国《合同法》第383条规定:"储存易燃、易爆、有毒、有腐蚀性、有放射性等危险物品或者易变质物品,存货人应当说明物品的性质,提供有关资料。存货人违反前款规定的,保管人可以拒收仓储物,也可以采取相应措施以避免损失的发生,因此产生的费用由存货人承担。"由此可见,储存易燃、易爆、有毒、有放射性等危险物品或者易腐等特殊货物的,存货人应当向保管人说明预防货物发生危险、腐烂的方法,提供有关的保管运输等技术资料,并采取相应的防范措施。保管人由于存货人未将危险物品情况告知,而接受该货物造成损害的,存货人应承担损害赔偿责任。

3. 支付仓储费

仓储费是保管人因其保管行为所取得的报酬,一般而言,仓储费应在存货人交付仓储物时提前支付,而非提取货物时支付。所以,存货人应依仓储合同或仓单规定的仓储费,按时交纳给保管人。另外,根据我国《合同法》第392条的规定,如果存货人提前领取仓储物,保管人不减收仓储费用;如果存货人逾期提取的,应当加收仓储费。

4. 偿付其他必要费用

所谓其他必要费用主要指为了保护存货人的利益或避免损失发生而支出的费用。这些必要费用包括运费、修缮费、保险费、转仓费等,请求存货人支付上述费用时保管人应出示有关清单和登记簿。如果仓储合同中规定的仓储费包括必要费用时,存货人不必再另行支付。

5. 按照合同的约定及时提取货物

仓储合同期限届满,存货人应及时提取储存货物,存货人应当凭借仓单提取仓储物,提取仓储物后应缴回仓单。

(三)仓储合同中的几种特殊权利

1. 存货人对仓储物的检查权

在仓储期间,保管人负责保管存货人交付的仓储物,对仓储物享有占有权,但仓储物的所有权仍然归属于存货人,存货人为了防止货物在储存期间变质或有其他损坏,有权利随时检查仓储物或提取样品，但在行使检查仓储物或提取样品的权利时，不得妨碍保管人的正常工作。

2．保管人对仓储物的提存权

所谓提存，是指由于债权人的原因而无法向其交付合同标的物时，债务人将该标的物交给提存机关而消灭债务的一种制度。根据《合同法》的相关规定，保管人提存保管物的条件为：（1）仓单持有人无正当理由在仓储物储存期间届满时，不取仓储物；（2）保管人催告仓单持有人在合理期限内提取而不提取；（3）提存须依法定程序，如果保管人违反法定条件提存仓储物，属不法的提存，应负赔偿责任。

五、仓储合同的转让、变更、解除和终止

（一）仓储合同转让

仓储合同转让，是指仓储合同的一方当事人依法将其合同权利义务全部或部分转让给合同以外的第三人，即合同主体的变更，而合同的客体和内容都不发生变化。仓储合同转让可以分为：（1）全部转让和部分转让；（2）债权转让和债务转让。

（二）仓储合同的变更

仓储合同的变更，是指在仓储合同履行的主客观条件发生变化时，当事人为了使合同更有利于履行或更适应自己利益的需要，依照法律规定的条件和程序对已经合法成立的仓储合同的内容在原来合同的基础上进行修改或补充：如对仓储数量的增加或者减少，对履行期限的推迟或提前，以及对其他权利义务条款的修改、补充、限制等。仓储合同的变更，一般不涉及已经履行的部分，其效力仅及于未履行的部分。

（三）仓储合同的解除

仓储合同的解除是指仓储合同有效成立之后，在合同尚未履行或者尚未全部履行时，使原合同设立的双方当事人的权利义务归于消灭，它是终止仓储合同的一种形式。仓储合同解除的方式如下。

1．存货人与保管人协议解除合同

存货人与保管人协议解除合同，是指双方当事人通过协商或者通过行使约定的解除权而导致仓储合同的解除，仓储合同的协议解除又可以分为事后协议解除和约定解除两种。

2．法定解除

仓储合同的法定解除是指仓储合同有效成立后，在尚未履行或尚未完全履行之前，当事人一方行使法律规定的解除权而使合同效力归于消灭。仓储合同一方当事人所享有的这种解除权是由法律明确规定的，只要法律规定的解除条件成立，依法享有解除权的一方就可以行使解除权，而使仓储合同关系归于消灭。

（四）仓储合同的终止

仓储合同的终止，是指当事人之间因仓储合同而产生的权利义务关系，由于某种原因而归于消灭，不再对双方具有法律约束力。

六、仓储合同违约责任和免责

仓储合同的违约责任是指仓储合同的当事人，因自己的过错不履行合同或履行合同不符合约定条件时所应承担的法律责任。本情境中，NJ公司没有履行仓储合同，应当承担违约责任。

（一）仓储合同中保管人的违约责任

1. 保管人验收仓储物后，在仓储期间发生仓储物的品种、数量、质量、规格、型号不符合合同约定的，承担违约赔偿责任。
2. 仓储期间，因保管人保管不善造成仓储物毁损、灭失，保管人承担违约赔偿责任。
3. 仓储期间，因约定的保管条件发生变化而未及时通知存货人，造成仓储物的毁损、灭失，由保管人承担违约损害责任。

（二）仓储合同中存货人的违约责任

1. 存货人没有按合同的约定对仓储物进行必要的包装或该包装不符合约定要求，造成仓储物的毁损、灭失，自行承担责任，并由此承担给仓储保管人造成的损失。
2. 存货人没有按合同约定的仓储物的性质交付仓储物，或者超过储存期，造成仓储物的毁损、灭失，自行承担责任。
3. 危险有害物品必须在合同中注明，并提供必要的资料，存货人未按合同约定而造成损失，自行承担民事和刑事责任，并承担由此给仓储人造成的损失。
4. 逾期储存，承担加收费用的责任。
5. 储存期满不提取仓储物，经催告后仍不提取，仓储人承担由此提存仓储物的违约赔偿责任。

（三）仓储合同的违约责任的形式

1. 支付违约金

违约金是指仓储合同当事人一方发生违约时，依据法律的规定或合同的约定按照价款或者酬金总额的一定比例，而向对方支付一定数额的货币。违约金可分为两类：法定违约金和约定违约金，法定违约金由国家法律或法规直接规定违约金，约定违约金指仓储合同当事人在签订合同时协商确定的违约金。本情境中，合同中规定"任何一方违约，均需支付违约金2万元"即规定了违约责任的形式为支付违约金。

2. 损害赔偿

仓储合同损害赔偿是指仓储合同一方当事人在其违约时，在支付违约金或采取其他补救措施后，如果对方还有其他损失，违约方应承担赔偿损失的责任。损害赔偿最显著的特征为补偿性，在合同规定了违约金的情况下，赔偿金是用来补偿违约金的不足部分。

3. 继续履行

继续履行是指一方当事人在不履行合同时，对方有权要求违约方按照合同规定的标的履行义务或向法院请求强制违约方按照合同规定的标的履行义务，而不得以支付违约金和赔偿金的办法代替履行。规定继续履行的目的，不仅在于保护受损害一方的合法利益，使其订立合同的目的得以实现，同时也可以避免违约方为了私利，用支付违约金、赔偿金来达到逃避履行合同义务的目的。

4. 采取补救措施

所谓补救措施，是指在违约方给对方造成损失后，为了弥补对方遭受的损失，依照法律规定由违约方承担的违约责任形式。在仓储合同中，这种补救措施表现为对损坏的仓储物进行修理、将仓储物转移到良好的仓库存放、修复仓储设备，或者支付保养费、运杂费等方式。

5. 定金惩罚

定金是《担保法》规定的一种担保方式。在订立合同时，当事人可以约定采用定金来担保合同的履行。在履行前，由一方向另一方先行支付定金，在合同履行完毕，收取定金一方退还定金或者抵作价款。合同未履行时，支付定金一方违约的，定金不退还；收取定金一方违约的，双倍退还定金。定金不得超过合同总金额的20%，同时有定金和违约金约定的，当事人只能选择其中一种履行。本情境中未采用定金方式担保合同的履行。

（四）仓储合同违约责任的免除

违约责任的免除，是指一方当事人不履行合同或法律规定的义务，致使对方遭受损失，由于不可归责于违约方的事由，法律规定违约方可以不承担民事责任的情形。仓储合同违约责任的免除有以下几种情况。

1. 因不可抗力而免责

所谓不可抗力，是指当事人不能预见、不能避免并且不能克服的客观情况。它包括自然灾害和某些社会现象，前者如火山爆发、地震、台风、冰雹等，后者如战争、罢工等。合同签订后因出现不可抗力的时间不同，一般会产生以下法律后果：（1）延期履行；（2）部分不履行；（3）不履行。

另外，在不可抗力发生以后，作为义务方必须采取以下措施才可以免除其违约责任：（1）应及时采取有效措施，防止损失的进一步扩大，如果未采取有效措施，防止损失的进一步扩大，无权就扩大的损失要求赔偿；（2）发生不可抗力事件后，应当及时向对方通报不能履行或延期履行合同的理由；（3）发生不可抗力事件后，应当取得有关证明，遭受不可抗力的当事人一方应当取得有关机关的书面证明材料，证明不可抗力的发生以及其对当事人履行合同的影响。

2. 因自然因素或货物本身的性质而免责

货物的储存期间，由于自然因素，如干燥、风化、挥发、锈蚀等或货物（含包装）本身的性质如易碎、易腐、易污染等，导致的损失或损耗，一般由存货人负责，保管方不承担责任。

3. 因存货人的过错而免责

在仓储合同的履行中，由于存货人对于损失的发生有过错的，如包装不符合约定、未能提供准确的验收资料、隐瞒和夹带、存货人的错误指示和说明等,根据受害人过错的程度,可以减少或者免除保管人的责任。

4. 合同约定的免责

基于当事人的利益,双方在合同约定免责事项,对免责事项造成的损失,不承担相互赔偿责任。如约定货物入库时不验收重量,则保管人不承担重量短少的赔偿责任;约定不检查货物内容质量的,保管人不承担非作业保管不当的内容变质损坏责任。

七、仓储合同纠纷的解决

仓储合同纠纷,是指当事人双方在合同订立后至完全履行之前,因对仓储合同的履行情况,对合同不履行或不完全履行的后果以及合同条款理解不同而产生的争议。仓储合同纠纷的解决方式主要有四种:协商、调解、仲裁、诉讼。

1. 协商解决。仓储合同纠纷的协商解决,是指在发生合同纠纷之后,当事人双方根据自愿原则,按照国家法律、行政法规的规定和合同的约定,在互谅互让的基础上,自行解决合同纠纷的一种方式。在实践中,协商解决合同纠纷是最常见最普遍的一种解决合同纠纷的办法。

2. 调解解决。仓储合同纠纷的调解解决,是指调解人应仓储合同纠纷当事人的请求,根据有关法律的规定和合同的约定,就双方当事人的合同纠纷对双方当事人进行说服教育,以使双方当事人在互谅互让的基础上达成协议,解决合同纠纷。

3. 仲裁解决。仓储合同纠纷的仲裁,是指仓储合同纠纷的当事人根据有关法律的规定,以协议的方式自愿将合同争议提交仲裁机关,由仲裁机关按照一定程序进行调解或裁决,从而解决合同争议的法律制度。

4. 诉讼解决。合同纠纷发生后,当事人协商、调解不成,合同中也没有订立仲裁条款,或者事后没有达成书面仲裁协议,均可以直接向人民法院起诉,通过人民法院的审判活动,使合同纠纷最终得公正合理的解决,一般而言、仓储合同纠纷由各级人民法院的经济审判庭按照《民事诉讼法》所规定的程序进行审理。

本情境中,合同约定发生纠纷时先双方协商解决,协商不成,任何一方可向人民法院提起诉讼。

八、仓单

(一)仓单的基础知识

所谓仓单,是指由保管人在收到仓储物时向存货人签发的表示已经收到一定数量的仓储物的法律文书。仓单实际上是仓储物所有权的一种凭证,是仓单持有人依仓单享有对有关仓储物品的所有权的法律凭证。仓单是仓储合同存在的证明,也是仓储合同的组成部分。

(二) 仓单的法律性质

1. 仓单是要式证券。仓单上必须记载保管人的签字以及必要条款，以此来确定保管人和存货人各自的权利和义务。

2. 仓单是物权证券。仓单持有人依仓单享有对有关仓储物品的所有权，行使仓单上载明的权利或对权利进行处分。实际占有仓单者可依仓单所有权请求保管人交付仓单上所载的储存物品。

3. 仓单是文义证券。仓单上的权利义务的范围，以仓单的文字记载为准，即使仓单上记载的内容与实际不符，保管人仍应按仓单上所载文义履行责任。

(三) 仓单的内容

仓单正面如图2-5所示，仓单反面如图2-6所示。

仓单包括下列事项：

(1) 保管人的签字或者盖章；

(2) 存货人的名称及住所；

(3) 仓储的品种、数量、质量、包装、件数和标记等物品状况，以便作为物权凭证，代物流通；

(4) 仓储物的损耗标准；

(5) 储存场所和储存期间；

(6) 仓储费及仓储费的支付与结算事项；

(7) 若仓储物已经办理保险的，仓单中应写明保险金额、保险期间及保险公司的名称；

(8) 仓单的填发人、填发地和填发的时间。

仓单（正面）					
公司名称：					
公司地址：					
电话：			传真：		
账号：			批号：		
储货人：			发单日期：		
银主名称：			起租日期：		
兹收到下列货物依本公司条款（见后页）储仓					
唛头及号码	数量	所报货物	每件收费	每月仓租	进仓费
总件数：					
总件数（大写）：					
备注：					
核对人：					

图2-5 仓单的正面

仓单（反面）					
存货记录					
日期	提单号码	提货单位	数量	结余	备注

储货条款：

一、本仓库所载之货物种类、唛头、箱号等，均系按照储货人所称填写，本公司对货物内容、规格等概不负责。

二、货物在入仓交接过程中，若发现与储货方填列内容不符，我公司有权拒收。

三、本仓库不储存危险物品，客户保证入库货物绝非危险品，如果因储货人的物品危及我公司其他货物造成损失时，储货方必须承担因此而产生的一切经济赔偿责任。

四、本仓单有效期为一年，过期自动失效。已提货之分仓单和提单档案保留期亦为一年。期满尚未提清者，储货人须向本公司换领新仓单。本仓单须经我公司加印硬印方为有效。

五、客户（储货人）凭背书之仓单或提单出货。本公司收回仓单和提单，证明本公司已将该项货物交付无误，本公司不再承担责任。

图 2-6 仓单的反面

附：仓储合同范本

仓储租赁及货物保管协议

合同编号：20081101001

存货方（甲方）：NJ 家用电器集团
保管方（乙方）：WH 仓储公司

根据《中华人民共和国合同法》和《仓储保管合同实施细则》的有关规定，存货方和保管方就双方责、权、利等有关事项，经双方友好协商，达成如下协议。

第一条：甲方委托乙方储存、保管货物。

1. 甲方委托乙方储存、保管甲方指定地区的货物保管工作，具体交接计划及实施方案见《附件一》

2. 乙方提供完好仓库租给甲方存货。

第二条：储存货物的品名、品种、规格、数量、质量、包装。

1. 货物品名：NJ 彩电等系列产品。

2. 品种规格：NJ 彩电等系列产品的各种规格。

3. 数量：按照甲方的计划数量

4．质量：按照国家标准
5．货物包装：按照国家标准

第三条：货物验收的内容、标准、方法、时间、资料。

1．货物验收时，乙方必须核对货物与送货单据上列明的型号、数量是否相符，产品包装是否完好、受损。

2．如有包装破损，货物短少、损坏，乙方仓库必须填写货物验收一览表，详细、准确列明货物验收情况。

3．送货车辆抵达目的仓库 2 小时内，乙方必须安排卸车收货。

4．乙方按照货物台数清点、核收；

5．乙方收货后，必须填制甲方要求的产品入库单。

第四条：货物保管条件和保管要求。

1．乙方做到库房设施完善，具备防雨、防潮等条件，消防器材和照明设备保持良好状态。

2．乙方必须严格按照包装箱标示要求的高度、层数、方向堆码，不得倒置，产品摆放整齐有序，便于清点、盘存和检查。

3．货物堆垛科学，有效利用仓库库容，库容状态接受甲方的监督。

第五条：货物入库、出库手续、时间、地点、运输方式。

1．产品入库开具甲方要求的入库单，保管员签名确认。

2．甲方的客户到仓提货，必须持有甲方开具的有效的提货单，提单必具有甲方指定的提货专用章、财务签名。

3．乙方必须保证收到提单后60分钟内准时发货。

4．产品出库严格按照甲方开具的提单所列的品种、规格、数量安排发货，"白条"或口头通知等一律不准发货，否则，因此而发生的一切损失由乙方承担。

5．产品退换必须有甲方指定负责人签名的书面通知，否则，一律不准退换。

6．退货产品乙方必须严格验收，列明包装破损、残次品，编制备查流水账。在货物退货单上退货单位必须签字确认，必要时由甲方代表现场确认。

第六条：货物的损耗标准和损耗处理。

1．除原有包装、经甲方批准退货或运输等损坏外，所有因保管责任引起的损坏、产品短缺均由乙方负责。

2．在包装箱完好无损、无开启痕迹的情况下，客户开箱后发现产品型号不符，部件短缺、有质量问题等情况，乙方不承担任何责任，但有义务配合存货方查明原因。

3．由保管方承担的货物损失，按照甲方销售价格、加物料成本、加运输费用、加维修处理费用计算。

第七条：计费项目、标准和结算方式。

1．甲方租用乙方仓库的仓库租金是全国统一价12元/平方米/月。

2. 按照双方确认的平均库存台数（每天的实物库存台数累加除以当月天数）计算仓租面积，每平方米可存放 3.6 台彩电（折合数），既当月仓租＝平均库存台数/3.6×12 全国统一价。

3. 仓租按月结算。

4. 甲方向乙方支付装卸费，装卸费按件：21 寸 0.65 元/台　25 寸 0.8 元/台　29 寸 1 元/台　34 寸 1.45 元/台计费，分月结算。

5、结算方式：月结，上述费用，甲方收到乙方发票和结算明细单（对账单）之日（以邮戳为准）起，十五天内应予承付（以货款划出日为准）。如遇特殊情况应由甲乙双方友好协商解决。

第八条：双方责任与义务

甲方责任与义务

1. 甲方应按照有关规定，提供产品的有关信息、有效的单据及预留印鉴式样。如有变更，须至少提前 3 天书面通知乙方。

2. 按照协议约定，向乙方及时足额支付有关费用。

3. 保证货物本身的安全性，易爆、易渗漏、有毒等危险货物以及易腐、超限等特殊货物，必须在合同中注明，并向乙方提供必要的保管运输技术资料。未经允许不得将易燃、易爆、具腐蚀性等危险品存入库房，否则造成的后果由甲方承担。

4. 严格执行消防部门及乙方的有关安全防火规定。

5. 对所储存的货物的包装，应保障货物在仓储、运输过程中的安全。

6. 货物临近失效期或有异状的，在乙方通知后不及时处理，造成的损失由甲方承担。

7. 甲方负责提供产品堆码、保管技术规范、有效票样样板。

8. 为了确保产品安全，甲方有权不定期进仓对乙方保管的甲方产品抽检，乙方须积极配合。

乙方责任与义务

1. 负责库房的维修、管理，保证不漏雨、不潮湿。

2. 负责甲方货物的安全保卫，提供足够数量的消防设施。

3. 保持库房的清洁，并提供足够数量的垫板，保证甲方货物的干净和干燥。

4. 提供专门的管理人员，负责甲方货物的进出仓及日常的货物保管工作，保证其进出仓时有足够数量的搬运工人和装卸设备。

5. 提供每周七天，每天二十四小时货物进出仓装卸服务。

6. 严格按照附件中的运作流程规范进行作业并及时提供有关报表及统计信息。

7. 在保管期间如需要更换仓库，须经甲方同意。

8. 积极配合甲方有关工作如保险、不定期抽检等。

9. 在货物保管期间，未按合同规定的储存条件和保管要求保管货物，造成货物灭失、短少、变质、污染、损坏的，乙方应照价赔偿。

10．乙方须保证提供甲方约定的仓库面积，保证尽最大可能优先提供临时加大的使用面积。

11．乙方负责入库、出库及在库品的管理，商品堆码符合甲方要求和安全管理规定。

12．在合同期内，乙方如需更改仓库使用用途，需负担甲方由此而产生的一切损失。如甲方因政策变化需撤换仓库，应提前15天通知乙方，乙方应无条件同意甲方的撤仓要求，甲方在付清至撤仓日所欠乙方的仓租费用后，乙方不得以租期未到为由而提出其他不合理的要求。

13．乙方协助甲方盘点和对账。

保管期间，由于乙方保管不善，造成甲方货物发生损坏、丢失、淋湿、受潮、火灾等情况，造成的损失由乙方负责赔偿。但因不可抗力或由于甲方违反附件规定的操作规程所造成的损失，乙方不承担责任。

14．如乙方未按附件规定的要求，在单据、手续不全或明显不符的情况下出库，致使货物被冒领而使甲方造成的损失，由乙方负责赔偿。

第九条：合同效力与期限

本合同自甲乙双方签订之日起生效。

合同有效期为壹年，即2008年7月10日至2009年7月10日，如需续约，双方另行商议。

第十条：变更和解除合同的期限

由于不可抗力事故，致使直接影响合同的履行或者不能按约定条件履行时，遇有不可抗力事故的一方，应立即将事故情况电报通知对方，并在七天内，提供事故详情及合同不能履行、或者部分不能履行、或者需要延期履行的理由的有效证明文件，此项证明文件应由事故发生地区的地级机构出具。按照事故对履行合同影响的程度，由双方协商是否解除合同，或者部分免除履行合同的责任，或者部分免除履行合同的责任，或者延期履行合同。

第十一条：其他约定事项。

运输破损由乙方出具验收报告，送交甲方确认，并保留由承运方代表签字认可的原始记录，方便日后备查。

本协议附件规定的运作流程规范具有与本协议相同的法律效力，双方都必须严格遵照执行。违反规定所造成的损失，由违规方负责。

任何一方违约，均需支付违约金20,000元。

第十二条：合同纠纷解决方式

本合同发生争议，由当事人双方协商解决。协商不成，任何一方可向××市人民法院提起诉讼。

第十三条：未尽事项

本合同未尽事项，按《中华人民共和国合同法》和《仓储保管合同实施细则》执行，或由双方另行协商解决或签订补充协议,作为本协议的有效附件。

第十四条:本合同一式四份,双方各执两份。

甲方(章):　　　　　　　　　　乙方(章):
法定代表人:　　　　　　　　　　法定代表人:
委托代理人:　　　　　　　　　　委托代理人:
电话:　　　　传真:　　　　　　电话:　　　　传真:
开户行:　　　　　　　　　　　　开户行:
账号:　　　　　　　　　　　　　账号:
日期:　　　　　　　　　　　　　日期:

 工作任务

1．工作目标:学生能够发出要约,能够对要约进行承诺;进而对仓储合同的各主要条款进行洽谈,从而签订仓储合同。存货人交付仓储物后,能进行仓单的签发,并在仓储物仓储过程中进行妥善的保管,当出现意外事件时能够进行相关处理。

2．工作准备
(1)掌握仓储合同相关知识和方法,熟悉合同的仓单的条款和法律意义。
(2)将全班学生分组,每组5~10人,分别扮演存货房和保管方。
(3)时间安排4学时。

3．工作任务
(1)存货人与保管人进行要约与承诺
学生扮演的存货方和保管方模拟洽约过程,由存货方向保管方提出订立仓储保管合同的建议和要求,保管方对此作出承诺。
(2)双方制定物流仓储合同条款并签订合同
模拟存货人和保管人双方,确定标的物,对合同条款进行谈判,并签订仓储合同。
(3)仓储公司对仓储物保管
仓储公司保管人对仓储物进行妥善保管。
(4)仓单的制作

4．工作评价
工作评价的方式有教师评价、小组内部成员评价和第三方评分组成员评价三种,建议教师评价占60%权重,小组内部成员评价占20%的权重,第三方评分组成员评价占20%的权重,将三者综合起来的得分为该生在该项目的评价分。工作评价单见表2-12所示。

表 2-12　工作评价单

考评人		被考评人	
考评地点			
考评内容	仓储合同应用		
考评标准	具体内容	分值（分）	实际得分
	仓储合同中双方当事人和订立的程序	10	
	仓储合同的条款	30	
	仓储合同履行过程中保管应履行的义务	20	
	仓储合同的违约责任形式和免责条件	20	
	仓单的填写	20	
	合计	100	

注：考评满分 100 分，60 以下为不及格，60~69 分为及格，70~79 分为中，80~89 分为良，90 分以上为优。

模块三　仓库布局与库房规划管理能力

单元一　仓库布局规划

 **学习情境**

A公司是我国著名的洁具产品制造企业，创建于1989年，位于中国水暖之乡——福建省南安市仑苍镇九牧工业园，是建设部、建材局定点管理专业生产卫浴洁具的集团企业。主要生产水龙头、花洒、阀门和感应洁具等水暖产品。现拥有7家下属子公司，具有从模具、铸造、压铸、机加工、抛光、电镀、装配到实验检测和污水处理等一系列先进制造流程的生产体系。公司在国内各大中城市设有两千多个营销网点，营销网络遍布国内外，产品远销北美、欧洲、东南亚等十几个国家和地区。随着市场需求的不断增大，A公司原材料和零部件的采购量、产品的品种和生产量以及销售量都急剧增加。原先的产成品仓库已不能满足迅速增长的物流仓储需要。为了实现对企业物流更加高效、快捷、安全和低成本的管理，满足企业发展对物流的迫切需求，需要对企业物流和新厂房的物流中心进行科学合理的规划。下面我们主要学习一下该公司新建的产成品仓库是如何规划布局的？

 **学习目标**

1. 了解仓库总平面规划
2. 学会仓库设备选型及仓库设备规划程序
3. 掌握仓库面积计算方法，了解仓库主要技术参数设置
4. 通过仓库布局调研，进一步理解仓库布局规划

 **学习地点**

1. 校内仓库实训室

2. 调研对象仓库

学习内容

一、仓库平面布局规划

现代仓库总平面规划一般可以划分为生产作业区、辅助作业区和行政生活区三大部分。现代仓库为适应商品快速周转的需要，在总体规划布置时应注意适当增大生产作业区中收发货作业区面积和检验区面积。

1. 生产作业区。生产作业区是现代仓库的主体部分，是商品仓储的主要活动场所。主要包括储存区、道路、铁路专用线、码头、装卸平台等。

储存区是储存保管、收发整理商品的场所，是生产作业区的主体区域。储存区主要由保管区和非保管区两大部分组成。保管区是主要用于储存商品的区域，非保管区主要包括各种装卸设备通道、待检区、收发作业区、集结区等。

按照仓储作业的功能特点以及工 ISO9000 国际质量体系认证的要求，库房储存区域可划分为：待检区、待处理区、不合格品隔离区、合格品储存区等。待检区：用于暂存处于检验过程中的商品。这些商品一般采用黄色的标志以区别于其他状态的商品。待处理区：用于暂存不具备验收条件或质量暂时不能确认的商品。这些商品一般采用白色的标志以区别于其他状态的商品。不合格品隔离区：用于暂存质量不合格的商品。处于不合格隔离状态的商品一般采用红色的标志以区别于其他状态的商品。合格品储存区：用于储存合格的商品。处于合格状态的商品一般采用绿色的标志以区别于其他状态的商品。

为方便业务处理和库内货物的安全，待检区、待处理区和不合格品隔离区应设在仓库的入口处。仓库内除设置上述基本区域外，还应根据仓储业务的需要，设置进货作业区、流通加工区和出货作业区等。现代仓库已由传统的储备型仓库转变为以收发作业为主的流通型仓库，其各组成部分的构成比例通常为：合格品储存区面积占总面积的 40%~50%；通道占总面积的 8%~12%；待检区及出入库收发作业区占总面积的 20%~30%；集结区占总面积的 10%~15%；待处理区和不合格品隔离区占总面积的 5%~10%。

库区铁路专用线应与国家铁路、码头、原料基地相连接，以便机车直接进入库区内进行货运。库内的铁路线最好是贯通式，一般应顺着库长方向铺设，并应使岔线的直线长度达到最大限度，其股数应根据货场和库房宽度及货运量来决定。

现代仓库道路的布局，是根据商品流向的要求，结合地形、面积、各个库房建筑物、货场的位置后，再决定道路的走向和形式。汽车道主要用于起重搬运机械调动及防火安全，同时也要考虑保证仓库和行政区、生活区之间的畅通。仓库道路分为主干道、次干道、人行道和消防道等。主干道应采用双车道，宽度应在 6~7m；次干道为 3~3.5m 的单车道；

消防道的宽度不少于6m，布局在库区的外周边。

2. 辅助作业区。辅助作业区是为仓储业务提供各项服务的设备维修车间、车库、工具设备库、油库、变电室等。值得注意的是，油库的设置应远离维修车间、宿舍等易出现明火的场所，周围须设置相应的消防设施。

3. 行政生活区。它是行政管理机构办公和职工生活的区域，具体包括办公楼、警卫室、化验室、宿舍和食堂等。为便于业务接洽和管理，行政管理机构一般布置在仓库的主要出入口，并与生产作业区用隔墙分开。这样既方便工作人员与作业区的联系，又避免非作业人员对仓库生产作业的影响和干扰。职工宿舍楼一般应与生产作业区保持一定距离，以保证仓库的安全和生活区的安宁。

二、仓库设备配置

（一）仓库设备配置原则

仓库设备的配置是仓库系统运行良好的重要环节。在选择仓储设备时，主要从仓储机械的技术指标和经济指标综合分析评价。

1. 仓库机械设备的工作性能与仓库的作业量、出入库作业频率相适应（见图3-1）
2. 选用自动化程度高的存取装置
3. 计量作业和搬运作业同时完成
4. 注意仓储机械设备的技术性和经济性的平衡

（二）仓库设备规划设计程序

仓库设备的规划设计，应以仓库单元负载单位为基准，确定储运作业的单位，从而决定各阶段仓库作业的设备规格。通常先决定箱或托盘的尺寸、货架高度、重量等，再行设计仓储设备规格。规划仓储设备时，亦须将作业操作空间、搬运走道空间一并考虑，因此通常须作布置面积的修正与调整，从而限制了搬运设备的使用、搬运或输送的速度等因素。其设计的程序请参考图3-2。

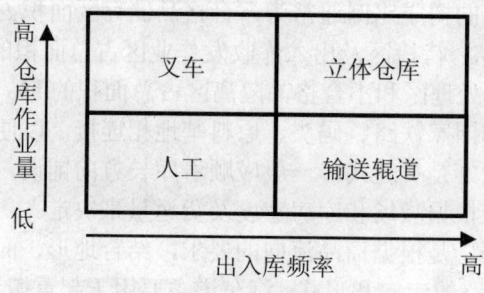

图3-1　仓库设备选型

(三) 主要仓库设备配置列表

仓库主要设备如表 3-1 所示，包括储存设备、搬运设备、输送设备、分拣设备、容器及流通加工设备等。

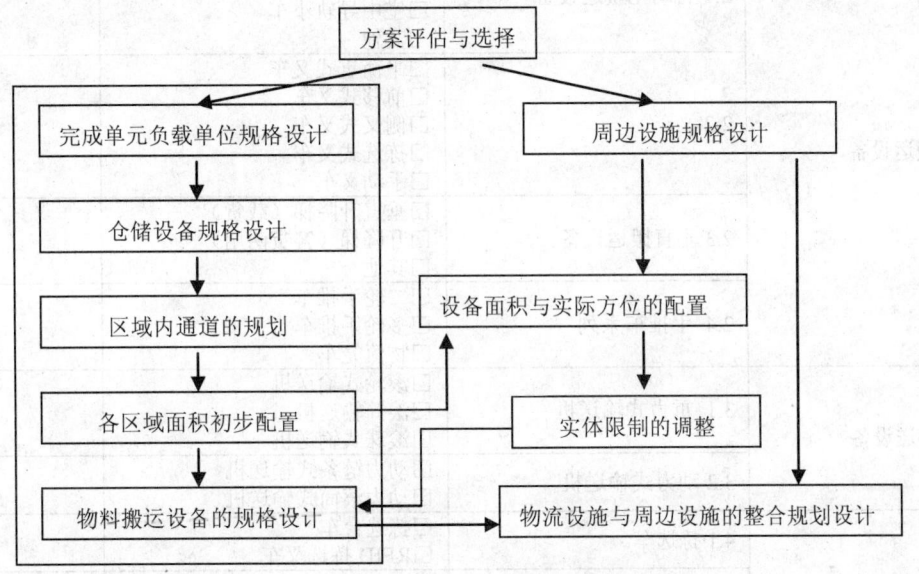

图 3-2　仓库设备规划设计程序

表 3-1　仓库主要设备列表

设备类型	设备项目	设备选用内容	设备规格
1. 储存设备	1.1 自动仓储设备	□单元负载式 □水平旋转式 □垂直旋转式 □可拣取式 □窄道式	
	1.2 大量型仓储设备	□重型托盘货架 □驶入式/驶出式货架 □重型流动货架 □移动式货架 □阁楼式货架	
	1.3 多种少量储存设备	□轻型移动储柜 □轻型货架 □轻量型流动货架 □其他	

（续表）

设备类型	设备项目	设备选用内容	设备规格
2. 搬运设备	2.1 自动化搬运设备	□自动仓储存取车 □自动无人搬运车（AGV） □空中导轨小车 □其他	
	2.2 叉车	□平衡重式叉车 □前移式叉车 □侧叉式叉车 □拣选式叉车 □手动叉车	
	2.3 垂直搬运设备	□垂直升降梯（载货） □升降梯（客货两用） □其他	
	2.4 手推车系列	□二轮手推车 □多轮手推车 □物流笼车	
3. 输送设备	3.1 重力式输送机	□滚轮式输送机 □滚筒输送机 □滚珠式输送机	
	3.2 动力式输送机	□动力链条式输送机 □动力滚筒式输送机	
4. 分拣设备	4.1 拣选车	□拣选台车 □RFID 拣选叉车	
	4.2 电子拣选货架	□电子标签拣选货架 □其他	
	4.3 自动分拣机	□气缸侧推式 □旋转挡臂式 □滑块式 □轨道台车式	
5. 容器	5.1 搬运用容器	□纸箱 □托盘 □储运箱	
	5.2 储存用容器	□托盘 □周转箱	
6. 流通加工设备	6.1 裹包集包设备	□裹包机 □装盒机	
	6.2 外包装配合设施	□钉箱机 □裹包机 □打带机	
	6.3 条形码设备	□条码识读设备 □条码数据采不集器 □条形码打印机	
	6.4 拆箱设备	□拆箱机 □拆柜工具	
	6.5 称重设施	□称重机 □地磅	

三、仓库面积及主要参数说明

1. 仓库面积确定

现代仓库的种类和规模不同，其面积的构成也不尽相同，因此必须首先明确仓库面积的有关概念，然后再确定仓库的相关面积。

（1）仓库总面积：指从仓库外墙线算起，整个围墙内所占的全部面积。若在墙外还有仓库的生活区、行政区或库外专用线，则应包括在总面积之内。

（2）仓库建筑面积：指仓库内所有建筑物所占平面面积之和。若有多层建筑，则还应加上多层面积的累计数。仓库建筑面积包括：生产性建筑面积（包括库房、货场、货棚所占建筑面积之和），辅助生产性建筑面积（包括机修车间、车库、变电所等所占的面积之和）和行政生活建筑面积（包括办公室、食堂、宿舍等所占面积之和）。

（3）仓库使用面积：指仓库内可以用来存放商品的面积之和，即库房、货棚、货场的使用面积之和。其中库房的使用面积为库房建筑面积减去外墙、内柱、间隔墙及固定设施等所占的面积。

（4）仓库有效面积：指在库房、货棚、货场内计划用来存放商品的面积之和。

（5）仓库实用面积：指在仓库使用面积中，实际用来堆放商品所占的面积。即库房使用面积减去必须的通道、垛距、墙距及进行收发、验收、备料等作业区后所剩余的面积。

库房（货棚或货场）实用面积的计算：

$$S=Q/q$$

公式中：S——库房（货棚或货场）的实用面积，m^2；

Q——库房（或货棚或货场）最高储存量，t；

q——单位面积商品储存量，t/m^2。

仓库总面积的确定：

$$F=\sum S/i$$

公式中：F——仓库的总面积，m^2；

S——仓库实用面积之和，m^2；

i——仓库面积利用系数。

2. 仓库主要参数说明

（1）卡车通道。

在仓库内部的卡车车道，单线车道宽度为 4m，双线车道宽度为 8 m，车道的地板荷重必须是能承担 10 吨/每轴的地板。

（2）卡车回转区。

在仓库的卡车回转区，可以使大卡车容易的停靠月台，非常重要但是常常被忽视；卡车回转区的长度是根据卡车的长度不同而不同，原则上是卡车全长的两倍；更明确的数字例如：2 吨车为 11 m，4 吨车为 13 m，11 吨车为 20 m 及拖车、货柜车为 33 m。

(3) 月台高度。

在仓库的月台，是进出货必经之路，月台高度是配合卡车货台的高度，但是卡车的种类非常多，且高度也都不一样；另外在空车的高度与载重车的高度也不一样。因此往往必须导入油压升降平台来辅助装卸，一般而言进货的卡车较大，可能是 11 吨大货车或是货柜车、拖车；而出货的卡车较小，大部分是 3.5 吨车（总重）及 7.2 吨卡车。另外卡车因厂家的不同，高度也不同。一般而言月台的高度 2 吨车约为 0.7 m，4 吨车约为 0.9 m，11 吨车约为 1.2 m，而拖车及货柜车约为 1.3 m 左右。在月台上面也必须考虑防撞的装置，避免月台遭卡车撞坏。低温仓库则必须配合门封设备。

(4) 遮阳（雨）棚高度及长度。

在仓库月台的遮阳（雨）棚也是物流进出货必要的设备，因为有的商品对湿度及太阳直射非常敏感，因此进出货的地方必须有足够遮阳（雨）棚的设备。遮阳（雨）棚与月台的高度至少需要 3 m 以上，与地面的高度至少需要 4 m 以上，遮阳（雨）棚的长度至少需要 5 m 以上；而且遮阳（雨）棚的斜度最好是往内部倾斜，避免雨水滴落到车厢后被风吹进月台，甚至弄湿了商品。另外有一种车厢是以左右两边开启的，称为海鸥式车厢，使用此种车厢时则遮阳（雨）棚的高度从地面算起至少需要 5.5 m 以上。

(5) 物流中心的内部通道。

在仓库内部的通道，由于运搬设备种类有许多种，因此其通道大小也完全不同；常见的运搬设备有人工方式、手推车及叉车等几种。一般而言，人的单行通道其尺寸为 0.6 m，若是双向时则为 1.2 m，手推车的单行通道其尺寸为 1 m，若是双向可以会车时则为 2 m；叉车直行时的通道约为 1.5 m，而垂直作业时则 2.5 m～4.0 m 以上，除此之外必须参考叉车的机型及托盘的尺寸大小比较精准。

(6) 库房高度及天花板高度。

库房高度的计算公式：（托盘上货物的高度＋叉举高度 20cm＋梁高 10cm）×N 层＝库房的实际作业高度。库房高度还要考虑电灯、冷气风管或消防水管等空间高度还要再加上去。天花板高度＝厂房实际作业高度＋30cm。

(7) 仓库柱子间跨距及柱子构造。

在仓库柱子的跨距方面，必须根据货架的规划的位置，决定适当的柱子跨距；以物流规划而言，柱子的跨距愈大愈好，但是以建筑成本而言跨距愈大成本愈高。因此必须取得平衡点，也就是以最恰当的跨距而成本也要合理；根据货架的规划尺寸及恰当的通道尺寸为规划参考尺寸，设托盘货架深度与通道的尺寸约为 6m；则此方向（X 方向）的柱间跨距以 6m 的倍数为宜。同理此方向的柱间跨距也可以更大，但必须是 6m 的倍数，建议最少为必须为 12m，另外方向（Y 方向）的尺寸则以托盘式货架的宽度（设托盘货架宽度为 2.6m）乘上几列就等于其柱间净跨距，除此之外还必须考虑柱子实际的宽度及间隙，例如考虑以三列的货架时，则柱间净跨距尺寸为 2.6m×3＝7.8m，再加上柱子实际的宽度 80cm 及间隙 20cm，则柱间跨距的尺寸应该为 8.8m，或是以 9m 为柱间跨距。当然也可以用更大的柱间跨距，但是必须考虑 Y 方向的柱间跨距计算公式：（2.6m×N 列）＋柱宽＋间隙（20cm）＝柱间跨距（Y 方向）。

在柱子构造方面，柱子构造的种类有：（1）力霸轻型钢，（2）H 型钢，（3）BOX 型钢，（4）钢筋混凝土，（5）SRC 结构等几种。其中以 SRC 结构为最佳但价格最贵，而目前使用最多且最经济的是 H 型钢。

（8）地板荷重和地板材质。

在仓库内部的地板荷重及地板表面材质也是很重要的，尤其是多层楼式或是有地下室的楼板，我们常常可发现地板的承载荷重不足情形，例如地板不正常之龟裂及震动，或者是结构体严重受损情形。储放的商品不同则其地板荷重不同，一般而言办公室每平方米 300 公斤，服饰商品则每平方米 300 公斤～500 公斤，杂货商品则每平方米 500 公斤～1 吨，而饮料商品则每平方米 2 吨以上；除此之外最好再考虑该层之楼层高度或储放商品的高度。另外地板表面起砂的情形非常严重，因此地板表面材质的选用非常重要，目前的地板表面材质种类很多，有：①水泥地板，②金刚砂水泥地板，③塑料地砖地板，④无缝树脂地板等几种。针对储放商品特性选择较耐用之材质，目前使用例最多的是金刚砂水泥地板，而且价格非常合理。

（9）屋顶、屋高及梁高。

仓库屋顶根据厂房的不同屋顶的设计也完全不同，常见的仓库屋顶建造材料有：①彩色钢板，②RC，③库体板，④石棉瓦等几种。目前以彩色钢板为最普遍。由于建造方式的不同屋顶的样式也不同，有平屋顶、单面斜度及两面斜度等几种，因此屋顶斜度必须要注意，因屋顶斜度的大小会影响屋高及梁高，目前屋顶斜度从 5/100 至 20/100 左右都有；5/100 的斜度是指 100 公尺长的屋顶，屋顶高有 5 公尺。

（10）墙壁及门窗。

仓库的墙壁种类有很多种，视储存商品的特性不同选择不同的墙壁材料，以墙壁材料的不同有：①彩色钢板，②彩色钢板＋隔热，③库体板，④砖墙等几种；彩色钢板的价格比较便宜，但隔热及防尘效果不佳；库体板及砖墙的价格比较高，但隔热及防尘效果较佳。另外仓库的门有：①手动卷门，②电动卷门，③手动快速门等几种，手动卷门价格比较便宜但费力，电动卷门及手动快速门价格比较贵但比较省力。窗户尽量规划在较高的地方，开窗的主要目的是在于采光及紧急时逃生。

（11）消防的设备。

仓库的消防非常重要，必须设置足够的消防设备，消防设备的种类及功能有许多种，常见的有：①烟感报警器，②消火栓，③灭火器，④自动洒水系统，⑤自动二氧化碳灭火系统等几种。消火栓及灭火器的价格比较便宜但是必须由人操作，自动洒水系统及自动二氧化碳灭火系统的价格比较贵但是效果比较有效。

（12）仓库的换气。

在规划仓库时也必须注意仓库的换气，尤其是夏天如何使热空气排出，仓库的换气方法有很多种，例如：①天窗自然换气，②门窗自然换气，③强制性通风器（自动），④空调系统等几种。在利用自然通风的时候,要充分考虑天气、季节来决定通风的起止时间。

(13) 采光及照明。

采光及照明对于仓库作业也是非常重要,尤其是拣货作业及检查作业,如果光线不足容易造成拣货错误;因此必须注意仓库的采光及照明。厂房的自然采光方法有两种:①是利用屋顶采光板,②是利用门窗采光。利用屋顶采光板时,必须尽量把采光板规划在走道的上方;同理在规划照明时,必须把采光板规划在走道的上方。

四、仓库布局规划的案例

以学习情境中的企业说明仓库布局规划过程。根据企业生产运营的需要,对成品库进行合理地功能区域的设置、划分和布局,并确定其尺寸,是 A 公司产成品仓库功能区规划设计的主要内容。

1. 成品库功能区设计

(1) 成品库功能区整体布局。

如图3-3所示,成品库的总面积为380m×270m,从东往西各功能区依次划分为:成品仓储区(宽320m)、成品备货验货区(宽20m)、出货区(宽40m),设有三条横向(东西走向)贯穿的宽度为 4m 的主通道。根据成品库的实际需要,所有区域的设置、布局以及成品仓储区内货物的存放始终遵循快速、高效和总成本最低的原则。

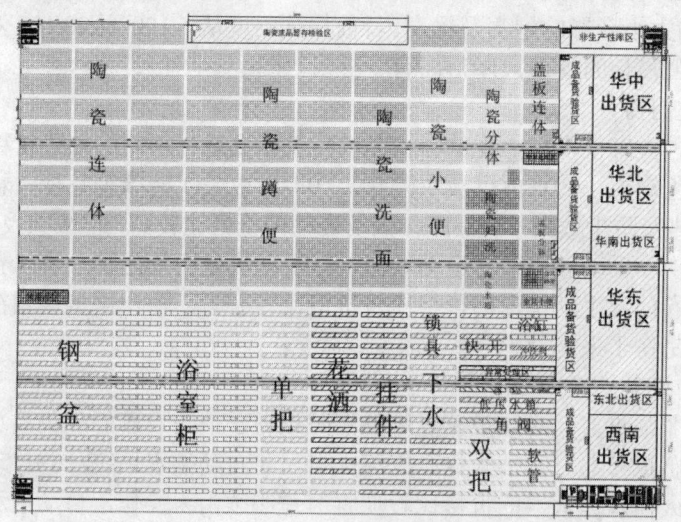

图 3-3 成品库功能区整体布局

另外,成品库内还设有现场办公室、样品室、品保室、会议室、抽检区、打包区、叉车和托盘存放区、饮水区、卫生间以及异常处理区等辅助功能区。

（2）成品库功能区描述。

① 成品仓储区。

成品仓储区设计面积约 80064 平方米，是成品库的最大区域，也是成品货物存放的主要区域，几乎占据了成品库中部的所有空间，该区域对不同品类的成品货物采用沿纵向存放的方式，能同时方便总装中心产品入库和成品库内货物出库配送工作，缩短物流路线的同时避免交叉作业。并根据不同货物的出货频率和进出口，确定其不同的存放位置。成品仓储区的详细仓储情况如下表 3-2 所示。

表 3-2 成品仓储区货物

非陶瓷类	需要托盘数	设计托盘数	设计货架组数	图例
钢盆	6000	6192	43	
浴室柜	6000	6192	43	
挂件	2625	2808	19.5	
低压水箱	527.3	576	4	
花洒	2900	2952	20.5	
单把	3125	3312	23	
下水	976.6	1008	7	
双把	800	936	6.5	
快开	385.8	432	3	
角阀	476.2	504	3.5	
软管	752	864	6	
冲洗阀	227.3	288	2	
浴缸	363	432	3	
锁具	937.5	1008	7	
感应	204	216	1.5	

表 3-2 中的每一个图例代表设计的一种成品。成品库有两种货架排列：五金产品设置 24 个货架为一"组"，摆放方式如图 3-4 所示，两排相靠，每排 12 个货架，货架尺寸为 2.2m×1m×3 层，单层可存放 2 个托盘，三层可存放 6 个托盘。因此每组长为 26.4m，宽 2.5m（货架宽度实际为 1m×2，考虑托盘尺寸，留有 0.5m 弹性设计，包括货架间 0.2m 间隔）；

图 3-4 五金产品排列

陶瓷产品存放考虑提高空间利用率，采用两种形式搭配摆放，一种为 7 排 20 列，即横向 20 个托盘，纵向 7 个托盘；另一种是 5 排 20 列，即横向 20 个托盘，纵向 5 个托盘。托盘尺寸为 1.3m×1.5m，相应的，货架尺寸设计为 1.52m×1.55m（包括间宽 1.46m 和立柱厚度 0.06m，托盘与托盘间留 0.05m 为弹性设计）。故第一种摆放单元 7 排 20 列，长 30.4m，宽 10.85m，如图 3-5；另一种摆放单元 5 排 20 列，长 30.4m，宽 7.75m，如图 3-6 所示。

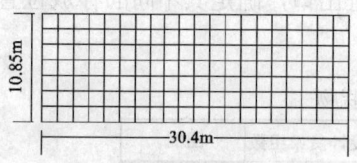
图 3-5　陶瓷产品摆放方式一

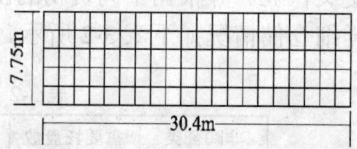
图 3-6　陶瓷产品摆放方式二

非陶瓷产品每个货架与托盘存放具体摆放如图 3-7（货架宽度设计留有 0.1 弹性）。

即非陶瓷产品每组货架占用地面面积为 $2.5m \times 26.4m = 66m^2$，陶瓷产品每组货架占用面积为 $30m \times 3.2m = 96m^2$。每组货架占地面积在仓储图例中以带条纹的矩形表示，如图 3-8。

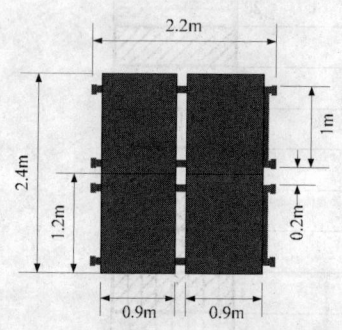

图 3-7　非陶瓷产品每个货架与托盘存放位置　　图 3-8　货架储存区在仓储图例中的示意

在仓储区中，非陶瓷产品货架组间的横向通道宽度为 3.4m，纵向通道为 2.6m，如图 3-9 所示。

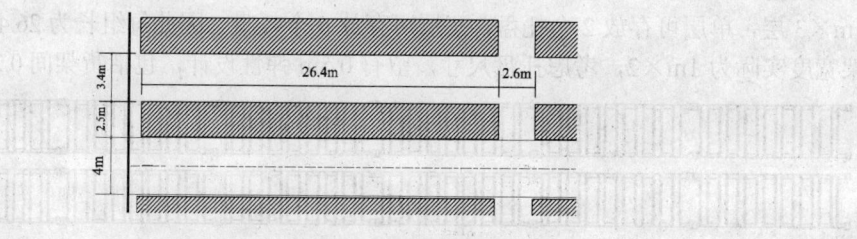

图 3-9　非陶瓷产品货架的通道

陶瓷产品横向通道为 3.5m，纵向通道为 2.6m，如图 3-10 所示。

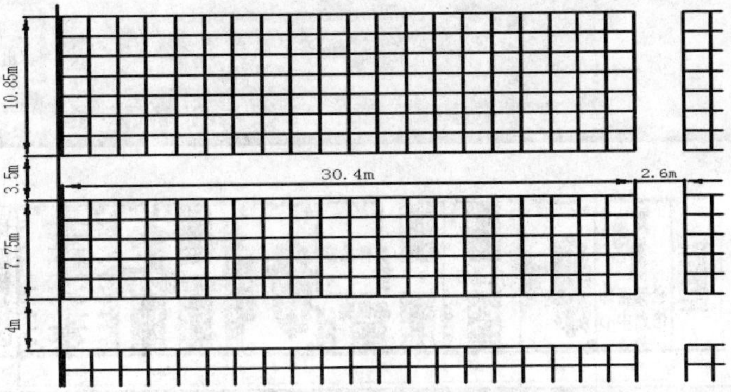

图 3-10 陶瓷产品货架通道

② 成品出货区。

设计面积约 9200 平方米，用于备完货的客户产品的分区存放，方便货物的搬运和装车。

③ 现场办公区。

此功能区设置在进货区通道口及出货区靠近月台处，方便成品库工作人员对入库、出库等作业进行管理和监督。

④ 托盘暂存区（月台）。

该区域设在出货月台上，集中暂存成品装车后的空托盘，工作结束后存放在成品库。

⑤ 成品库东南角区。

成品库的东南角设有洗手间、饮水室、物流部办公室及会议室、仓储管理信息中心、品保室、样品室、成品部办公室及会议室，如图 3-11 所示。将以上功能区集中布置，是基于考虑这些功能区的性质相近，可以共同营造一个良好的办公环境；同时各办公室靠近行政大楼，有助于提高行政办公效率。

● 成品库的四个角落各设置一套洗手间和饮水室，主要供成品库的工作人员使用。

● 仓储管理信息中心主要对成品库和配件库内的库存信息、物料和成品的出入库信息等进行统一管理，并提供决策支持。

● 品保室作为成品库品保工作人员办公室，靠近出库暂存区，方便品管确认成品质量工作；与成品部办公室相邻，便于相关单据的传接和信息交流。

● 样品室用于存放成品合格样品，属品保部管。当成品品质存在争议时，品管取样品进行确认。

● 物流部办公室和物流部会议室分别用作物流部工作人员办公和会议场所。

● 成品库办公室和成品库会议室主要用作成品仓储科人员办公和会议场所。

● 叉车充电区主要供成品库装卸搬运作业的叉车进行停放、充电。

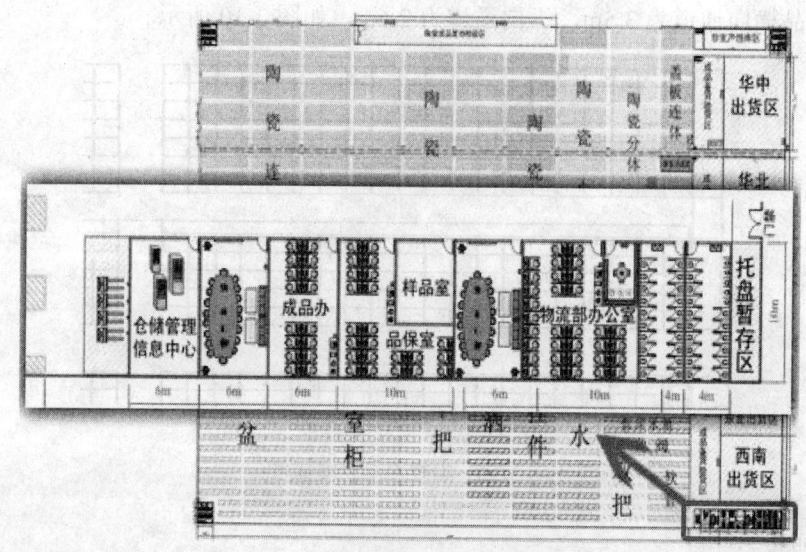

图 3-11　仓库办公区

⑥ 成品库东北角区。

成品库东北角设有洗手间、司机休息室、饮水室、非生产性库区。其中司机休息室带有小洗手间且只能从成品库外部进入；非生产性库区内包括广告品区、劳保用品区等区域，位置靠近出库口，是基于考虑存放的广告类物品多数是伴随着成品的出库使用的，故有利于减少装卸搬运作业，如图 3-12 所示。

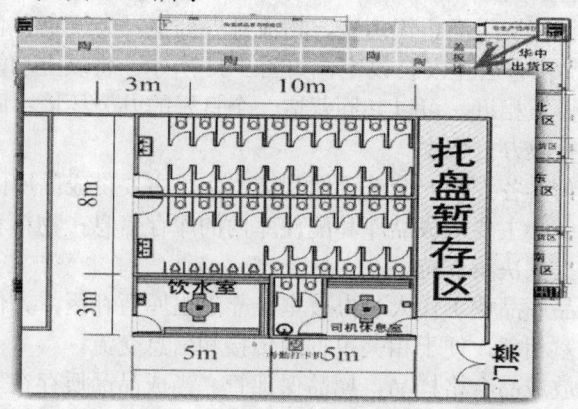

图 3-12　成品库东北角区

⑦ 成品库北端区。

成品库仓储区的上端设有陶瓷类暂存检验区，面积约 1300 平方米，由于陶瓷类产品体积较大且数量多,故考虑将陶瓷类成品暂存检验区设置在靠近陶瓷生产中心的区域,在上端设置入口,方便产品以最短距离和合理的路线进行入库作业。

⑧ 成品库其他区。

成品库中还设有异常处理区、打包区、抽检区、托盘暂存区、成品备货验货区等,其中异常处理区位于成品存放区通道口,用于处理在成品库出现的异常情况,例如经销商延迟取货时,暂时存放已备好货物;打包区用来对客户零散货物进行打包;抽检区方便客户对货物进行抽检使用;托盘暂存区靠近出库备货区,方便仓管员取用托盘进行备货作业;成品备货、验货区用于成品出库暂存,根据备货通知单进行拣货、点货、验货和打包等备货工作;具体位置如图 3-13 所示。

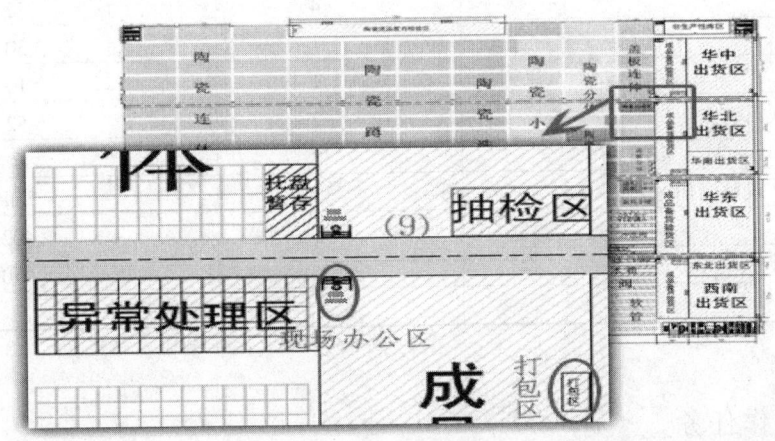

图 3-13 成品库其他区布局

(3) 成品库各功能区的设计面积。

根据 A 公司成品管理的功能需求、成品库内各类成品的存储需求以及货架和托盘特征,设计成品库各功能区面积如下表 3-3 所示。

表 3-3 成品库各功能区面积

功能区	数量	总面积(平方米)
成品仓储区	1	81040
陶瓷类暂存检验区	1	1300
成品备货验货区	1	4600
出货区	1	9200
洗手间	4	320
抽检区	4	200

(续表)

功能区	数量	总面积(平方米)
饮水室	4	88.5
物流部办公室	1	86.5
物流部会议室	1	60
成品部会议室	1	60
品保室	1	70
成品部办公室	1	60
仓储管理信息中心	1	60
打包区	4	32
样品室	1	30
司机休息室	1	15
托盘暂存区（月台）	2	52
叉车存放	2	80
托盘暂存区（成品仓储区）	3	76.8
呆滞品	1	402
非生产性库区	1	440
合计		98272.8

工作任务

1. 工作目标

通过调查使学生掌握仓库布局规划的基本知识，对调研单位的布局规划内容进行描述和分析。

2. 工作准备

（1）了解调研目的。

（2）分组，将全班同学分成不同的小组，每组4～5个人。

（3）确定实践地点：不同的组选择不同的仓库进行现场参观考察。具体记录以下信息。

交通地址：说明比较所在地址环境的优缺点（必须画出地理位置图）。

前方设施：①停车场位置、设施，②出入口设计。

仓库设施：①内部各作业环节的分区与布局，②通道设计，③储存用设施，④搬运设施。

辅助设施：①员工福利设施，②办公室。

以上内容须有照片或平面图说明。

（4）工作时间安排4课时。

3. 工作任务

选择当地一家物流公司或工商企业的配送中心或仓库,进行现场调查,了解该仓库的布局规划及仓库设备配备。调研结束后,完成报告。调研报告格式见表 3-4。各小组委派一名同学在课堂上陈述调研结果。

表 3-4 调研报告格式

实践调研报告格式	
封面内容	题目、组别(学号)、(组员)姓名、缴交日期
正文内容	1. 调查背景与目的:说明仓库布局规划的重要性,通过对某配送中心的布局调查你所想达到的目的。 2. 调查方法与对象:说明在调查中所用的方法,调查对象的基本情况简介,如该仓库的背景简介:成立历史、重要大事纪、组织状况与目前经营情形说明,但字数不要多) 3. 调查结果分析(陈述调查的结果、数据等分析) 4. 建议(针对调查中所发现的问题,对布局的不合理方面,提出改进的意见和建议) 5. 参考文献 附录:小组成员分工表、补充数据或图表等

4. 工作评价

工作评价的方式有教师评价、小组内部成员评价和第三方评分组成员评价三种,建议教师评价占60%权重,小组内部成员评价占20%的权重,第三方评分组成员评价占20%的权重,总评成绩=教师评价分×60%+小组内部成员评价×20%+第三方评分组成员评价分×20%。工作评价单见表3-5。

表 3-5 工作评价单

考评人		被考评人	
考评地点			
考评内容	仓库布局规划调研		
考评标准	具体内容	分值(分)	实际得分
	工作态度	10	
	沟通水平	10	
	实地调研	20	
	调研报告文字	30	
	调研报告陈述	30	
	合计	100	

注:考评满分 100 分,60 以下为不及格,60~69 分为及格,70~79 分为中,80~89 分为良,90 分以上为优。

单元二 库房储存规划

学习情境

福建省某著名电缆生产企业,是省内外电力、邮电、国防等行业相关重点建设的重要合作伙伴。公司拥有自营进出口权,产品行销全国,并出口世界多个国家。该企业厂内的成品仓库露天设置在厂区内空的场所,由于受场地的限制和对物流认识的不足,仓库容量设计得很小,厂区内各成品库的总库容平均只能容纳3天的生产量。再加上成产品的储存规划缺乏清晰的认识,产成品储存规划不当,使得大量产品只能露天分散存放,哪里有空地就往哪里放;待发产品无序的存放于路边,靠原始的标记方法标记产品位置,仓管员经常花大量时间在产品寻找上。造成上述问题的原因在于该企业缺乏对库房库区进行合理的储存规划。作为仓储物流管理的人员很有必要加强库房储存规划知识的学习。下面介绍库房规划的相关理论知识,供学员进行库房储存规划设计时参考。

学习目标

1. 掌握库房内部规划的知识
2. 学会库房分区与货位编号规划
3. 能够进行库房商品堆码设计
4. 通过到某物流企业仓库,调研企业库房情况,深入理解库房设计规划的相关知识

学习地点

1. 校内
2. 某物流企业仓库

学习内容

库房储存规划是根据仓库总平面布置和物品储存任务,对库房、货棚、货物进行合理分配,并对其内部空间进行科学布置。

一、库房内部布置规划

1. 库房内部布置分类

按库房作业的主要内容,库房可分为储备型和流通型两大类。不同的库房由于其主要作业内容的差异,对于库房的布置要求也就不同。

(1) 储备型库房的内部布置

储备型库房是以商品保管为主的库房。在储备型库房中储存的商品一般周转速度较为缓慢,并且以整进整出为主。对于储备型仓库来说,库房布置的重点就是尽可能增加储存面积的比例以增加商品的存储量。

为此,必须严格核定各种非储存区域商品出入库作业场地的占用面积。在核定作业场地时,要清楚地了解库房平时出入库的商品数量。一般来说,作业区范围的大小随库房出入库作业量而定,这样既保证及时、有效地组织商品出入库作业,又避免库房面积的浪费。在库房一次收发货量较少的情况下,甚至可利用主通道作为收发货场地。

(2) 流通型库房的内部布置

流通型库房是以商品收发为主的库房,如批发和零售仓库、中转仓库等。这类库房中的商品一般在库时间短,周转较快。商品零进整出或整进零出的业务居多,作业量大。因此,流通型库房的内部布置必须充分考虑提高作业效率的要求,以适应库房内大量商品高频率收发作业的需要。

与储备型库房布置相反,流通型库房缩小了储存区,而相对地增加了作业区的面积。在流通型库房里,配货发运往往是一项既复杂、工作量又大的作业。分拣区、发货区的作用就是为了方便商品出库作业,较好地协调储存与作业的需要,以提高作业效率和灵活性。

确定出库作业场地的大小,除了考虑商品出库作业量的大小外,还要看出库作业的复杂程度,作业越复杂,作业量越大,作业区域也应不断扩大,以免作业过程中作业场地过于拥挤,相互干扰,降低作业效率。

2. 库房储存区平面布置

库房存储区主要由货架或堆垛组成。其平面布置有多种形式:垂直式布置和倾斜式布置。

(1) 垂直式布置,是指货架或堆垛和排列与库墙和通道互相垂直。垂直式布置又分为横列式布置、纵列式布置和纵横式布置。

① 横列式布置如图 3-14 所示。

横列式布置指货架或货垛的长度方向与库房的长度方向互相垂直(与库房的宽度方向平行)。横列式布置的优点是:主通道长且宽、副通道短、整齐美观,方便商品的存取、盘点;通风和自然采光良好;便于机械化作业。其不足是:主通道占用面积多,仓库面积利用率受到影响。

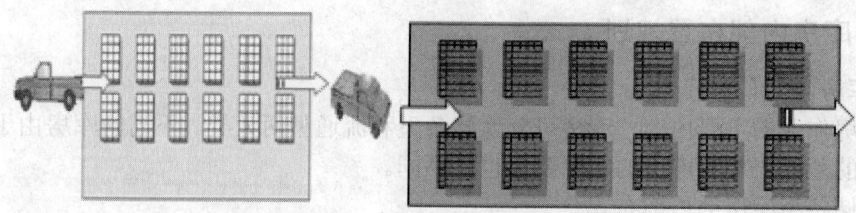

图 3-14 横列式布置

② 纵列式布置如图 3-15 所示。

纵列式布置是指货架或货垛的长度与库房的长度方向平行（与库房的宽度方向垂直）。其优缺点正好与横列式相反，这种布置形式库房平面利用率比较高，但存取商品不便，通风采光不良。

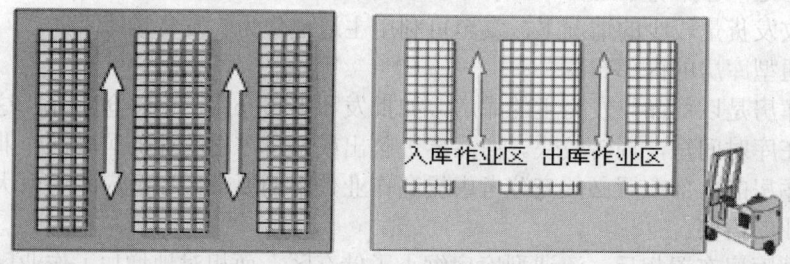

图 3-15 纵列式布置

③ 纵横式布置如图 3-16 所示。

纵横式布置是指在同一保管场所，兼有横列式布置和纵列式布置，结合了上述两种方式的特点。

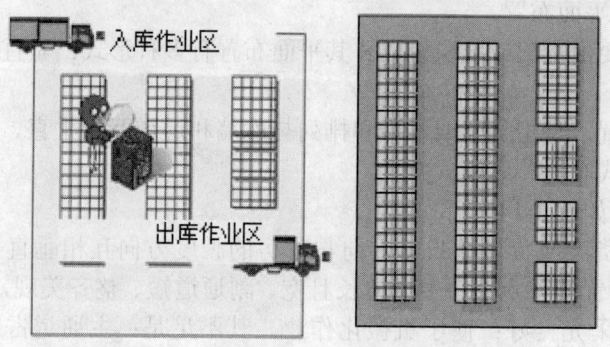

图 3-16 纵横式布置

（2）倾斜式布置，是指货架或堆垛与主通道之间不是互相平行或垂直，而是成 60°、45°或 30°的锐角。这种布置方式又分为货垛倾斜和通道倾斜两种情况。

① 货垛倾斜式。是指货垛的布置与库墙和通道之间成一锐角，如图 3-17 所示。好处是叉车作业回转角度小，提高装卸搬运效率。而缺点是仓库面积不能充分利用，有死角。

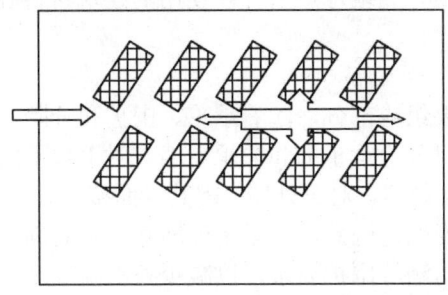

图 3-17　货垛倾斜式布置

②通道倾斜式。是指货垛与库墙之间仍垂直，而通道与货垛和库墙之间成锐角，如图 3-18 所示。这种布置方式既能避免死角，同样便于商品搬运，提高作业效率。

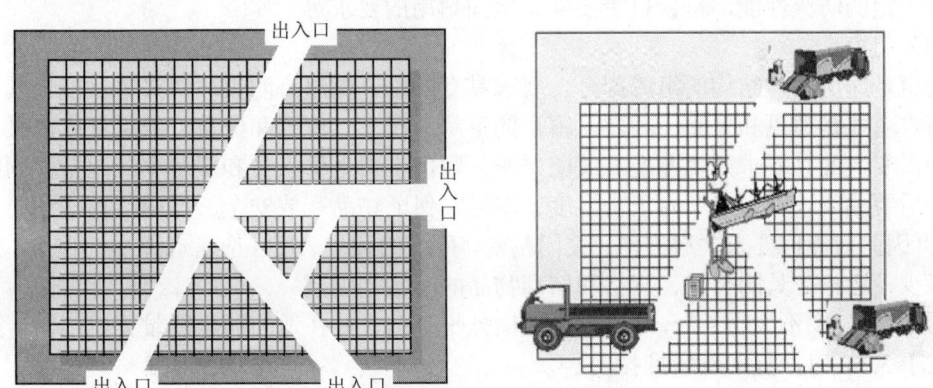

图 3-18　通道倾斜式布置

3．库房建筑规划

库房一般由地基、地坪、墙体、屋顶和门窗几部分组成，其他的建筑物也有特定的构造。由于仓库的类型和规模不同，以及储存物品的保管要求、安装的设备、使用的建筑材料、投资的情况等也不尽相同，因此为了保证仓库建筑质量，保证储存物品的作业操作安全，必须针对具体情况和条件，严格按库房建筑的各项技术准则，进行建筑和施工。库房建筑主要组成部分的一般技术要求如下。

（1）地坪。

地坪的作用主要是承受货物、货架以及人和机械设备等的荷载，因此，地坪必须有足够的强度以保证安全使用。根据使用的建筑材料可分为三合土、沥青、砖石、混凝土以及土质地坪等。对地坪的基本要求是平坦坚实，耐摩擦和冲击，表面光洁不起灰尘。地坪的承载能力应视堆放物品性质、当地地质条件和使用的建筑材料确定，一般载荷量在 5～10 吨/平方米。

（2）墙体。

墙体是库房建筑的主要组成部分，起着承重、围护和分隔。等作用。墙体一般可分为内墙和外墙；按承重与否可分为承重墙和非承重墙。对于起不同作用的墙壁可以根据不同的要求，选择不同的结构和材料。对于外墙，因其表面接触外界，受外界气温变化、风吹、雨淋、日晒等大气侵蚀的影响，因此，对承重外墙除要求其满足具有承重能力的条件外，还需要考虑保温、隔热、防潮等围护要求，以减少外部温湿度变化对库存物品的影响。

（3）屋顶。

屋顶的作用是抵御雨雪、避免日晒等自然因素的影响，它由承载和覆盖两部分构成。承载部分除承担自身重量外，还要承担风、雪的荷载；覆盖部分主要作用是抵御雨、雪、风、沙的侵袭，同时也起保温、隔热、防潮的作用。对屋顶的一般要求是防水、保温隔热，并具有一定的防火性能，符合自重要轻、坚固耐用的要求等。

（4）门窗。

门窗是库房围护结构的组成部分，要求具有防水、保温、防火、防盗等性能。其中，库房窗户主要是通风和采光，因此，窗户的形状、尺寸、位置和数量应能保证库内采光和通风的需要，而且要求开闭方便，关闭严密；库门主要是供人员和搬运车辆通行，同时作业完毕后要关闭，以保持库内正常温度、湿度，保证物品存放安全。库房门窗规划要求：

① 因此对库门要求关启方便、关闭精密，库门的数量、尺寸应考虑库房的大小、吞吐量的多少、运输工具的类型、规格和储存物品的形状等因素。

② 库房门宽不大于 3.3m 时，宜用双扇外平开门，并在适当的位置设置定门器。库房门宽大于 3.3m 时，宜用双扇推拉门。

③ 门上方设置雨罩，雨罩比门洞每边应宽出 500mm，伸出墙外的长度不应小于 900mm，门外有站台时，按站台设计。

④ 库房的窗地面积比宜为 1:10～1:18，窗功能以采光为主的库房，宜用固定窗，窗地面积比应取大值；窗功能以通风为主的库房，宜用中悬窗，窗地面积比应取小值，但应按自然通风换气次数验算核定。

⑤ 库房的通风口面积应通过计算确定，单个通风口的面积不宜大于 $0.2m^2$，且应设置有安全防护措施，通风口底部距库房内地面的高度差不应大于 250mm。

（5）结构形式：库房的建设可根据实际要求，结合建筑设计规范，采用相应的结构形式；目前，随着现代物流的发展及要求，流行的库房结构形式为，门式钢架结构和拱形彩板结构。

（6）库房层数：库房可采用单层库房与多层库房并与库房的结构形式相匹配，根据目前物流发展的方向，为货架化和托盘化，以及便于理货分拣，宜采用单层的高架库房。

（7）库房净高：库房净高与结构形式以及所存取的货物类型有关，一般单层高架库房的净高不应小于 7m，如采用门式钢架结构，考虑钢结构特点及经济性，净高取 8m～10m，采用拱形彩板库房，净高为 8m～12m 比较适合。

（8）库房面积：库房的长度和宽度应由库房所存储的货物类别、搬运方式及建筑构造选型等因素确定，库房的长宽比例应适当，一般采用矩形，长度为宽度的 3 倍左右比较合适，高架库房的最小宽度与长度不宜小于 30m×60m，不宜大于 60m×180m，但可根据货物的储存需要建成超大库房。

二、库房分区与货位编号规划

（一）库房分区

仓库对储存商品进行科学管理的一种重要方法是实行分区、分类和定位保管。分区就是按照库房、货场条件将仓库分为若干货区；分类就是按照商品的不同属性将储存商品分划为若干大类；定位就是在分区、分类的基础上固定每种商品在仓库中具体存放的位置。

库房编号就是在库房分区、分类的基础上将商品存放场所按照位置的排列，采用统一标记编上顺序号码，并作出明显标志。对多层库房的编号，需要区别库房的楼层。在同一楼层有两间以上仓间时，楼层仓间的编号，一般以正楼上楼梯的方向，采取左单右双或自左而右的顺序编序编号方法。

（二）库房货位规划与编号

1. 库房货位规划原则

确定商品在仓库中具体存放的位置应注意以下几项原则。

（1）为了避免商品在储存过程中相互影响，性质相同或所要求保管条件相近的商品应集中存放，并相应安排在条件适宜的库房或货场。

（2）根据商品周转情况和作业要求合理选择货位。对于出入库频繁的商品应尽可能安排在靠近出入口或专用线的位置，以加速作业和缩短搬运距离。对于体大笨重的商品应考虑装卸机械的作业是否方便。

（3）应当根据商品储存量的多少，比较准确地确定每种商品所需的货位数量。一种商品的储存货位超过实际需要，不利于仓容的充分利用。

（4）在规划货位时应注意保留一定的机动货位，以便当商品大量入库时可以调剂货位的使用，避免打乱货位安排。

2. 货位编号

货位编号就是将商品存放场所按照位置的排列，采用统一标记编上顺序号码，并作出明显标志。货位编号在保管工作中有重要的作用。在商品收发作业过程中，按照货位编号可以迅速、方便地进行查找，不但提高了作业效率，而且有利于减少差错。

货位编号应按照统一的规则和方法进行。首先要确定编号先后顺序的准则，规定沿着什么方向，用怎样的顺序进行编号。编排货位的顺序号码应按照便于掌握的原则加以选择。在同一仓库内，编号规则必须相同，以便于查找和防止错乱。其次应采用统一的方法进行编号。每一货位的号码必须使用统一的形式、统一的层次和统一的含义编排。所谓统一的形式是指所用的代号和连接符号必须一致；统一的层次是指货位编号中每种代号的先后顺序必须固定；统一的含义是指货位编号中的每个代号必须代表特定的位置。一种既简单又实用的货位编号方法是采取四组数字来表示商品存放的位置，俗称"四号定位法"。通常，在采用货架存放商品的仓房里，将库房货架储位编号为四组数字，依次代表库房的编号、货架的编号、货架层数的编号和每一层中位置的编号。例如，四组数字 2－11－3－8，它们顺序表示第 2 号库房，第 11 个货架，第 3 层中的第 8 个货位。根据货位编号就可以迅速地确定某种商品具体存放的位置。

三、库房商品堆垛设计

1. 库房商品堆垛设计的要求

（1）合理。垛形必须适合商品的性能特点，不同品种、型号、规格、牌号、等级、批次、产地、单价的商品，均应该分开堆垛，以便合理保管，并要合理地确定堆垛之间的距离和走道宽度，便于装卸、搬运和检查。垛距一般为 0.5m～0.8m，主要通道约为 2.5m～4m。

（2）牢固。货垛必须不偏不斜，不歪不倒，不压坏底层的商品和地坪，与屋顶、梁柱、墙壁保持一定距离，确保堆垛牢固安全。

（3）定量。每行每层的数量力求成整数，过秤商品不成整数时，每层应该明显分隔，标明重量，这样，便于清点发货。

（4）整齐。垛形有一定的规格，各垛型排列整齐有序，包装标志一律朝外。

（5）节约。堆垛时考虑节省货位，提高仓库利用率。

2. 堆垛基本的基本形式

堆垛根据商品的基本性能、外形等不同，有各种形式。基本形式有重叠式、纵横交错式、仰伏相间式、压缝式、宝塔式、通风式、栽柱式、鱼鳞式、衬垫式和架子化等。现在将较为通行的若干式样介绍如下。

（1）重叠式堆垛（图 3-19）。逐件逐层向上重叠码高而成货垛，此垛形是机械化作业的主要垛形之一，适于中厚钢板、集装箱等商品，堆码板材时，可逢十略行交错，以便记数。

图 3-19　重叠式堆垛

（2）纵横交错式堆垛（图 3-20）。将长短一致，宽度排列能够与长度相等的商品，一层横放，一层竖放，纵横交错堆码，形成方型垛。长短一致的锭材、管材、棒材、狭长的箱装材料均可用这种垛形。有些材料，如铸铁管、钢锭等，一头大、一头小的，要大、小头错开。锭材底面大顶面小，可仰伏相间。化工、水泥等，如包装统一，可采用"二顶三"，"一顶四"等方法，在同一平面内纵横交叉，然后再层层纵横交错堆垛，以求牢固。这种垛形也是机械堆垛的主要垛形之一。

（3）仰伏相间式堆垛（图 3-21）。对于钢轨、槽钢、角钢等商品，可以一层仰放、一层伏放，仰伏相间而相扣，使堆垛稳固。也可以伏放几层，再仰放几层，或者仰伏相间组成小组再码成垛。但是，角钢和槽钢仰伏相间码垛，如果是在露天存放，应该一头稍高，一头稍低，以利于排水。

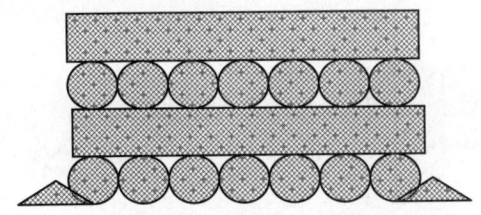　　

图 3-20　纵横交错式　　　　　图 3-21　仰伏相间式

（4）压缝式堆垛（图 3-22）。将垛底的底层排列成正方形，长方形或环行，然后起脊压缝上码。由正方形或长方形形成的垛，其纵横断面成层脊形，适于阀门、缸、建筑卫生陶瓷等用品。

（5）宝塔式堆垛。宝塔式堆垛与压缝式堆垛类似，但压缝式堆垛是在两件物体之间压缝上码，宝塔式堆垛则在四件物体之中心上码逐层缩小，例如电线电缆。

（6）通风式堆垛（图 3-23）。需要防潮湿通风保管的商品，堆垛时每件商品和另一件商品之间都留有一定的空隙以利于通风。

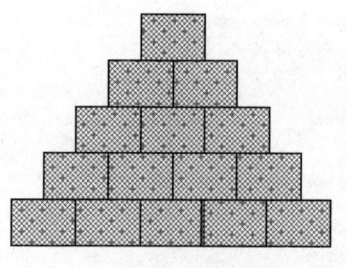

图 3-22　压缩式

图 3-23　通风式堆码

（7）栽柱式堆垛（图 3-24）。在货垛的两旁栽上两至三根木柱或者是钢棒，然后将材料平铺在柱中，每层或间隔几层在两侧相对应的柱子上用铁丝拉紧，以防倒塌。这种堆垛方式多用于金属材料中的长条形材料，例如圆钢、中空钢的堆码，适宜于机械堆码，采用较为普遍。

（8）衬垫式堆垛。在每层或每间隔几层商品之间夹进衬垫物，利用衬垫物使货垛的横断面平整，商品互相牵制，以加强货垛的稳固性。衬垫物需要视商品的形状而定。这种堆垛方式适用于四方整齐的裸装商品，例如电动机的堆垛。

（9）"五五化"堆垛（图3-25）。"五五化"堆垛就是以五为基本计算单位，堆码成各种总数为五的倍数的货垛，即大的商品堆码成五五成方，小的商品堆码成五五成包；长的商品堆码成五五长行，短的商品堆码成五五成堆，带眼的商品堆码成五五成串。这种堆垛方式过目成数，清点方便，数量准确，不易于出现差错，收发快，效率高，适用于按件计量商品。

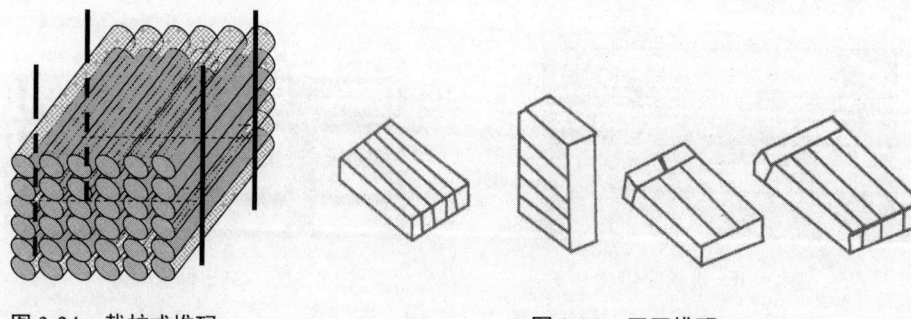

图 3-24　栽柱式堆码　　　　　　　图 3-25　五五堆码

工作任务

1. 工作目标

前往某物流企业仓库，了解该企业主要储存商品种类，为该企业库房设计规划库房，对所存商品进行分类、分区，根据所存商品为库房进行合理的储位编号。

2．工作准备

（1）了解库房储存规划相关知识，如规划内容、库房内部布置、库区货架编号及堆码设计等知识。

（2）学生每8人为一组，每组定一名学生为组长。

（3）带好库房和货架的测量及记录工具，并对学生进行安全守纪教育。

（4）工作时间安排4课时。

3．工作任务

某物流企业每年仓库储存的主要货物有日用百货和家用电器等，并已有货场和库房，请为该企业规划设计库区。该仓库现要准备接收一批矿泉水、可乐、果汁、饼干、卫生纸、大米、酱油、彩电、空调、洗衣机、电冰箱等。

要求完成以下工作任务：

（1）请为该企业仓库设计规划库房；

（2）对准备要储存的商品进行分类、分区；

（3）为这些商品进行合理地进行储位规划；

（4）以组为单位，完成库房设计规划报告。

4．工作评价

工作评价的方式有教师评价、小组内部成员评价和第三方评分组成员评价三种，建议教师评价占60%权重，小组内部成员评价占20%的权重，第三方评分组成员评价占20%的权重，将三者综合起来的得分为该生在该项目的评价分。工作评价单见表3-5。

表3-5　工作评价单

考评人		被考评人	
考评地点			
考评内容		仓库库房设计规划	
考评标准	具体内容	分值（分）	实际得分
	工作态度	10	
	沟通水平	10	
	库房平面布置	20	
	库房分区规划	10	
	库房储位规划	20	
	商品堆码设计	10	
	库房库区规划设计报告	20	
	合计	100	

注：考评满分100分，60以下为不及格，60~69分为及格，70~79分为中，80~89分为良，90分以上为优。

模块四　仓储经营管理能力

单元一　仓储物流经营战略选择

 学习情境

福建省某物流有限公司（以下简称 HJ 物流公司）创立于 1993 年，经过十多年的艰苦创业，已发展成为拥有资产 4000 多万元，自有及可调配车辆 366 部的三级资质物流企业。公司总部在福州市晋安福兴投资区福兴大道，经营场所占地面积 50000 多平方米，且有大型物流设施及专用仓储、配送、包装等物流环境，与铁路货站、马尾港相邻，交通十分便利，并在全国十五个大中型城市设有分支机构。多年来公司为华映光电、冠捷电子、友达光电、北京兴捷联电子、统一企业、省外贸中心集团等众多知名企业提供整合运输服务（ITS）、仓储服务、配送中转、异地托运等全方位物流服务。2006 年，被中国交通运输协会评为"中国物流百强企业"（位列 52 强）。该企业物流发展战略是为专业化客户提供一体化的物流服务。随着与电子类客户的深入合作，这些国内知名的电子企业要求 HJ 物流公司提供更专业化的仓储、分销、配送、包装等服务。在这样的合作背景下，公司应该采取什么样的物流经营战略才能符合客户的物流服务需求？

 学习目标

1. 懂得仓储物流经营战略对企业经营的重要性
2. 识别仓储物流经营战略的类型
3. 掌握仓储物流经营战略的分析方法
4. 通过实地调研，进一步理解仓储物流经营战略选择及规划

学习地点

1. 校内
2. 物流企业

学习内容

仓储经营战略是指在仓储物流企业为达成企业中长期经营目标而制定的经营方针和方向。为了实现企业的总体发展目标，就必须根据企业的外部环境和内部条件的各种信息，制定出正确的经营战略。企业的经营战略是对企业长期的、全局性的经营问题的谋划，是实现企业目标的重大决策或举措。仓储物流企业为了在竞争中获得优势地位，必须根据自身的具体情况与行业环境，采取不同的经营发展战略。经营策略的最终目的就是实现竞争优势，借鉴哈佛大学波特教授关于竞争理论的相关研究成果，一般情况下，有三种基本经营战略：总成本领先经营战略、标新立异经营战略、目标集聚经营战略。

一、仓储经营战略类型

1. 总成本领先经营战略

总成本领先经营战略是通过采取一系列降低成本的措施，以总成本最低的优势在行业竞争中获得市场份额。总成本领先经营战略要求建立达到经济规模的物流服务基础设施，抓好每一环节的成本控制，最大限度地减少研发、服务、营销、广告、管理等方面的费用。总成本领先战略的核心是在经营中使各项成本低于竞争对手，以获得竞争的优势，在市场中占有较高的市场份额。

对于仓储经营企业实施总成本领先战略，要求要有相当规模客户形成的稳定的业务量、广泛覆盖仓库业务的网点、信息化程度高的仓储服务平台，保持较宽的相关产品系列以分散成本和费用，以批量购买的价格折扣向客户群提供服务。总成本领先战略需要较高的前期投资、激进的定价和承受初始的亏损，以便获得较高的市场份额。而较高的市场份额又可获得采购的经济性而使成本进一步降低。一旦赢得了成本领先地位，所获得的利润又可以增加仓储设施投入进一步维护成本的领先地位。

有条件采取总成本领先战略的企业一般是拥有一定仓库资源优势的全国性国有企业。该类型企业具有资金、设施方面的优势外，他们大多是全国性的公司，地方有许多子公司。以中国物资储运总公司（以下简称中储公司）为例，总资产60亿元，占地面积1000万平方米，货场面积300万平方米，库房面积150多万平方米，储存各类生产、生活资料。年吞吐货物5300万吨，年平均库存300万吨。各物流中心均有铁路专用线，共90条，总长80公里；载重汽车3000辆。中储公司在全国中心城市和重要港口设有子公司及控股公司70多个，凭借巨额的存量资产、完备的硬件设施、优质的服务品牌，形成了以分布在全国主要中心城市的63个大中型仓库为依托，以铁路、公路、水路、航空等运输方式为纽带，覆盖全国、辐射海内外的综合物流服务网络和全天候、全方位、全过程综合配套的多维立体服务体系，为客户选择合理的运输方式、便捷的运输路线、最低的物流成本，提供最佳的物流服务。与一般新建的企业相比，中储的仓库资源丰富，覆盖了国内主要中心城市和重点地区。由于该企业资源优势带来的成本极其低廉，采取成本领先战略容易获得长期的竞争优势，在仓储市场中获得更高的市场份额。

2. 标新立异经营战略

标新立异经营战略也称歧异化经营战略。它是将企业提供的产品或服务标新立异，形成一些在全行业范围中独特性的东西，向客户提供独特的服务。采取歧异化战略可以有许多方式：设计品牌形象、技术特点、外观特点、经销网络及其他方面的独特性。最理想的情况是企业在几个方面都标新立异。标新立异经营战略并不意味企业完全可以忽视成本，但此时成本不是企业的首要战略目标。实施标新立异经营战略利用客户对品牌的忠诚度及由此产生对价格敏感性下降使企业避开竞争。

对于仓储企业实施标新立异经营战略，通俗说来就是仓储企业在某一方面独树一帜，以此获得溢价的服务价格。对于中小型仓储企业来说，技术以及专利均无法占据优势，只能采取服务以及质量等达到标新立异。主要手段有在某一区域以独一无二的仓储服务覆盖整个区域范围、高订单满足率、快速的仓储周转率、高素质的仓储从业人员、内部管理流程优化等软性手段以及独一无二的仓储物流设施设备、高效的仓储物流信息系统、等硬件手段。中小型仓储企业比较适合采取标新立异经营战略，相比大型物流企业而言，中小型仓储企业来说比较灵活、容易快速的捕捉到客户的实际需要，容易开发出增值服务，从而成为自己的竞争法宝。

以深圳赛格储运有限公司下属的福保公司（以下简称福保赛格）为例说明中小仓储企业标新立异经营战略采用。福保赛格在深圳市福田保税区拥有28000平方米的保税仓。福田保税区的特点在于有通向香港落马洲的进出境通道（一号通道）和通向深圳市区的进出关通道（二号通道）。货物进出境只需向海关备案，而进出关则需要报关。客户可以利用保税区境内关外的政策优势，实现整批进境，分批入关的延迟纳税优惠。因此福保赛格针对该类型企业货物进出关时需要仓储服务，为其提供保税仓的长租和短租服务，并附带从事流通加工等物流增值服务。福保赛格将仓储经营定位在以保税仓库库位出租为核心的仓储业务，另外还提供歧异化仓储服务，诸如装车、卸车、并柜/拼箱，对货品进行贴标、缩膜/打板、换包装、简单加工等的提供（如分包、重新组合包装、简单装配等），甚至代客户进行报关、报检等服务项目。

在使用标新立异经营战略背景下，该企业加强了内部经营管理，采取了如下措施。第一，通过实施 ISO9000 的认证，在内部实现全面质量管理来持续改进自己的管理流程，并通过信息化的手段来辅助管理的开展。第二，建立现代的岗位培训制度，建立严谨的教育及培训计划。然后通过在部门中持续不断的开展培训和流程监控，消除内部部门之间的隔阂，提升所有员工主动为客户服务的意识。第三，通过高层领导的积极参与，在企业内部形成一种计划、执行、检查、处理（PDCA）的全体员工认同的企业管理文化。第四，开拓更多的高端客户，树立以客户为中心的意识（强烈关注客户的满意度），提出"要把服务做在客户没有想到之前"的口号。在福保赛格标新立异经营战略的实施，通过内部的管理流程优化和对外客户的优质增值服务的提供，为其带来了长期利润率更高的优质客户。

3．目标集聚经营战略

目标积聚经营战略是指主攻某个特定的顾客群、某产品系列的一个细分区段或某个地区市场。积聚战略的核心是围绕着很好地为某一特定目标这一中心建立的。这一战略的前提是：企业能够以更高的效率、更好的效果为某一狭窄的战略对象服务，从而超过更广阔范围的竞争对手。

仓储经营实施目标集聚战略，主要是指找准某一细分仓储物流市场，并量体裁衣的为其服务，形成自己的竞争优势。对于中小型仓储物流企业来说，要实现目标集聚就是要为专业客户提供独一无二的服务或者在提供相同物流服务项目时能够比其他公司更加高效、专业化或低成本。目标集聚经营战略是建立在准确仓储市场定位基础上的，主要体现形成有成本积聚与歧异集聚，即在某一细分市场上做到成本领先或者标新立异。对于中小型仓储物流企业来说主要可以通过以下手段来实现此战略。服务对象的集聚，即找准既有市场潜力，而自身也拥有一定发展资源的仓储物流市场如冷链仓储、家电仓储、服装产品仓储、机电产品仓储等服务对象，把其中之一作为自己的细分市场；流程集聚，即为需要某些特殊物流作业流程的货物或企业提供独有的专业化仓储流程服务。功能集聚，即不仅提供传统的仓储、配送等物流功能，还提供诸如二次转运、逆向物流、电子商务配送、专业化流通加工、物流咨询与教育、融通仓等新兴仓储物流服务。中小型仓储物流企业通过对仓储市场的有效细分，找准定位将公司资源集中整合在特定市场细分带中，逐步培育自己的竞争优势，使自己成为具有目标集聚型的中小型物流企业。

以杭州富日物流有限公司为例说明仓储目标积聚战略使用。富日物流于 2001 年 9 月正式投入运营，注册资本为 5000 万元。它在杭州市下沙路旁租用的 300 亩土地上建造了 140000 平方米现代化常温月台库房，并正在九堡镇建造规模更大的 600 亩物流园区。富日物流拥有杭州市最大的城市快速消费品配送仓。富日物流市场定位选择在众多快速流通民用消费品物流细分市场，其主要运作模式是基于配送的仓储服务。制造商或大批发商通过干线运输等方式大批量的把货品存放在富日物流的仓库里，然后根据终端店面的销售需求，用小车小批量配送到零售店或消费地。通过有效的市场定位及目标积聚战略的使用，该企业已经成为华东区快速消费品的总仓，其影响力和辐射半径还在日益扩大中。目前富日物流通过引入西方先进的第三方物流经营理念，成功地开拓了以杭州为核心的周边物流市场，目前已成为杭州最大的第三方物流企业之一。富日物流的主要客户包括大型家用电器厂商（科龙、小天鹅、伊莱克斯、上海夏普、LG、三洋等）、酒类生产企业（五粮液的若干子品牌、金六福等）、方便食品生产企业（如康师傅、统一等）和其他快速消费品厂商（金光纸业、维达纸业等）。此外，国美电器、永乐家电等连锁销售企业和华润万佳等连锁超市也与富日物流达成了战略合作关系。

富日物流在业务和客户源上已经形成了良性循环。在操作层面如何迅速扩充仓储面积，提高配送订单的处理能力，增加对客户的服务能力；在战略层面公司应该采取什么样的经营战略，进一步提高区域影响力已经成了富日物流公司决策层考虑的战略重点。

在此背景下，富日物流决策层采取了目标市场积聚经营战略，通过以下措施进一步达到"长三角地区"有竞争力的快速消费品的仓库物流服务供应商。第一，进一步扩大仓储能力，更好得为快速消费品企业提供仓储物流服务。最近，这家公司还扩大了6万平方米的仓储容量，使每天储存的商品量达10亿元左右。按每月流转3次计，这家公司的每月物流量达30亿元左右。第二，从简单的操作模式迈向科学管理的新台阶，富日物流的管理层开始意识到仅仅依靠决策层的先进思路是完全不够的，此时导入全面质量管理的管理理念和实施ISO9000质量管理体系，保证所有层次的管理人员和基层人员能够严格地按照全面质量管理的要求。第三，改变传统的手工信息订单录入系统的做法，建立科学现代的符合其自身业务特点的物流信息化管理系统。在信息系统的帮助下，使得富日物流的管理体系能够上到一个科学管理的高度。第四，富日物流已经开始密切关注客户的需求。富日物流为客户提供仓储、配送、装卸、加工、代收款、信息咨询等物流服务，并为客户规划出多种增值服务，期盼从典型的仓储型配送中心开始向第三方物流企业发展。

二、仓储经营战略制定

仓储经营战略管理是企业为实现经营目标而制订战略和实施战略所进行的一系列决策和行动。它包括经营战略分析、制订、实施、控制4个方面。

1. 树立正确的战略思想。战略思想是指导企业经营战略的制订和实施的基本思想，是整个企业经营战略的灵魂。它主要包括：市场观念、用户观念、竞争观念、创新观念、机会观念、开发观念、信誉观念、开放观念、效益观念等。

2. 进行战略环境分析。一方面，环境变化给仓储物流企业带来了巨大风险，但同时又为仓储物流企业发展提供了较多的机会，从而影响和决定了仓储物流企业在动态环境中可做何种选择；另一方面，环境又对仓储物流企业提出了承担社会非经济责任的要求，从而影响和决定了仓储物流企业在动态的环境中应做些什么决策。仓储物流企业内部条件分析是指对影响企业生存和发展的内部因素进行分析，由于企业内部因素是可控制因素，因此企业内部条件分析的目的在于利用和强化优势，克服和改变劣势，它主要是对企业的绩效、实力、资源等进行分析。仓储物流企业外部条件分析是指影响企业生存和发展的外部因素进行分析，包括国内外的政治、经济、技术、社会和自然条件等环境因素。由于外部环境的变化性和不可控性，往往会给企业的经营活动带来重大的影响。

3. 确定战略宗旨。企业宗旨是关于仓储物流企业存在的目的或对社会发展的某一方面应作出的贡献的陈述，有时也称为企业使命。企业宗旨不仅陈述了企业未来的任务，而且要阐明为什么要完成这个任务以及完成任务的行为规范是什么。例如，世界五百强企业之一的荷兰天地物流集团的宗旨是：为客户在全球递送货物和邮件，并在这一过程中提供超越他们希望的服务。中国物资储运总公司的企业宗旨是促进中国经济的良性发展，为人民生活改善作出贡献。

4. 制订战略目标。企业战略目标是指企业在完成基本任务过程中所追求的最终结果。它是由战略决策者根据企业宗旨要求确定的定量数值。企业战略目标为企业的运行指明前进的方向，为企业业绩评估提供标准，为企业资源配置提供依据，利用企业战略目标就可以对企业全部经营活动进行有效管理。宝供物流集团战略目标是创造世界一流的物流企业。

5. 经营战略类型的选择。首先明确企业的经营领域、企业在该领域内的优势、了解竞争对手的经营战略。经营战略类型的选择要因地制宜，根据本企业的特点确定战略类型。在仓储经营战略类型中，借鉴哈佛大学波特教授关于竞争理论的相关研究成果，有三种基本经营战略总成本领先、标新立异、目标集聚可供选择。

6. 经营战略方案的设计。经营战略方案是企业经营战略的具体化，它可以推动企业在自己所确定的经营领域内夺取优势，从而保证企业目标的实现。可用于企业经营战略方案设计的基本方法有SWOT矩阵法、SPACE图解法和战略方案汇总表法等。

(1) SWOT矩阵法。它是优势（Strengths）、劣势（Weaknesses）、机会（Opportunities）、威胁（Threats）匹配矩阵法的简称。SWOT法针对企业内外环境条件中关键战略要素进行匹配，可设计出4大类基本经营战略方案 见表4-1。

表 4-1 SWOT 基本经营战略

内部条件 外部环境	优 势 （S）	劣 势 （W）
机会（O）	SO 战略方案（依靠内部优势，利用外部机会）	OW 战略方案（利用外部机会，克服内部劣势）
威胁（T）	ST 战略方案（利用内部优势，避开外部威胁）	WT 战略方案（减少内部劣势，回避外部威胁）

(2) SPACE图解法。它是通过企业所处战略地位因素匹配而形成经营战略方案的设计方法。

这是通过企业战略地位因素匹配而形成的战略选择的方法，如图4-1所示。

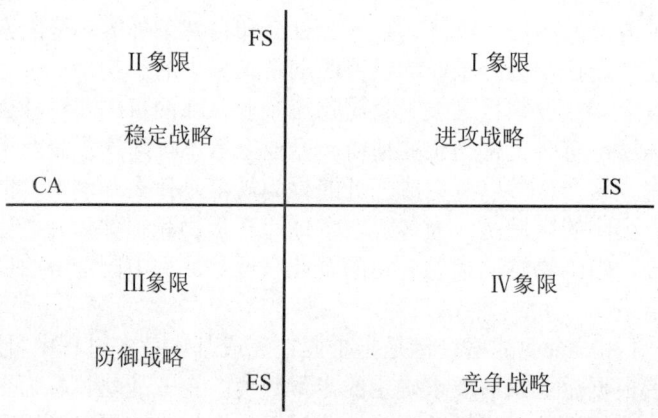

图 4-1 SPACE 图解法

图 4-1 中,纵坐标正负方向分别表示企业内部的财务优势(FS)与外部环境的稳定状况(ES),横坐标正负方向分别表示行业优势(IS)与竞争力量(CA)。在这里,财务优势、环境稳定、行业优势和竞争力量是影响企业总体战略地位的四大决定性因素。坐标系Ⅰ到Ⅳ象限分别表示与变量组合相对应的四个战略方案类型:Ⅰ进攻战略,Ⅱ稳定战略,Ⅲ防御战略,Ⅳ竞争战略。

(3)战略方案汇总表法。这是根据企业的竞争地位与市场增长的不同情况,汇总出各种可能的战略行动方案,如表 4-2 所示。

表 4-2 战略方案汇总表法

行业市场增长 \ 企业竞争地位	劣势(W)	优势(S)
迅速	Ⅱ象限战略方案集合	Ⅰ象限战略方案集合
缓慢	Ⅲ象限战略方案集合	Ⅳ象限战略方案集合

第Ⅰ象限表示处于最佳竞争地位和市场迅速增长环境的企业所应采取的战略方案。第Ⅱ象限表示面临着市场迅速增长的行业环境,但需要改善自身竞争地位的战略方案。第Ⅲ象限表示面临缓慢增长的行业环境和自身竞争地位较低的状态下应采取的战略方案。第Ⅳ象限表示处于较高竞争地位,却运行于缓慢增长的行业环境的企业应采取的战略方案。

由上可知,企业战略模式的选择方式多种多样。但是应该注意,对于处于实际经营中的企业应具体问题具体分析。不能盲目照抄国内外其他企业的战略模式,要以我定位,取他人之长,发挥自己优势,择优而定。

7. 战略方案评价与决策

对战略方案的评价过程,也是对各种方案的筛选过程。对于筛选出来的方案,还必须经过一个最终的决策过程，要应用科学的方法和严格的程序，求得最终的将要付诸实施的经营战略方案。

三、情境案例中的 HJ 物流公司经营战略制定

以情境中的 HJ 物流公司为例说明该企业仓储物流经营战略制定。

HJ 物流公司物流有限公司，经过十多年的艰苦创业，目前已发展成拥有固定资产 5000 多万元，占地面积 5 万多平方米，仓储面积 5 万多平方米的中等规模物流企业。为了更好地进行物流经营战略规划，我们首先利用 SWOT 方法，分析目前 HJ 物流公司物流面临的内外部环境。

（一）PESTLE 分析

HJ 物流公司面临的宏观环境，采取 PESTLE 方法分析，主要包括对企业产生影响的国内外政治、经济、社会文化、科学技术、法律及自然条件等环境因素。HJ 公司面临的政治和法律环境而言，当地政府出台鼓励物流经营发展的优惠政策，对其公司是利好。该公司所处海西地区，经济发展水平近年来呈现较高的态势，特别是电子产业、轻工产品等产业发展势头迅猛。该地区较为开发的社会文化环境也比较适合发展物流产业。当地的科学技术水平发展为物流的经营战略提供了很好的物流技术变革。该地区在东南沿海，自然环境稳定，为物流业务的经营战略提供了生存空间。

（二）波特五力分析

波特五力分析模型主要是分析公司所面临的竞争环境，HJ 公司面临行业竞争环境采取波特五力分析模型进行分析，如图 4-2 所示。

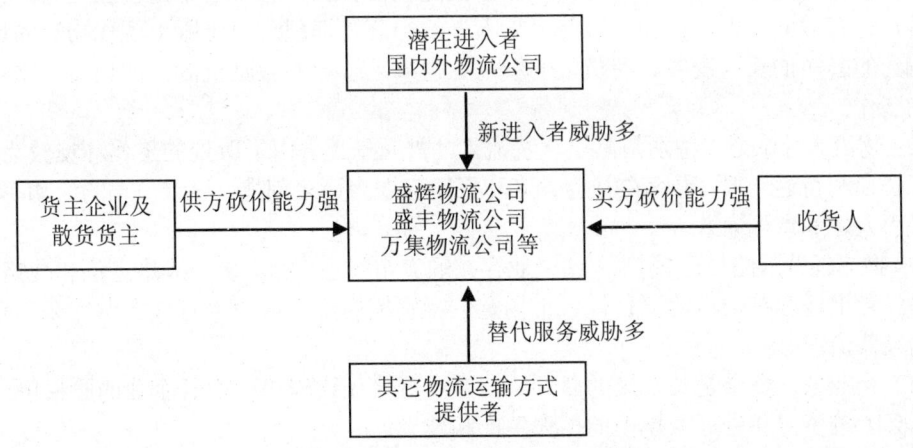

图 4-2 HJ 公司波特五力分析模型

从图 4-2 波特五力分析模型中可以分析出该企业面临的行业竞争激烈，驱动行业竞争

的五种力量也决定了目前该公司的行业获利能力较弱。

（三）SWOT 环境分析

1. 该企业拥有的内部优势（Strengths）

（1）区域市场地位优势。该企业是福建省较早从事专业仓储运输服务的第三方物流企业，并率先进入了电子类产品物流的细分领域，并在区域市场中的市场份额、知名度、营业规模、效益指标等方面已经取得了较大的领先地位。

（2）公司物流网络优势。以福州为中心，已在全国主要大中型城市设立分支机构，形成较为完善的物流业务网络。

（3）利用信息技术形成的优势。在福州市同业间率先启用 GPS 全球卫星定位货物追踪系统，并和公司的物流信息管理系统结合使用，能够及时地掌握货物的流量、流向、车辆状况和库存动态。

（4）较为雄厚的货物运输能力。公司具备大中小型货车 300 多辆，可以为客户提供一体化的运输服务，通过以自有车辆与合作伙伴车辆资源的有效利用，形成全国性的承运网络，运用 HJ 物流信息平台的运输管理系统进行中央发运控制，可通过 GPS 车辆远程监控平台进行车辆货物跟踪。确保客户的货物能够安全可靠、准确及时的到达终点。

（5）物流客户定位较为明确，与大客户合作形成的客户资源优势 该企业与省内的电子类知名企业形成了较长期的合作关系。如华映光电（CPTF）、冠捷电子（TPV）、友达光电（AUO）、华映视讯、北京兴捷联电子（AOC）、冠捷显示科技、坚鋐电子、达裕电子、源兴电子、夏华电子、联想集团等省内外大中型知名企业都是 HJ 物流公司物流的客户。

2. 该企业存在的弱势（Weaknesses）

（1）经营管理环节存在薄弱之处。该企业是民营企业，管理层都是创业元老，在管理上很难进行有效的约束，再加上这些"老人"的经营管理理念很难跟上现代物流的思想，严重制约的公司的长远发展。在员工的管理上也缺乏有效的激励机制，能让员工比较自觉自愿的工作。

（2）物流人才缺乏，特别是高层次物流人才严重缺乏。由于所处的工作环境较为艰苦，加上工资福利待遇一般，也存在社会养老和保险问题等诸多问题，导致员工的流动率较高，很难吸引人才和留住人才。

（3）物流经营战略比较模糊。该企业存在顺着市场在发展，缺少战略定位和战略规划，在战略经营上还存在一定的盲目性。市场定位特别模糊，可以用"有什么做什么"来形容目前的经营情况。

（4）企业缺乏资金是其发展的瓶颈。该企业规模还比较小，而且企业的股权单一，很难在社会上融资，并进行大规模的扩大生产和建设。

（5）仓储资源还不能适应客户需要。目前其仓库面积虽然已达 5 万平方米，其提供的主要是普通的仓储保管服务，还是不能适应电子类客户多样化的仓储物流服务需求，如为电子类客户提供分销、配送、包装、流通加工等服务。

3. 外界环境给该企业带来的机会（Opportunities）

（1）国家和地方政府支持重点物流企业的发展，在政策上给予了优惠措施。该企业是国家发改委公布的第四批物流税收试点备选企业对象之一。福州市十一五物流规划中提出"制定促进物流业发展的政策，大力扶持仓储配送、货物代理服务、特定客户服务、企业自有专业物流、综合物流服务五类骨干物流企业"。其中就包括重点建设南方物流仓储中心、HJ物流公司物流中心、盛辉综合物流园区。依托福州铁路东站的基础优势和福兴大道、前横北路物流企业集中的优势，建成以福州市为重点，延伸全省、全国的物流功能区。

（2）物流行业市场机遇。随着海峡经济区战略已写入国家规划以来，中央已有30几个部委与福建签订了战略协议，从规划布局、项目安排、资金支持、政策措施等方面明确了对福建的大力支持。在中央各部委的支持下，海西经济快速腾飞。2007年，福建GDP在每年保持11%增长速度上又增大15%。全省已初步形成产业集群约60个，总产值超过3000亿元，产业集群的快速发展产生了较大规模的物流需求市场。并随着货主企业认识到第三方物流企业和专业仓储服务的优越性，使得运输仓储型物流服务企业面临更大的市场空间和持续高速扩张的机遇。

（3）台湾电子产业向海峡西岸经济区转移带来的物流市场机遇。台湾电子类厂家到海西经济区投资设厂生产液晶显示零件与终端产品。与友达、冠捷、华映、奇美电子、瑞仪等业者配合开展面板厂、面板零组件与液晶显示终端的物流仓储与配送业务，其物流商机前景潜力无穷。

4. 威胁（Threats）

（1）国外物流巨头进入国内物流市场，给物流业带来竞争的压力。根据中国加入WTO的相关协议规定，中国将逐步开放包括仓储、国内运输、快递服务等在内的第三方物流服务领域给国外竞争者。而一直对国内物流市场虎视眈眈的跨国巨头，如UPS、FEDEX、DHL敦豪等物流企业都必将在不久的将来大规模进入国内市场，抢占可观的市场份额，最终威胁物流业的生存空间。

（2）外部成本上升带来的企业经营利润下滑。油价、外购成本、土地成本带来的企业经营费用急剧上升。近年HJ物流公司物流的年均毛利率，若能达1.5%就算本事，与顶尖的物流公司利润3%~4%仍有一段差距。

（3）福建省内物流业者，采取低价竞争策略，市场竞争激烈带来的外部挑战。由于以传统储存运输业务为主，经营结构相对简单，技术含量不高，劳动资本密集，传统仓储运输业务基本处在供应链的末端，价格竞争激烈。目前的仓储物流市场属于微利经营的局面，市场经济给HJ物流冲击显而易见，货源减少、营业收益下降、成本不断攀升。面对市场激烈的竞争，一些仓储物流企业为了求得短期生存，不断降低仓储运输价格，扰乱市场秩序。

（四）HJ物流公司物流经营战略的制定

1. 经营战略思想及企业宗旨的确定

为适应经济全球化和现代物流业的发展，HJ物流公司树立了以争创全球性的物流服务品牌为目标,争做物流行业中民营企业的典范为公司战略思想。为达成此事业,公司以"诚信经营、优质服务、团结奋进、共创辉煌"为宗旨;以"团结拼搏、开拓创新、携手共进、争创一流"为企业精神;以"客户至上、信誉第一、价格合理、服务周到"为服务宗旨。

2. 企业物流经营战略目标的树立

为了实现上述的经营战略思想及企业宗旨,该企业树立了"不断追求卓越的服务品质,采用现代物流信息技术,演绎尽善尽美的物流服务,力求成国内一流的第三方物流企业"为其战略目标。

3. 企业物流经营战略类型选择

根据波特的竞争理论,有三种基本经营战略总成本领先、标新立异、目标集聚可供选择。根据目前该企业的分析情况,可以采取标新立异或目标集聚两种经营战略。

(1) 标新立异经营战略。针对目前电子类企业需要多样化、个性化的仓储服务,HJ物流可以为电子类产品的大客户提供从生产厂产品下线开始一直到各地经销商乃至最终客户,其中包含整个物流项目的管理和策划、厂区仓储管理、干线运输、各地中转仓库管理、区域配送、流通加工、包装、逆向物流等一体化、个性化的物流服务,帮助客户设计或改进物流网络,优化客户的物流过程,从整体上改进客户的供应链管理,降低库存量、缩短交货周期、提高服务水平。利用 SWOT 分析方法,可供选择的经营战略有 SO、OW、ST、WT 四种。根据 HJ 物流公司的情况,其采取标新立异的经营战略是属于 OW 战略方案,利用外部机会,克服内部劣势。客户有多样化、个性化的仓储物流需求是机会,但 HJ 物流经营仓储业务不是其强项,而要开拓以运输仓储为主的第三方物流业务,必须克服其内部不足,诸如物流仓储设施建设资金不足、物流人才缺乏、仓储资源无法满足现有客户多样化个性化的服务要求。

(2) 目标集聚经营战略。改革开放三十年来,福建的经济快速腾飞。福建工商业界与台湾科技产业的融合越来越紧密,台湾科技产业转移到福建,电子科技产业集群的快速发展产生了较大规模的物流需求市场。闽台两地将很快改变原来"船通货不通的情况,全面实现"大通。并随着海峡西岸经济区建设的不断推进,福建省周边地区,包括浙南地区(温州、衢州、金华、丽水)、粤东地区(梅州、潮州、揭阳、汕头)、江西和湖南等省市巨大的经济总量,也将带来较大规模的物流市场需求。随着海峡西岸经济区建设的不断推进,福建省周边地区,包括浙南地区(温州、衢州、金华、丽水)、粤东地区(梅州、潮州、揭阳、汕头)、江西和湖南等省市巨大的经济总量,也将带来较大规模的物流市场需求。正是如此,业内人士预测:海西物流将迎来井喷期。根据当前的发展态势,该企业可以实施目标集聚经营战略,以电子类产品物流市场为核心,利用业已形成的客户合作关系,重点开拓区域内电子类制造企业客户,并给其提供一体化物流服务,量体裁衣的为其提供全国各地的运输服务(多式联运货物运输),提供物流分拨、仓储、配送、产品分拣、包装、流通加工等服务,力争在区域市场上形成自己的竞争优势。利用 SWOT 分析方法,可供选择的经营战略有 SO、OW、ST、WT 四种。根据 HJ 物流公司的情况,其采取的目标集聚经营战略是属于 SO 战略,即依靠内部优势,利用外部机会。利用现有完善的物流网络,强大的运输能力,与大客户形成的良好合作关系等内部优势,并抓住外部电子类产品物流市场的机遇,为客户提供安全可靠、准确及时的第三方物流服务,扩大企业经营规模,成为区域内电子类产品物流的领先者。

 工作任务

1．工作目标

要求通过调研物流企业的经营战略现状,让学生更了解熟悉仓储物流企业经营战略的基本知识,并能对调研单位采取的经营战略进行分析、总结,提出自己的建议。

2．工作准备

(1) 了解调研目的。

(2) 分组,将全班同学分成不同的小组,每组 4~5 个人。

(3) 确定实践地点,具体掌握以下信息。

调研对象概况:调研对象简介、调研对象战略思想、战略目标、公司战略宗旨等。

调研对象仓储物流经营战略的使用情况:调查目前调研对象所采取的物流经营战略现状、存在的问题等。

(4) 工作时间安排 4 课时。

3．工作任务

选择当地一家仓储型物流公司作为调研对象,进行现场调查,了解调研对象的仓储物流经营战略情况。调研结束后,完成报告。调研报告格式见表 4-3。各小组委派一名同学在课堂上陈述调研结果。

表 4-3　调研报告格式

封面内容	题目、组别(学号)、(组员)姓名、缴交日期
正文内容	1．调查背景与目的:说明仓储物流经营战略的重要性,通过对某仓储物流企业的战略调查你所想达到的目的 2．调查方法与对象:说明在调查中所用的方法,调查对象的基本情况简介,如该企业的成立历史、重要大事纪、组织状况与目前经营战略情况说明 3．经营战略调查结果分析:要求利用 SWOT 方法,分析调研对象,陈述调查的结果 4．建议:针对调查中所发现经营战略的问题,对经营战略的不合理方面,提出改进的意见和措施 5．参考文献及附录:小组成员分工表、补充数据或图表等

4. 工作评价

工作评价的方式有教师评价、小组内部成员评价和第三方评分组成员互评三种，建议教师评价占60%权重，小组内部成员评价占20%的权重，第三方评分组成员评价占20%的权重，总评成绩＝教师评价分×60%＋小组内部成员评价×20%＋第三方评分组成员评价分×20%。工作评价单见表4-4。

表4-4 工作评价单

考评人		被考评人	
考评地点			
考评内容		仓储物流企业经营战略类型调研报告	
考评标准	具体内容	分值（分）	实际得分
	工作态度	10	
	沟通水平	10	
	实地调研	20	
	调研报告文字	30	
	调研报告陈述	30	
	合计	100	

注：考评满分100分，60以下为不及格，60~69分为及格，70~79分为中，80~89分为良，90分以上为优。

单元二 仓储经营方法

 学习情境

某企业A刚好有个空闲仓库，恰好某外贸公司B准备要租赁下来，租金是100万/年。如果采取仓库租赁经营的方式，这100万元收入必须向税务局申报缴纳房产税12万元，营业税5万元（其他税费忽略不计），共计17万元。A企业老总认为这种经营方式税负太重，有没有其他的经营方式可以采用呢，可以降低税收，还可以安排企业富余的人员呢？

 学习目标

1. 学会运用在不同类型的仓储企业采取不同的仓储经营方法
2. 掌握创新式仓储经营方法

学习地点

1. 校内
2. 调研企业

学习内容

随着企业经营环境的不断变化，商品的仓储数量和仓储结构也在不断变化，为了保证商品的仓储趋向合理化，必须采用一些科学的方法，对商品的仓储及仓储经营进行有效的动态控制。如何确定科学的、先进的、有效的仓储经营方法，使仓储资源得以充分利用是仓储企业搞好经营管理的关键。现代仓储经营方法主要包括保管仓储、混藏仓储、消费仓储、仓库租赁经营、创新式仓储经营方法等。

一、保管仓储经营

1. 保管仓储的经营方法

保管仓储是指存货人将储存物交付给仓储经营人储存，并支付仓储费的一种仓储经营方法。

在保管仓储经营中，仓储经营人一方面需要尽可能多地吸引仓储，获得大量的仓储委托，求得仓储保管费收入的最大化。另一方面还需在仓储保管中尽量降低保管成本，来获取经营成果。仓储保管费取决于仓储物的数量、仓储时间以及仓储费率。其计算公式为：

$$C = Q \times T \times K$$

式中：C——仓储保管费；

Q——存货数量；

T——存货时间；

K——仓储费率。

仓储总收入可按下式计算：

$$仓储总收入 = 总库容量 \times 仓容利用率 \times 平均费率$$

2. 保管式仓储经营的特点

保持储存物原状是保管仓储的经营特点。存货人将储存物交付给仓储经营人，其主要目的在于保管，储存物的所有权不会因交付给仓储经营人而转移，因此，仓储企业必须提供必要的保管条件保持储存物原状，而不能对储存物进行其他处理。

3. 保管仓储的经营管理

保管式仓储经营也是目前仓储业常见的管理方式。它最重要的工作是如何使仓储物品质量保持完好。要做好保管式仓储的经营管理工作：首先要加强仓储技术的科学研究，根据商品的性能和特点提供适宜的保管环境和保管条件，保证仓储商品的数量正确，质量完好；其次要不断提高仓储员工的业务水平，培养出一支训练有素的员工队伍，在养护、保管工作中发挥其应有的作用；最后要建立和健全仓储管理制度，加强市场调查和预测，搞好客户关系，组织好商品的收、发、保管保养工作，掌握库存动态，保证仓储经营活动的正常运行。

二、混藏仓储经营

1. 混藏仓储的经营方法

混藏仓储是指存货人将一定品质、数量的储存物交付给仓储经营人储存，在储存保管期限届满时，仓储经营人只需以相同种类、相同品质、相同数量的替代物返还的一种仓储经营方法。

混藏仓储主要适用于农业、建筑业、粮食加工等行业中对品质无差别、可以准确计量的商品。在混藏仓储经营中，仓储经营人应寻求尽可能控制品种的数量和大批量混藏的经营模式，从而发挥混藏仓储的优势。混藏仓储经营方法的收入主要来源于仓储保管费，存量越多、存期越长收益越大。混藏仓储保管费的计算公式与保管式仓储保管费相同。

2. 混藏仓储的经营特点

（1）混藏式仓储是成本最低的仓储方式。当存货人基于物品之价值保管目的而免去保管人对原物的返还义务时，仓储经营人既减轻了义务负担，又扩大了保管物的范围。混藏仓储是在保管仓储的基础上，为了降低仓储成本，通过混藏的方式，使仓储设备投入最少，仓储空间利用率最高，从而使仓储成本最低。

（2）种类物混藏的方式便于统一仓储作业、统一养护、统一账务处理等管理。将所有同种类、同品质的保管物混合仓储保存，则在保存方式上失去各保管物特定化的必要，种类物成为保管合同中的保管物。各存货人对混合保管物交付保管时的份额而各自享有所有权。这种种类物混藏的方式给各种作业、养护及账务工作带来管理上的便利。

三、消费仓储经营

1. 消费仓储的经营方法

消费仓储是指存货人不仅将一定数量、品质的储存物交付仓储经营人储存，而且双方约定，将储存物的所有权也转移到仓储经营人处，在合同期届满时，仓储经营人以相同种类、相同品质、相同数量替代物返还的一种仓储经营方法。

消费式仓储经营人的收益主要来自于对仓储物消费的收入，当该消费的收入大于返还仓储物时的购买价格时，仓储经营人获得了经营利润。反之，消费收益小于返还仓储物时的购买价格时，就不会对仓储物进行消费，而依然原物返还。在消费仓储中，仓储费收入是次要收入，有时甚至采取零仓储费结算方式。消费仓储的开展使得仓储财产的价值得以充分利用，提高了社会资源的利用率。消费仓储可以在任何仓储物中开展，但对于仓储经营人的经营水平有极高的要求。现今广泛开展在期货仓储中。

2. 消费仓储的经营特点

消费仓储最为显著的特点是仓储经营人在接收储存物转移之时便取得了储存物的所有权。在储存过程中，仓储经营人可以自由处分储存物。返还时，只需以相同种类、相同品质、相同数量的替代物返还。因此，消费仓储是仓储经营人利用仓储物停滞在仓库期间的价值进行经营，追求利用仓储财产经营的收益。

消费仓储是一种特殊的仓储形式，以种类物作为保管对象，兼有混藏仓储的经营特点，原物虽然可以消耗使用，但其价值得以保存。为仓储经营提供了发挥的空间。

四、仓库租赁经营

1. 仓库租赁的经营方法

仓库租赁经营是通过出租仓库、场地，出租仓库设备，由存货人自行保管货物的仓库经营方式。进行仓库租赁经营时，最主要的一项工作是签订一个仓库租赁合同，在合同条款的约束下进行租赁经营，取得经营收入。仓库出租经营即可以是整体性的出租，也可以采用部分出租、货位出租等分散出租方式。目前，采用较多的是部分出租和货位出租方式。

2. 仓库租赁的经营特点

（1）承租人具有特殊商品的保管能力和服务水平

采取出租仓库经营方式的前提条件为：出租的收益所得高于自身经营收益所得。一般以下面公式计算为依据。

$$租金收入 > 仓储保管费 - 保管成本 - 服务成本$$

下面以一个例子说明出租仓库经营的成立条件，到底采用仓库租赁还是自营。某公司考虑了 2 种经营方式的方案。A 方案是直接出租给企业，该公司准备把仓库以 100 万元/年的价格出租给一家贸易公司。这 100 万元收入必须向税务局申报缴纳房产税 12 万元，营业税 5 万元（其他税费忽略不计），共计 17 万元。A 方案直接出租租金收入 = 100 - 17 = 83 万。还有一种方案 B，该企业去增加经营范围，增加仓储业经营范围，这样该企业不但出租仓库还可以提供仓储服务。仓储保管费是 130 万，保管成本是 20 万，服务成本是 20 万，税金是 11 万。B 方案实际收入 = 130 - 20 - 20 - 11 = 79 万。在这种情况下，出租的收益所得高于自身经营收益所得，应该做出决策采取出租仓库经营方式。

(2) 合同的方式确定租赁双方的权利和义务

出租人的权利是对出租的仓库及设备拥有所有权,并按合同收取租金。同时必须承认承租人对租用仓库及仓库设备的使用权,并保证仓库及仓库设备的完好性能。承租人的权利是对租用的仓库及仓库设备享有使用权(不是所有权),并有保护设备及按约定支付租金的义务。

(3) 分散出租方式增加管理的工作量

若采用部分出租、货位出租等分散出租方式,出租人需要承担更多的仓库管理工作,如环境管理、保安管理等。但采用整体性的出租方式,虽然减少了管理工作量,却同时也放弃了所有自主经营的权力,不利于仓储业务的开拓和对经营活动的控制。

仓库租赁经营的做法比较适合出租方没有较强的仓储业务经营能力,而承租方拥有较强的仓储经营能力。这个时候把仓库交给别人经营带来的收益要大于自己经营。

五、创新式仓储经营方法

伴随着企业经营内外部环境的变化以及仓储经营竞争的压力,仓储物流企业采用了有别于传统的仓储企业单一的经营方式。仓库经营方式的创新是仓库企业保持了生机和活力,使得传统的仓储企业也获得了源源不竭的发展动力。目前出现的创新式仓库经营方式有网络仓库、融通仓、融资租赁、流通加工等。

1. 网络仓库

网络仓库是一个与传统的仓库完全不同的仓库形式。它是一个借助先进的通信设备可随时调动所需物质的若干仓库的总和。网络仓库的覆盖区域非常之广,根据供应商订货的数量和距离条件,通过网络渠道将信息传递到网络中心,迅速寻找配对,在最短的时间里作出选择,选择一个有足够大,并且距离需求地最近的存储仓库。网络仓库实际上是一个虚拟的仓库,它有力运用强大的信息流,以统筹网络上可利用的仓库资源,大大满足了对订货的需求和提升了定货量。对运输过程中时间和空间上耗费的迂回物流和仓储费用来说,实实在在省下了一笔不小的费用。

中铁快运与制造业实行了一次联动,创造出一种叫做"网络仓库+2448"的新模式。这种模式将全国几十家经销商的仓库通过优化,整合到5~10家,覆盖的范围包括原来七八十家经销商仓库。这五家经销商划分的区域,用中铁快运的铁路网实现24小时,最迟48小时的配送。客户的订单直接下给经销商的仓库,然后中铁快运就根据订单要求,在这些仓库内选择离这个客户最近的一个进行24到48小时配送,且直接送货上门。

五个"网络仓库"代替了制造业企业和经销商原先的80多个仓库,并与制造企业的销售网络相连,制造企业根据客户的需求不断向中铁快运下单,中铁快运会随时提供仓库里的库存数量、货物品种、型号和出自哪个工厂。中铁快运通过"网络仓库"这个信息平台给制造业企业提供库管服务,大大节省了客户的管理和运输成本。

2. 融通仓

融通仓是融、通、仓三者的集成、统一管理和综合协调。融通仓是一种把物流、信息流和资金流综合管理的创新。其内容包括物流服务、金融服务、中介服务和风险管理服务以及这些服务间的组合与互动。融通仓是一种物流和金融的集成式创新经营方式，其核心思想是在各种流的整合与互补互动关系中寻找机会和时机。其做法是仓库经营企业为中小型企业提供融通仓服务，中小型企业的货主把货物存放在仓储企业的仓库中，取得仓单后凭此向银行申请贷款。银行根据质押物品的价值和其他相关因素向客户企业提供一定比例的贷款。仓储物流企业所提供的服务就是接受银行的委托，对货物的流动性进行监管，及时向银行提供质押监管信息，以便银行随时掌握货物流动的信息。

仓库采取融通仓经营方式带来的好处是：（1）与金融机构不断巩固和加强合作关系，依托融通仓设立中小企业信用担保体系，以便于金融机构、融通仓和企业更加灵活地开展质押贷款业务；（2）充分发挥融通仓对中小企业信用的整合和再造功能，可帮助中小企业更好地解决融资问题；（3）银行拓宽了服务对象范围，扩大了信贷规模，也给第三方物流企业带来新的利润增长点，带来了更多、更稳定的客户。成功的融通仓运作能取得银行、企业、物流公司三赢的良好结果。

3. 融资租赁

当一些货物对仓库的现代化和智能化程度要求较高，但同时货主限于实力不能自主建造仓库时，普通的仓库租赁便不能满足这些货主的需求。在实践中，仓储企业通过提供融资租赁等解决方案来满足这些货主的需求。

所谓融资租赁，是指由出租方融通资金为承租方提供所需设备，具有融资、融物双重职能的租赁交易，它主要涉及出租方、承租方和贷款方，并有两个或两个以上的合同构成。在融资租赁方式下，首先是由货主提出关于仓库需求的招标方案，然后是物流企业投标，中标后便进入融资租赁方案的实施阶段。仓储物流企业与货主签订融资租赁协议，筹资时与银行签订贷款协议。融资租赁经营方式是仓储企业根据货主的个性化要求去设计仓储建设方案，并提供仓储服务。这种经营方式具有融资功能，对仓储企业与货主企业都有好处。但由于融资租赁的仓库大多是根据货主的个性化需求建造的，这种仓库对其他货主并无用处。如果物流企业与货主企业合作期满但融资租赁尚未到期，一旦货主企业重新招标淘汰该物流企业，此时物流企业还拥有该仓库的所有权将面临不得不闲置的风险。

4. 流通加工

仓库提供流通加工增值服务的经营方式，可以为仓库经营人扩大业务范围，提供更多的增值服务项目，能在激烈的市场竞争中获得竞争的优势，得到更多的利益。流通加工是指物品从生产地到使用地的过程中，根据需要施加包装、分割、计量、分拣、刷标志、拴标签、组装等简单作业的总称。

最普通的增值服务与流通加工中的包装处理有关。在通常的情况下，产品往往是以散装形式或无标签形式装运到仓库里来的，所以，这种存货基本上没有什么区别。一旦收到顾客的订单，仓库经营人就要按客户要求对产品进行定制和发放。有关这方面服务的例子与一家汽车电池制造商有关。他把未做标志的产品装运到仓库中去，而已经出售的电池需要向仓库经营人提供有关商标牌号的待印图案。一旦接到订货、要求使用特定的标志时，仓库经营人就把该标志图案印制到电池上，然后用定制的盒子将产品包装起来。所以即使该产品在仓库里存放时是没有区别的，但是该顾客实际收到的是已经定制化了的产品和包装。由于支持个别顾客需求所需要的安全储备量较少，使该制造商可以减少其存货。与此同时，还可以相应的减少市场预测和生产计划的复杂性。

此外，仓储可以通过优化包装来提高这种增值服务，以满足整个渠道的顾客需求。例如，仓库可以通过延伸包装（Stretch-Wrapping）和变换托盘来增值。这种做法可以使制造商只处理一种统一的产品，与此同时延期包装，以使包装需求专门化。另一个有关仓库增值的例子是在产品交付给顾客以前，去除保护性包装。在大型器械的情况下，这是一种有价值的服务，因为有时要顾客处理掉大量的包装是有困难的，因此，去除或回收包装材料也是仓库提供的增值服务。通过仓库流通加工服务的提供，不仅为客户提供了便利性，也为企业带来了额外的效益。

 工作任务

1．工作目标

收集仓储公司资料，联系调研单位。前往仓储企业实地调研该企业的经营情况，分析确定其经营方法。其主要工作目标是能识别仓储公司采取的经营方法。

2．工作准备

（1）了解仓储经营方式相关知识。

（2）将全部同学分成若干组，分组5人。

（3）确定典型调研对象。

（4）收集调研对象资料，联系调研单位，确定调研时间、地点。

（5）工作时间安排4课时。

3．工作任务

（1）选择好典型调研对象，联系好调研单位，确定调研时间、地点。

（2）要求设计调研提纲，准备好调研内容。

（3）到调研单位，实地了解该仓储企业的经营方法。

（4）小组成员将收集的资料进行分析确定仓库企业的经营方法。

（5）制作仓储企业经营方法调研报告，调研报告格式见表4-5。

（6）各小组委派一名同学在课堂上陈述调研结果，提出合理的改进建议。

4. 工作评价

工作评价的方式有教师评价、小组内部成员评价和第三方评分组成员互评三种，建议教师评价占 60%权重，小组内部成员评价占 20%的权重，第三方评分组成员评价占 20%的权重，将三者综合起来的得分为该生在该项目的评价分。工作评价单见表 4-6。

表 4-5 调研报告格式

封面内容	题目、组别（学号）、（组员）姓名、缴交日期
正文内容	1. 调查背景与目的：说明仓储经营方法的重要性，通过对仓储经营方法调查你所想达到的目的 2. 调查方法与对象：说明在调查中所用的方法，调查对象的基本情况简介，如该仓储企业的成立历史、重要大事纪、组织状况与目前经营情形说明 3. 经营方法调查结果分析：陈述调查的结果、数据等分析 4. 建议：针对调查中所发现的问题，对经营方法的不合理方面，提出创新的建议 5. 参考文献及附录：小组成员分工表、补充数据或图表等

表 4-6 工作评价单

考评人		被考评人	
考评地点			
考评内容			
考评标准	具体内容	分值（分）	实际得分
	工作态度	10	
	沟通水平	10	
	实地调研	20	
	调研报告文字	30	
	调研报告陈述	30	
	合计	100	

注：考评满分 100 分，60 以下为不及格，60~69 分为及格，70~79 分为中，80~89 分为良，90 分以上为优。

模块五　仓储作业能力

单元一　入库作业操作

学习情境

国内某物流公司成立于 2000 年，经过几年的快速发展，已经成为国内"AAAA 级综合物流服务型物流企业"、"中国物流百强企业"、"中国近三年快速发展物流企业"、"中国 20 家最具竞争力的物流公司"之一。目前在广州、郑州、上海、北京、济南、合肥、贵阳、乌鲁木齐等中心城市建立了 RDC（区域配送中心），在全国 50 多个大中城市设立了 150 多万平方米的仓库，专业为客户提供管理一体化的家电仓储服务。2007 年 6 月，毕业于某职业技术学院物流管理专业的小陈同学成功应聘于该公司福州分公司，有幸成为该公司员工，负责仓库收货入库，发货出库，盘点等工作。刚刚进入物流行业的小陈同学，在学校里经过了系统的物流理论学习，但是真正得在物流企业仓库里进行仓库入库作业操作还是比较生疏。经过两个月的辛苦工作学习，小陈已经俨然成为仓库入库作业的熟手。那他是如何能够熟练地进行仓库入库作业呢？

学习目标

1. 学会仓库入库作业流程
2. 懂得进行仓库入库作业操作
3. 掌握仓库入库的单证缮制、审核

学习地点

1. 各类型仓库，如物流公司仓库、制造企业仓库等
2. 校内实训室

学习内容

一、仓库入库作业流程

仓库入库作业是仓库作业的开始,熟悉仓库入库作业流程对于刚刚入行的小陈同学来说是至关重要的,掌握了它就能够将仓库入库作业操作自如,提高了工作效率。下面的仓库入库作业流程是针对一般流通型仓库进行介绍的,如图5-1。

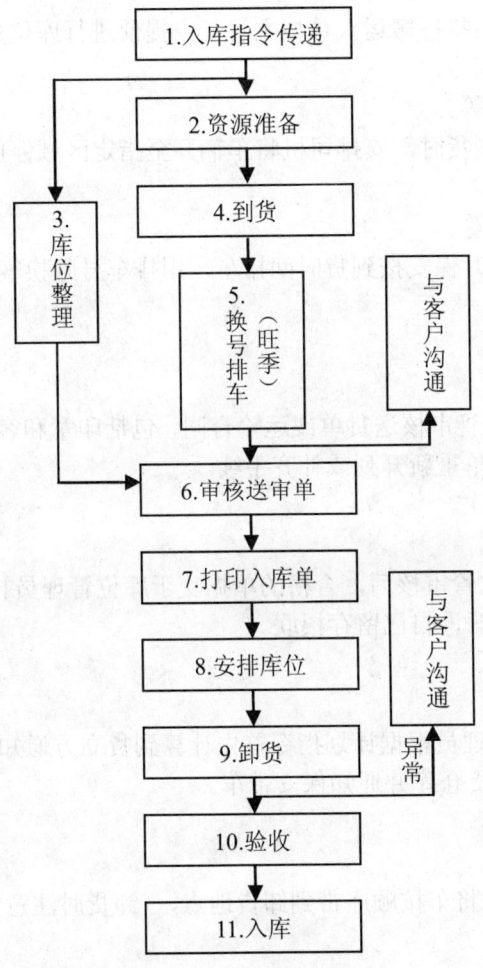

图5-1 仓库入库流程

1. 控制要点：入库核算员对第二天各种入库指令进行采集（调拨、调运、返修、移库、退换等计划或临时的入库指令）或接收司机直接带来的入库指令并确认；由核算员向账务主管和仓库主管汇报。

人均作业：5分钟/指令。

工具：电话、传真、电脑等。

2. 控制要点：仓库主管根据入库计划通知仓管员和安排搬运工做好入库的资源准备工作。

人均作业：1分钟/指令。

工具：电话、传真、电脑等。

3. 控制要点：仓管员指挥搬运人员按主管指令提前进行库位规划并整理。

人均作业：20分钟/指令。

工具：对讲机、文件等。

4. 控制要点：货物到货时，安排司机将车辆开至指定区域停放，等待处理。

人均作业：5分钟/次。

工具：对讲机、文件等。

5. 控制要点：旺季时保安按到货时间排车，用排车号牌换客户的送货单并交仓库主管。

人均作业：3分钟/单。

工具：排车号牌等。

6. 控制要点：仓库主管审核送货单或运输合同，包括印章和客户签名，不合格的退换货或代保管、返修等入库单重新开列或补齐手续。

人均作业：3分钟/车次。

工具：电话、传真等。

7. 控制要点：仓库主管审核后，合格的单据交于库位管理员打印《产品入库单》，仓库主管审核后给仓管员三联，自己留存根联。

人均作业：5分钟/单。

工具：电脑等。

8. 控制要点：库位管理员根据计划指令首先计算到货立方通知仓库主管安排库位，仓库主管指挥仓管员确定卸货仓库并通知保安带车。

人均作业：10分钟/单。

工具：电话、电脑等。

9. 控制要点：由保安将车按顺序带到卸货地点，卸货时注意货物搬运时是否倒置，轻放轻拿。

人均作业：30分钟/车次。

工具：叉车、地托板等。

10．控制要点：仓库管理人员按入库单据型号和数量对入库货物点数，对于残次品另外堆放及点数。有其他异常情况，及时通知仓库主管及客户。

人均作业：5分钟/单。

工具：笔。

11．控制要点：搬运工将验收合格货物搬运至安排好的货位。注意货物搬运时是否倒置，轻放轻拿，堆码时不能超高。放置货物时，不要混乱型号，不要倒置产品。

人均作业：30分钟/车次。

工具：叉车、地台板等。

二、仓库入库业务操作

现有100台型号XQG50-D809，规格60cm×58cm×80cm的洗衣机装载在福建盛辉物流公司的车辆上，从安徽芜湖仓库运到福州仓库。预计于2008年8月1号上午九点到达。发货人是安徽海尔公司，收货人是福州国美电器中亭街店。那作为一名仓管员要如何操作？

（一）入库前准备工作

1．入库指令的收集传递。根据发货人安徽海尔的入库指令，通过电话或电脑系统及时传递给福州收货人及仓库。

2．编制入库计划。仓库业务部门根据货主预入库的信息、仓库情况、设备资源，制定入库计划，并将任务下达到相应的作业单位、管理部门。利用上面的信息，仓库业务部门编制入库计划表见表5-1。

表5-1 入库计划

NO.

送货单位：安徽海尔公司　　预入库日期：2008年8月1日　　仓库：福州库

货物品名	型号	数量	时间	所需资源	备注
海尔洗衣机	XQG50-D809	100台	上午9：00点	搬运人员5名 手动叉车5台 货位27立方米	

3．资源准备。仓管员根据仓库业务部门制定的入库计划，及时做好货位准备，验收准备，装卸搬运、搬运人员等资源的准备工作。

（二）货物到货时的验收

货物入库的第一项工作是验收，也是仓储工作的起点，是分清仓库与客户责任的界线，并为保管养护打下基础。凡是货物入库必须经过验收，只有验收后的货物方可入库保管。货物验收的项目有：品名、规格、型号、数量或重量、包装以及质量。货物入库必须有《送货单》（见表 5-2），没有《送货单》的货物不能入库。

表 5-2 送货单

NO. 2008072850

单位：安徽海尔公司　　　　　　　　　　　　日期：2008 年 7 月 28 日

品名	规格（cm）	单位	数量	单价	金额	备注
XQG50-D809	60×58×80	台	100	1988	198800	

接收单位：福州国美电器中亭街店　　　制单：×××
送货单位：福建盛辉物流公司　　　　　司机：×××

1. 送货单的信息与实际货物情况进行核对

送货单所列的货物的品名、规格、数量等信息与实际到货的货物情况进行初步的核对。如果信息有误差，与客户及时沟通，查明原因，进行相应的处理。如果没有误差，进行外观质量验收。

2. 外观质量验收

外观质量验收主要包含以下项目。

（1）包装检验。检验包装有无被撬开、开缝、挖洞、污染、破损、水渍和粘湿等不良情况。撬开、开缝和挖洞有可能是被盗的痕迹；污染为配装、堆存不当所造成；破损有可能因装卸、搬运作业不当和装载不当造成；水渍和粘湿是由于雨淋、渗透、落水和潮解造成。包装的含水量是影响货物保管质量的重要指标，一些包装物含水量高表明货物已经受损害，需要进一步检验。

（2）货物外观检验。对无包装的货物，直接察看货物的表面，检查是否有脏污、生锈、破裂、脱落、撞击、刮痕等损害。

（3）重量、尺度检验。对入库货物的单件重量、货物尺度进行衡量和测量，确定货物的质量。

（4）标签、标志检验。检查货物标签、标志是否齐备、完整和清晰。标签、标志与货物内容是否一致。

（5）气味、颜色、手感检验。通过货物的气味、颜色判定是否新鲜，有无变质。用手触摸、捏试，判定有无结、干涸、融化和含水量太高等。

（6）打开外包装检验。对于外包装检验中有判定内容受损可能的依据时，或者检验标准要求开包检验,点算包内细数时,应该打开包装进行检验。开包检验必须有两人以上同时在现场,检验后在箱件上印贴已验收的标志。需要封装的及时进行封装,对于包装已破损的应更换新包装。

3. 内在质量检验。在外包装无破损的情况下,一般仓库不进行内在质量的检验。除非在客户要求下对货物的内容进行检验,内在质量检验由专业检验单位,经检验后出具检验报告。

（三）货物入库交接和登记

货物入库交接手续是指经过验收后,库管员对收到的货物向送货人进行确认,表示货物已接收,办理完交接手续,意味着划清送货部门和仓库的责任。较为完整的交接手续如下。

1. 接收货物。库管员以送货单（见表 5-2）为依据,通过验收,将不良货物剔出、退回或编制残损单证等,确定收到货物的确切数量、货物表面良好状态。

2. 接收文件。送货人将货物资料、送货单、采购清单等相应的文件送交仓库的库管员。

3. 签署单证。库管员在和送货人员交接货物,进行验收后,共同在送货人交来的送货单（见表 5-2）、交接清单（见表 5-3）上签署和批注,并留存相应单证。提供相应的入库、验收、残损单证、事故报告,由送货人签署。

表 5-3　到货交接清单

收货人	发站	发货人	货物名称	标志	单位	数量	重量	货物存放处	车号	运单号
福州国美电器中亭街店	安徽芜湖	安徽海尔公司	洗衣机		台	100	50 kg		皖A8888	200807 2850
备注:										

提货人:　×××　　　　　　　经办人:　×××　　　　　　　接收人:　×××

4. 登账。

货物交接完毕,仓库根据验收的实际情况制作入库单（表 5-4）,详细记录入库货物的实际情况,对短少、破损等在备注栏填写和说明。

货物入库后根据送货单信息,建立物资仓储的明细账,登记货物进库、出库、结存的详细情况,用以记录库存货物的动态和出入过程。

登账的主要内容有:物资名称、规格、数量、结存数、存货人或提货人、批次、金额,注明货位号或运输工具、接（发）货经办人。

表 5-4 入库单

NO. 2008080106

货主单位：福州国美电器中亭街店　　　　　　入库日期：2008 年 08 月 01 日

物资编号	品名	规格（cm）	单位	数量	检验	实收数量	备注
XQG50-D809	海尔洗衣机	60×58×80	台	100	合格	100	

会计：×××　　　　　　库管员：×××　　　　　　制单：×××

本单一式三联：第一联：送货人联；第二联财务联；第三联：仓库存查

5. 立卡。

货物入库上货架后，将货物名称、规格、数量或出入库状态等内容填写在货卡上，称为立卡。货卡又称料卡、货牌（表 5-5），插放在货物下方的货架支架上或摆放在货垛正面的明显位置。

表 5-5 货卡

货主单位：　　　　　　　　　　　　　　　　　　　　　　　日期：

年			货品名称	规格	单位	入库数量	出库数量	结存	经手人
月	日								

6. 建档。

仓库对接收货物的货物或委托人建立存货档案或客户档案装订成册（表 5-6 客户单据装订清单），以便于货物管理和保持客户联系，为将来可能发生的争议保留凭证。

表 5-6 单据装订清单

客户　　　　　　　　　　　网点　　　　　　　　　单据日期
清单号　　　　　　　　　　　　　　　　　　　　　编制日期

序号	订单日期	订单号	通知单号	仓库	红冲单号	核销单号	核销类型

三、仓库入库信息作业操作

（一）入库信息作业操作目的
1．学会货物验收的操作
2．学会库位分配及入库确认的操作

（二）入库信息作业操作主要内容
1．货物验收
2．库位分配与预入库清单打印
3．预入库确认
4．直接入库处理
5．入库台账与单据打印

（三）入库信息作业操作具体内容
1．货物验收

"货物验收"是在签订"收货订单"等订单后，对货物保管、运输前进行的验货处理。在"收货订单"、"退货入库订单"签订后必须进行货物验收。

在主菜单中单击"货物验收"，出现收发货管理下拉菜单，单击"货物验收"，进入"货物验收查询"画面。

（1）新增。在"货物验收查询"画面中单击"新增"，进入货物验收新增程序，输入客户代码、订单号，然后单击"重读数据"，程序将显示该订单信息，在接收数据栏中输入实际接收货物的数量（包括入库前的破损量和搁置数量，一般三个栏目的数值之和应等于订单数量，否则，系统会提示实际接收数量小于或大于订单数量），并相应的输入产品批号、生产日期、保质期，然后单击"退出"键确认（如图5-2）。

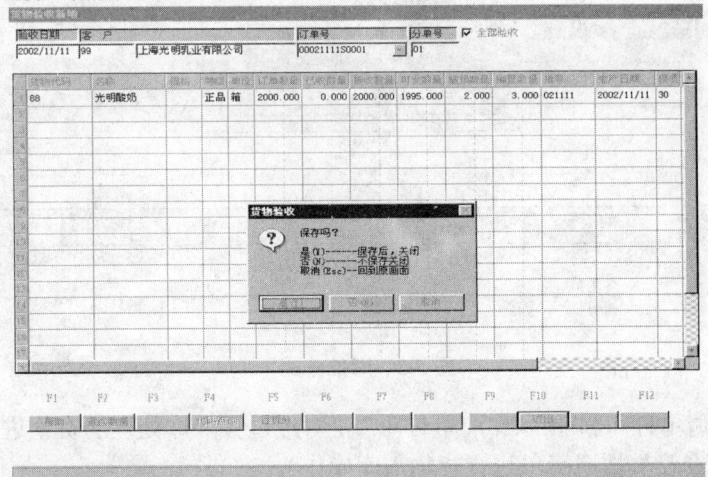

图 5-2 货物验收新增

(2) 修改。在"货物验收查询"画面中输入客户代码,订单号及分单号,然后单击"查找",程序显示货物的验收情况。单击选定需要修改的记录行,单击"修改",在接收数量框中输入修改后的实际接收数量,修改成功后单击"确认"。

2. 库位分配与预入库清单打印

货物入库分配有预入库分配和直接入库分配两种方法。"库位分配"是对经过"货物验收"处理后的货物进行的预入库处理的程序(即先在系统中分配好库位,再按分配的库位进行入库,该方法需要在实际入库后进行确认)。

(1) "库位分配"。在系统主菜单中单击"收发货管理",出现收发货管理下拉菜单,单击下拉菜单中的"库位分配",进入"库位分配"程序画面。

在"库位分配"程序画面中输入客户代码以及受理日期等数据,然后单击"重读数据",程序显示所有符合条件的收货记录,选中需要预入库处理的记录行,然后单击"预入库"进入"库位分配"画面,输入分配数量(不能部分分配),然后双击"预分配库位"栏,在下拉框中选定库位。库位分配完成,单击"退出"(如图5-3)。

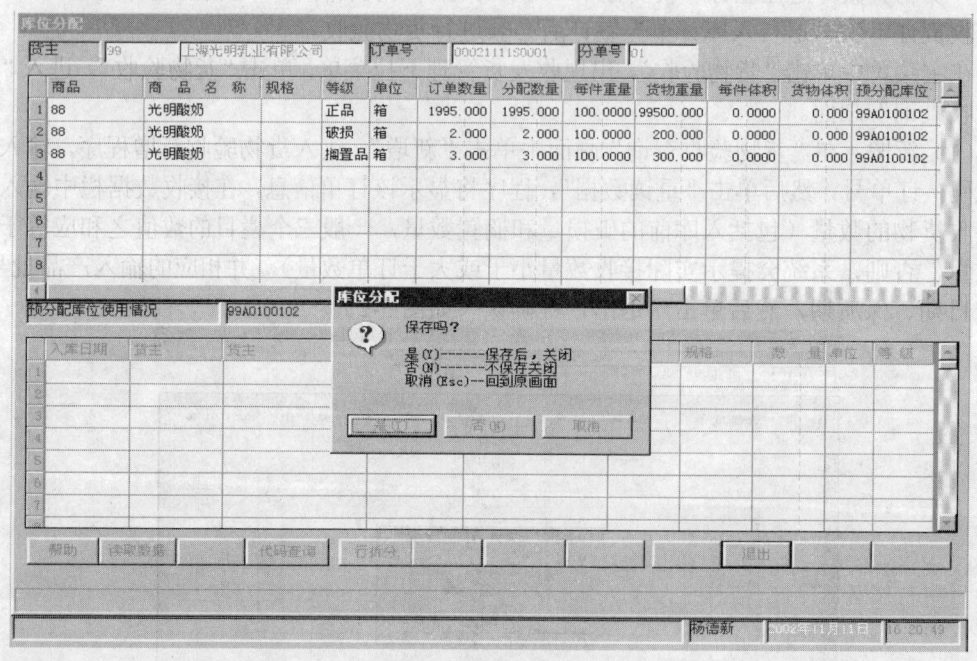

图 5-3 库位分配

(2) 预入库清单打印。"预入库清单打印"是对经过预入库处理的货物进行库位清单打印的程序(用于仓管员按照清单进行货物入库操作)。

在系统主菜单中单击"收发货管理",出现收发货管理下拉菜单,单击下拉菜单中的"预入库清单打印",进入"预入库清单打印"程序画面,输入客户代码以及日期,订单范围,仓库代码和受理点代码数据,然后单击"确定",进入预入库清单打印报表,打印报表时单击"打印"(如图5-4)。

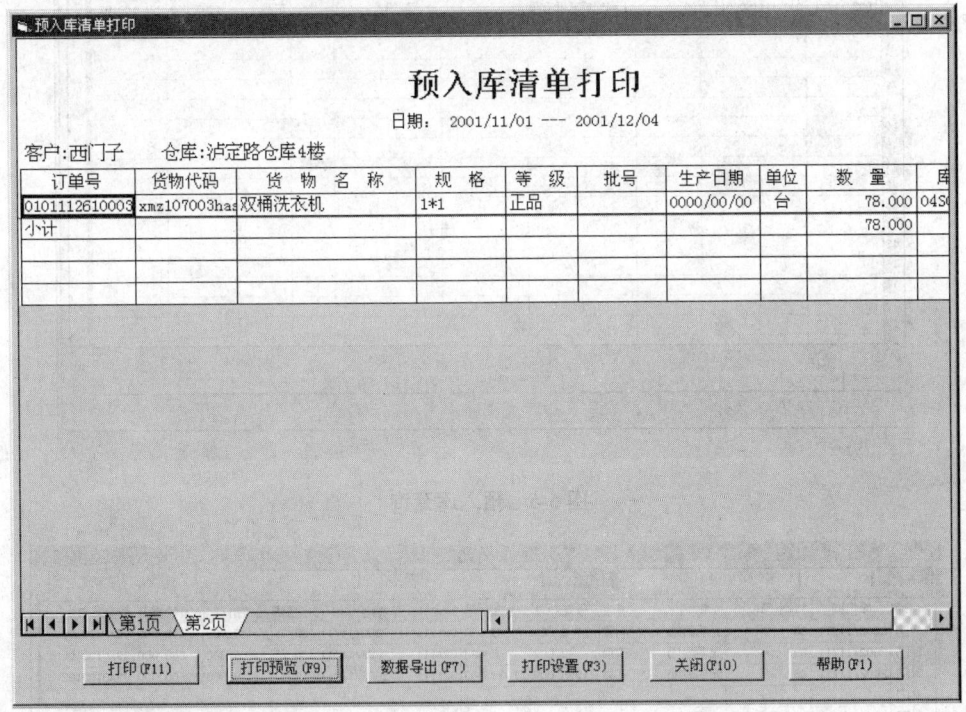

图5-4　预入库清单打印

3．预入库确认

预入库确认中包括预入库确认和还原。"预入库确认"是对预入库的货物进行确认,经过入库确认后,在入库台账中可以统计打印。预入库还原是对进行了预入库确认后的货物重新排位时进行的工作,只有经过还原的货物才能再次预入库处理。

在系统主菜单中单击"收发货管理",出现收发货管理下拉菜单,单击下拉菜单中的"预入库确认",进入"预入库确认"程序画面。

在"预入库确认"程序画面中,单击左上角的确认按钮,并输入预入库日期,货主代码以及货物代码等中的一项或几项,单击"查询",程序显示符合条件的记录(如图5-5)。单击需要确认的入库货物记录行,然后单击"确认",进入"预入库确认"画面,单击确认记录行,使其显示"√",确认后单击"退出"(如图5-6)。

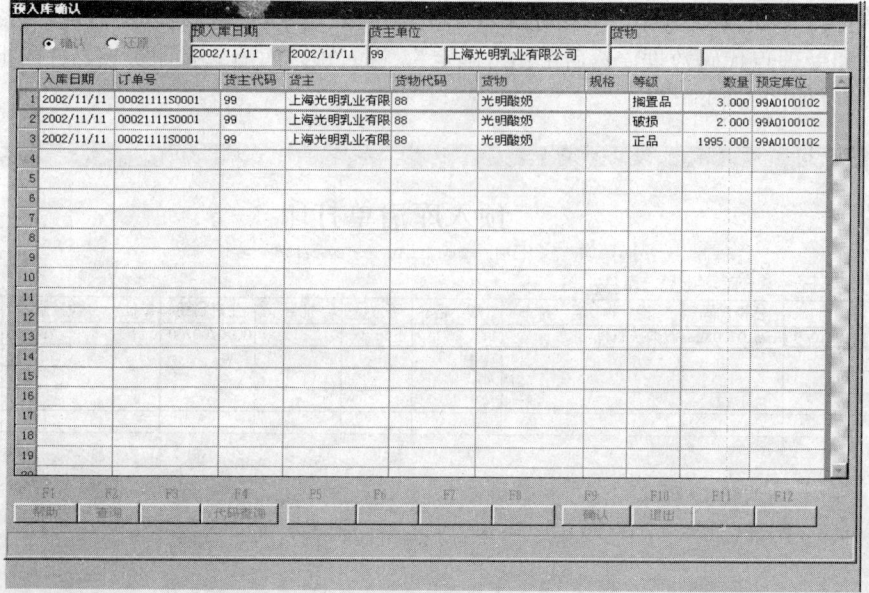

图 5-5 预入库查询

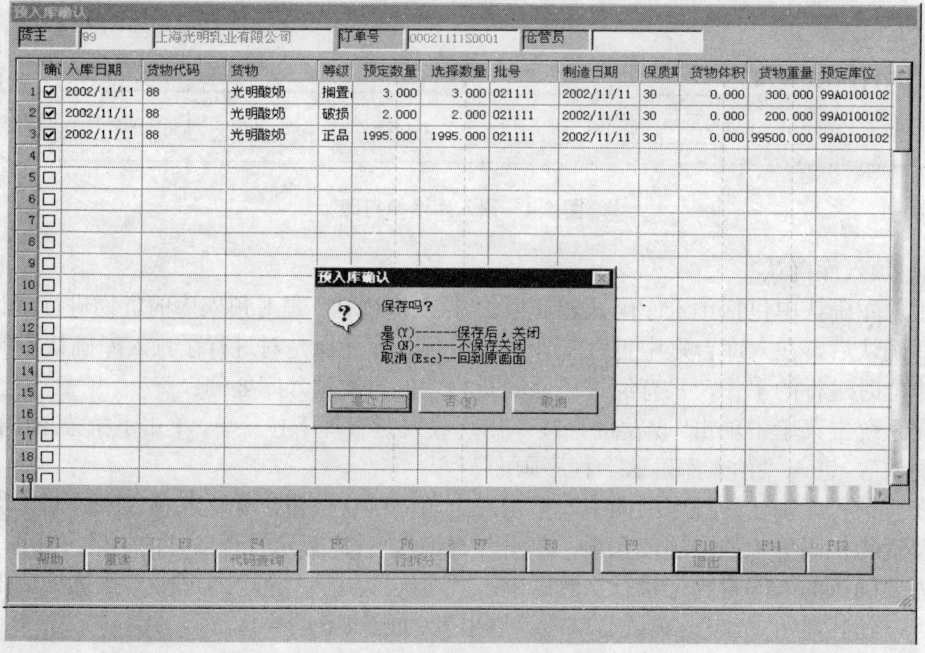

图 5-6 预入库确认

预入库确认还原:

基本操作参照"预入库确认"。

注意:预入库确认和还原的处理均是以订单为单位,而不能按货物为单位。

4. 直接入库处理

"直接入库处理"是不需要经过预入库及预入库确认处理而直接入库处理的程序(即先实际入库,再补录入库数据)。在实际中的入库分配工作中,可根据需要选择预入库分配或直接入库分配。

在主菜单中单击"收发货管理",出现收发货管理下拉菜单,单击"直接入库处理",进入"入库处理查询"。

单击"入库处理查询"画面的"新增"键或按F5,进入入库处理新增程序,按程序要求依次录入入库日期、客户代码、订单号、仓库号(都必须输入)等数据,然后单击"直接读入",双击库位栏,在下拉框中选定安排的库位,操作完成,单击"退出",并按对话框选择保存(如图5-7)。

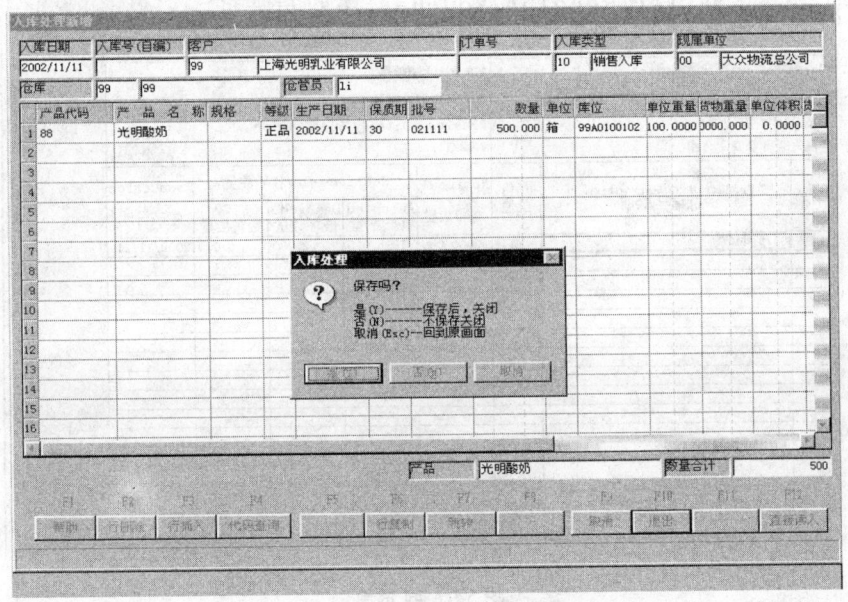

图 5-7　直接入库新增

5. 入库台账与单据打印

(1)收货单的打印。

在主菜单中单击"收发货管理",出现收发货管理下拉菜单,单击"收货单打印",进入"收货单打印"画面。

在"收货单打印"画面中输入日期、货主等信息,单击'确定'(如图 5-8),出现客户的收货单画面(如图 5-9)。

图 5-8 收货单打印

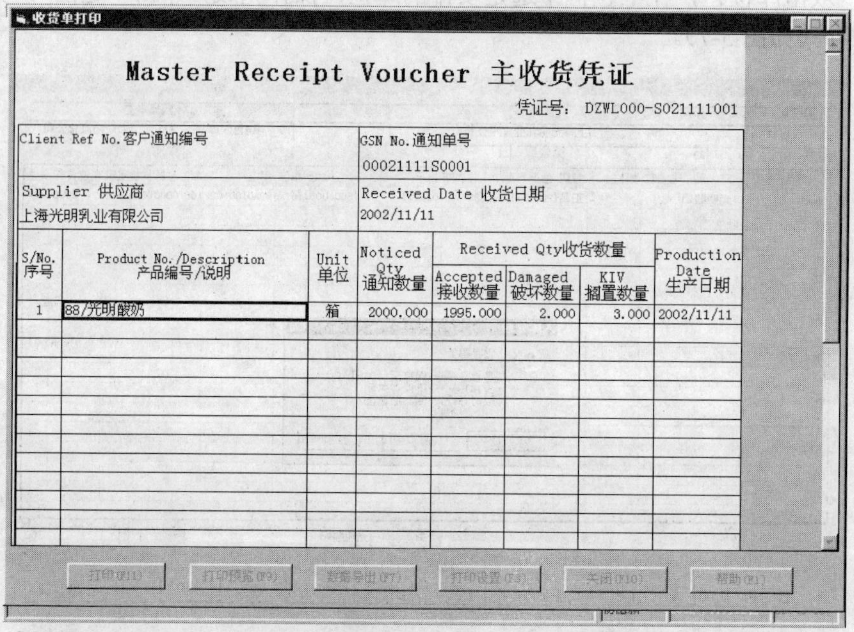

图 5-9 收货单

(2) 入库台账查询及打印。

单击主菜单中的"库存管理",菜单显示库存管理下拉框,单击"入库台账",进入入库台账处理程序画面。

在"入库台账"程序画面中输入统计日期(格式如 2002/11/11),批号,货物代码,仓库代码,入库类型,客户代码等数据中的任意一项或几项后,单击"按货物日期库位序"

等按钮（如图 5-10），程序将显示相应的报表（如图 5-11）。打印报表时按"打印"即可。入库台账处理结束后，单击"退出"。

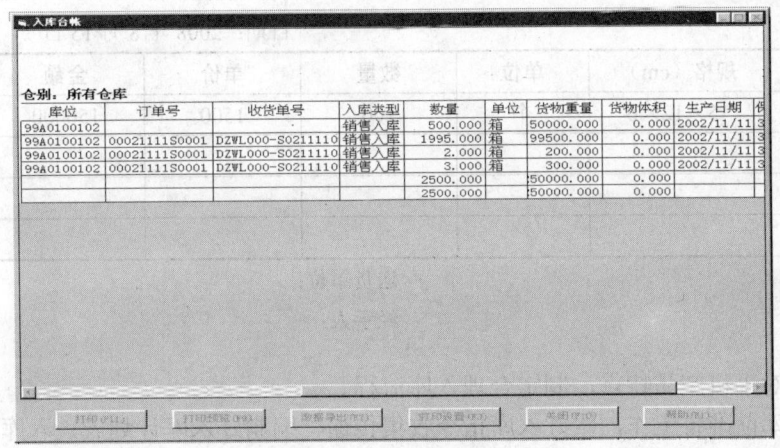

图 5-10　入库台账查询

图 5-11　入库台账

工作任务

1．工作目标

通过模拟真实的仓库入库作业环境，使学生学会仓库入库作业流程，懂得仓库入库作业操作,掌握仓库入库的单证缮制、审核。
　　2.工作准备
　　(1)了解仓库入库作业相关知识。
　　(2)准备相关的入库单证,如送货单、入库单、货卡等。
　　(3)将全班学生分成若干组,每组按照岗位设职 5 员(货主企业代表 1 名、运输企业代表 1 名、库管员 1 名、制单员 1 名、检验员 1 名)。
　　(4)工作时间安排 4 学时。
　　(5)工作环境模拟,需要学院的仓库实训室、机房等资源配合。
　　3.工作任务
　　国内某手机制造企业在天津设有加工厂,它的成品仓库外包给深圳一家物流公司。要求模拟深圳这家物流公司为工厂设计合理的入库流程,学生充当物流公司的职员对手机的入库过程进行模拟操作。2008 年 8 月 15 号货主天津天大手机制造有限公司发来一份送货单如下表 5-7,验收时发现少了 2 个包装,要求入库人员完成以下工作任务。

表 5-7　送货单

NO.012567

单位:　　　　　　　　　　　　　　　　　　　　日期:2008 年 8 月 15 日

品名	规格(cm)	单位	数量	单价	金额	备注
天大手机	15×12×6	个	100	1500	150000	

收货单位:　　　　　　　　　　　　　　　送货单位:
经手人:　　　　　　　　　　　　　　　　经手人:

　　(1)针对手机产品特点,制定合理入库流程。
　　(2)入库前准备工作,做好入库指令收集传递、编制好入库计划表、入库前的资源准备等工作。
　　(3)入库验收与检查。
　　(4)入库交接与登记,要求制作入库单、货卡及物资库存日报表。
　　(5)入库信息化操作。
　　4.工作评价
　　工作评价的方式有教师评价、小组内部成员评价和第三方评分组成员评价三种,建议教师评价占 60%权重,小组内部成员评价占 20%的权重,第三方评分组成员评价占 20%的权重,将三者综合起来的得分为该生在该项目的评价分。工作评价单见表 5-8。

表 5-8　工作评价单

考评人		被考评人	
考评地点			
考评内容			
考评标准	具体内容	分值（分）	实际得分
	工作态度	15	
	沟通水平	15	
	入库流程合理性	15	
	入库操作熟练程度	40	
	入库单证	15	
	合计	100	

注：考评满分 100 分，60 以下为不及格，60~69 分为及格，70~79 分为中，80~89 分为良，90 分以上为优。

单元二　仓库理货作业操作

 学习情境

　　小王是刚刚毕业于福州某知名中职学校的物流专业学生，经过层层面试，他被聘为某物流公司仓库理货员。尽管面试成功了，但这个仓库理货员具体做什么工作他仍然稀里糊涂。这个仓库理货员与仓管员有什么区别呢？要胜任理货员这个岗位需要具备什么方面的能力呢？作为一个合格的理货员需要学习什么内容呢？

　　和传统的仓库管理员相比，仓库理货员是指运用仓储管理、财务、物流等综合知识对出入仓库的货物进行验收、整理、核对和堆码等，在合理安排货物仓储的同时，并对它们进行有序整理、拣选、配货、包装、置唛以及复核的工作人员。

　　要想成为一名仓库理货员，首先必须具备仓储物流等相关专业中专以上学历，掌握仓储、物流、叉车驾驶等方面的基本知识。在上岗前，从事这一岗位的人员应该接受相关仓储管理、财务知识、产品知识等方面的培训，这样有助于他掌握和了解产品的基本性能、理货作业流程以及运输流程。在实际工作中，仓库理货员应该具备吃苦耐劳的素质，能适应公司业务需要进行工作；同时能够熟练驾驶各类型的叉车；作为一个优秀的理货员还应该能够适应并运用目前逐步在仓储领域中推广的仓库管理信息系统，具备及时发现问题以及应对突发事故的能力。

　　为了对仓库理货员的工作有一个更详细的了解，不妨去仓库实地了解一下，这一岗位主要的流程及工作内容。正好，有一批货物在入库。理货员需要做什么工作呢？

 **学习目标**

1. 熟悉理货员岗位职责及理货员工作流程。
2. 学会理货员业务操作，如验收核对、残损处理、整理货物、堆码等，在合理安排货物仓储的同时，并对它们进行有序整理、拣选、配货、包装、置唛以及复核等工作。
3. 随着仓储信息化的深入应用，需要学会理货过程中涉及的理货信息化作业如理货单制作、仓库移库、产品等级转换、包装计量单位转换等。
4. 理货过程中，涉及的相关理货单据的缮制，如残损报告单、理货清单、出库货物交接单。

 **学习地点**

1. 各类型仓库，如物流公司仓库、制造企业仓库等
2. 校内实训室

 **学习内容**

一、仓库理货作业流程

1. 控制要点：根据入库单的信息，清点货物件数，查验货物单重、尺寸，查验货物重量，并检验货物表面状态。

人均作业：清点货物、查验货物每单 5~8 分钟。

工具：笔、称重器、卷尺。

2. 控制要点：在理货时发现货物外包装不良，或者怀疑内容损坏，将不良货物剔出，单独存放，及时通知客户，并制作残损报告。

人均作业：20 分钟/单。

工具：电话、电脑。

3. 控制要点：理货人员工具货物不同特点、性质，采取分货种、分规格、分批次的方式储存货物。

人均作业：5 分钟/单。

工具：理货规范操作手册。

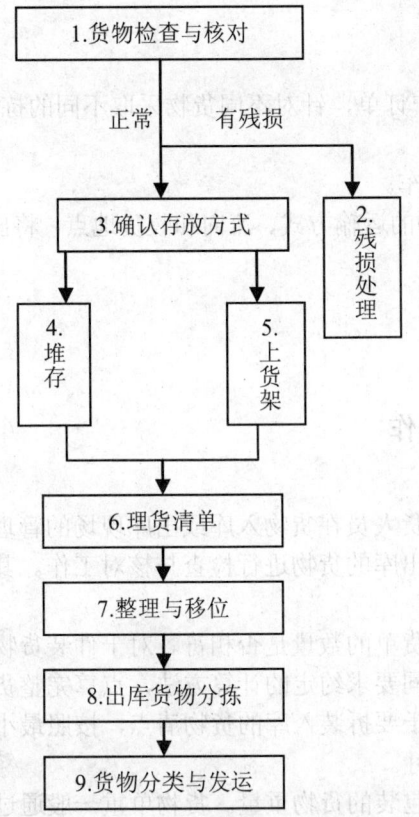

图 5-12 仓库理货流程图

4. 控制要点：根据货物特性、包装方式和形状、保管的需要，确定堆存方式。及时进行堆存作业。

人均作业：根据货物的数量，确定工作时间。

工具：手动叉车、垫跺材料。

5. 控制要点：利用叉车将货物从暂存区叉至指定的储存区货架上，即使将入库信息传递给仓管员。

人均作业：30 分钟/单。

工具：叉车、扫码器。

6. 控制要点：根据理货作业的内容，制定理货清单。

人均作业：10 分钟/单。

工具：电脑。

7. 控制要点：根据客户储存货物及内部仓库储存需要，对库内货物进行整理和移位处理。

人均作业：20 分钟/单。

工具：电脑、叉车。

8. 控制要点：根据客户订单，针对不同货物采取不同的拣货方法。

人均作业：30 分钟/单。

工具：电脑、电话、叉车。

9. 控制要点：按照货物的运输方式、流向和收货地点，将出库货物分类集中，协助货物的搬运、整理。

人均作业：20 分钟/单。

工具：电脑、叉车。

二、仓库理货作业操作

1. 货物检查与核对

仓库理货作业是仓库理货人员在货物入库或出库现场的管理工作，理货人员根据入库单或出库单的信息对入库或出库的货物进行检查与核对工作。其主要工作如下。

（1）清点货物件数。

清点实际交货数量与送货单的数量是否相符。对于件装货物，包括有包装的货物、裸装货物、捆扎货物，根据合同要求约定的计算方法，点算完整货物的件数。如果合同没有约定清点运输包装件数。对于要拆装入库的货物清点，按照最小独立包装清点。

（2）检查货物单重、尺寸。

货物单重是指每一运输包装的货物重量。货物单重一般通过秤重的方式核定。对于以长度或者面积、体积进行交易的商品，入库时必须要对货物的尺寸进行丈量。丈量的项目（长、宽、高、厚等）根据约定或者根据货物的特性确定，通过合法的标准量器，如卡尺、直尺、卷尺等进行丈量。

（3）查验货物重量。

对入库货物的整体重量进行查验。对于需要计重的货物，通过衡定货物重量。衡重方法可以采用：

衡重单件重量，则总重等于所有单件重量之和；

分批衡重重量，则总重等于每批重量之和；

入库车辆衡重，则总重＝总重车重量－总空车重量；

抽样衡重重量，则总重＝（抽样重量/抽样样品件数）×整批总件数；

抽样重量核定，误差在 1%以内，则总重＝货物单件标重×整批总件数。

（4）检验货物表面状态。

理货时对每一件货物的外表进行感官检验，查验货物外表状态，接收货物外表状态良好的货物。

2. 制作残损报告单

在理货时发现货物外表状况不良，或者怀疑内容损坏，将不良货物剔出，单独存放，避免与其他正常货物混淆。待理货工作结束后进行质量认定，确定内容有无受损以及受损程度。对不良货物采取退货、修理、重新包装等措施处理，或者制作残损报告，以便明确划分责任。残损报告单见表 5-9。

表 5-9 残损报告单

收货日期：　　　　　　　　　　　　　　　编号：
货主：　　　　　　　　　　　　　　　　　送货单号：

残损原因						仓库	
品名	规格	残损数量	残 损 处 理			备注
			退回	修理	包装	

理货人员：　　　　　　　　　　　　　　　货主代表：

3. 确认存放方式

根据货物特性、包装方式和形状、保管的需要，确保货物质量、方便对货物进行整理、拣选，按照货物的流向、受理顺序、发运时间和到达地点，来合理安排货物储存堆码。仓库货物存放的方式主要有三种形式：一是利用地面存放方式，二是利用托盘存放方式，三是货架存放方式。

（1）地面存放方式主要有散堆法、堆垛法。散堆法适用于没有包装的大宗货物，如煤炭、矿石、砂土等，在仓库内适合存放少量的谷物、碎料等散装货物。堆垛法对有包装的货物或裸装计件的货物，采取地面堆垛的方式储存。地面堆垛的主要方法如下。

① 重叠式堆码。重叠式也称直堆法，逐件逐层向上重叠堆码，一件压一件的堆码方式。货物堆码的层数一定要考虑三个因素：一是保证货垛的稳定性，二是装卸作业的可操作性，三是盘点作业方便性。

② 纵横交错式。奇数和偶数层货物之间成 90°交叉堆码的模型。这种堆码方式层间有一定的咬合效果，但咬合效果不强。

③ 仰俯相间式。对上下两面有大小差别或凹凸的货物，如槽钢、钢轨、箩筐等，将货物仰放一层，再反一面俯放一层，仰俯相间相扣。该垛极为稳定，但装卸搬运操作不便。

④ 压缝式。将底层并排摆放，上层放在下层的两件货物之间。因上下层件数的关系分

为"2顶1"、"3顶2"、"4顶1"、"5顶3"等(图5-13)

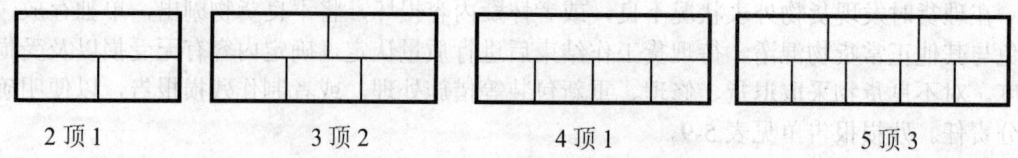

图5-13 压缝式堆码示意图

⑤ 通风式。货物在堆码时,每件相邻的货物之间都留有空隙,以便通风。

⑥ 衬垫式。堆码时,隔层或隔几层铺放衬垫物,衬垫物平整牢靠后,再往上堆码。

⑦ 直立式。货物保持垂直方向堆放的方法。适用于不能侧压得货物,如玻璃、油毡、油桶、塑料桶等。

(2)托盘存放方式,是指将托盘放置在地面,而货物有规则排列在托盘上的存放方式。从货物在托盘上堆码时的行列配置来看,有下列四种基本堆积模型(图5-14)。

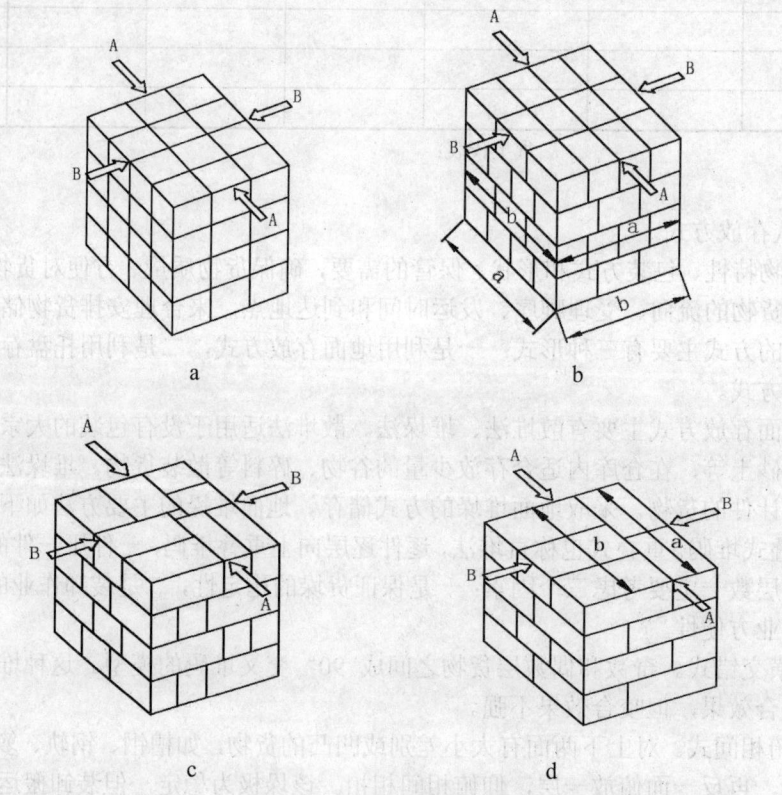

图5-14 托盘货物堆码模型

① 重叠式（图 5-14a）。即各层堆放方式相同，上下对应。此方法的优点是，操作简单，各层重叠后，包装物的四个角和边重叠垂直，能承受较大的荷重。其缺点是，各层间咬合强度差，容易发生塌垛。所以还需要其他的紧固方式加以配合。

② 层间纵横交错式（图 5-14b）。托盘上的货物奇数层和偶数层之间成 90°交叉堆码的模型。该堆码方式层间有一定的咬合效果，但咬合强度不高。

③ 正反交错式（图 5-14c）。同一层中，不同列的货物以 90°角垂直码放，而奇数层和偶数层之间成 180°进行堆码的方式。

④ 旋转交错式（图 5-14d）。在各层中改变货物的方向进行堆码，每层相邻的两个包装都呈 90°，上下两层间的堆码又相差 180°角。该种堆码方式优点是层间咬合强度大，托盘货物稳定性高，其缺点是堆码难度大，空间有浪费。

（3）货架存放方式是仓库内最常见的存放方式，根据货物的不同特性将货物放置在不同类型的货架上，这种方式充分利用仓库空间，库内货物整齐，方便作业和保管。货架存放方式比较常见的是利用托盘作为载货平台，再使用叉车将托盘存放在货架上的保管方式。

4．理货清单制作

理货人员根据每次入库理货的情况，制作理货清单，如表 5-10 所示。

表 5-10 理货清单

品名	规格	数量	理货时间	存放位置	备注

理货人员：

5．货位整理和转移

理货人员在整理仓库时按照已划分好的区域、货架，将已经归类的物品进行定期的整理，检查物品是否摆放整齐，产品的等级是否过期，包装是否需要进行转换等工作。理货人员根据货物存放的需要对仓库的货品进行整理并进行储位的转移时，要做到账、卡、物相一致。

6．出库货物分拣

理货人员应客户订单的要求，按照出货优先顺序、储位区号、配送车辆次号、客户号、先进先出等方法，把出货商品分拣、组配、整理出来，经复核人员确认无误后，将出货商品放置到暂存区。

7．货物分类与发运

理货人员将货物拣选出来以后，理货人员根据货物的运输方式、流向和收货地点，将出库货物分类集中在出货区，通知驾驶员提货发运。并按交接清单逐件核对装卸，双方确认无误后在交接清单上签章。

三、仓库理货作业信息化操作

通过仓库理货作业的信息模块，熟练进行入库调整、计量单位转换、产品转换等一系列操作。

1. 库位调整

库位调整是在仓库管理中对货物进行库位调整的程序。单击主菜单中的"库存管理"，菜单显示库存管理下拉框，单击"库位调整"，进入库位调整程序画面。

在"库位调整"画面单击所有仓库，然后依次单击以下的各分仓库直至货物明细，选取需要调整库位的货物，先剪切，然后粘贴到需要重新放置的库位。库位调整完成后，单击"退出"（如图5-15）。

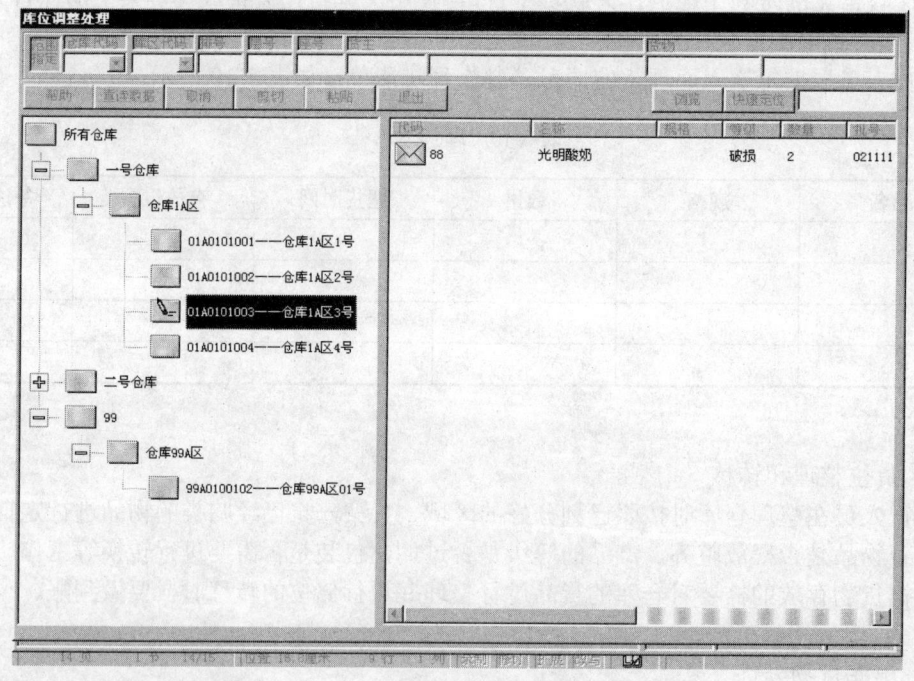

图5-15 库位调整

2. 计量单位转换

"计量单位转换"是对库存产品的计量单位，由于某种原因导致与入库计量标准不一致时，进行的转换处理。

单击主菜单中的"库存管理",菜单显示库存管理下拉框,单击"计量单位转换",进入产品计量单位转换程序画面。在"计量单位转换"程序画面中输入转换日期,货主单位代码,货物代码和新计量单位后单击"查找",在符合条件的记录中,单击需要进行单位转换的记录行,输入转换比例,然后单击"转换处理"或按 F5,转换结束单击"退出"(如图 5-16)。

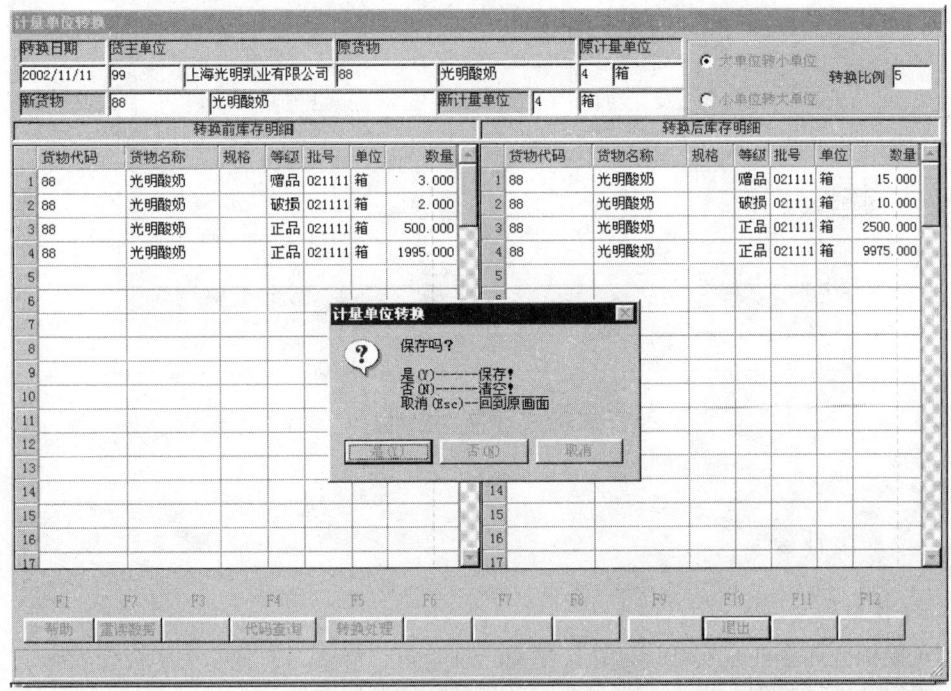

图 5-16　产品计量单位转换

3. 产品等级转换

"产品等级转换"是对库存产品在存放过程中发生的,由于过期或其他原因导致与入库时标志的质量等级不一致时,进行的转换处理。

单击系统主菜单中的"库存管理",菜单显示库存管理下拉框,单击"产品等级转换",进入产品质量转换程序画面,输入入库日期范围,货主单位代码,货物代码及批号范围,然后单击"查找",程序显示查找范围内的所有库存信息,单击需要进行转换处理的货物记录行,然后单击"转换处理"或按 F5,程序出现选项框,输入产品的起始箱号以及转换后的产品等级(如选择废品等),然后单击"确定",该批产品等级标志就发生了转换,转换完成单击"退出"(如图 5-17)。

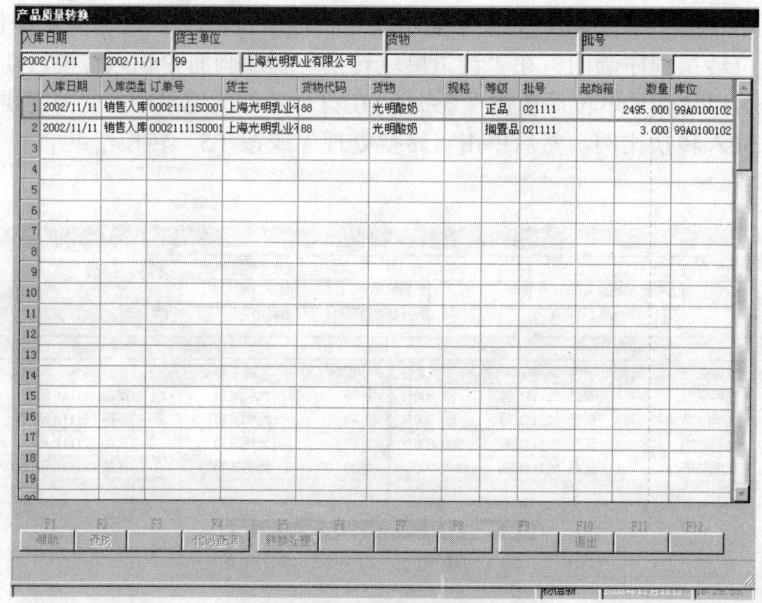

图 5-17 产品等级转换

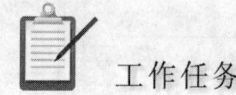 工作任务

1. 工作目标

通过模拟仓库企业真实环境,让学生充当理货员进行实习,使学生学会仓库理货作业流程,懂得仓库理货作业操作,掌握仓库理货单证缮制、审核。

2. 工作准备

(1) 了解仓库理货作业采购、物流、仓储等相关知识。

(2) 准备理货道具货物 51 箱、规格 1200cm×1000cm 的托盘 10 个;相关的理货单证,如残损单、理货单、出库货物交接单等。

(3) 将全班学生分成若干组,每组设理货员 5 员。

(4) 工作时间安排 4 学时。

(5) 工作环境模拟,需要学院的仓库实训室,机房等资源配合。

3. 工作任务

现有一批包装规格长宽高 50cm×40cm×30cm 的货物 51 箱要入仓库,其中有一个包装有损毁,该包装内装有 5 个货物,需要拆装后,将 5 个货物重新包装后把货物拣选出来,放置在出货区等待出货。要求理货员做如下工作。

(1) 在货物入库前,仓库理货员为其办理接收手续。包括核对货物的名称品种、数量、规格、等级、型号以及重量等。

(2) 制作残损单。

(3) 利用学习过的托盘货物堆积模型,将 50 箱货物堆码在制定区域的托盘上。

(4) 制作理货清单。

(5) 将破损的包装拆装后,掏出 5 个货物,重新包装后将货物拣选出来,放置在出货区出货。

(6) 理货过程中的包装计量单位转换的信息化操作。

4．工作评价

工作评价的方式有教师评价、小组内部成员评价和第三方评分组成员评价三种,建议教师评价占 60%权重,小组内部成员评价占 20%的权重,第三方评分组成员评价占 20%的权重,将三者综合起来的得分为该生在该项目的评价分。工作评价单见表 5-11

表 5-11　工作评价单

考评人		被考评人	
考评地点			
考评内容			
考评标准	具体内容	分值（分）	实际得分
	工作态度	10	
	沟通水平	10	
	理货检查与核对	10	
	残损单制作	10	
	托盘货物堆码	20	
	理货清单制作	10	
	重新包装及分拣操作	10	
	理货过程信息化操作	20	
	合计	100	

注:考评满分 100 分,60 以下为不及格,60~69 分为及格,70~79 分为中,80~89 分为良,90 分以上为优。

单元三　仓库保管作业操作

学习情境

笔者于 2008 年 8 月,前往某烟草物流配送中心,调研了烟草仓库保管员小陈同志。笔者问小陈:"要胜任烟草仓管员要具备什么样的业务知识?"小陈谦虚得回答了笔者:"作为合格的烟草保管员:一是具有烟叶及烟叶制品的仓储理论知识,二是掌握烟草仓储虫害和烟叶霉变防治方法及烟草制品病虫检疫等技术,三对待仓管工作要有相当的责任心。""小陈,那你平常主要工作是做什么呢?"笔者微笑地询问小陈。小陈很细致地回答了笔者……

学习目标

1. 熟悉仓库保管员岗位职责及保管员工作流程
2. 学会仓库保管员作业操作,如通过充分利用仓储物质技术设备,熟悉商品性能,实行在库商品分区分类保管,货位统一编号,建立健全在库商品保管养护制度,对异常问题实施及时处理,采取出库复查等作业
3. 重点掌握仓库温湿度控制、防霉腐、防虫害、防锈、安全管理及卫生管理等在库保管作业等操作
4. 仓库保管过程中,涉及的相关保管单据的缮制,如温湿度检测记录表、在库巡查记录表、异常情况报告表、出库复查表单等

学习地点

1. 各类型仓库,如物流公司仓库、制造企业仓库等
2. 校内模拟仓库

学习内容

一、仓库保管作业流程

1. 控制要点:仓库分区保管是根据"四一致"的原则,将仓库划分若干保管区域。
   工具:油漆、油笔。
2. 控制要点:根据商品的编码原则和方法,将入库货物进行统一编号;储存商品的储位根据一定的要求进行合理的编号。
   工具:电脑、牛皮纸、塑料皮套。
3. 控制要点:仓库保管员对物资进行在库保管,包括控制仓库温湿度、防霉防腐、防锈、防虫害、安全、卫生等内容。

工具：温度计、湿度计、杀虫剂、防锈剂。

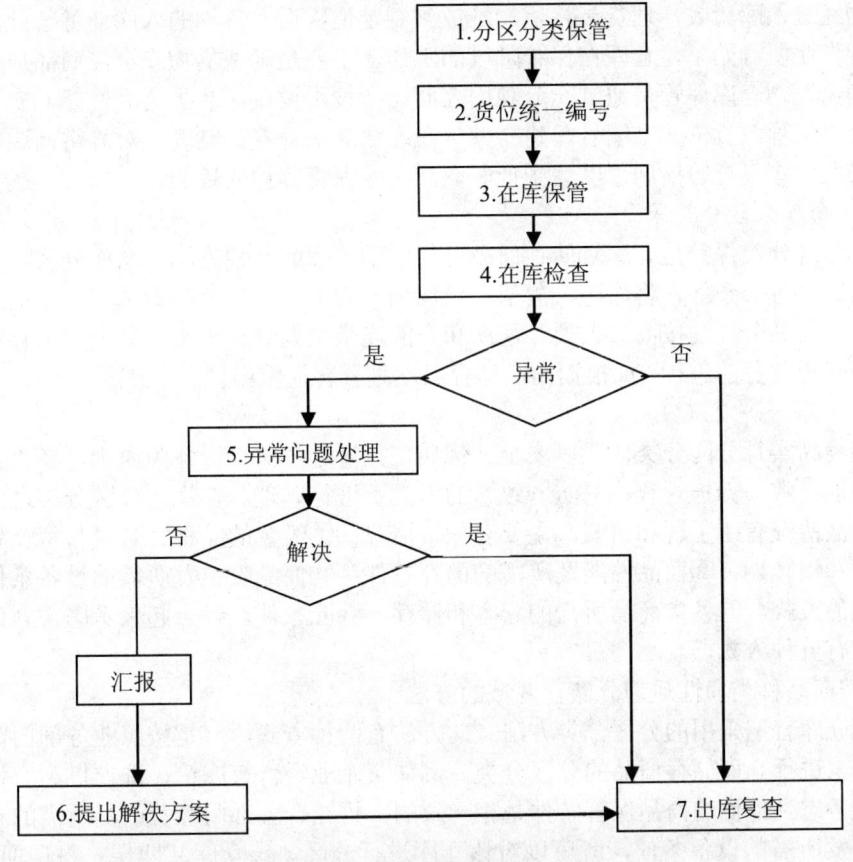

图 5-18　仓库保管作业流程

4．控制要点：仓库保管员定期或不定期做好物资的在库检查工作。

工具：无。

5．控制要点：仓库保管员在货物保管期间发现异常情况，在权限范围内能解决的及时处理。

工具：无。

6．控制要点：对于异常情况，未能解决的及时报请仓库主管提出解决方案进行处理。

工具：无。

7．控制要点：保管员在物资出库时应仔细进行复查，确保出库物资的质量完好。

工具：无。

二、仓库保管作业操作

货物经过入库验收,理货员将货物堆放到制定位置后,货物的入库业务就此结束,仓库的保管作业便开始了。仓库在保管阶段的工作,主要是确保货物安全,商品质量完好和数量准确无误。仓库保管员通过充分利用仓储物质技术设备,熟悉商品性能,实行在库商品分区分类保管,货位统一编号,建立健全在库商品保管养护制度,对异常问题实施及时处理,采取出库复查等措施,以达到把好商品在库保管养护的目的。

(一)仓库分区分类保管

仓库分区分类保管是仓库对储存商品进行科学管理的一种方法。仓库分区,是根据仓库的建筑、设备等条件,将库房、货架、垛场划分为若干保管商品的区域,以适应商品储存的需要。商品分类是按商品大类、性质和它的连带性划分若干类,分类集中存放,以便收发货和保管业务的进行。如根据商品储存温度划分普通室温区、冷藏区(10℃~-5℃)、冷冻区(-5℃~-25℃)。

仓储商品实行分区分类,要以安全、优质、挖潜、多储、低耗为原则,在"三一致"(商品性能一致、养护一致、消防一致)的前提下进行管理。在规划分区分类之前,要对入库的商品情况有所了解和研究,主要有如下情况:①经营的品种、数量与每年各季度的大致流向和周转期;②商品性能及所需的储存条件;③商品收、发所需的设备条件;④商品收、发的方式。⑤各类商品所需的仓容和储存、吞吐条件。综合起来考虑,仓储的分区分类目前有五种方式。

1. 按商品种类和性质划分储存区域的方法

这是仓库普遍采用的分区分类方法。此方法有两种方式,一是按照业务部门商品经营的分类,来进行仓库储存商品的分区分类。例如某企业经营有冰箱、洗衣机、空调、彩电等产品。考虑到他们的商品保管条件是相一致的,再结合各部门经营产品所需的仓容、周转期、收发所需的设备条件,就可以对该仓库进行分区。该仓库共四层,每层面积2000平方米,一层是收发区及临时存放区;二层存放冰箱、洗衣机;三层存放空调;四层存放彩电。另外一种是按照商品的自然属性来划分,如将怕热、怕潮、怕光、怕通风等多种不同性质的商品集中起来,安排在合适的储存场所。

2. 按照商品发往地区来分区分类的方法

此方法主要适用于中转流通型仓库或待运仓库。具体做法是:先按照交通工具划分公路、铁路、航空、水路等,然后按照到达站、港的路线划分。这种分区分类方法,虽然不区分商品种类,但应注意,对于危险品、相互影响以及运价不同的商品应分别堆放。如某企业是经营干线快运的物流公司,旗下在福州有一间仓库作为中转货物用途之用。它的仓库分区就是按照客户发往地区及所经过的路线来设置仓库分区。将仓库划分成18个出货区间,比如1号厦门,从福州到厦门沿途及延伸线的客户(莆田、泉州、漳州)的货都临时存放在1号库区,等待货车装载后送出;2号去上海,3号北京,4号武汉,5

号西安……

3. 按商品危险性质分区分类的方法

此方法主要适用于化学危险品仓库。根据危险品本身自有的易燃、易爆、有毒等性质，以及不同的灭火方法等情况来分区分类储存保管。

4. 按照不同客户储存的商品来分区分类

这种方法比较适用于在仓库客户数量较少，而且储存商品比较单一的情况下按照不同客户储存商品来划分仓储区比较好。

5. 按照方便作业和安全作业来分区分类

按照商品周转率考虑，将商品周转率高的商品放置在离通道较近的区域，方便进出货作业；将商品周转率低的商品放置在离通道较远的区域。从商品安全性的角度考虑，将需要安全保卫级别高的商品如贵重物品放置在封闭的安全性能高的区域。

此外仓库分区分类还要及时摸清商品出库规律，及时调整货区和货位；做好日常统计空仓和商品进出中货位平衡工作，腾出空仓，备足仓位；通常在仓库划分区域时，要预留一定面积作为机动保管区。机动货区一般按照库房堆货面积的大小，留出5%～10%的储区。

（二）货位编号作业

货位编号是商品保管业务不可缺少的管理措施之一。它在商品分区分类储存的基础上，将库房、料棚、货场、货架、货垛按地点、通道等按照位置顺序统一编列号码，并做出明显标志。某仓库货位编号见图5-19。

图 5-19　仓库货位编号实图

1. 货位编号的要求

（1）标志设置要适宜。货位编号的标志设置，要因地制宜，采取适当方法，选择适当位置。例如仓库标记，可在库门外挂牌；库房的标志，库房编号写在外墙或库门上；货场货位标志，可竖立标牌或写在场地上。

（2）标志制作要规范。货位的标志制作要统一规范。货位在地面的标线保持径直；标线的宽度,一般以 3cm 为宜;货位画线应刷置在走支道或墙壁上,并相应要求货垛不压货位的画线。

(3) 编号顺序要一致。编号顺序,是对货位编号的朝向、间隔和编号标记的制作做出统一的要求。仓库范围的房、棚、场以及房内的仓间、走支道、段位的编号,基本上都以进正门方向,左单右双或者自前向后顺序编号。段号间隔的宽窄,主要取决于储存商品批量的大小。编排段号时,可沿着货位画线,通常保持间距 1 米或 2 米。标记制作最好统一使用阿拉伯字码作为货位编号标记,避免货物错收、错发等事故。

2. 货位编号的方法

(1) 多层库房的编号。对多层库房的编号,需要区别库房的楼层。在同一楼层有两间以上仓间时,楼层仓间的编号,一般以正楼上楼梯的方向,采取左单右双或自左而右的顺序编序编号方法。楼房仓库货位编号采用"三号定位"法,即个位数仓间编号,十位数指楼层编号,百位数指库房编号。如 141,指 1 号库房 4 层楼左边的第 1 号仓间(如下图 5-20 所示);142 指 1 号库房 4 层楼右边的第 2 号仓间。

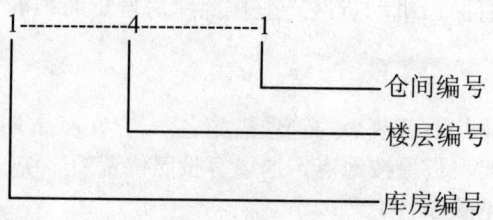

图 5-20 楼层仓库编号

(2) 平房仓库货位编号。平房仓库利用货架储存货物的货位编号,一般按照仓库进门的方向顺序编成排号,采用"四号定位"法,也称"四位空间定位"法,即库号、货架号、层号、位号,见图 5-21。例如某平房仓库货位编号 01-15-2-10,表示 01 仓库,15 号货架,第 2 层,第 10 号货位。

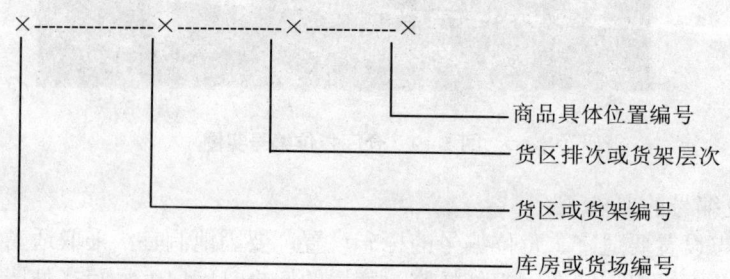

图 5-21 四号定位编号

（三）在库保管作业

1. 温湿度控制

要做好仓库温湿度管理工作，首先要学习和掌握空气温湿度的基本概念以及有关的基本知识。

（1）空气温度。

空气温度是指空气的冷热程度。一般而言，距地面越近气温越高，距地面越远气温越低。在仓库日常温度管理中，多用摄氏表示，凡0度以下度数，在度数前加一个"—"，即表示零下多少摄氏度。

（2）空气湿度。

空气湿度，是指空气中水汽含量的多少或空气干湿的程度。表示空气湿度，主要有以下几种方法：绝对湿度，是指单位容积的空气里实际所含的水气量，一般以克为单位。温度对绝对湿度有着直接影响。一般情况下，温度越高，水汽蒸发得越多，绝对湿度就越大；相反，绝对湿度就小。

饱和湿度，是表示在一定温度下，单位容积空气中所能容纳的水气量的最大限度。如果超过这个限度，多余的水蒸气就会凝结，变成水滴。此时的空气湿度便称为饱和湿度。空气的饱湿度不是固定不变的，它随着温度的变化而变化。温度越高，单位容积空气中能容纳的水蒸气就越多，饱和湿度也就越大。

相对湿度是指空气中实际含有的水蒸气量（绝对湿度）与距离饱和状态（饱和湿度）程度的百分比。即，在一定温度下，绝对湿度占饱和湿度的百分比数。相对湿度用百分率来表示。公式为：

相对湿度＝绝对湿度／饱和湿度×100%

绝对湿度＝饱和湿度×相对湿度

相对湿度越大，表示空气越潮湿；相对湿度越小，表示空气越干燥。空气的绝对湿度、饱和湿度、相对湿度与温度之间有着相应的关系。温度如发生了变化，则各种湿度也随之发生变化。

露点，是指含有一定量水蒸气（绝对湿度）的空气，当温度下降到一定程度时所含的水蒸气就会达到饱和状态（饱和湿度）并开始液化成水，这种现象叫做结露。水蒸气开始液化成水时的温度叫做"露点温度"，简称"露点"。如果温度继续下降到露点以下，空气中超饱和的水蒸气，就会在商品或其他物料的表面上凝结成水滴，俗称商品"出汗"。此外，风与空气中的温湿度有密切关系，也是影响空气温湿度变化的重要因素之一。

仓管员要做好在库货物温湿度控制工作，首先测定空气温湿度，通常使用干湿球温度表来测定。干球温度表直接测量空气温度；湿球温度表可测量得到湿球温度。通过"湿度查对表"（见表5-12）在库外设置干湿表，为避免阳光、雨水、灰尘的侵袭，应将干湿表放在百叶箱内。百叶箱中温度表的球部离地面高度为2米，百叶箱的门应朝北安放，以防观察时受阳光直接照射。箱内应保持清洁，不放杂物，以免造成空气不流通。

表 5-12　湿度、露点查算表

气温 ℃	干球温度（℃）—湿球温度（℃）																	
	0		1		2		3		4		5		6		7		8	
	td	r	td	r	td	r	td	r	td	r	td	r	td	r	td	r	td	r
-5	-5	100	-9	74	-14	48		23										
-4	-3	100	-8	75	-13	51	-20	27										
-3	-3	100	-6	77	-11	53	-18	31		9								
-2	-2	100	-5	78	-9	56	-16	35		14								
-1	-1	100	-4	79	-8	58	-13	38	-19	18								
0	0	100	-3	80	-7	60	-12	41	-16	22		4						
1	1	100	-2	81	-5	62	-10	44	-14	26		9						
2	2	100	-1	82	-4	64	-8	47	-12	30		13						
3	3	100	1	83	-3	66	-7	49	-10	33	-20	17						
4	4	100	2	84	-1	67	-5	51	-8	36	-16	21		6				
5	5	100	2	84	0	68	-4	54	-6	39	-14	25		10				
6	6	100	4	85	1	70	-2	56	-4	41	-11	28	-20	14				
7	7	100	5	85	2	71	-1	57	-3	44	-9	31	-16	18		5		
8	8	100	6	86	3	72	0	59	-1	46	-7	34	-13	21		9		
9	9	100	7	87	4	73	2	61	0	48	-5	35	-10	24	-18	13		
10	10	100	8	87	6	74	3	62	2	50	-3	39	-8	27	-14	16		6
11	11	100	9	88	7	75	4	64	3	52	-2	41	-6	30	-11	20		9
12	12	100	10	88	8	76	6	65	4	54	0	43	-4	33	-9	23	-16	13
13	13	100	11	88	9	77	7	66	6	55	2	45	-2	35	-6	25	-12	16
14	14	100	12	89	10	78	8	67	7	57	3	47	0	37	-4	28	-9	19
15	15	100	13	89	11	78	9	68	8	58	4	49	1	39	-2	30	-7	21
16	16	100	14	89	12	79	10	69	9	60	6	50	3	41	0	33	-4	24
17	17	100	15	90	14	80	12	70	11	61	7	52	4	43	1	35	-2	26
18	18	100	16	90	15	80	13	71	12	62	9	53	6	45	3	37	0	29
19	19	100	17	90	16	81	14	72	13	63	10	55	7	46	5	39	2	31
20	20	100	18	91	17	81	15	73	14	64	11	56	9	48	6	40	3	33
21	21	100	19	91	18	82	16	73	15	65	12	57	10	50	8	42	5	35
22	22	100	20	91	19	82	17	74	17	66	13	58	11	51	9	43	6	36
23	23	100	22	91	20	83	18	75	18	67	15	59	13	52	10	45	8	38

（续表）

气温 ℃	干球温度（℃）—湿球温度（℃）																	
	0		1		2		3		4		5		6		7		8	
	td	r	td	r	td	r	td	r	td	r	td	r	td	r	td	r	td	r
24	24	100	23	91	21	83	19	75	19	68	16	60	13	53	12	46	9	40
25	25	100	24	92	22	84	20	76	20	68	17	61	15	54	13	48	11	41
26	26	100	25	92	23	84	22	76	21	69	18	62	16	55	14	49	12	42
27	27	100	26	92	24	84	23	77	22	70	19	63	18	56	16	50	14	44
28	28	100	27	92	25	84	24	77	23	71	20	64	19	57	17	51	15	45
29		100	28	92	26	85	25	77	24	71	22	65	20	58	18	52	16	46
30		100		93	27	85	26	78	25	72	23	65	21	59	19	53	16	47
31		100		93	28	86	27	79	27	72	24	66	22	60	21	54	19	48
32		100		93		86	28	79	28	73	25	67	23	61	22	55	20	49
33		100		93		87		80		73	26	67	25	61	23	56	21	50
34		100		93		87		80		74	27	68	26	62	24	57	23	51
35		100		93		87		81		75	28	68	27	63	25	57	24	52
36		100		93		87		81		75		70	28	63	26	58	25	53

注：表中 td 为露点温度（℃），r 为相对湿度（%）。

在库内，干湿表应安置在空气流通、不受阳光照射的地方，不要挂在墙上，挂置高度与人眼平，约 1.5m 左右。每日必须定时对库内的温湿度进行观测记录（见表 5-13），一般在上午 8~10 时，下午 2~4 时各观测一次。记录资料要妥善保存，定期分析，摸出规律，以便掌握商品保管的主动权。

表 5-13 温湿度观测记录表

库号：　　　　　　　放置位置：　　　　　　　储存商品：

日期	上午							下午							备注
	天气	干球/℃	湿球/℃	相对湿度(%)	绝对湿度(g/m³)		调节措施	记录时间	天气	干球/℃	湿球/℃	相对湿度(%)	绝对湿度(g/m³)		调节措施	记录时间	
					库内	库外							库内	库外			
1																	
2																	
3																	
4																	
5																	
6																	
7																	
8																	
9																	
10																	

安全温度：　　　　　　　安全相对湿度：

（3）控制和调节仓库温湿度。

为了维护仓储商品的质量完好，创造适宜于商品储存的环境，当库内温湿度适宜商品储存时，就要设法防止库外气候对库内的不利影响；当库内温湿度不适宜商品储存时，就要及时采取有效措施调节库内的温湿度。实践证明，采用密封、通风与吸潮相结合的办法，是控制和调节库内温湿度行之有效的办法。

① 密封。

密封，就是把商品尽可能严密封闭起来，减少外界不良气候条件的影响，以达到安全保管的目的。采用密封方法，要和通风、吸潮结合运用，如运用得发，可以收到防潮、防霉、防热防溶化、防干裂、防冻、防锈蚀、防虫等多方面的效果。密封保管应注意的事项如下。

A．在密封前要检查商品质量、温度和含水量是否正常，如发现生霉、生虫、发热等现象就不能进行密封。发现商品含水量超过安全范围或包装材料过潮，也不宜密封。

B．要根据商品的性能和气候情况来决定密封的时间。怕潮、怕溶化、怕霉的商品，应选择在相对湿度较低的时节进行密封。

C．密封材料，常用的有塑料薄膜、防潮纸、油毡、芦席等。这些密封材料必须干燥清洁，无异味。

D．密封常用的方法有整库密封、小室密封、按垛密封以及按货架、按件密封等。

② 通风。

通风是利用库内外空气温度不同而形成的气压差，使库内外空气形成对流，来达到调节库内温湿度的目的。当库内外温度差距越大时，空气流动就越快；若库外有风，借风的压力更能加速库内外空气的对流。但风力也不能过大（风力超过5级，灰尘较多）。正确地进行通风，不仅可以调节与改善库内的温湿度，还能及时散发商品及包装物的多余水分。按通风的目的不同，可分为利用通风降温（或增温）和利用通风散潮两种。

③ 吸潮。

在梅雨季节或阴雨天，当库内湿度过高，不适宜商品保管，而库外湿度也过大，不宜进行通风散潮时，可以在密封库内用吸潮的办法降低库内湿度。随着市场经济的不断发展，现代仓库普遍使用机械吸潮方法。即使用吸湿机把库内的湿空气通过抽风机，吸入吸湿机冷却器内，使它凝结为水而排出。吸湿机一般适宜于储存棉布、针棉织品、贵重百货、医药、仪器、电工器材和烟糖类的仓库吸湿。

2．防腐、防霉

在仓库中由于保管不当，商品容易出现霉变、腐烂的现象。为了妥善保管好库存物品，保管员需要做如下工作。

（1）认识影响微生物霉腐的外界条件。

当空气相对湿度达到75%以上时，多数商品汗水量才有可能引起霉腐微生物的生长。一般我们把75%这个相对湿度叫做商品霉腐临界湿度。如烟叶的相对湿度就要控制在75%以下。水果、蔬菜等本身汗水量多的水果，对湿度要求比一般商品高，储存适宜湿度为85%～

90%,但温度不宜过高。在霉变微生物中,大多是中温性微生物,最适合生长温度为25℃~37℃。在阴暗的仓库内也是滋生微生物的有利条件。

(2) 控制管理好常见易霉腐商品,见表5-14。

表5-14 常见易霉腐商品

分 类	商 品
食品	糖果、饼干、糕点、饮料、罐头、肉类、鱼类和鲜蛋等
日用品	化妆品
药品	以淀粉为载体的片剂、粉剂、丸剂,以糖液为主的各种糖浆,以蜂蜜为主的蜜丸,以动物胶为主的膏药,以葡萄糖等溶液为主的针剂等
皮革及其制品	皮鞋、皮包、皮箱和皮衣等
纺织品	棉、毛、麻、丝等天然纤维及其制品
工艺品	竹木制品、草制品、麻织品、绢花、面塑、绒绣等

(3) 预防商品霉腐

仓库保管员加强入库环节验收工作,易霉腐商品入库,应先检查包装是否潮湿,含水量是否超过安全范围。加强仓库温湿度管理,根据不同性能的商品,准确地运用密封、吸潮及通风相结合的方法,管好库内温湿度监测工作。选择合理的储存场所,容易霉腐的商品应尽量安排在空气流通、光线较强、比较干燥的库房,并尽量避免与含水量大的商品一起储存。合理堆码,货垛下垫托盘隔潮,堆垛不靠墙。

(4) 救治霉腐商品措施

对已经发生霉腐但可以挽救的商品,应立即采取措施,以免霉腐继续发展,造成严重损失。霉腐商品救治应该经历过去湿、灭菌及刷霉三个过程。常见的去湿的方法是暴晒、摊晾及烘烤三种。去除商品上的霉腐还可以从灭菌入手,常用灭菌的方法主要有药剂熏蒸、紫外线及加热灭菌。此外,凡发生霉变的商品,经过上述方法处理后,商品自身水分已降低,霉菌也被杀死,可以用毛刷将商品上的霉迹刷除,从而使商品恢复原有的本色。

3. 防虫害作业

仓库保管员需要掌握仓库内害虫的来源、特性、种类与危害方式。常见害虫感染途径及预防方法如下表5-15所示。

表5-15 常见害虫感染途径及预防方法

感染途径	途径说明	预防方法	防治方法
货物内潜伏	货物入库前已有害虫潜伏其中	做好入库前的检疫工作,确保入库货物不携带害虫及虫卵	可以使用驱避剂、杀虫剂、熏蒸剂等药物对货物直接进行杀灭害虫;不能直接在货物上使用药剂的采用高、低温杀虫,缺氧以及辐射防治等

（续表）

感染途径	途径说明	预防方法	防治方法
包装内隐藏	仓库包装内藏有害虫	对重复利用的包装物进行定期消毒	使用驱避剂、刹虫剂、熏蒸剂等药物对包装进行消毒
运输工具感染	运输工具装运过带有害虫的货物，害虫潜伏在运输工具中，感染其他商品	注意运输工具的消毒	使用驱避剂、刹虫剂、熏蒸剂等药物将车厢进行消毒
仓库内隐藏	害虫潜伏在仓库建筑的隙缝及各种器具中	做好库房内、外环境的清洁工作	对库房定期进行消毒
临垛之间相互感染	当某一货垛感染了害虫，害虫可能爬到邻近的货垛	对已经感染了害虫的货垛及时隔离	对感染害虫的货垛使用驱避剂、刹虫剂、熏蒸剂等药物进行杀灭害虫

4. 防锈作业

金属制品在仓库保管过程中由于自身金属材料和大气的因素容易发生腐蚀。作为仓库保管员对金属防锈要做好如下工作。

（1）控制储存环境。控制金属商品的储存环境，杜绝促使金属锈蚀的环境因素是防止金属锈蚀经济有效的方法。金属商品避开酸、碱、盐等环境下储存。

（2）入库时，进行严格检查，对金属表面进行清理，清除水渍、油污、泥灰等赃物。对已经有锈迹的，要立即除锈。

（3）合理堆码及苫垫，可以有效地减少金属锈蚀的几率。

（4）控制好仓库的湿度。相对湿度在60%以下，就可以防止金属制品遭受锈蚀。但由于相对湿度60%以下很难达到，一般仓库可以将湿度控制在65-70%以下。

（5）对于仓库内已经发生锈蚀的金属，主要采用手工除锈、机械除锈、化学除锈等三种方法。

5. 卫生管理

仓库保管员遵守有关卫生的制度，做到如下要求。

（1）仓库保管员保持良好的个人卫生，穿着统一工作服，定期进行工作服、鞋帽的清洗。对于电子类产品仓库，仓库保管员最好要穿鞋套、戴帽。

（2）仓库保管员坚持每天要清理仓库，清洁地面，保持卫生，做到无粉尘无蜘蛛网。

（3）库房四周实行三包，有专人负责，做到无杂草、无拆下的包装物、无垃圾。

（4）库内库外物资要码放整齐、料卡齐全。收发货物后要及时清理。保持货架及器具上无尘土，定期进行仓库大清扫清洁整理工作。

（5）仓库办公室要做到窗明几净，办公用具及台账要码放整齐，无与办公用品无关的物品。

6. 安全管理

仓库安全保卫工作主要内容是严防破坏盗窃事故,预防灾害性事故的发生,维护仓库内部的治安秩序,保证仓库及仓库内货物的安全。仓库保管员的主要职责是负责保管物资的安全管理工作,协助仓库安全保卫部门做好仓库安全保卫工作。仓库保管员关于安全工作的内容主要如下。

(1) 严格执行仓库安全保卫的各项制度,预防火灾、盗窃、台风、雨汛给仓库货物带来的安全隐患。

(2) 库区内配备各种消防器材和工具,不得私自挪用。

(3) 非仓库管理相关人员未经允许一律不得进入库房。

(4) 各种生活用危险用品,以及车辆、油料、易燃品严禁进入库区。

(5) 库区内严禁烟火和明火作业,确因工作需要使用明火的,应按安全保卫的有关规定执行。

(6) 仓库保管员下班前要关闭水、暖、电源的开关,锁好门窗,消除一切隐患。

(四) 异常问题处理

仓库管理员碰到异常问题,如仓库入库验收过程发现货物质量异常;仓库内由于相对湿度过高,库内货物出现"汗水"现象;库内货物出现霉腐现象;库内货物超过保质期等异常情况,在权限范围内,能够处理的及时处理,填写仓库异常情况报告表(见表5-16),并及时向有关部门及主管领导汇报处理的结果。对于出现的异常不能解决的,如上班后发现仓库内货物被盗窃,巡查过程发现消防安全隐患等问题,及时汇报有关领导,请有关领导组织力量,提出解决方案,尽快解决异常问题。仓库保管员在巡查中发现仓库安全管理的异常情况需及时处理,如不能解决要及时向仓储部主管汇报,由仓储部主管提出处理方案,必要时可寻求公安、消防等部门协助解决。

表 5-16 仓库异常情况报告

编号:	
报告日期	
异常情况	
原因分析	
处理结果	

| 经办人: | 主管: |

(五) 在库检查

仓库保管员每天对仓库各项工作进行巡查,填写巡查记录表见 5-17。

表 5-17 巡查记录表

检查项目	月 日 星期一	月 日 星期二	月 日 星期三	月 日 星期四	月 日 星期五	月 日 星期六	月 日 星期日
货物状态							
库房清洁							
作业通道							
用具归位							
库房温度							
相对湿度							
照明设备							
消防设备							
消防通道							
防盗							
托盘维护							
检查人							

注:1. 消防设备每月进行一次全面检查;2. 将破损的托盘每月集中进行维护处理。

(六) 出库复查

保管员对待出库的物资应仔细进行复查,填写出库复查表见 5-18,确保出库物资的质量。

表 5-18 出库复查表

出库物资品名编号	规格	数量	批次	保质期	货物质量	备注

工作任务

1. 工作目标

通过模拟仓库企业真实环境,让学生充当保管员进行实习,使学生学会仓库保管作业流程，懂得仓库保管作业操作，掌握仓库保管作业相关单证的填制。

2．工作准备

（1）了解仓库保管作业流程等相关知识。

（2）准备一间空教室作为仓库库房，粉笔若干，纸和彩笔；仓库的器具货架、规格 1200cm×1000cm 托盘 10 个和规格 50cm×40cm×30cm 的货物 50 箱；温湿度计一台；制作气相防锈纸和塑料袋包装若干；相关的保管单证，如温湿度检测记录表，在库巡查记录表、出库复查表等。

（3）将全班学生分成若干组，每组设保管员 5 员（分区分类、储位管理、温湿度控制、防锈防虫害及出库复查等五个环节）。

（4）工作时间安排 4 学时。

（5）工作环境模拟，需要学院的仓库实训教室，仓储器具等资源配合。

3．工作任务

现有一批包装规格长宽高 50cm×40cm×30cm 的货物 50 箱分别堆码在 10 个托盘上，将 10 个托盘模拟两个存放方式：一种存放在货架上，另一种堆码在画好的地面保管区域。要求理货员做如下工作。

（1）模拟仓库储存环境，将空教室，按照仓库的特点，进行分区分类划分保管区域，利用粉笔画线出仓库保管区域，并进行相应的编号，要求编号的标志悬挂明显清楚。

（2）将货架上的储位和地面堆码的空间进行编号，要求编号的标志悬挂明显清楚。

（3）准确读出仓库内的温湿度计，填写温湿度记录表，并针对仓库内的温湿度结合储存货物的温湿度要求进行相应的温湿度控制。

（4）制作仓库平面布局图、温湿度检测记录表、在库巡查记录表、出库复查表等相关单证。

（5）入库物资，采用气相防锈纸包装后，外层使用塑料袋进行保管。

（6）做好仓库防虫害、防霉腐、防锈、安全、卫生等工作。

4．工作评价

工作评价的方式有教师评价、小组内部成员评价和第三方评分组成员评价三种，建议教师评价占 60%权重，小组内部成员评价占 20%的权重，第三方评分组成员评价占 20%的权重，将三者综合起来的得分为该生在该项目的评价分。工作评价单见表 5-19。

表 5-19　工作评价单

考评人		被考评人	
考评地点			
考评内容			
考评标准	具体内容	分值（分）	实际得分

(续表)

考评标准	工作态度	10
	沟通水平	10
	仓库分区分类作业	10
	货架及地垛编号作业	10
	温湿度控制管理	20
	相关单证缮制	10
	入库防锈包装	10
	仓库防虫害、防霉腐、安全、卫生	20
	实训下班前的工作	10
	合计	100

注：考评满分100分，60以下为不及格，60~69分为及格，70~79分为中，80~89分为良，90分以上为优。

单元四　仓库盘点作业操作

学习情境

小严是刚刚担任某电子产品仓库主管才三个月，他对每个月末的仓库盘点工作最头痛。每当月末，盘点时盘点现场乱糟糟的像菜市场，盘点人员盘点出来的结果总是不准确，不是账面数量多了，就是盘点实际数量出现误差。这个事情让他在领导面前很尴尬，他想让盘点工作做得规范、准确、完善些。又快到月末盘点的时间了，他陷入了沉思中……

学习目标

1．熟悉仓库盘点员工作流程及储存商品基本知识

2．通过盘点准备工作、盘点程序和方法、盘点人员培训、清理仓库现场、盘点作业实施、盘点后工作等的学习学会盘点工作

3．掌握盘点信息化作业操作

4．在仓库盘点过程中，涉及相关盘点单据的缮制，如盘点单、盘点表、盘点汇总盈亏表等

学习地点

1. 各类型仓库
2. 超市
3. 校内物流软件实训室

学习内容

一、盘点作业流程

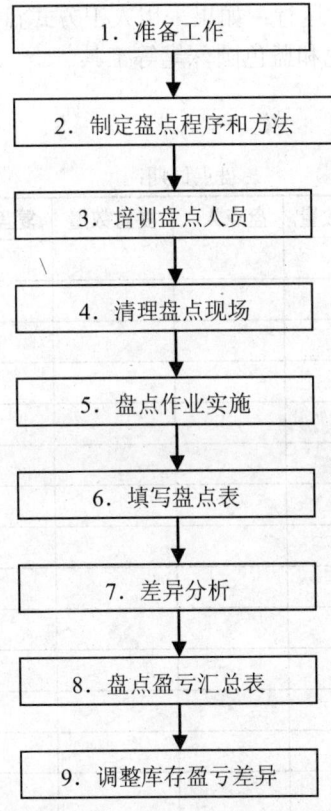

1. 控制要点：组建盘点小组，选取盘点、复盘、监盘或抽盘人员，由一定的级别顺序；准备盘点所需报表。
2. 控制要点：在以往盘点工作的基础上，确定盘点的程序和方法，报公司讨论审批。在完善后形成公司正式的盘点制度。
3. 控制要点：盘点前，对参加盘点人员进行盘点程序和方法，盘点表格填写，必要时进行相关的演练。
4. 控制要点：在盘点正式开始前，指定负责人进行仓库的清理和库存台账的整理工作，冻结仓库的一切作业。
5. 控制要点：使用条码扫描器扫描库内货物条码，负责库区商品盘点作业。

　　工具：条码扫描器

6. 控制要点：盘点人员根据货物库存表，核对库存现状，填写《盘点表》。
7. 控制要点：盘点人员发现账、物存在差异，检查差异是否属实，查找差异的原因。
8. 控制要点：盘点工作结束后，仓储部门打印盘点盈亏报告表，填写数额差异原因及对策，报总经理签核。
9. 控制要点：盘点盈亏汇总表报相关领导审批后的意见，财务和仓储部门根据审批意见进行库存盈亏调整。

图 5-22　盘点作业流程图

二、盘点作业操作

1. 盘点准备

（1）盘点人员编组。

盘点工作之前，根据盘点类别、盘点范围确定盘点人员。盘点类别从时间上分为定期盘点和临时盘点；从工作需要上划分为全面盘点和部分盘点。仓库盘点范围主要是指存货，包括原材料、半成品、在制品、产成品、包装物、低值易耗品等清查盘点。仓库盘点人员的确定是选定总盘人、主盘人、会点人、协点人以及监点人。总盘人负责盘点工作的总指挥，督导盘点工作的进行及异常事项的裁决。主盘人负责实际盘点工作实施。会点人由财务部门指派专人担任，负责数量点计。协点人由经营部门人员担任，负责盘点材料物品的搬运及整理工作。监点人由单位负责人派人担任，负责盘点过程的抽查监督。选定人员后编制盘点人员编组表，报领导审批后实施。

（2）盘点工具准备。

盘点时如果采用盘点机盘点，需检查盘点机是否正常运行；如果采用人工方式盘点，需要准备盘存单（见表5-20）、盘点表（见表5-21）、红色和蓝色圆珠笔等工具。

表 5-20　盘存单

编号：　　　　　　　　填表人：　　　　　　　　盘点日期：

货物编号	货物名称	货物规格	单位	账面数量	盘点数量	盘点人	复盘数量	复盘人

主盘人：　　　　　　　　盘点人：　　　　　　　　会盘人：

第一联：仓管联　　　　　第二联：财务联

表 5-21　盘点表

盘点范围：							盘点时间：		年　月　日	
责任人签字	盘点项目			数量						
	品种	入库	出库	账面数量	实际盘点数	差量	批次	票号	出库率	
备注说明										

主盘人：　　　　　　　　盘点人：　　　　　　　　会盘人：

第一联：仓管联　　　　　第二联：财务联

2．盘点程序和方法

由盘点负责人确定盘点程序，盘点程序主要有仓库盘点的准备、仓库物资的清理、仓库盘点作业实施、盘点差异分析以及盘点事后处理等工作程序。

盘点方法大致有两类：定期盘点和循环盘点法。

（1）定期盘点法。

定期盘点是选择固定时间，将所有物资加以全面盘点。定期盘点根据企业的情况不同来确定，一般是每半年或一年进行一次。定期盘点因采用的盘点工具不同有三种：一是盘点单盘点法，二是盘点签盘点法，三是货架签盘点法。盘点单盘点法是以货物盘点单汇总记录盘点结果的方法。盘点签盘点法是一种特别设计盘点签，盘点后贴在实物上，经复盘人复核后撕下。货架签盘点法是以原有货架的货架作为盘点记录工具，不必设计专门盘点标签，盘点计数人员盘点完毕后将盘点数量写在货卡上。

（2）循环盘点法。

循环盘点法是将物资逐区、逐类、分批、分期、分库连续盘点。循环盘点法可细分为三种类型：一是分区轮盘法，二是分批分堆盘点法，三是最低存量盘点法。分区轮盘法是由盘点专业人员将仓库分为若干区，依序盘点货物存量，一定日期后周而复始。分批分堆盘点是准备一张发料记录放置于透明塑料胶带内，拴在某批收料包装上。一旦发料，立即在记录签上记录并将领料单副本存在透明塑料袋内。盘点时对未动用的包装件不做盘点承认其存量毫无差误。将动用的存量进行盘点。最低存量盘点法，是指当库存货物达到最低存量或订购点，即通知盘点专业人员清点仓库。盘点后开出对账单，以便核查误差。

3．培训盘点人员

（1）为保证盘点工作的顺利进行，在盘点工作开始前，要对相关人员进行盘点知识的培训,尤其是对货物认识不足的复盘人与监盘人的培训。

(2)培训内容主要从盘点货物的相关知识、盘点方法与技术两面进行,具体见表5-22。

表5-22 盘点培训的内容

培训项目		培训内容
盘点货物相关知识		1. 盘点现场基本情况 2. 盘点商品的基本知识
盘点技术	盘点表使用	1. 盘点表的使用 2. 盘点表的领取与回收 3. 盘点表记录与书写规范 4. 签字确认 5. 其他
	盘点操作	1. 盘点过程注意事项 2. 盘点范围 3. 盘点点数技巧 4. 初盘、复盘、抽盘的相关规定 5. 其他

4. 清理盘点现场

盘点之前仓库物资的清理工作主要包括对所保管的物资进行整理,最好按照5S活动中的整理、整顿来进行,做到货垛、货架整齐有序,对尚未办理入库手续、不在盘点之列的货物予以标明。对已经办理出库手续的物资要全部搬出;对损失变质的物资加以标记以示区别;对已认定为呆滞物资的要单独设库,单独保管,单独盘点。

5. 盘点作业实施

仓库盘点作业实施首先从实物盘点开始。盘点实物可分库、分区、分类、分组进行,责任到个人。常见的方法是对实物进行点数、过磅或检尺,以确定实际储存的数量。对实物盘点后,将初盘的结果填入盘存单见表5-20,并由初盘人签字确认;复盘人对实物进行核对盘点后,将实际盘点数量填入盘存单,在表上签字确认后结束点数作业。仓库盘点作业实施的流程如下。

(1)设置盘点工作办公室。盘点工作办公室一般由总盘人负责,具体的工作由主盘人执行。办公室主要负责盘点表发放,盘点工具准备,核实盘点表是否符合规定以及协调盘点相关事宜。

(2)人员报到明确任务,领取盘点单。参加盘点人员前往办公室签字报到,明确本次盘点的任务和完成时间,领取盘点资料和工具。

(3)盘点进行。发完盘点资料和工具,盘点人对仓库商品按照盘点方法和程序进行实物点数,并做记录。

(4)监盘人抽点。监盘人对盘点的品项进行检查,检查有问题的必须重新盘点。

(5)回收盘点单。所有完成的盘点单,经过盘点人员审核后,完成所有手续后,汇总到盘点办公室。

6. 填写盘点表

盘点人填写盘点表时,应注意如下事项。

(1)填表人员拿起盘点表后,应注意是否重复。

(2)填表人员和盘点人员本别在表上签字。

(3)盘点时,应先核对货架编号。

(4)填表人员应复诵盘点人员所念的各项物资名称及数量。

(5)对于预先填表错误更正重新写在下一行即可,同样应在审核栏写"更正第×行"。

(6)对于写错需更正的行次,必须用直尺画去,并在审核栏写"更正第×行",然后请监盘人签名在更正的行次即可。

7. 盘点差异分析

实际盘点结果与账面结果相核对,若发现账物不一致,则积极查明账物差异的原因。差异的原因追查可从以下事项着手。

(1)是否因记账员素质不足,致使货品数目不正确。

(2)是否因料账处理制度的缺点,致使货品数目不正确。

(3)是否因盘点制度的缺点导致货账不符。

(4)盘点所得的数据与账簿的资料,差异是否在容许误差内。

(5)盘点人员是否尽责,或盘点人员事先培训工作不彻底造成错误的现象。

(6)是否产生漏盘,重盘,错盘等情况。

(7)盘点的差异是否可事先预防,是否可以降低料账差异的程度。

8. 盘点盈亏汇总表

盘点表全部收回,并加以汇总,计算盘点结果做出盘点盈亏汇总表见表5-23,报表中应计算出盘亏、盘盈数量,找出差异原因,并提出改善建议。

9. 调整库存盈亏

经盘点后,发现账载错误,如漏记、记错、算错、未结账或账记不清,有关人员,按照财务规章进行处理。盘点盈亏汇总表报相关领导审批后的意见,财务和仓储部门根据审批意见进行库存盈亏调整。

表 5-23 盘点盈亏汇总表

品名	规格	账面资料		实盘资料		盘盈		盘亏		差异原因	对策
		数量	金额	数量	金额	数量	金额	数量	金额		

(续表)

品名	规格	账面资料		实盘资料		盘盈		盘亏		差异原因	对策
		数量	金额	数量	金额	数量	金额	数量	金额		

总经理：　　　　　财务部经理：　　　　　仓储部经理：　　　　　制表人：

备注：第一联是仓库依据此单登记卡片，第二联是财务账联。

三、盘点信息化操作

（一）盘点信息化操作目的

掌握仓库盘点作业信息化操作。

（二）盘点信息化操作内容

1. 盘点受理新增
2. 盘点清单打印
3. 盘点确认

（三）盘点信息化操作

"盘点"是对库存产品进行盘点并标明实际盘点。

操作流程：盘点受理新增→确认→盘点。

1. 盘点受理新增

单击系统主菜单中的"库存管理"，菜单显示库存管理下拉框，单击下拉菜单中的"盘点受理"，进入产品盘点处理查询程序画面。在"盘点处理查询"画面直接单击"新增"，进入"盘点处理新增"，输入盘点日期，客户代码，仓库代码后单击"读取数据"，程序显示盘点信息，新增处理完成单击"退出"（如图5-23）。

2. 盘点清单打印

"盘点清单打印"是对需要盘点的货物在盘点前打印的用于进行盘点核对的清单。

单击系统主菜单中的"库存管理"，菜单显示库存管理下拉框，单击下拉菜单中的"盘点清单打印"，进入盘点清单打印统计程序画面。在"盘点清单打印"程序中输入需要打印的货主单位代码（必须输入），仓库代码和盘点清单生成日期，然后单击"确认"（如图5-24），程序显示盘点清单打印报表（如图5-25）。

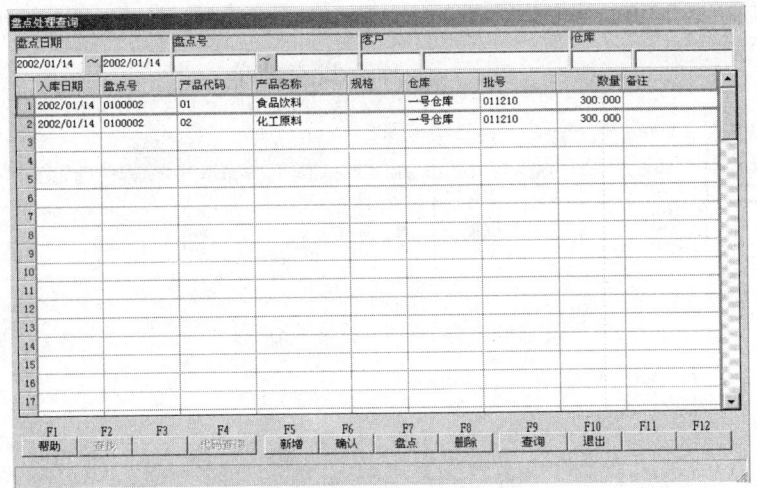

图 5-23　盘点受理新增

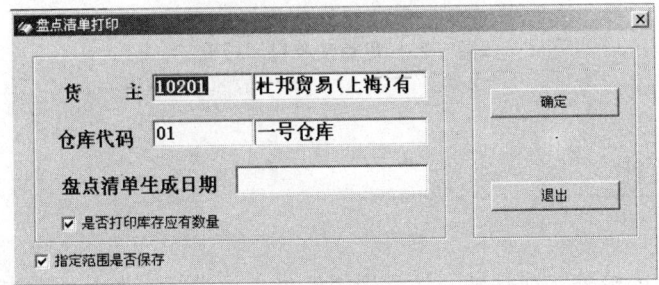

图 5-24　盘点清单打印

3．盘点确认

在按照盘点清单实际盘点后,将盘点结果输入系统,即盘点确认。

单击系统主菜单中的"库存管理",菜单显示库存管理下拉框,单击下拉菜单中的"盘点受理",进入产品盘点处理查询程序画面。

在"盘点处理查询"中输入需要进行盘点货物的入库日期,订单号,客户代码,仓库代码,然后单击"确认",在盘点确认程序中对实际盘点数与库存记录数不符的,输入实际盘点数量,确认后按"退出",程序回到"盘点处理查询",单击"盘点",操作完成后按"退出"。

注：在完成盘点确认后,必须单击"盘点",否则,盘点的结果不会反映在库存之中。

4．盘存差异表

"盘存差异表"是库存产品盘点后,统计、打印盘点报表的程序。

单击系统主菜单中的"库存管理",菜单显示库存管理下拉框,单击下拉菜单中的"盘存差异表",进入盘存差异表统计程序画面。基本操作参照"盘点清单打印"。

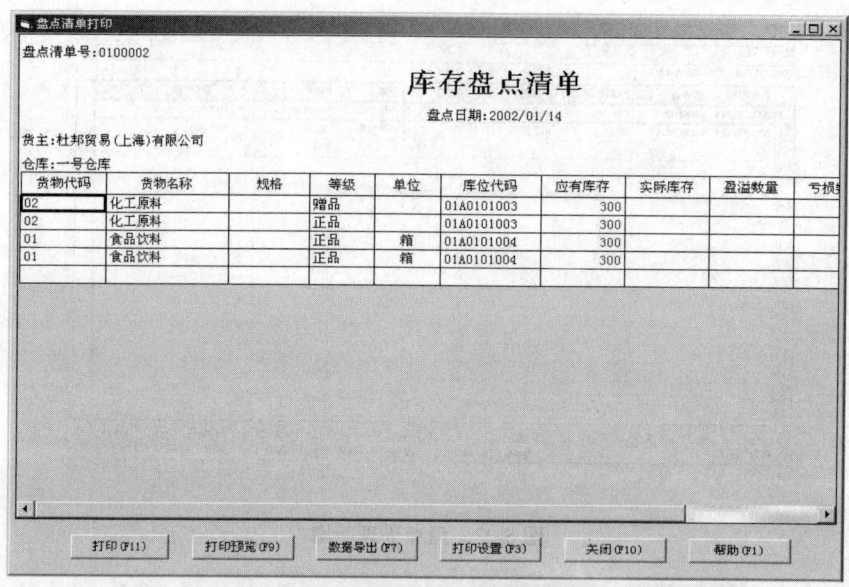

图 5-25　盘点清单打印报表

 工作任务

1. 工作目标

前往校内超市或校外实训基地，让学生担任盘点员进行实训，使学生学会仓库盘点作业流程，懂得仓库盘点作业操作，掌握仓库盘点作业相关单证的填制。

2. 工作准备

（1）了解超市或仓库盘点流程、基础知识。

（2）盘点单、盘点工具、红色和蓝色笔等。

（3）人员分组，将全班学生分成若干组，每组设盘点员 5 人。

（4）工作时间安排 4 学时。

3. 工作任务

到指定超市或实训仓库进行实物盘点。要求完成以下任务。

（1）盘点工作编组，进行任务分工。

（2）盘点前准备工作。主要进行盘点方法和程序的确定，盘点资料的准备及盘点人员的培训。

（3）进行盘点现场的清理工作。

（4）仓库盘点作业的实施。

（5）盘点单的填写。
（6）盘点单汇总统计分析工作。

4．工作评价

工作评价的方式有教师评价、小组内部成员评价和第三方评分组成员评价三种，建议教师评价占60%权重，小组内部成员评价占20%的权重，第三方评分组成员评价占20%的权重，将三者综合起来的得分为该生在该项目的评价分。工作评价单见表5-24。

表5-24　工作评价单

考评人		被考评人	
考评地点			
考评内容			
考评标准	具体内容	分值（分）	实际得分
	工作态度	10	
	沟通水平	10	
	盘点人员编组	10	
	盘点准备工作	10	
	盘点现场清理	10	
	盘点作业实施	30	
	盘点单填写	10	
	盘点汇总统计分析工作	10	
	合计	100	

注：考评满分100分，60以下为不及格，60~69分为及格，70~79分为中，80~89分为良，90分以上为优。

单元五　仓库出库作业操作

 学习情境

国内某知名家电制造商是一家以家电业为主，涉足房产、物流等领域的大型综合性现代化企业集团，2007年销售金额为750亿元。她将物流的仓库业务整体外包给其下的专业化物流公司进行运营。当她接到客户的销售订单时，经过审核确认后，销售部门发货通知单发给仓库，仓库马上就进行备货作业。客户拿着提货单到仓库去提货，仓库管理人员核对后，在信息系统中进行换单操作，然后把备好的货物出库交接后，提交给客户。我们下面介绍的内容将以此作为学习情境。

 **学习目标**

1. 学会仓库出库作业流程,掌握出库环节控制要点
2. 能进行出库签单、备货、复核、包装、出库等相关操作
3. 掌握仓库出库环节的单证缮制、审核

 **学习地点**

1. 制造企业的成品仓库
2. 校内仓库实训室

 **学习内容**

一、出库作业流程

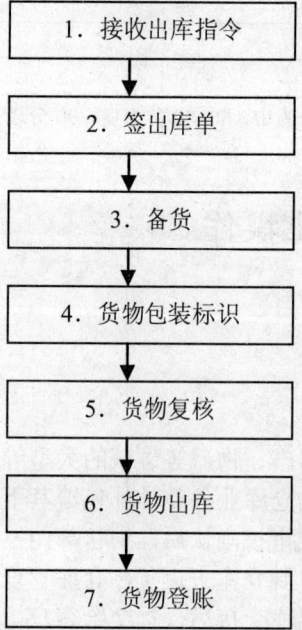

1. 控制要点:仓库人员收到销售部门发来的发货通知单,仓库人员对发货通知单的时间、签名是否完整、正确性进行复核。
2. 控制要点:仓库主管收到发货单后,审核发货单填写是否符合标准、发货手续是否齐全,然后签发出库单。
3. 控制要点:出库人员核对出库单,进行备货。
4. 控制要点:在备好货后,出库人员将货物按照装运的需要进行包装,并在明显处添加标识。
5. 控制要点:为避免备货出错,出库人员对已备好待运货物进行复核。
6. 控制要点:出库人员和提货人再次复核,复核无误后,办理相应的货物交接手续,出库人员和提货人均在发货单上签名核实。
7. 控制要点:出库人员在出库完毕后,在出入库台账上对出库货物进行登账处理。

图 5-26 出库作业流程图

二、出库作业操作

1. 接收出库指令

销售部门接收到客户订单,要求出货。销售人员对客户发送的订货单的时间、证章和签名是否完整、正确性进行审核,审核通过后签发货单(见表 5-25)。销售部门制作发货通知单(见表 5-26)给仓库,仓库部门收到发货通知单后对其准确性、签名进行复核,复核通过后,准备客户的货物出库。

表 5-25 发货单

编号:
客户名称: 发货日期:
发货仓库: 仓库地址:

货号	品名	规格	牌号	国别及产地	包装及件数	单位	数量	单价	总价	金额
危险品标志章			运费		包装押金					
			金额	(大写)__佰__拾__万__仟__佰__拾__元__角__分(小写)¥:						

审核: 制单:
本单一式三联,第一联:销售部门,第二联,财务部门,第三联,客户

表 5-26 发货通知单

通知单号:
客户: 发货日期:

货号	品名	规格	牌号	单位	数量	说明
						□销货
						□样品
						□检验
						□其他

财务审核: 制单:

2. 签发出库单

客户拿着销售部门签发给客户的发货单（俗称提货单）到仓库提货。仓库部门将审核提货单的准确性、完整性及真实性。审核通过后，收回提货单，签发出库单见表 5-27。

表 5-27　出库单

提货单位：　　　　出库日期：　　年　月　日　　　出货仓库：

产品编号	品名	规格	单位	批次	储位	计划数量	实发数量
备注							

审批：　　　　　　　提货人：　　　　　　　仓管员：

本单一式三联，第一联：仓库联，第二联：财务联，第三联：提货人

3. 备货

出库凭证经复核无误后，出库管理人员按其所列的项目内容和凭证批注，与编号货位进行核对，核实后核销"物资明细卡"上的存量，按规定的批次备货。

（1）拣货。按照出库单所列货物的储位，找到该货位，按规定要求和先进先出的原则将货物拣选出来。

（2）销卡。在物资出库时，应先销卡后出货。

（3）核对。按照货位找到相应的货物后，出库管理人员要"以表对卡，以卡对货"，进行账、卡、物的核对。

（4）点数。出库管理人员要仔细清点出库物资的数量，防止出现差错。

（5）搬运。将要出库的货物预先搬运到指定的备运区，以便能及时装运。

4. 货物包装标志

仓库理货人员要清理原包装、清除积尘、沾物。对原包装已残损的，要更换包装。为方便收货方的收转，理货员要在应发物资的外包装注明收货方的简称。置唛在物资外包装的两侧，字迹清楚，不错不漏。注意粘贴标签，必须牢固，便于物流的周转。

5. 货物复核

出库复核人员按照出库凭证上所列的项目，对在备运区待出库的货物品名、规格、数量进行再次核对，以保证物资出库的准确性。复核查对的具体内容有如下项目。

（1）对备运区分堆的物资进行单货核对，核对工作必须逐车、逐批次地进行，以确保单货数量、流向等完全相符。

（2）检查待运区货物的包装是否符合运输及客户的要求。

（3）怕震怕潮的物资，衬垫是否稳妥，密封是否严密。

6. 货物出库

（1）提货人到仓库提货。提货人到仓库提货，仓库管理人员会同提货人共同验货，逐件清点，经复核无误后，将物资交给提货人。提货人清点无误后，提货人和仓库管理人员共同在出库单上签字完成出库的工作。

（2）仓库负责送货。仓库负责给客户送货的，装车的工作由仓库部门负责，装车前仓库管理人员应对车厢进行清扫和必要的铺垫，督促装车人员妥善装车。装车完毕，会同提货人签署出库单证、送货单，交付随货单证和资料，办理货物交接。

7. 货物登账

货物全部出库完毕，仓库应及时将货物从仓储保管账上核销，以便仓库做到账、卡、物相一致。将留存的提货单证、送货单、记录、文件等汇总整理归档。

三、出库作业信息化操作

（一）出库作业信息化操作目的

1. 掌握发货订单的处理
2. 掌握货物调配的操作
3. 掌握货物分拣与出库的操作

（二）操作内容

1. 发货订单新增
2. 发货订单查询与打印
3. 货物调配
4. 拣货处理
5. 预出库确认
6. 出库台账与单据打印

（三）出库作业信息化操作

1. 发货订单新增

"发货订单"是客户委托保管的货物要求发货时签发的单据。

在主菜单中用单击"业务管理"，出现下拉菜单，单击"发货订单"，进入"发货订单查询"画面。

在"发货订单查询"画面中单击'新增'，进入"发货订单新增"画面，在该画面中输入各新增数据，录入完后单击'退出'保存（如图5-27）。

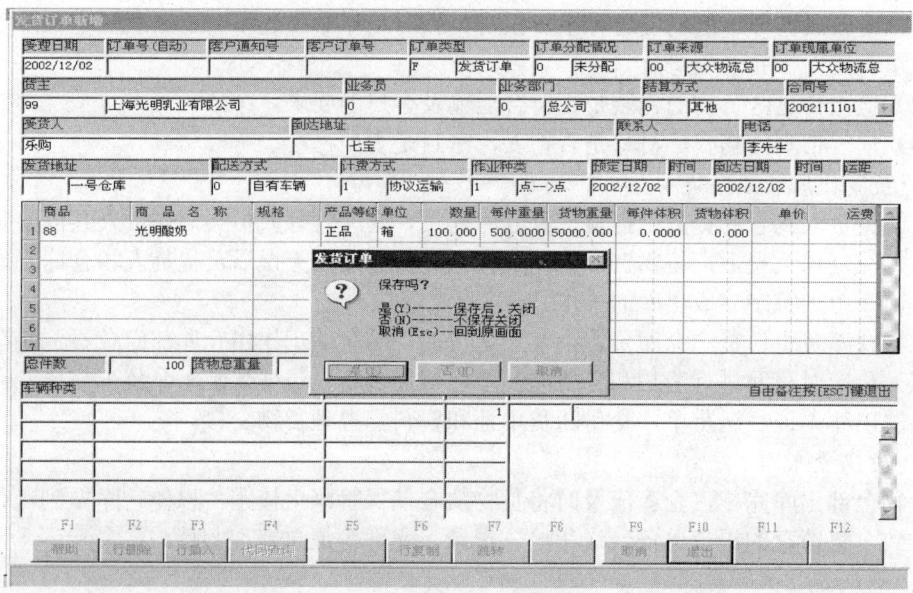

图 5-27 发货订单新增

2. 查询订单与打印

单击系统主菜单中的"业务管理",菜单显示业务管理下拉框,单击下拉菜单中的"订单查询",进入"订单查询"统计画面。

在"订单查询"画面中输入查询订单的记录日期,订单号,订单类型代码选择"发货订单"和业务部门代码等查询项后,单击"订单明细表"等按钮,程序显示与之对应的报表。打印报表时,在报表预览程序中单击"打印"进行报表的打印。

3. 货物调配

"货物调配"是对需要出库的货物根据规定的出库原则进行预出库处理,包括调配和还原两部分(还原是取消原来的货物调配方案)。货物出库分为包括运输的出库和不运输单独出库两种调配方式。

注意:货物调配必须是先经过"发货订单"等出库指令处理,如果货物出库时需要运输的,还必须进行车辆的分配,如一车多单或一单多车的车辆分配处理。

对需要出库的货物根据出库原则进行出库处理,可分为预出库处理和直接出库处理。以下是预出库处理的方法:

在主菜单中用单击"收发货管理",出现下拉菜单,单击"货物调配",进入"货物调配查询"画面。

货物调配处理分为自动分配和手动分配两种。

单击"货物调配查询"画面左上角的"调配",然后输入订单日期范围,订单号及货主代码后单击"查找"。单击选定需要出库处理的记录行,并按"出库原则"确认出库方式,然后单击"调配",进入"货物调配"处理画面。

自动分配:在"货物清单"栏中单击出库货物清单记录行,然后单击"自动分配"。货物调配结束,单击"保存"。

手动分配:单击每批货物记录行后的"本次提取数"栏,输入调配数量,并用右键双击订单号一栏,读出发货订单号。货物调配结束,单击"保存"。完成调配单击"退出"(如图5-28)。

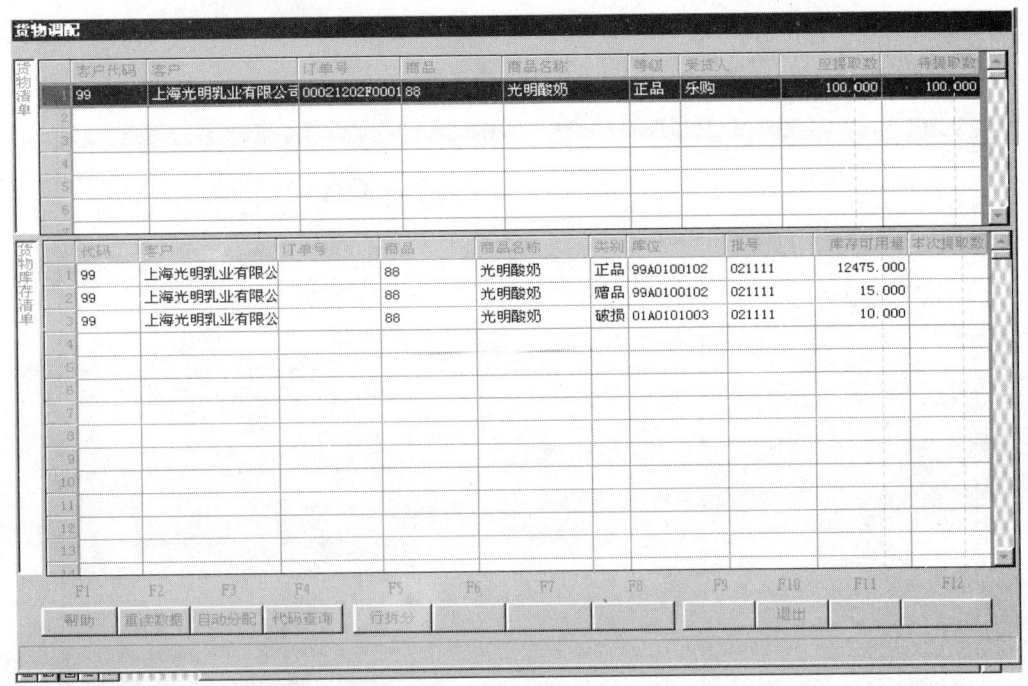

图 5-28 货物调配

4. 拣货清单打印

本程序是对"货物调配"处理后,尚未进行拣货的货物清单进行统计、打印的程序。经过拣货处理后的货物不再有记录。

在主菜单中单击"收发货管理",出现收发货管理下拉菜单,单击"拣货清单打印",进入"拣货清单打印"画面。在该画面中输入日期、客户等,单击'确定'便可进行查询和打印(如图5-29、图5-30)。

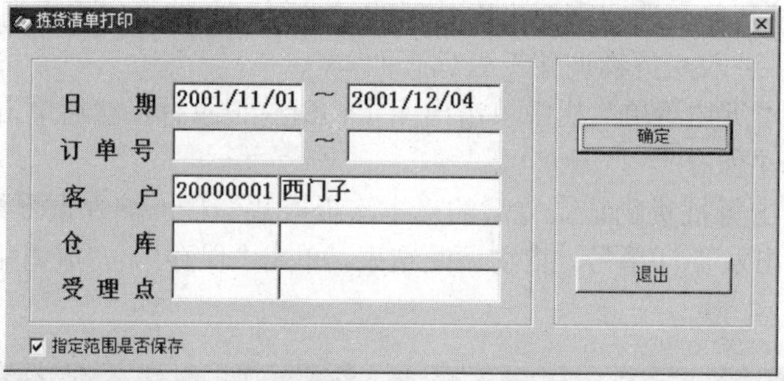

图 5-29 拣货清单查询

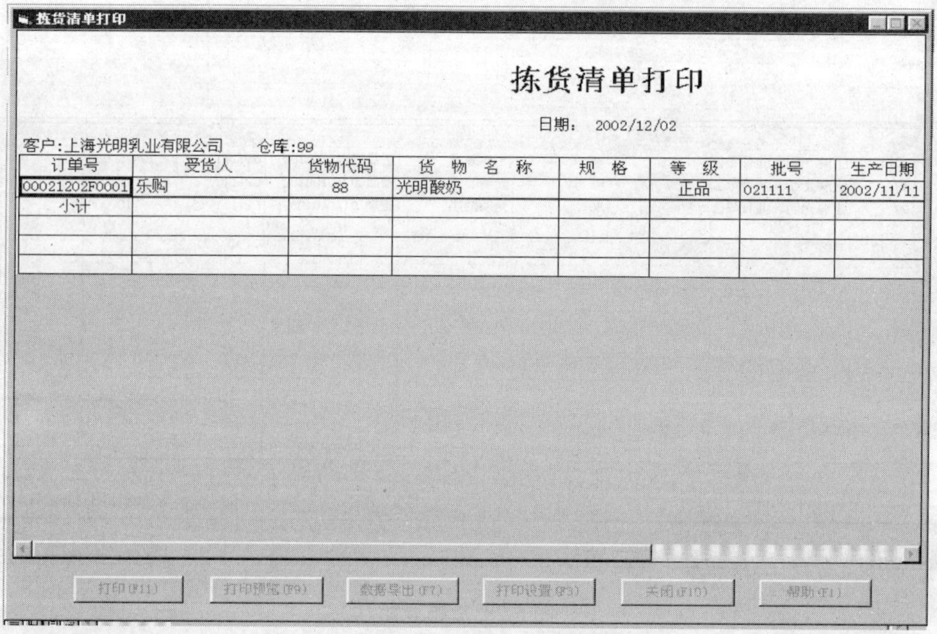

图 5-30 拣货清单打印

5. 拣货处理

"拣货处理"是将经过"货物调配"处理后的准备出库的货物进行拣货处理。

单击"拣货处理"画面上方的"预出货查询",然后输入预出库日期、订单号及货主代码、受货单位后单击"查找",程序显示预出库货物情况,单击选中需要拣货的货物,然后单击">"进行拣货处理,全部拣货时,单击">>";从拣货区返回预出库时,单击"<",全部返回单击"<<"。拣货确认单击"保存",处理完成单击"退出"(如图5-31)。

注:经过拣货处理后,拣货清单中不再显示该货物。

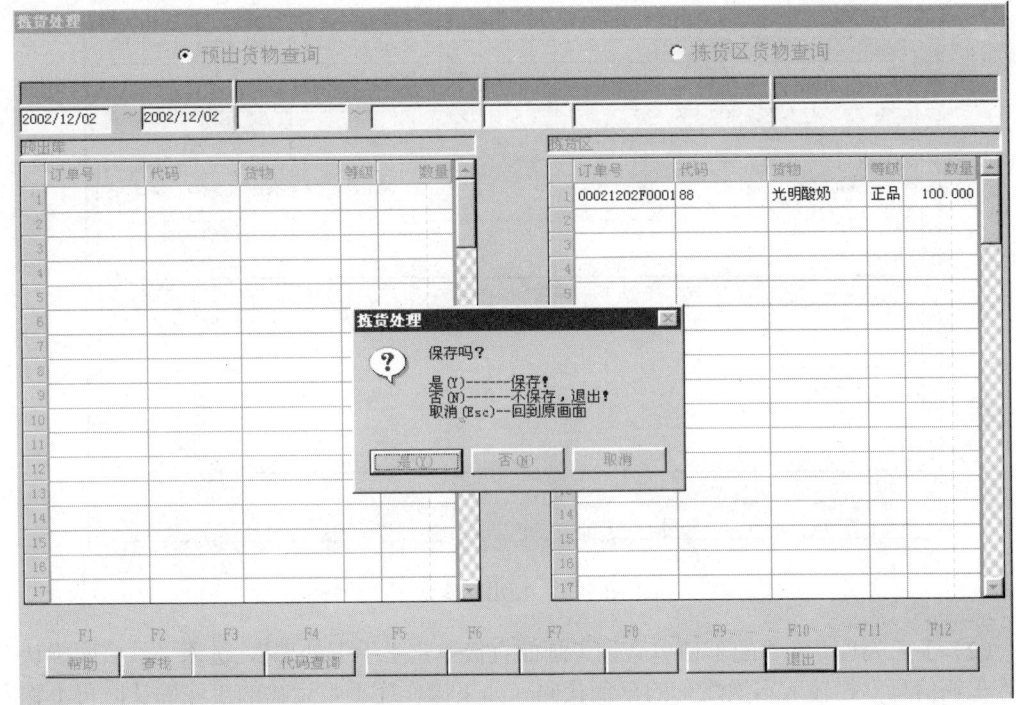

图 5-31 拣货处理

6．预出库确认

拣货处理完后就可进行出库确认。"预出库确认"是对出库的货物进行出库确认的程序。预出库确认包括连带运输的出库确认和包括不运输的单独出库确认两种。

注意：操作连带运输的出库确认时，如果要使用自动处理方式，则必须先经过"配车处理"。对于不连带运输的预出库确认只能采用手工处理。

在系统主菜单中单击"收发货管理"，出现收发货管理下拉菜单，单击下拉菜单中的"预出库确认"，进入"出车订单查询"画面。

（1）自动处理（用于连带运输的出库确认）。在"配车订单查询"画面中输入事先确认的配车日期，输入订单号，货主代码等，然后单击"查找"，在"配货信息"栏中显示预出库处理的货物信息，单击出库的货物行并单击"自动处理"进入"预出库确认"程序，"配货信息"栏显示需要配货的记录（如图5-32），单击"确认"，系统自动确认出库。修改出库数量时，在实出数量中直接输入出库数量，确认完成后单击"保存"，结束操作单击"退出"（如图5-33）。取消"确认"操作时，在"出库信息"栏中单击已确认的出库记录行，然后单击"不确认"。操作完成单击"退出"。

图 5-32 预出库确认

（2）手工处理。在"配车订单查询"画面直接单击"手工处理"，进入"预出库确认"，在"车辆信息"栏输入本次配车的车辆代码（如果操作连不带运输的出库确认时可不输入车辆代码等），然后输入预出库日期，货主等，单击"重读数据"，在"配货信息"栏中显示预出库处理的货物信息，单击出库的货物行并单击"确认"，该条记录跳入出库信息栏并在"□"中打"√"；修改出库数量时，在实出数量中直接输入出库数量，确认完成后单击"保存"，结束操作单击"退出"。取消"确认"操作时，在"出库信息"栏中单击已确认的出库记录行，然后单击"不确认"。

7. 发货单打印

"发货单打印"是对发货单卡片进行打印的程序。

在菜单中单击"收发货管理"，出现收发货管理下拉菜单，单击下拉菜单中的"发货单打印"，进入"发货单打印"画面，输入日期、货主、订单等内容，单击"确定"，系统显示发货单（如图5-34）。

8. 出库台账与单据打印

"出库台账"是对产品出库情况进行查询及报表打印的程序。

单击系统主菜单中的"库存管理"，菜单显示库存管理下拉框，单击下拉菜单中的"出库台账"，进入出库台账处理程序画面。在"出库台账"程序画面中输入统计日期（格式如2001/01/18），批号，货物代码，仓库代码，出库类型，客户代码等数据中的任意一项或几项后，单击"按货物日期库位序"等按钮，程序将显示相应的报表。打印报表时按"打印"即可。出库台账处理结束后，单击"退出"（如图5-35）。

模块五 仓储作业能力

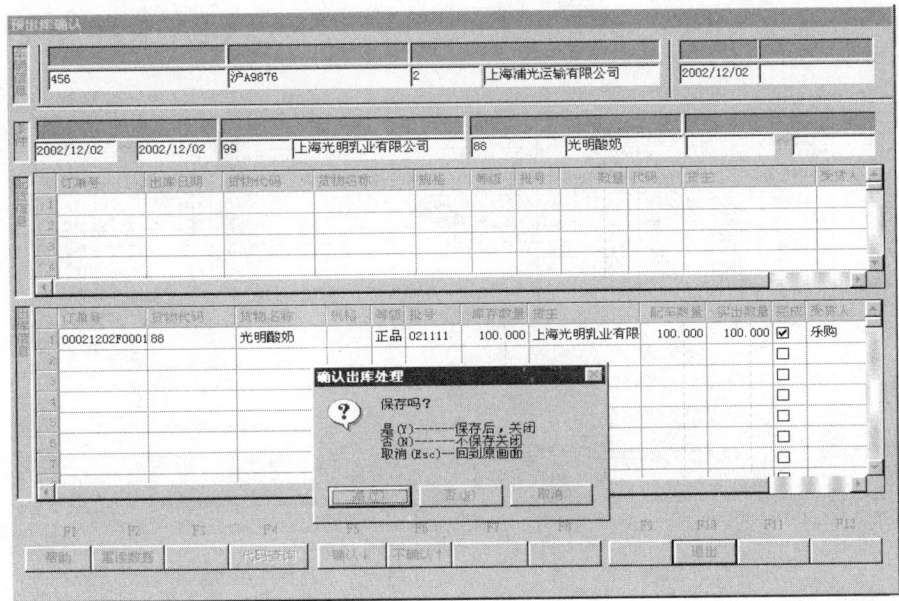

图 5-33 预出库确认

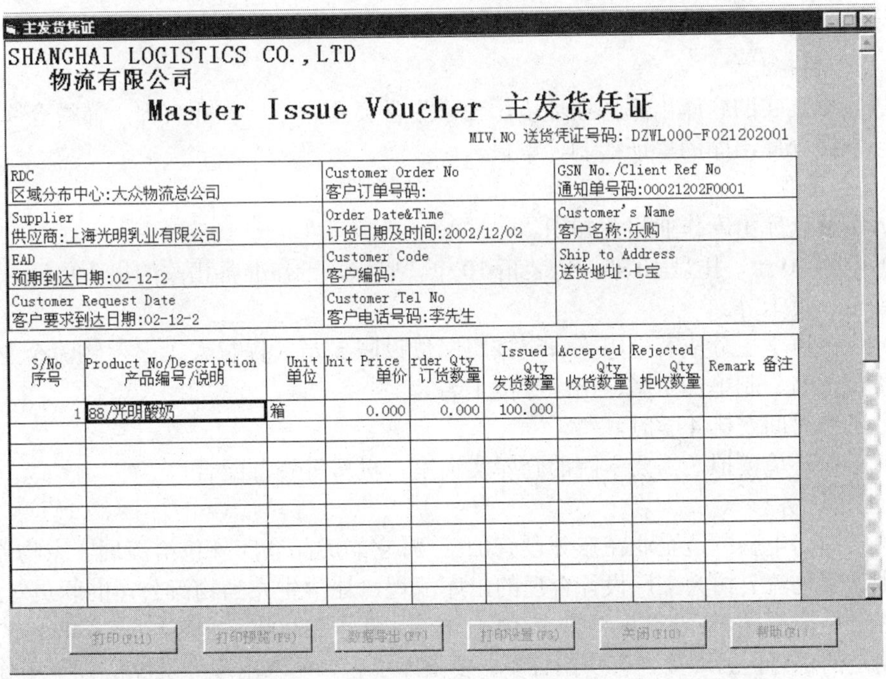

图 5-34 发货单

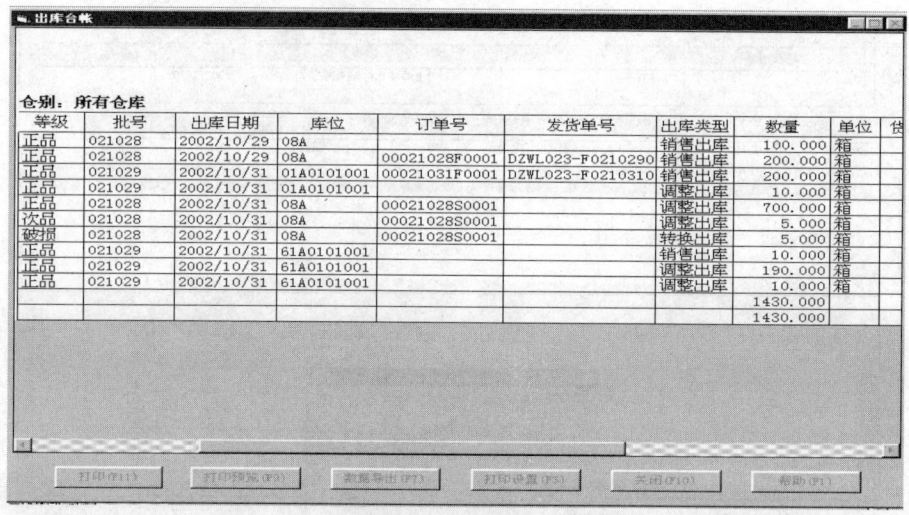

图 5-35　出库台账

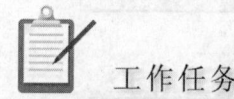 工作任务

1. 工作目标

通过模拟真实的仓库出库作业环境，使学生学会仓库出库作业流程，懂得仓库出库作业操作，掌握仓库出库的单证缮制、审核。

2. 工作准备

（1）了解仓库出库作业相关知识。

（2）电脑 10 台，托盘 10 架，包装箱 10 个，胶水，纸，准备相关的出库单证，如送货单、出库单、货卡等。

（3）将全班学生分成若干组，每组按照岗位设职 5 员（提货人 1 名、物流企业代表 1 名、理货员 1 名、制单员 1 名、出库专员 1 名）。

（4）工作时间安排 4 学时。

（5）工作环境模拟，需要学院的仓库实训室，机房等资源配合。

3. 工作任务

国内某知名电脑制造企业在东莞设有加工厂，它的成品仓库外包给深圳一家物流公司。要求深圳这家物流公司为工厂设计合理的出库流程，让学生充当物流公司的职员对电脑的出库过程进行模拟操作。在仓库内共有 10 台电脑，型号 S2000i，规格 48cm×46cm×52cm，存放在指定的保管区，现接到客户的订单，要出库 5 台，要求出库专员完成以下工作任务。

（1）针对电脑产品特点，制定合理出库流程。

(2) 出库前准备工作，做好出库指令收集传递、安排好出库货物的堆放场所，妥善安排设备和人力等工作。

(3) 备货，理货员按出库单所列的项目内容和凭证批注要求，按先进先出的原则进行备货。

(4) 出库包装，按照储运的要求，在包装两侧置唛，包含客户收发信息。

(5) 出库复核，按照出库凭证上所列的项目，对在备运区待出库的货物品名、规格、数量进行核对。

(6) 出库交接与登记，出库专员制作出库单、货卡及物资库存日报表

4．工作评价

工作评价的方式有教师评价、小组内部成员评价和第三方评分组成员评价三种，建议教师评价占60%权重，小组内部成员评价占20%的权重，第三方评分组成员评价占20%的权重，将三者综合起来的得分为该生在该项目的评价分。工作评价单见表5-28。

表5-28　工作评价单

考核人员名单				
被考核人员				
考核地点		考核时间		
考核项目	考核内容		分值	实际得分
出库前准备工作	合理制定电脑产品出库流程		10	
	模拟好仓库的出库环境		10	
	安排好出库货物的堆放场地		10	
	认真检查出库货物		10	
	妥善安排人力和机械设备		10	
	准备好包装材料		10	
出库作业	准备备货或理货		10	
	包装、置唛准确		10	
	认真核对出库凭证		10	
	认真复核和正确登账		10	
合计			100	

注：考评满分100分，60以下为不及格，60~69分为及格，70~79分为中，80~89分为良，90分以上为优。

模块六　仓储包装作业能力

单元一　包装材料选用

 **学习情境**

2007年3月8日，由 UPS 负责运营管理的北京奥运物流中心正式启动运行。北京奥运物流中心位于首都国际机场附近，将全面为北京举办 2008 年奥运会期间的所有竞赛场馆、非竞赛场馆及训练场馆提供物流服务。

全方位管理：UPS 代表北京奥组委进行货物的接收、储存、出库，以及各场馆之间及场馆内的运输配送和赛后反向物流的运作。

全身心投入：北京 2008 年奥运会需要运送、存储比赛器材高达 120 多万件。UPS 全力以赴协助北京奥组委处理运输事务，同时让各国运动员及教练员可以全心专注于训练与竞赛。

UPS 深知物资保障工作是奥运会筹办工作的一个重要组成部分，UPS 管理的北京奥运物流中心正全力发挥其高效、快捷和安全的职能为举办一届有特色、高水平的奥运盛会而努力。

那么 UPS 是如何对各种不同类型的货物选用包装材料的？

 **学习目标**

1. 了解包装材料的种类
2. 了解包装容器的种类
3. 能够懂得 UPS 包装材料的选用

 **学习地点**

1. 各类型仓库，如物流公司仓库、制造企业仓库等
2. 校内实训室

 学习内容

一、包装材料

（一）纸

最早的类似纸的材料是古埃及人在公元前三千年发明的一种纸草。第一张真正意义上的纸则是由中国人蔡伦在公元 105 年发明，几百年后阿拉伯人将造纸术传到了欧洲。用纸作为包装的材料具有一定的历史，但无从考证何时、何地、由谁第一个使用纸来包裹东西。然而布料及其他纺织产品用于制作包装袋盛装物品长达几百年历史，直到纸袋的产生。纸一直作为最广泛的材料而被用于一般包装。

二十世纪下半叶，纸材料被迅速增长的塑料材料所淹没，包装袋由原来的棕色纸袋一下子变为各色塑料袋。但纸材料并未因此而取代，相反过量的塑料产品则造成了较为严重的环境污染。如二十世纪八十年代中期，意大利的海滨鲸鱼事件不仅震惊了欧洲，并且让全世界被塑料制品所包围的人类思考：为何鲸鱼的胃内竟存有塑料袋？意大利政府因该事件制定了一系列政策，禁止再使用塑料购物袋以及各种有害生态环境的材料作为包装材料，欧洲其他各国也相应采取了一些行动。人们日益增长的环境保护意识让纸这种传统的包装材料又显示出优势。纸材料不仅具有经济、可回收、不污染环境等优点，其印刷效果也较好，美国许多邮寄送货公司不顾塑料袋用量的大增，始终坚持使用纸包装袋送货，除了以上原因外，还因为纸袋看上去更传统，创造出来的形象比塑料袋更吸引人。

大多数人都认为纸是由木头纤维制成，但是在过去的一、两千年出于环境保护及爱护森林的目的，造纸材料已慢慢扩大为棉、香蕉叶纤维、烟草、回收纸、碎草、大蒜皮、麻、谷壳、茶叶、海草，甚至烘制过的咖啡豆碎末，这些用不同材料加工出来的纸张具有不同的效果及肌理，有些消费者就是喜欢其特别的颜色和肌理，有些则喜欢其散发出来的味道。比如混入咖啡豆碎末而制成的纸张，闻起来就像刚刚煮出来的咖啡一样；而美国一家高尔夫俱乐部则用其球场上剪出的碎草加工制成的纸作为其礼品包装以及宣传册页，其散发的味道如新修剪的草坪。

最原始的纸看上去又脏又粗糙，但是经过不同的加工过程以及加入其他的造纸材料后可制成质量极为不同的纸张。如加染色剂改变纸的颜色，加天然树脂进行最普通的防潮处理，或复合其他材料以及添加剂提高纸的牢固程度，而结实的纸张对包装来说是最重要的特点。牛皮纸一词就代表着强度，来自于德国文字 Kraft，它是一种非常重要的包装纸材，经常用于杂货店的包装袋和各种货运袋。大部分的牛皮纸产于美国、加拿大、斯堪的纳维亚，原始的牛皮纸可被漂白成不同的灰色甚至白色，均适合制作成大型运载的大包装纸袋。牛皮纸通常有二到七层，在特殊的情况下，由于防潮的需要可将塑料和金属箔加工到其袋

内，这种复合结构的大包装袋特别牢固，一般用于装载建筑材料和化工产品，以及谷物和饲料等。

漂白纸是另一种被大量用于包装的纸材料，通常漂白纸被用于制作纸袋或包装内垫以保护产品。较薄的漂白纸则可通过不同的加工工艺使其较粗糙的表面光滑化并产生诱人的光泽感，这种经过上釉或填充等特殊处理后的纸张非常便于印刷，多用于食品包装和包装标签。

尽管纸材料像其他包装材料一样被用于极为广泛的产品包装，但总的来说食品包装的用量是最大的。在选择食品包装的材料时一定要考虑周全，如食品包装必须具有防油、防潮、防味、无毒等特点，一般的食品包装必须使用玻璃纸和防油纸，蜡纸因具有无味、无毒、无副作用等特点而同样被用于大多数的食品包装。同时一小部分但却具有重大意义的纸材料用于医药领域，一般作为医院器具用品和急救物品的纸包装，部分被设计成具有不同大小的气孔，以便于加热和蒸煮；有些则要通过复合聚乙烯化合物、醋酸酯或其他材料来强化纸材料本身以达到防菌的目的。一般来说大多数的医用包装都采用纸材料和塑料薄膜共同使用的设计，因为透明的塑料窗口更利于展示其内容物，而易于开启和撕剩的纸材料封口更便于外科医生和护士取拿物品。

总之，在选择纸材料时要慎重考虑产品的特性以及产品对包装的特殊要求，不能茫然从事。尽管塑料技术的先进及其用量的需求导致了以纸材料为基础的传统包装工业的衰退，但同样也展示出只是以纸材料为基础的包装形式的衰退并不是纸材料本身，相反纸材料将继续保持其声望而被用于新的形式，如纸与塑料复合而成可防静电的材料用于包装电子产品。

（二）塑料

人工聚合物的产生及发展是二十世纪材料界的转折点，而塑料这种材料的产生使包装材料发生了翻天覆地的变化，特别是近一、二十年来大多数包装技术及设计上的新发展，新突破都发生在塑料领域，其主要原因是因为在技术上已完全克服了原有的一些局限。如过去含有碳酸类的饮料很难被装入塑料袋内。而现在的塑料袋及容器不但可蒸煮，还可用于烤箱和微波炉。西方许多国家不但是快餐食品，许多讲究的食品都已趋于装入可蒸煮的袋内及可烘烤的容器内，以适应快节奏的现代生活。塑料的潜力正在被发掘，在上个世纪九十年代时塑料的地位已超过玻璃，具专家估计在本世纪也有可能超过金属。欧洲目前塑料的用量已占包装材料总用量的50%。尽管由于塑料包装的使用让人们有环境污染的顾虑，但塑料易用及经济的特点无疑会在将来依然成为主要的包装材料之一。

塑料薄膜的基本成分主要是聚乙烯、聚丙烯、聚氯乙烯、聚次亚乙烯等。最早之一的实用包装薄膜是由再生纤维素制成，而玻璃纸（Cellophane）则是更为广知的名称。全世界现有超过二十五个国家在大量制造此材料，经过复合后玻璃纸具有高光泽度、防水分渗透等特点，极适应于包装各类面包、点心及糖果。烟盒是除食品类以外使用玻璃纸做外包装的最大用户。在印刷上由于成本的问题，玻璃纸的平面设计不得不简化，此外过大的印刷区域同时亦可降低薄膜的光泽度以至影响包装效果。所以大多数西方国家的食品包装仍趋于使用较小面积的标签贴于透明的包装上以便展示食物本身。

玻璃纸的最大竞争对手是聚丙烯（Polypropylene），主要分透明和不透明两种。白色而不透明的聚丙烯薄膜在欧洲多产于比利时、荷兰、卢森堡三国。因其密封效果较好，许多都选用此材料作为食品的包装。但聚丙烯材料不易直接印刷，印前需要表面处理。经表面处理后的聚丙烯具有表面闪亮、易于印刷的特点，正因如此，欧洲许多的糖果厂将原来的纸包装遂改为聚丙烯薄膜包装。以雀巢为例，雀巢产品极敏感于空气中的潮气以及其他产品较强的气味，如烟草等，当改用该材料后获得了很好的保护效果。当然，透明的聚丙烯薄膜用于包装点心及薯片等效果也甚是良好，经表面处理后的透明聚丙烯薄膜也非常便于印刷，这个特点为平面设计人员提供了一个更好发挥设计的空间，也为竞争激烈的食品市场创造了更多的机会。

全世界三分之一的塑料包装是由聚乙烯加工而成，而聚乙烯（Polyethylene）制成的塑料薄膜及塑料布占35%以上，主要用于制作各类包装袋，从饮料袋到购物袋。聚乙烯主要分低密度聚乙烯、线性低密度聚乙烯、中密度聚乙烯和高密度聚乙烯。加工商可根据用户产品的不同需要而选择成分。聚乙烯密度的改变可影响其某些关键特点的改变，如薄膜的硬度、耐温性和强度。中密度的聚乙烯适合于高速运转的包装生产线，并可保持其光亮的表面。而低密度的聚乙烯塑料袋则适用于包装冰冻食品及冰制品，但需要添加其他成分。聚乙烯材料同聚丙烯材料一样，印刷前须做抗静电处埋，处理后的表面印刷效果较好。对于不断发展的塑料材料，设计师们只有努力掌握其性能，更好地与材料技术人员合作，只有这样才能制作出更美观、更实用的商品包装。

（三）金属

从1795年拿破仑对能提出有效保护军队食物方法的人进行悬赏时起，用金属材料做包装来存储消耗物质的想法至今已存在两百多年了。在这两百多年间，金属材料一直保持稳定的发展态势。常见的金属包装以马口铁及铝材为主。

罐头制造的原理是由法国人发现。1810年英国人设计了马口铁罐密封容器，将熟铁的薄板热浸镀锡，卷成圆筒形，分别焊接上盖及底并在1811年成功制出食品罐头。随着时代的发展，马口铁的包装技术也不断改良，使之制造技术达到很理想的地步。

今天我们用量最大的金属材料应属铝材，铝制品在我们生活中很容易发现，但铝材料商业化的进程却经历了许多年。美国是第一个把铝材料运用于包装上的国家，在十九世纪末的最后几年里，美国Ball Brothers公司开始使用铝罐代替Mason牌广口瓶盛装食品。就在第一次世界大战爆发前，欧洲大陆上已出现铝材料的包装，主要用于包装口香糖及糖果棒。

今天用于包装上的金属箔主要是由铝制成，其中只有极小的一部分是由锡制成。锡箔的成本要远远高于铝箔，虽然铝箔仍然比某些包装材料的成本高，但大多数因为铝箔具有耐低温、防压、防裂、无磁性、易回收等特点而不惜增加成本。一般来说，我们把辗制后断面不超过0.15mm的金属薄片定义为箔，通常箔的厚度变化在正负10%之间，但是由于近些年来合金技术的不断成熟，许多用于包装上的铝箔已比前些年薄了20%左右。大部分用于商业包装上的铝箔纯度为 99.5%，很少有百分之百的纯金属箔。

尽管铝箔被认为是一种薄而易撕裂的材料，但实际上它是最好的防潮、防油、防氧气的包装材料。另一方面由于金属箔可防阳光，所以铝箔也常常被用于包装一些比较敏感的医用品。由于铝具有薄、张力强度弱的特点，所以在没有支持的铝箔上印刷是非常困难的，通常需复合其他的一些材料，如牛皮纸来增强其强度和硬度。

复合金属塑料是近二十年间出现的新材料，它是制造商们寻找多年，即具金属箔的特点又具塑料特点的产物。这种新材料不但具有轻的特点，并且还可以延长食品的保鲜时间，也就是说可延长商品在货架上的摆放寿命。除塑料可复合金属材料外，纸也可复合金属材料，且在一定程度上节约成本。比如使用复合金属的纸材料包装香烟，要比纯用金属箔和和纸盒包装香烟成本低 25%。另外纸材料还可与塑料复合而产生更实用的包装材料，特别适用于食品包装上。

在新材料新技术层出不穷的环境下，包装在使用新材料和旧材料上扮演着一个重要角色，如何完美结合新旧材料而创造出不让现代消费者失望的包装，对于任何一个设计师来说都是一场挑战。

（四）木材

木材主要是由树木加工成的木板或片材。木材是一种优良的结构材料，长期以来一直用于制作运输包装，特别适用于大型的或笨重的机械、五金交电、自行车，以及怕压、怕摔的仪器和仪表等商品的外包装。近年来，木材虽然有逐步被其他材料所代替的趋向，但仍在一定范围内使用，在包装材料中约占 25%。

木材作为包装材料有如下优点：木材资源广泛，便于就地取材；木材具有优良的强度质量比；木材加工方便；木材不生锈、不易被腐蚀；木材可加工成胶合板；木材包装可回收利用等，但木材包装有易吸收水分、易变形开裂、易腐败、易受白蚁蛀蚀等缺点，木材在包装上的应用受到一定的限制。

除了上述常见的包装材料纸、塑料、金属和木材外，还有玻璃、陶瓷、新型复合等包装材料使用在包装中。

二、包装容器

（一）纸盒

纸盒产生于美国，最早使用纸盒作为产品包装的是 Kellogg 兄弟，他们是第一个发明麦片状玉米早餐的人，而纸盒则成为该产品的包装。Kellogg 兄弟对商业市场有着极为敏感的洞察力和预见力，他们使 Kellogg 牌早餐成为对每个人都有利的健康食品而出现在许多家庭的早餐桌上。Kellogg 公司在二十世纪二、三十年代就该产品开发了一系列图案的纸盒容器，紧接着其他各大制造商也随后开发了大量印制纸盒。尽管 Kellogg 牌早餐至今已有近百年的历史，但它始终使用纸盒包装并占据着大部分西方国家的早餐市场。

比起二十世纪的三、四十年代，今天有更多的产品使用纸盒作为包装，如化妆品、食品、香烟等。设计师通过选用不同质量的纸板及印刷技术将纸盒制作成不同级别的包装，从高级化妆品的包装盒到极为简洁实用的工具包装盒，无论是包装哪一种产品，纸盒的基本功能必须是保护产品、方便运输、利于促销。像所有的包装设计一样，纸盒包装必须吸引顾客的青睐，因此纸盒的外观从某种程度上来说比产品还要重要，就算已有一定市场占有率的产品，其纸包装的外观设计依然不得忽视，它是占有新老顾客的有力武器。制造商们通常贮存各种类型的纸板以供随时制成各种纸盒，而每一种纸板都必须具有最基本的职能，如提供好的印刷效果、易黏合、易控制、适于自动包装流水线等。

近些年来在选择高品质产品的包装上较倾向于使用复合纸板制作出的纸盒，尤其是食品类。尽管大多数的饼干依然采用塑料薄膜作为包装材料，但是较高级的包装又渐渐回到使用纸盒上，而冰冻类的食品，特别是精加工的食品依然多采用纸盒包装。另外一个纸盒增长区域是快餐类食物。该类食物要求纸盒容器适用于烤箱及微波炉，而这类产品的需求量越来越大。饮料、奶品也是使用纸盒容器较多的产品。自从无菌纸盒诞生后，纸盒容器比听装容器能更好地保持食物的滋味，并且成本也相对低廉，因此受到制造商的推崇。在不断成长的酒市场上，纸盒容器也有一席之地。上个世纪的八十年代由于酒容器的革新，使零售商和销售商们意识到包装的革新会带来巨大的利润，高质量的玻璃容器长期以来是传统的酒包装并占领着大部分酒市场，直到受到三种新型包装容器的冲击。由于 1 品脱的纸盒容器及听装容器和 3 品脱的纸盒小酒桶的使用，致使酒的销售量每年增长 25%，特别是在英国。3 品脱的纸盒小酒桶因经济及适用于各种聚会至今还出现在西方国家各大超市的酒架上。

（二）塑料容器

许多包装都发现在选择包装形式时有一个共同的问题：是否选用塑料容器？塑料容器因具有轻便、价廉、形状和色彩多样等优点而被广泛地应用于各类产品，而塑料用量因此也远远超过其他包装材料。遗憾的是塑料包装很难营造高品质的形象，所以塑料容器只能作为大众化的包装而出现在每个家庭里，如塑料管状牙膏、洗发用品、清洁用品的容器等。

塑料容器的制造成分有很多，但重要是聚乙烯、聚丙烯等，如前所述。新设计人员不必因为塑料容器的品种较多而不知所措，相反被经常使用于产品的塑料容器是很有限的。一般来说需符合以下几点：第一，必须保护产品；第二，密封性能要好；第三，方便使用；第四，成本低廉。塑料容器的成分还需符合法律的要求，只有这样才能确保不影响所包装的产品以及造成对使用者的伤害。

化妆品及各类护肤品是使用塑料容器较多的产品，尤其是管状容器的使用，可挤压的特性是塑料容器除轻便之外另一个其他材料无法竞争的优势，而这一优势也奠定了塑料容器在化妆品包装上的重要地位。近二、三十年来，由于美容业的兴盛，致使化妆品和护肤品成为消费的主要区域。每年西方国家都有几十个亿的化妆产品销售量，特别在意大利。意大利在 1988 年时，各类化妆品和护肤品的销售量就已高达二十个亿，而当时塑料容器作为化妆品和护肤品的包装才刚刚被引进中国市场。

另一类使用塑料容器较多的产品是饮料，聚酯（Polyethylene Terephthalate）是制造饮料容器的主要成分。在过去的二十年里，由于聚酯材料品种的不断扩大及应用，聚酯很快地成为主要的包装材料。特别是复合后的聚酯材料具有很好的防氧渗透性，不但被用于制作碳酸饮料的容器，而且还用于包装啤酒及各类果汁酒，其货架寿命可长达九个月左右。过去塑料容器在饮料上的使用无法与玻璃竞争，主要是因为玻璃无味的特点，而今天由于塑料技术的完善，聚酯材料亦可用于包装矿泉水、纯净水而不受任何影响。聚酯复合材料还具有很好的耐高温和耐低温性，常用于制作各种容器盘而用于冰箱、微波炉及普通烤箱，这些特点也使得聚酯材料容器成为航空公司机上服务所用食品的主要包装。

聚酯材料在包装容器上的运用如此成功，就连过去不可回收，易造成环境污染的问题也得到了解决，它已成为当今设计师们最理想的包装材料之一。

（三）玻璃容器

最早的玻璃制造业是古埃及人在公元前一千五百年建立的。玻璃容器之所以能被早期的人类制造出来，主要是因为它的基础材料在自然界中非常容易获得，如石灰石、苏打、硅土或沙子。当这些材料通过高温加热融合在一起时，就形成了玻璃的液体形状而供随时铸模成型。玻璃是一种非常"结实"的容器材料，可以盛装较重的物体而不变形，当然它不能承受冲击和摔打。

玻璃容器因具有不污染食物的特点而被广泛地用于食品及饮料的包装，尤其是美国、德国和法国，这些国家的大部分饮料和酒类仍乐意使用玻璃容器。而在英国则主要用于包装速溶咖啡和各种果酱。无论哪个国家大多数酒瓶始终沿用传统有色玻璃瓶，以营造一种醇厚的气氛。过去还有一个有趣的现象，即不同的产地的酒使用不同颜色的酒瓶，如雷斯林白葡萄酒用无色、高而细长的酒瓶；而产于莱茵河流域的酒则用棕色酒瓶。尽管由于技术的发展，现在市场上有些酒被包装于纸盒容器、锡罐及塑料容器中，但玻璃酒瓶的展示效果以及传统的感觉是其他材料无法替代的。

玻璃容器的另一个用武之地是化妆品行业，香水包装显得尤为突出。香水是少有的包装成本高于产品本身的商品之一。从某种角度去分析，香水的精神价值比其物质价值更为重要，正因如此，香水的缔造者们总是千方百计的给产品一个良好的形象，而玻璃容器则是它们的最佳代言者。玻璃有着分量感、无气味、易成型的特征，晶莹剔透的质感加上千奇百态的造型，无疑是高品质的象征。玻璃容器因具有很好的防酸、防碱性能也被广泛用于化工产品的包装，有色玻璃更可保护敏感产品，如摄影用的化学药剂和溶液。

聚酯材料的容器可以说是近些年来玻璃容器的最大竞争对手，但是由于玻璃容器的无味、防酸、防碱、易回收等特点，使得这一包装始终占有一席之地，且在未来的许多年里都不会被予以取代。

（四）金属容器

最早的罐头盒主要是由铁制成，并在其表面镀锡，产生于十四世纪的德国。十九世纪初时，法国为解决军需食品的贮放问题而导致了罐头包装的产生。十年后这项技术被传到了美国，从此，罐头牛肉和胡萝卜成为军队的固定食品而遍及世界各地。而今天情况早已不同以往，现代军队为减轻包裹的标准重量，已将较重的锡罐食品替换为用蒸煮袋包装的食品，不但卫生营养，而且更易加热。

金属罐主要用于包装饮料、啤酒，不管一年内有多少饮料广告上市，只要到了夏季，饮料的销量便会飙升，而其中40%是金属罐装饮料。调查分析表明，金属罐装饮料远比纸盒装饮料清新、凉爽，这也是在夏季人们较偏爱它的原因。在护发用品及化妆品市场上，金属罐装容器的运用则是十分的成功。欧洲平均每年消耗金属罐装的液化喷雾剂高达30个亿，美国则为26个亿，其中一半以上是化妆品和护发品，如发胶、摩丝、香雾等。近些年来由于亚洲市场的发展，该类用品的消耗量更是有增无减。除此之外，液化喷雾剂还包括一些家庭用品，如清洁剂、灭虫剂、家具上光剂等。

现在的"锡"罐主要由钢皮和其他金属制成，钢皮罐具有更结实、防腐蚀性好以及外观闪亮、装饰效果好等特点。由于技术的进步，金属材料的罐容器则越变越薄，越变越轻。从上个世纪八十年代中期以来，金属罐壁的厚度逐年减小，而每一吨金属所制造出的听罐总量比二十年前增长了一万罐以上，罐头的开启方法也得到了极大的改进。

无论哪一种金属容器，它的外观装饰主要有两种：直接印刷和粘贴环形标签。直接印刷于容器外部可产生很强的视觉冲击力，但易受外界环境的影响而生锈；尽管采用粘贴标签的形式成本较低，但对于制造商来说，却增加了一道粘贴的加工程序，反而减少了所能节约的成本。

近些年来金属容器的制造业较关注各类金属容器的回收问题，主要因为其一，回收后的金属可用于制造新的产品从而减少未来的成本；其二，现在的政府及消费者比过去更关注人类自身的生存环境问题，而这个问题比金钱更重要，不但是包装制造业，其他各行各业都应在生产的同时，多关注如何保护我们的生存空间，因为没有生存的环境就没有一切。

（五）木箱

木箱作为传统的运输包装容器，在很多情况下被瓦楞纸箱所取代，但木箱在某些方面有着优越性和不可取代性。加上木箱目前还比较适合我国包装生产和商品流通条件，所以在整个运输包装容器中仍占一定地位。

（六）其他包装容器

常见的其他包装容器还有集装箱、包装瓶、包装罐（桶）等。

三、UPS 的包装材料选用

（一）压缩空气塑料薄膜

压缩空气塑料薄膜（泡沫包装）是一种包装材料，它由两块聚酯薄膜密封在一起而在它们之间装入的气泡制成。这个过程让压缩的空气能够提供缓冲作用来防止受到冲击。

压缩的空气为重量较轻的物品提供良好的缓冲作用,它可切割,所以可包装任何形状或尺寸的产品。它不应当用于包装重量较大的产品。当使用压缩空气塑料薄膜时,请使用多层塑料薄膜以确保整个产品都受到保护,包括棱角和边缘。使用压缩空气塑料薄膜时分别包装每个物品,然后放入足够强度的包装箱内。易碎的物品在相互之间以及与包装箱的棱角、侧面、顶部和底部之间需要适当的隔离。每个物品都应当使用至少两英寸(5.08 cm)厚的压缩空气塑料薄膜包在外面,并放置在距包装箱侧面至少两英寸(5.08 cm)远的地方。这可防止产品之间碰撞而引起的损坏,并保护物品不受从包装箱外部可能传递给物品的冲击和振动。为使包装箱内物品不会发生移动,注意在包装时使用足够的塑料薄膜。

(二)疏松填充颗粒

疏松填充颗粒是碎件的膨化聚苯乙烯,用于填充重量较轻的物品的包裹中的空隙。建议不要将它们用于可能在包裹内移动的扁平、狭窄或密集的产品,因为这些填充物在配送环节中会移位和下陷。这种移位和下陷会引起产品在包裹内移位,导致产品很有可能受损。

使用多层的压缩空气塑料薄膜或聚乙烯泡沫薄膜分别包装在每个物品的外面,并将物品放在足够强度的容器内。易碎的物品在相互之间以及与包装箱的棱角、侧面、顶部和底部之间将需要适当的隔离。包裹的所有侧面都应当在外面包有至少三英寸(7.62cm)厚的疏松填充颗粒,并且包裹需要填充超出至少一到两英寸(5.08cm)厚以供移位和下陷。请使用足够的疏松填充颗粒以确保物品在您摇动包装箱时不会发生移动。建议在内容物与填充颗粒之间使用平的瓦楞纤维板,以防止物品在填充颗粒中移动。

(三)原始生产商包装

原始生产商的包装通常被设计成作为集装箱货件的运输使用,而非单件的货件。此外,它们还设计成一次性使用的运输产品,而非多次使用。因此,重新使用原始设备生产商包装进行单个包裹运输,这种运输环境会增加产品受损的风险。只有当生产商包装箱已经专门设计成能抵挡碰撞并处于全新状态时,才可以照它本来包装进行使用。

(四)仅使用原始生产商包装

只有当原始生产商的包装处于全新状态或几乎全新状态时,才使用该包装。包装箱使用的次数越多,它丧失的原始保护品质就越多,从而可能不足以保护货件。请确保包装箱坚固、状态良好,无穿孔、撕破、裂缝或棱角受损,并且所有的封盖都完好无损。绝对不要使用鞋箱或纸板包装箱。除去旧地址标签、危险品指示物(例如菱形标签和标记)以及上一个货件的递送标记和条形码。确保内部泡沫没有爆裂或破裂,如果泡沫已经破裂,请使用新的泡沫插入材料替换它。

(五)双层箱装原始生产商包装

包含使用原始生产商的包装的另一个选择是使用双层包装箱。所有电子设备都应当使用双层包装箱,除非它符合上面列出的特别重新使用条件。要使用双层箱装原始生产商包装需确保原始包装处于良好状态,并且内部泡沫没有爆裂或破裂。如果泡沫已经破裂,请使用新的泡沫插入材料进行替换,或使用两英寸(5.08cm)宽的感压胶带进行修复。货件在原始的生产商运输容器内不能发生移动，这点很重要。

选择新的运输容器，该运输容器的长、宽和高都比原始生产商包装箱超出至少六英寸（15.24 cm）。

在新运输容器的底部填充至少三英寸（7.62cm）厚的现场发泡、聚乙烯棱角或边沿衬垫材料、充气式包装、疏松填充颗粒或其他适用的衬垫材料。不要使用皱折或切碎的纸张。

将原始生产商包装箱放在缓冲材料的顶部以及运输容器的中心位置，同时留出至少三英寸（7.62 cm）厚的缓冲材料围在包裹的其余五个面的周围。

在包裹的剩余空白空间中填充现场发泡、聚乙烯棱角或边沿衬垫材料、充气式包装、疏松填充颗粒或其他适用的衬垫材料。

使用两英寸（5.08cm）或更宽宽度的感压或尼龙加强胶带，或者使用60磅、三英寸（7.62cm）宽的水活性强力胶带，密封运输容器。在包装箱的顶部和底部贴上三条胶带，牢固地合上包装箱，这样中间的接缝和两条边沿接缝就已经密封了。

（六）外加包装箱方法

外加包装箱或使用双层包装箱是保护易碎设备（例如电子产品）不受损坏的有效方法。虽然在某些场合下可以使用一个包装箱或原始生产商的包装，但在很多的情况下使用此运输方法是不当的。许多包装箱其本身并不是设计成经受运输过程，因为后者涉及分类碰撞、路途振动以及其他类型的包装处理情况。原始设备生产商的包装通常设计成运输产品一次，而不是多次。尽管这样，它还是经常被设计成集装箱货件，而不是单件的货件。

1. 如何外加包装箱

（1）在外加包装箱之前，请确保内部包装箱处于良好状态，并且内部泡沫没有爆裂或破裂。如果泡沫已经受损，请使用新的泡沫插入材料进行替换，或使用两英寸（5.08cm）宽的压敏胶带进行修复。

（2）选择新的运输包装箱，该运输包装箱的长、宽和高都比内部包装箱超出至少六英寸（15.24 厘米）。

（3）在新运输包装箱中填充至少三英寸（7.62cm）厚的现场发泡、泡沫棱角或边缘衬垫材料、充气式包装、疏松填充颗粒或其他适用的衬垫材料。不要使用皱折或切碎的纸张。

（4）将内部包装箱放在缓冲材料的顶部以及运输包装箱的中心位置，同时留出至少三英寸（7.62 厘米）厚的缓冲材料围在包裹的其余五个面周围。

（5）在包裹的剩余空隙中填充现场发泡、泡沫棱角或边缘衬垫材料、充气式包装、疏松填充颗粒或其他适用的衬垫材料。

（6）使用两英寸（5.08cm）或更宽宽度的感压或尼龙加强胶带，或者使用60磅、三英寸（7.62cm）宽的水活性强力胶带，密封运输包装箱。在包装箱的顶部和底部贴上三条胶带，牢固地合上包装箱，这样中间的接缝和两条边缘接缝就已经密封了。

2. 内部包装材料

（1）疏松填充颗粒主要用作重量轻的物品的空间填充物。建议不要将它们用于可能在包裹内移动的扁平、狭窄或密集的产品,因为这些填充物在分发环节中会移位和下陷。这样的移位和下陷使产品能够在包裹内移位,结果导致产品更有可能受损。采用疏松填充颗粒的最低准则是在容器的各个侧面使用至少三英寸(7.62cm)厚的这种填充物。此外,包裹将需要填充超出至少一到两英寸(5.08 cm)厚以供移位和下陷。

(2)压缩空气塑料薄膜包装材料,由两块聚酯薄膜密封在一起而在它们之间装入的气泡制成。这个过程让压缩的空气能够提供缓冲作用来防止受到冲击。压缩的空气为重量轻的物品提供良好的缓冲作用,它具有弹性并可切割,从而实际上可包装任何形状或尺寸的产品。它不应当用于包装重量大的产品。当使用压缩空气塑料薄膜时,请使用多层塑料薄膜以确保整个产品都受到保护,包括棱角和边缘。

(3)聚乙烯泡沫薄膜。重量轻、柔软、有弹性的泡沫薄膜材料,它可提供良好的表面保护和缓冲特性。它是保护重量轻的物品的理想材料。

(4)充气式包装使用空气压力来在容器内固定和保持产品在原位上,并提供作为缓冲作用的内衬层。极端的气候情况会影响袋内的空气压力量。在温度极低的情况下,空气体积将减少,结果导致包裹内多余的空间,从而增加产品受损的风险。温度极高的情况将导致空气袋膨胀,这会对运输容器的接缝产生压力。海拔高度的变化也会影响空气袋内的空气体积。从高海拔高度到低海拔高度的运送(例如,在科罗拉多州的丹佛包装好某个货件而运输到路易斯安那州的新奥尔良)会导致空气袋尺寸减小,而从低海拔高度到高海拔高度的运送会导致空气袋体积增加。

(5)现场发泡由化学混合物形成,此混合物在内容物的外面膨胀并形成保护性的模型。现场发泡可在任何产品的周围外面形成模型,它可用于棱角,保护边缘,在需要缓冲的地方都有用处。为达到最大的效果,现场发泡必须均匀地分布在物品的外面。否则,泡沫将无法保护产品。选择适当密度的泡沫来满足包装需要,这可从空隙填充跨越到高性能缓冲。

(6)牛皮纸。使用牛皮纸包装并使牛皮纸折皱,以填充轻到中等重量、非易碎物品的包裹内的空隙。当使用牛皮纸时,紧紧地填塞牛皮纸,在内容物的周围以及物品之间达到至少四英寸(10.16cm)厚。确保在包装箱的全部六个面上都有至少四英寸(10.16cm)厚的牛皮纸。

(7)填纸缓冲。多层纸(非新闻纸或白报纸)衬垫,最适合于包装中等尺寸到大尺寸的非易碎物品以及那些可能需要吸收湿气的物品。填纸缓冲非常适用于填充空隙。

(8)膨化聚苯乙烯泡沫(EPS)。EPS是可模压、轻重量、低成本而具有最低限度碰撞缓冲能力的泡沫材料。EPS经常被设计带有肋条,这样的肋条在碰撞时会压缩然后恢复至它原始的形状。它不像其他聚酯泡沫(例如聚乙烯和聚氨酯)一样富有弹性。EPS最适合于易碎性较低的货件。

(9)聚乙烯泡沫(PE)。PE是低密度蜂窝状泡沫。模压或制造好的PE可提供优良的冲击和振动减少能力,从而使之适合用于高价值或易碎物品的缓冲。

(10)聚氨酯泡沫(PU)。聚氨酯是可提供良好冲击吸收和弹性的低密度的弹性泡沫。因为它是重量轻的弹性泡沫,所以它更适合于轻装载。

（11）瓦楞纸板。两层或更多层的单面或双面瓦楞纸板可层叠在一起形成块状材料或衬垫材料。这些衬垫材料可用于在产品和容器之间形成保护性的遮护层。瓦楞衬垫材料最适合用于中度易碎到非易碎的重产品。瓦楞纸板可构成托盘、衬板、隔板以及其他包装附件的形状，它们为中度易碎到非易碎的产品提供缓冲作用并增加运输容器的完整性。

（七）包装缓冲方法

1. 阻塞和支撑

通过使用弹性材料，您可以吸收冲击能量从而阻塞和支撑货件，并将能量导向到产品的最坚固的位置点上。阻塞和支撑方法是重包裹的首选缓冲方法。

2. 漂浮/填料

漂浮是在产品外面包上小件缓冲材料的方法，这些缓冲材料会移动或流动来填充包裹内的空隙，并将碰撞分布到产品的整个表面上。此方法在与其他包装方法结合时效果最佳。

3. 外面包装

使用各种类型的成张材料将单个的物件包起来以保护小物品。此方法对于保护重产品是不够的。

4. 悬挂

悬挂是保持包装的产品离开容器壁以得到保护的一种方法。用于悬挂的材料有皮带、胶带、吊索、多卷带或其他可作为弹性约束物的支撑物。

5. 模压外壳

模压外壳根据产品的形状而形成，可将力量分散到整个在产品。

（八）冷却剂和制冷剂

冷却剂和制冷剂用于在运送途中为对温度敏感的产品保持低温或冷冻。当运输对温度敏感的产品时，请您事先了解以下问题。

1. 存储您的产品安全的温度范围是多少？

2. 您的产品重多少？它的尺寸多大？

3. 您将季节性还是全年性地运输产品？

4. 您是否有定期安排的货件运输给同一个客户、一批货件运输给多个客户或者这两者的组合？

5. 您的客户在什么地方？

6. 运输产品的期望运输时间是什么？

7. 您的产品需要晚上运输以保证清晨递送还是可以运送三至五天？

干冰（固体二氧化碳）和凝胶制冷剂是最常见类型的运输冷却剂/制冷剂。干冰的形态有块状和颗粒状，表面温度为零下 109 华氏度（零下 78 摄氏度）。随着干冰的融化，它会代替氧气，并发挥冷冻作用。在处理干冰过程中必须特别地谨慎。可能有专门的危险品规定适用于干冰的使用。需要用干冰来运输货件的只适用于合同客户，请联络 UPS 获取更多信息。

凝胶制冷剂的形态有块状和纸状。它们用于保持产品温度在 30 度（零下 1 摄氏度）和

60华氏度（16摄氏度）之间。

所有通过UPS运送的冷冻包裹必须清楚地标有以下信息。

1．包裹内使用的制冷剂的类型。

2．包裹内制冷剂的使用量。

3．正在冷冻的产品的类型。

附加注意事项。

1．不要将制冷剂放在包裹的底部，因为这样冷空气将无法循环流动。

2．使用适当的包装材料填充包裹内的所有空隙，以防止产品在运送中发生移动。

3．使用两个防水塑料袋包装对温度敏感的产品，或将吸收材料与塑料衬垫结合使用。

4．避免跨周末运输对温度敏感的产品。

5．当使用干冰时，请使用纸张或另一个纸板箱包装制冷剂，以减缓融化速度并防止多余空间。

6．当使用干冰时，请不要密封内部的隔热容器。必须有通风，以让一定量的二氧化碳气体逸出包裹。

7．自2000年5月1日起，所有通过UPS空运服务运输的冷冻包裹如果包含五磅重的干冰，就将需要额外的危险品运输文件。

（九）运输箱

运输箱是用重负载材料构造的、以不同尺寸制造的可重新使用的包装箱。它们配有各种硬件类型，并有许多种的设计和配置。运输箱可以配置具有各式各样的深度。对于大多数的应用场合来说，底部深、上半部浅的箱子最实用。重负载的运输箱配有增加的箱壁厚度以及极其耐用的硬件，以有效满足现代运输的严格要求。运输箱用以下各种行业中。

1．计算机和电子产品

2．贸易展览和展示

3．视频会议

4．科学和地球物理

5．军事和航空宇宙

6．现场服务和娱乐

7．广播和娱乐（新闻、运动以及音乐会）

 工作任务

1．工作目标

通过模拟真实的包装作业环境，使学生学会选用包装材料和包装容器，掌握包装的基本方法。

2．工作准备

（1）了解包装材料、包装容器相关知识。

（2）准备相关的包装材料，如纸箱、胶带、货卡等。

（3）将全班学生分成若干组，每组按照岗位设职 5 员。

（4）工作时间安排 2 学时。

（5）工作环境模拟，需要学院的仓库实训室资源配合。

3．工作任务

国内某瓷器制造企业在福州设有加工厂，它的成品仓库外包给福州一家物流公司。要求模拟物流公司为工厂设计合理的包装材料和包装容器，物流公司的职员对瓷器的包装过程进行模拟操作。

（1）选择包装箱。

（2）提供内部保护物。

（3）关紧容器。

（4）使用正确的标签。

4．工作评价

工作评价的方式有教师评价、小组内部成员评价和第三方评分组成员评价三种，建议教师评价占 60%权重，小组内部成员评价占 20%的权重，第三方评分组成员评价占 20%的权重，将三者综合起来的得分为该生在该项目的评价分。

表 6-1　包装操作评价单

考评人		被考评人	
考评地点			
考评内容	包装操作		
考评标准	具体内容	分值（分）	实际得分
	工作态度	15	
	沟通水平	15	
	包装材料合理性	15	
	包装操作熟练程度	40	
	团队精神	15	
	合计	100	

注：考评满分 100 分，60 以下为不及格，60~69 分为及格，70~79 分为中，80~89 分为良，90 分以上为优。

单元二 包装作业操作

 **学习情境**

2006年6月6日,UPS与第29届奥林匹克运动会组织委员会(以下简称北京奥组委)联合签署谅解备忘录,公布UPS为北京2008年奥运会提供的物流和快递服务内容。自2005年7月成为北京2008年奥运会物流和快递赞助商以来,UPS一直与北京奥组委紧密合作,确定本次奥运会所需的物流和快递服务内容,并为本次奥运会量身定做相应的解决方案。

根据该备忘录,UPS不仅将协助北京奥组委物流指挥中心进行物流计划的编制、协调和实施,还将为所有的奥运场馆提供快递和物流服务,包括场馆物资的进出以及场馆内的物流服务。为保证本次奥运会物流工作的正常运行,北京奥组委将建立一个统一的配送中心,专门负责奥运会的货物保管、支配和分发。该配送中心将由UPS进行统一管理。UPS还将与北京奥组委一起共同开发完整的配送中心实施和运营计划,保证奥运会的正常运营。同时,UPS还将为奥运村及媒体村提供快递及运输服务。根据备忘录的规定,服务的范围包括及时运送胶卷以及摄影器材到主新闻中心,以及提供门票速递服务等。UPS公司根据客户递送产品的不同,为客户提供优质包装的指导及包装技术服务,确保包裹安全、准时地到达。

那么UPS是如何对各种不同类型的货物进行包装的?

 **学习目标**

1. 了解货物的种类
2. 学会仓库包装作业流程
3. 能够针对不同的运输方式选用合理的内部保护物

 **学习地点**

1. 各类型仓库,如物流公司仓库、制造企业仓库等
2. 校内实训室

 学习内容

一、包装技法

包装是指在流通过程中保护产品、方便储运、促进销售,按一定技术方法采用的容器、材料及辅助物的总体名称,也指为达到上述目的而采用容器、材料和辅助物的过程中施加一定技术方法的操作活动。包装是生产物流的终点,是销售物流的起点。包装具有保护产品、方便流通、方便储存、有利营销、便于使用等功能。

包装既包括技术处理,又包括充填、封口、捆扎、裹合、加标、检重等技术活动。包装技法是指在包装作业时所采用的技术和方法。

1. 包装的一般技法

(1) 对内装物的合理置放、固定和加固。在方形容器中装进形状各异的产品时,须合理置放、固定和加固,达到缩小体积、节省材料、减少损失。外形规则的产品包装要套装;薄弱的部件要加固;包装内重量要均衡;产品与产品之间要隔离和固定。

(2) 对松泡产品进行体积压缩。对羽绒服、枕心等松泡产品,要压缩体积。有效方法是真空包装。

(3) 外包装形状尺寸的合理选择。有的商品运输包装件,要装入集装箱,因此包装件与集装箱之间的尺寸要配合。外包装形状尺寸要避免过高、过大、过扁、过重。

(4) 内包装(盒)形状尺寸的合理选择。内包装一般是销售包装。内包装(盒)形状尺寸的合理选择要考虑如下要求:在选择形状尺寸时要与外包装(尺寸)配合;内包装的底面尺寸必须与包装模数协调;内包装的高度应与外包装的高度相匹配;还要考虑产品的置放和固定。

(5) 外包装的捆扎。捆扎对运输包装起着重要作用,其目的是将单个物件或数个物件捆紧,以便运输、储存和装卸。捆扎可根据包装形态、运输方式、容器强度、内装物重量等不同情况分别采用"井字、十字、双十字、平行捆扎"等不同方法。

2. 包装的特殊技法

(1) 缓冲包装技法:又称防震包装技法,是使包装物品免受外界冲击力、振动力作用,防止物品损伤。典型的缓冲包装结构有5层:产品(包括内衬)、内包装盒(箱)内的缓冲衬垫、包装盒(箱)、外包装内的缓冲衬垫、外包装箱。一般的有3层:产品(内衬)、包装箱内缓冲衬垫、包装箱。

(2) 防潮包装技法。采用防潮材料对产品进行包装,以隔绝外部空气相对湿度对产品的影响,使得包装内的相对湿度符合产品的要求,从而保护产品质量。主要的包装技法是:刚性容器密封、加干燥剂密封、不加干燥剂密封、多层密封、复合薄膜真空包装、复合薄

膜充气包装和热收缩薄膜包装。

（3）防锈包装技法。是运输金属及其制品时主；为防止生锈而采用的包装技术和方法。它是按清洗、干燥、防锈处理和包装等步骤进行的。一般在金属表面涂防锈材料、采用气相蚀剂、塑料封存等方法。

（4）防霉包装技法。在流通与储存过程中，为防止内装物受霉菌影响而采取的防护措施。如内装物进行防潮包装，降低包装容器的相对湿度，对内装物和包装材料应进行防霉处理。

（5）防虫包装技法。是为保护内装物免受虫类侵害而采取的防护措施。如在包装材料中掺入杀虫剂、在包装容器中使用驱虫剂、杀虫剂、脱氧剂，增强防虫效果。

（6）危险品包装技法。危险品有：爆炸性物品、氧化剂、压缩空气、液化气体、自燃物品、遇水燃烧物品、易燃物品、毒害品、腐蚀性物品、放射性物品等10类。有些物品同时具有两种以上危险性。对于危险物品应根据其不同性质采取相应包装技法，如防爆可用塑料桶包装，然后将塑料桶装入铁桶或木桶中，并应有自动放气装置；对于有腐蚀性的物品应采用涂有防腐涂料的金属类容器；对有毒物品主要采取包装严密不漏气并与外隔绝的包装。

（7）集合包装技法。将一定数量的包装件或包装产品，装入具有一定规格、强度和长期周转使用的更大包装容器内，形成一个合适的搬运单元。它包括集装箱、集装托盘、集装袋、滑片集装、框架集装和无托盘集装。

二、UPS 的包装物

（一）使用瓦楞包装箱

包装箱使用的次数越多，其原有的保护能力就会变得越差，所以以前用过的包装箱有可能不能充分地保护货件，应尽可能使用新包装箱。如果客户必须再次使用一个包装箱，请确保它是牢固的并且状态良好，没有任何孔、破缝、裂口或边角损坏，确保其封盖完好无损，并从包装箱上除去任何标签和所有其他货件标记。选择适合运输的内容物强度的包装箱，注意不能超过包装箱的最大毛重，该数据通常打印在包装箱底部封盖上的包装箱制造商的证明上。

（二）提供内部保护物

包装中重要的是正确地为包裹内容物填上衬垫。确保分别为每样物品打包。易碎物品既需要相互适当的隔开，也需要离开容器的角和边。

每件物品应该至少裹有 2 英寸（5cm）厚的衬垫，并放置在离容器的箱壁至少 2 英寸（5cm）远的地方。这将保护物品不会因为产品与产品之间的相互碰撞而遭到损坏，并在运输中保护它们免受从容器外部对其内容物的冲击和振动。

正确的缓冲材料以及牢固的外部容器可以全面保护物品。准确使用足够的缓冲材料确保摇动容器时内容物不移动,如图 6-1 所示。请不要使用包括衣服、毯子以及枕头在内的缓冲材料。可以使用下列材料来垫衬和保护货品。

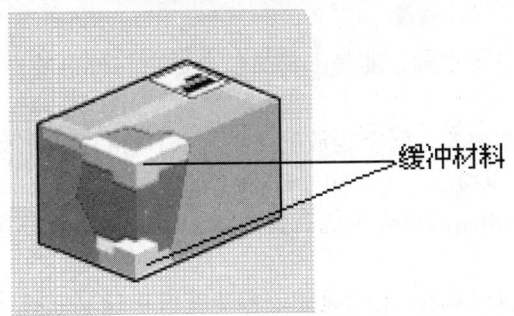

图 6-1 缓冲材料

1．压缩空气塑料（泡沫塑料包装物）
- 设计目的是用于保护和垫衬重量轻的物品；
- 用于多层包裹以确保物品完全受到保护,特别是在角和边缘上。

2．充气式包装（气囊）
- 主要用作重量轻的物品的空隙填充材料；
- 对于角或边缘锋利的物品,建议不要使用这种材料；
- 气温特别高或特别低都可能使气囊发挥不出足够的能力来充分保护产品。

3．膨化聚苯乙烯"颗粒"
- 主要用作重量轻的物品的中空材料；
- 用填充物料填满容器,轻轻地关闭封盖,并牢固地封住；
- 不要使用可能在运输途中移动到纸板箱的边缘或底部的扁平或狭小的产品；
- 由于填充物料的移动和下陷特性,我们建议在内容物周围使用至少 3 英寸（8cm）厚的缓冲物；
- 建议在内容物与填充物之间使用平的瓦楞纤维板,以防止物品在填充物中移动。

4．经设计的泡沫包装物
- 材料可以包括泡沫聚苯乙烯、聚乙烯、聚丙烯或共聚物；
- 对于特定的产品,包装物应该预先设计。

5．现场发泡（一种泡沫,喷在容器上或混合在小包裹中,在内容物周围扩展并形成保护模型）
- 必须正确使用,在内容物周围均匀分布泡沫；
- 为了满足包装的需要,请选择适当密度的泡沫,它的范围可以从中空应用到高效缓冲。

6．皱衬里和衬垫
- 可以添加到包裹中以增加强度并提高包裹性能。

7．皱纹牛皮纸
- 主要用作轻到中等重量、非易碎物品以及适合这种包装材料的物品的中空材料；
- 必须弄得很皱；
- 在内容物和外部容器之间至少放置 4 英寸（10cm）厚的纸。

为了运输安全，易碎物品——如电子产品、玻璃、陶瓷以及工艺品，需要特殊的包装。包含这些物品以及相似物品的包裹可能需要附加的缓冲物或双层容器。

（三）关紧容器

要想安全可靠地进行运输，正确地关闭容器就像正确填上衬垫一样重要。要关紧包装箱，请不要使用遮蔽胶带、透明玻璃胶带、管状胶带、绳子或纸制外包装。而是使用强力胶带，宽度等于或超过 2 英寸（5cm），如以下这些类型.

1．压敏塑料或尼龙强力胶带

（1）通常它是使用起来最简单最方便的胶带；
（2）它的用途广泛，因为它无需水就可进行胶合，并且可以胶合多种表面和形状；
（3）包装箱的顶部和底部各粘三条带子。

2．水活性强力胶带

（1）使用至少 3 英寸（8cm）宽的 60 磅（27kg）级胶带；
（2）由于加固纤维，对于包装箱的顶部和底部只需要两条中心缝合的胶带。

（四）使用正确的标签

为快速、高效地递送，请在给包裹贴上标签时记住以下几点。

1．总是包含接收人的邮政编码以及完整的街道地址。对于国际货件，需包含联络人姓名、电话号码和邮政编码。

2．必须尽最大努力取得街道地址。如果发货人使用邮箱地址，那么就必须在标签上包含接收人的电话号码。 因为以邮箱为送货地址的包裹可能会被延迟，并且不在任何 UPS 服务保证的范围之内，并将收取地址更正费用。陆军邮局（APO）和舰队邮局（FPO）地址都是不接受的。

3．如果条件允许，请在包裹标签上包含公寓或单元号信息。

4．在包裹的顶部贴上运输标签。为避免混淆，在包裹上仅贴一张地址标签。如果使用装箱单，需将它贴在与地址标签相同的包裹表面上。

5．不要将标签贴在包装箱的接缝或闭合处或者密封胶带的上面。

6．应把使用过的包装箱上的旧标签或标记除去或勾掉。

7．总是包含完整退货地址，其中包含完整的街道地址和邮政编码。对于国际货件，需包含联络人姓名、电话号码和邮政编码。

8．在包裹内贴上一张同样的标签或其他形式的标志物。

注：如果使用邮寄包装筒，那么需水平贴上标签，让标签的每一末端都指向包装筒的末端，从而能够扫描条形码。

注：UPS World Ship®、UPS 因特网运输和 UPS Online Compatible Vendor 运输系统生产的智能标签（如图 6-2 所示）中包含条形码以及路线安排代码，它们帮助确保货件的准确路线安排和即期交货。此外，使用智能标签能够快速地获取包裹追踪和递送信息。

注：UPS 不为标有"易碎"（Fragile）及包裹方向（例如，"向上"（UP）箭头或"此面向上"（This End Up）标志）或任何其他类似标志的包裹提供特殊处理。

图 6-2　智能标签

三、UPS 包装不规则形状物品的操作

（一）包装箱的捆绑和打带

1．包装箱捆绑
- 将相同尺寸的包装箱用带子捆扎在一起。
- 至少使用四根交叉的带子，并且每个方向两根（如图 6-3 所示）。
- 当将包装箱用带子捆扎在一起时，请确保每个包装箱都足以承受捆扎在一起的包裹的总重量。这样，当将两个各重 40 磅（18.1 kg）的包装箱用带子捆扎在一起形成重 80 磅（36.3 kg）的包裹时，两个包装箱都必须至少能承受 80 磅（36.3 kg）的重量。

2．标签
- 请在每个箱子上贴上您的地址信息。

（二）纺织品和墙纸

1．打包
- 为了得到最好的结果，需将卷起的货物装入瓦楞包装箱中（如图 6-4 所示）。

图 6-3　捆绑和打带的包装

图 6-4　纺织品和墙纸的包装

- 若使用袋子运输纺织品或墙纸卷，需使用厚度至少为 0.15mm 的袋子。
- 确保袋子已牢固地封紧并用胶带绑到卷上以降低撕破卷的风险。

2．标签
- 用胶带将地址标签牢固地绑在运输物品的最平整的表面上。
- 用干净的胶带覆盖整个标签。
- 不要使用"悬挂标牌"（挂在运输物品上的标牌）。
- 可以将复制的地址标签放在卷心内，也可以将其放在材料的两个顶层之间。

（三）轮胎

1．包装
- 用宽的压敏胶带紧贴轮胎的中心，然后用其包住整个轮胎，直至胶带与胶带之间贴住（如图6-5所示）。

图6-5 轮胎的包装

2．标签
- 将填好的地址标签贴在覆盖轮胎面的胶带条上。
- 用干净的胶带覆盖标签。

（四）无包装的金属和其他不规则形状的物品

1．包装
- 用胶带将瓦楞纸板片捆绑到所有锋利或凸起的边缘以进行保护。
- 根据需要覆盖物品的其他表面。

2．标签
- 请用胶带将地址标签牢固地绑在运输物品的最平整的表面上。
- 用干净的胶带覆盖整个标签。
- 不要使用"悬挂标牌"（挂在运输物品上的标牌）。

 工作任务

1．工作目标

通过模拟真实的包装作业环境，使学生学会包装作业流程，懂得包装作业操作，掌握包装的基本方法。

2．工作准备

（1）了解包装作业相关知识。

（2）准备相关的包装材料，如纸箱、胶带、货卡等。

（3）将全班学生分成若干组，每组按照岗位设职 5 员。

（4）工作时间安排 2 学时。

（5）工作环境模拟，需要学院的仓库实训室资源配合。

3．工作任务

国内某手机制造企业在天津设有加工厂，它的成品仓库外包给深圳一家物流公司。要求模拟物流公司为工厂设计合理的包装流程，物流公司的职员对手机的包装过程进行模拟操作。

（1）使用瓦楞包装箱。

（2）提供内部保护物。

（3）关紧容器。

（4）使用正确的标签。

4．工作评价

工作评价的方式有教师评价、小组内部成员评价和第三方评分组成员评价三种，建议教师评价占 60%权重，小组内部成员评价占 20%的权重，第三方评分组成员评价占 20%的权重，将三者综合起来的得分为该生在该项目的评价分。

表 6-2　评价单

考评人		被考评人	
考评地点			
考评内容			
考评标准	具体内容	分值（分）	实际得分
	工作态度	15	
	沟通水平	15	
	包装流程合理性	15	
	包装操作熟练程度	40	
	入库单证	15	
	合计	100	

注：考评满分 100 分，60 以下为不及格，60~69 分为及格，70~79 分为中，80~89 分为良，90 分以上为优。

模块七 库存控制管理能力

单元一 ABC分类库存管理方法

 **学习情境**

小刘工作岗位是库存管理员,为了改进效率,公司安排小刘去培训机构学习一些库存管理的方法,其中ABC就算是其中的一种,学习完以后要总结ABC分类法的内容,并要应用到实际库存管理中去。那小刘该如何做呢?

 **学习目标**

1. 认识ABC分类的基本内涵
2. 懂得ABC分类的基本依据
3. 掌握ABC分类的具体实施过程

 **学习地点**

1. 各类型仓库,如物流公司仓库、制造企业仓库等
2. 校内实训室

 **学习内容**

一、ABC分类法的内涵

1. 含义

ABC分类法,全称应为ABC分类库存控制法,又称物资重点管理法。其基本原理是

根据库存物资中存在着少数物资占用大部分资金,而相反大多数物资却占用很少资金,利用库存与资金占用之间这种规律,对库存物资按其消耗数量、价值大小,进行分类排队;将数量少价值大的一类称为 A 类,数量大价值小的一类称为 C 类,介于 A 与 C 类中间的为 B 类,然后分别采用不同的管理方法对其控制,即为 ABC 分类法。对 A 类物资,应列为物资管理的重点对象,实行定期订购的控制方式,对库存盘点、来料期限、领发料等要严格要求。对 C 类物资,则定为物资管理的一般对象,采用比较粗放的管理方法,即定量订购的控制方式,可以适当加大保险储备量。对 B 类物资,企业可根据自己物资管理的能力和水平,选择综合或连续、定期的控制方法。

2. ABC 分类法的标准和原则

ABC 类别的划分,并没有一个固定的标准,每个企业可以按照各自的具体情况来确定。三类划分的界限也由不同的具体情况而定。分类的操作方法十分简单,只需掌握全部库存的品种标志、年平均用量、单位成本,再经过算术运算即可完成。一般讲,列入 A 类的物项,其使用量不超过总用量的 20%,而使用金额占总金额的 70%左右;B 类物项,其使用量不超过总用量的 30%,而使用金额约占 20%左右;C 类物项,使用量在 50%以上,但使用金额仅占 10%左右。

表 7-1　各类物资分类的标准

级别	年消耗金额(%)	品种数(%)
A	60~80	10~20
B	15~40	20~30
C	5~15	50~70

二、ABC 分类法的基本程序

1. 开展分析

这是"区别主次"的过程。它包括以下步骤。

(1) 收集数据。即确定构成某一管理问题的因素,收集相应的特征数据。以库存控制涉及的各种物资为例,如拟对库存物品的销售额进行分析,则应收集年销售量、物品单价等数据。

(2) 计算整理。即对收集的数据进行加工,并按要求进行计算,包括计算特征数值,特征数值占总计特征数值的百分数、累计百分数;因素数目及其占总因素数目的百分数、累计百分数。

(3) 根据一定分类标准,进行 ABC 分类,列出 ABC 分析表。各类因素的划分标准,并无严格规定。习惯上常把主要特征值的累计百分数达 70%~80%的若干因素称为 A 类,累计百分数在 10%~20%区间的若干因素称为 B 类,累计百分数在 10%左右的若干因素称 C 类。

(4) 绘制 ABC 分析图。以累计因素百分数为横坐标,累计主要特征值百分数为纵坐标，按 ABC 分析表所列示的对应关系，在坐标图上取点，并联结各点成曲线，即绘制成 ABC 分析图。除利用直角坐标绘制曲线图外，也可绘制成直方图。

2．实施对策

这是"分类管理"的过程。根据 ABC 分类结果，权衡管理力量和经济效果，制定 ABC 分类管理标准表，对三类对象进行有区别的管理。

三、ABC 分类的库存策略

将物品进行 ABC 分类，其目的在于根据分类结果对每类物品采取适宜的库存控制措施。A 类物品应尽可能从严控制，保持完整和精确的库存记录，给予最高的处理优先权等，而对于 C 类物品，则可以尽可能简单控制。例如，从订货周期来考虑的话，A 类物品可以控制得紧些，每周订购一次；B 类物品可以两周订购一次；C 类物品则可以每月或没两个月订购一次。值得注意的是，ABC 分类与物品单价不一定有关。A 类物品的耗用金额很高，但这可能是单价不高但耗用量极大的组合，也可能是单价很高但用量不大的组合。与此相类似，C 类物品可能价格很低，但用量并不少，也可能是价格并不低，但用量很少。

表 7-2 不同类别存货的库存控制策略

分类 项目	A	B	C
管理重点	将库存量压缩到最低	按销量时松时紧控制存量	以比较高的库存来节省订货费用
订货方式	定期订货	定量订货	双堆法
定额水平	按品种规格控制	按大类品种控制	按总金额控制
检查方式	经常检查	一般检查	按年/季度检查
统计方法	按品种规格详细统计	按大类品种一般统计	按总金额统计
备注：在计划平衡、资金分配、采购订货、组织供货等方面做到重点突出、兼顾一般、统筹安排、控制有方、确保各类物资供应，缓解资金。			

对于一个汽车服务站而言，汽油属于 A 类物品，应该每日或每周补充一次；轮胎、蓄电池、润滑油以及液压传动油可能属于 B 类物品，可以每周到四周订购一次；C 类物品可能是包括阀门杆、挡风屏用雨刷、水箱盖、软管盖、风扇皮带、汽油添加剂、打光腊等，它们可以每两个月或三个月订购一次，甚至等用光后再订购也不迟，因为造成的缺货损失不严重。

四、ABC 分类法的具体步骤

1．收集数据

按分析对象和分析内容，收集有关数据。例如，打算分析的对象是产品成本，则应收集产品成本因素、产品成本构成等方面的数据；打算分析的对象是某一物流系统，则应收集物流系统中各局部功能、各局部成本等数据。

2. 处理数据

对收集来的数据资料进行整理，按要求计算和汇总。

3. 制 ABC 分析表

ABC 分析表栏目构成如下：第一栏物品名称；第二栏品目数累计，即每一种物品皆为一个品目数，品目数累计实际就是序号；第三栏品目数累计百分数，即累计品目数对总品目数的百分比；第四栏物品单价；第五栏平均库存；第六栏是第四栏单价乘以第五栏平均库存，为各种物品平均资金占用额；第七栏为平均资金占用额累计；第八栏平均资金占用额累计百分数；第九栏为分类结果。制表按下述步骤进行：将第 2 步已求算出的平均资金占用额，以大排队方式，由高至低填入表中第六栏。以此栏为准，将相当物品名称填入第一栏、物品单价填入第四栏、平均库存填入第五栏、在第二栏中按 1、2、3、4……编号，则为品目累计。此后，计算品目数累计百分数、填入第三栏；计算平均资金占用额累计，填入第七栏；计算平均资金占用额累计百分数，填入第八栏。

4. 根据 ABC 分析表确定分类

按 ABC 分析表，观察第三栏累计品目百分数和第八栏平均资金占用额累计百分数，将累计品目百分数为 5%~15%而平均资金 占用额累计百分数 60%~80%左右的前几个物品，确定为 A 类；将累计品目百分数为 20%~30%，而平均资金占用额累计百分数也为 20%~30%的物品，确 定为 B 类；其余为 C 类，C 类情况正和 A 类相反，其累计品目百分数为 60%~80%，而平均资金占用额累计百分数仅为 5%~15%。

表 7-3 ABC 分析表

物品名称	品目数累计	品目数累计百分数	物品单价	平均库存	物品单价乘以平均库存	平均资金占用额累计	平均资金占用额累计百分数	分类结果
（1）	（2）	（3）	（4）	（5）	（6）	（7）	（8）	（9）

5. 绘 ABC 分析图

以累计品目百分数为横坐标，以累计资金占用额百分数为纵坐标，按 ABC 分析表第三栏和第八栏所提供的数据，在坐标图上取点，并联结各点曲线，则绘成 ABC 曲线。

按 ABC 分析曲线对应的数据，按 ABC 分析表确定 A、B、C 三个类别的方法，在图上标明 A、B、C 三类，则制成 ABC 分析图。

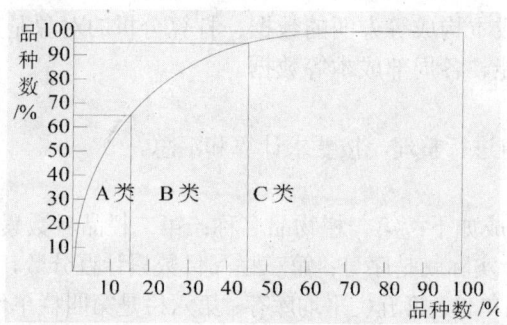

图 7-1 ABC 分析图

五、ABC 库存管理应用实例

某连锁企业对库存的 20 种商品进行了盘点,各库存品种占用的资金及相应的库存金额比例如资料所示,试用 ABC 库存分类法进行管理。

表 7-4 企业的所有产品情况

品名	库存金额（千元）	库存金额累计（千元）	库存金额比例（%）	库存金额累计比例（%）	品种（%）	品种累计比例（%）
a	44	44	1	1	5	5
b	46	90	1	2	5	10
c	48	138	1	3	5	15
d	120	258	3	6	5	20
e	280	538	7	13	5	25
f	1200	1738	30	43	5	30
g	40	1778	1	44	5	35
h	30	1808	1	45	5	40
i	1000	2808	25	70	5	45
j	220	3028	6	76	5	50
k	160	3188	4	80	5	55
l	32	3220	1	81	5	60
m	28	3248	1	82	5	65
n	320	3568	8	90	5	70
o	180	3748	4	94	5	75
p	70	3818	2	96	5	80
q	46	3864	1	97	5	85
r	50	3914	1	98	5	90
s	44	3958	1	99	5	95
t	42	4000	1	100	5	100

根据 ABC 库存管理分类方法：

A 类商品的品种数所占比例为 15%~20%，而库存资金所占比例为 75%~80%；
B 类商品的品种数所占比例为 20%~25%，而库存资金所占比例为 10%~15%；
C 类商品的品种数所占比例为 60%~65%，而库存资金所占比例为 5%~10%。

因此对库存商品的 ABC 分类在满足上述条件下，将各库存品种按占用资金的大小排序，ABC 分类即如下表所示。

表 7-5　ABC 分类的结果

库存分类	品名	库存金额（千元）	库存金额累计（千元）	库存金额比例（%）	库存金额累计比例（%）	品种（%）	品种累计比例（%）
A	F	1200	1200	30	30	5	5
	I	1000	2200	25	55	5	10
	N	320	2520	8	63	5	15
	E	280	2800	7	70	5	20
B	J	220	3020	6	76	5	25
	O	180	3200	4	80	5	30
	K	160	3360	4	84	5	35
	D	120	3480	3	87	5	40
C	P	70	3550	2	89	5	45
	R	50	3600	1	90	5	50
	C	48	3648	1	91	5	55
	Q	46	3694	1	92	5	60
	B	46	3740	1	93	5	65
	A	44	3784	1	94	5	70
	S	44	3828	1	95	5	75
	T	42	3870	1	96	5	80
	G	40	3910	1	97	5	85
	L	32	3942	1	98	5	90
	H	30	3972	1	99	5	95
	M	28	4000	1	100	5	100

工作任务

1. 工作目标

通过模拟案例，使学生学会 ABC 法的应用，懂得 ABC 分类法的具体操作过程。

2．工作准备

（1）了解 ABC 分类法的内涵。

（2）准备计算分析的相关资料和工具。

（3）将全班学生分成若干组，小组设三个人，互相进行讨论

（4）工作时间安排 2 学时。

3．工作任务

一家主要的立体声收音机生产商 Casey Lynn 公司，当前正面临着快速增长的产品线和与产品线多样化相关的库存问题，Casey Lynn 的老总 Mary Lynagh，已经决定开始一项以使用不同的存货分析工具，进行公司存货需求分析的项目，这个项目的第一阶段包括公司产品线的 ABC 的分析。Ms. Lynagh 在决定 ABC 分类时，使用正确的标准以及制定每一类库存合理的削减量方面遇到了问题。为了解决这种为难处境，Ms. Lynagh 已经与一家物流咨询公司订立了服务合同，由咨询公司来从事库存分析，表 7-6 是公司的产品销售记录。

表 7-6 Casey Lynn 公司的销售记录

销售数据（一年期）			
产品号	售出单位	单位售价（元）	单位利润（元）
101	12 386	275	82.50
103	784	1 530	459.00
105	1 597	579	173.30
201	48	2 500	975.00
203	2	3 000	1 200.00
205	9 876	450	149.00
301	673	600	180.00
303	547	725	200.00
305	3 437	917	240.00
500	78	1 000	312.00

如果你受雇于这家咨询公司，你如何构建你的分析方法？你会使用什么样的方法？要将库存削减到什么样的水平？一定要在你的决策和方法后面，给出你这样做的理由。

4．工作评价

工作评价的方式有教师评价、小组内部成员评价和第三方评分组成员评价三种，建议教师评价占 60%权重，小组内部成员评价占 20%的权重，第三方评分组成员评价占 20%的权重，将三者综合起来的得分为该生在该项目的评价分。

表 7-7　工作评价单

考评人		被考评人	
考评地点			
考评内容			
考评标准	具体内容	分值（分）	实际得分
	工作态度	15	
	沟通水平	15	
	讨论的全面性	15	
	具体计算和分析过程	40	
	计算结果	15	
	合计	100	

注：考评满分 100 分，60 以下为不及格，60~69 分为及格，70~79 分为中，80~89 分为良，90 分以上为优。

单元二　安全库存控制

 学习情境

一家刚成立的制造企业公司，员工对于很多业务都是不熟练。尤其在库存方面存在很多不足，有的时候库存原材料产生大量的积压，而有的时候库存出现一些意外情况。公司安全库存无法满足生产需求，出现了生产停顿的现象。最近公司招了新员工小郑，是物流专业刚毕业的学生，公司为了改进这种现象，让小郑对安全库做一个合理的设计，那小郑该如何去设计和计算呢？

 学习目标

1. 认识安全库存的内涵
2. 学会分析安全库存
3. 掌握安全库存的计算

 学习地点

1. 各类型仓库，如物流公司仓库、制造企业仓库等
2. 校内实训室

 学习内容

一、安全库存的含义

安全库存是指那些除了预期的客户需求外，为满足在紧急、未预料需求或未预期的运输延迟等情况发生时所准备的最少量的额外库存。

可见，保持安全库存是为了防止在生产或销售过程中可能产生的原材料未能及时到位或销售超过预期量而出现的停工待料或缺货脱销等意外情况的出现。

许多不确定因素给库存分析带来影响，其中常见的是需求量和订货提前期的变化。当单位时间内的需求量和订货提前期都是常数时，固定订货量系统的订货点就等于订货提前期内的需求，它是一个不变的量。这时，当库存余额达到订货点时发出订单，在库存为零时正好到货，不会发生缺货现象。但若出现如下情况，就会发生缺货现象。

（1）单位时间内的需求量不变，但实际订货提前期大于期望订货提前期。例如实际订货提前期为10天，而期望订货提前期为8天，在订货8天后库存余额为零，这时应该马上到货，但实际上是订货10天后到货，这时就发生2天时间的缺货。

（2）实际订货提前期等于期望值，但订货提前期内的需要量超过其期望值。例如实际订货提前期为10天，而期望订货提前期也为10天，但在订货提前期内的需求发生了变化，比预计的需求增加了10个单位，即预计在订货提前期内需求为100单位，但实际需求变为110单位，因此，在订货到达前，就发生10个单位的缺货。

上述两种缺货同时出现，情况将会更加复杂。

在理想的库存模型中，由于需求率和前置时间固定，在一批订货到达后，库存量均匀下降，在各个周期内库存量变化曲线相同。这种情况下安全库存永远不会被动用。在实际的困村模型中，由于前置时间内的需求率往往是可变的，库存量变化曲线呈现为台阶型的折线，且各个订货间隔期内的曲线形状各不相同。在实际的库存模型中，对于某一订货周期而言，可能出现如下三种情况。

（1）前置时间内的需求量很大，不但用完了安全库存，而且发生了缺货现象。
（2）前置时间内的需求量小于其期望值，没有动用安全库存。

（3）前置时间内的需求量大于其期望值，动用了部分安全库存。

安全库存用来补偿在补充供应的前置时间内实际需求量超过期望需求量或实际订货提前期超过期望订货提前期所产生的需求。中转仓库和零售业备有安全库存是为了在用户的需求率不规律或不可预测的情况下，有能力满足他们的需求。工厂成品库持有安全库存是为了零售和中转仓库的需求量超过期望值时，有能力补充他们的库存。

如果没有安全库存，当前置时间内的需求量超过其期望值，便会产生缺货现象。这时每追加一单位安全库存，都会对缺货具有预防作用。超过期望需求量的第一个单位的安全库存，对缺货的预防作用最大；第二个单位的安全库存对缺货的预防作用比第一个单位稍小，以此类推。当安全库存量增加到一定程度，继续增加一单位的安全库存所提供的对缺货的预防作用将很不明显。这种现象又称为报偿递减原理。安全库存量增加使前置时间内缺货的概率减少，从而降低缺货费用，但会引起储存费用的上升。在某一安全库存水平下，缺货费用与储存费用之和达到最小值，这个水平便是最优水平。高于或低于这个水平，都会使安全库存费用升高。

用户对缺货的反应可以分为延期付货或失销两种类型。发生延期付货型的缺货现象时，企业一般会采取措施以加速订购物品的到货或进行临时订货。和正常进货相比，会产生一些额外的费用，如加速费用、手续费用、附加运输费用和包装费用等。在失销的情况下，会失去用户，物品的供应由竞争对手取而代之，销售利润损失和难以定量估计的商誉损失构成了失销费用。若是流水生产线所需的物品缺货，就会导致停工待料，造成非常大的经济损失。通常制造企业的缺货费用很大，以至于往往不允许缺货。显然，无论是哪种形式的缺货费用，对于不同的物品和在不同的情况下，可能有很大的差别，应根据用户或内部使用的具体情况而定。

在下列情况下要保持较高的安全库存量，以尽力避免缺货。

第一，缺货成本高或服务水平要求较高；第二，储存成本较低；第三，需求量的波动较大；第四，前置时间的波动较大。

安全库存的存在使公司的缺货费用降低，同时又使储存费用增加。因此，需要确定合理的安全库存量。

二、确定需要安全库存的物料

怎么确定哪些物料需要保持安全库存？运作 ABC 分析法。

确定了物料的 A、B、C 等级后，根据 A、B、C 等级来制订安全库存。

A 类料：一般属于成本较高，占整个物料成本的 65% 左右，可采用定期定购法，尽量没有库存或只做少量的安全库存。但需在数量上做严格的控制。

B 类料：属于成本中等，占整个物料成本的 25% 左右，可采用经济定量采购的方法，可以做一定的安全库存。

C类料：其成本最少，占整个物料成本的10%左右，可采用经济定量采购的方式，不用做安全库存，根据采购费用和库存维持费用之和的最低点，订出一次的采购量。

三、安全库存量的确定

确定了哪些物料需要订安全库存后，我们开始对这些需要订安全库存的物料定一个适当的安全库存量。

确定安全库存量没有固定的公式或严密的方法可循。现有的各种方法的计算都是以需求量、前置时间和缺货成本作为依据。这里将介绍两种方法，一是根据对库存物资的需求量超过规定数量的概率。例如，建立安全库存以使需求量超过300单位的概率为5%。其二是根据库存量的预计数。例如，建立安全库存以满足95%的需求（或者有5%的订货数量超过库存量）。这就是说，第一种方法是关于超过某一数值的概率，第二种方法是有关短缺多少的问题。

1. 概率方法

利用概率标准来确定安全库存比较简单。假设在一定时期内需求是服从正态分布的，且只考虑需求量超过库存量的概率。为了求解一定时期内库存缺货的概率，可以简单地画出一条需求量的正态分布曲线，并在曲线上标明我们所拥有的库存量的位置。当需求量是连续的时候，常用正态分布来描述需求函数。

在库存管理中，只需关注平均水平之上的需求。也就是说，只有在需求量大于平均水平时，才需要设立安全库存。在平均值以下的需求很容易满足，这就需要设立一个界限以确定应满足多高的需求，如图7-2。

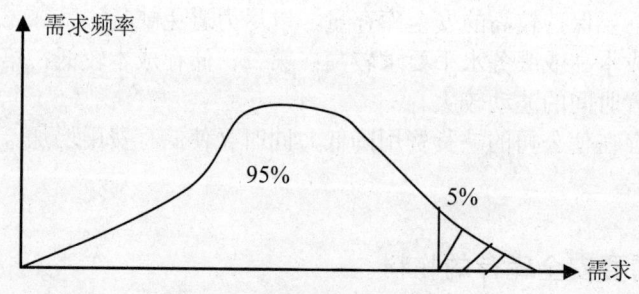

图7-2 较高需求的分布图

例如，假设预计从下月开始平均每月需求量为100单位，标准差为20单位。如果某一月份需求量刚好为100单位（等于均值，而在正态分布中，均值所覆盖的面积为50%），则缺货概率为50%。我们知道有一半月份的需求量将超过100单位，另一半月份的需求量将少于100单位。更进一步说，如果每月一次订购100单位，且货物在月初收到，则从长期看,这一年中将有 6 个月发生缺货。

安全库存的计算一般需要借助统计学方面的知识,假设顾客的需求服从正态分布,通过设定的显著性水平来估算需求的最大值,从而确定合理的库存。

统计学中的显著性水平,在物流计划中叫做缺货率,与物流中的服务水平(订单满足率)是对应的,显著性水平=缺货率=1-服务水平。如统计学上的显著性水平一般取为=0.05,即服务水平为 0.95,缺货率为 0.05。服务水平就是指对顾客需求情况的满足程度。

看下面的图就最能解释统计学在物流计划中安全库存的计算原理了。

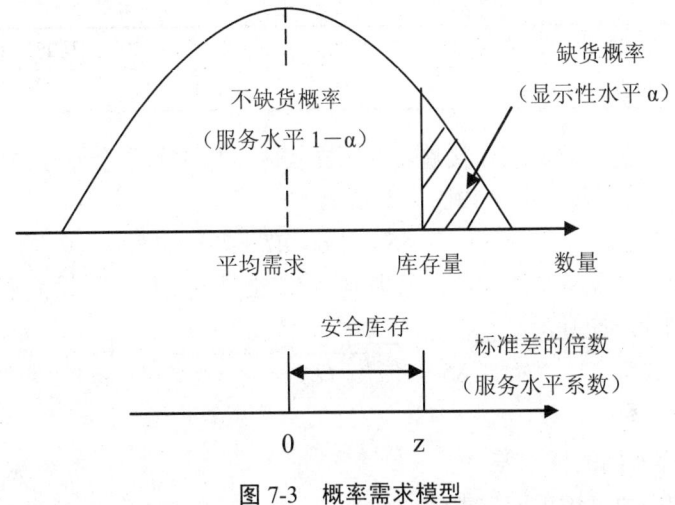

图 7-3 概率需求模型

从上图可以看出,库存=平均需求+安全库存,平均需求也叫周期库存,安全库存(Safe Stock)用 SS 来表示,那么有

$$SS = Z_a \sigma \tag{7-1}$$

Z_a 表示在显著性水平为 a,服务水平为 $1-a$ 的情况下所对应的服务水平系数,它是基于统计学中的标准正态分布的原理来计算的,它们之间的关系非常复杂,但一般可以通过正态分布表查得。

服务水平 $1-a$ 越大,Z_a 就越大,SS 就越大。服务水平越大,订单满足率就越高,发生缺货的概率就越小,但需要设置的安全库存 SS 就会越高。因而需要综合考虑顾客的服务水平、缺货成本和库存持有成本三者之间的关系,最后确定一个合理的库存。

如果觉得频繁的缺货难以接受,则应增加额外的库存以降低缺货风险。假设增加 20 单位的安全库存,在这种情况下,仍然是一次订购一个月的库存,且当库存量下降为 20 单位时,所订的货物就该入库。这样就建立了一个较小的安全库存,以缓冲缺货的风险。如果需求量的标准差为 20 单位,则拥有了相当于标准差大小的安全库存,看标准正态分布表（见附录一），求得概率为 0.8413（表中得到的是 0.3413，再加上 0.5）。所以大约有 84%的时间将不会发生缺货的情况，而 16%的时间会发生缺货情况。现在如果每个月都订购，则大约有两个月会发生缺货（0.16×12＝1.92）。

常用这个方法来建立不发生缺货的概率为 95%的安全库存，其对应的标准正态偏差为 1.64 个标准。这意味着应当建立 1.64 标准差的安全库存，在这个例子中，安全库存为 33 个单位（1.64×20＝32.8）。

表 7-8 Z_a 和服务水平的关系

服务水平	0	0.103	0.504	0.683	0.800	0.901	0.950	0.955	0.990	0.997
Z_a	0	0.13	0.88	1.00	1.29	1.65	1.96	2.00	2.56	3.00

明白了安全库存的计算原理，接着就介绍在实际工作中的安全库存是如何运用的。

（1）提前期 LT 与订货周期 T 为固定的情况下：

$$SS = Z_a \sigma \sqrt{LT+T} \tag{7-2}$$

（2）一般情况下，需求是变动的，而提前期 LT 也是变动的，假设需求 D 和提前期 LT 是相互独立的，则安全库存：

$$SS = Z_a \sqrt{\sigma^2(LT+T) + \sigma_{LT+T}^2 D_{avg}^2} \tag{7-3}$$

其中：

$\sum LT+T$ 是提前期的标准差

D_{agv} 是提前期内的平均周期需求量

例：商店的可乐日平均需求量为 10 箱，顾客的需求服从标准差为 2 箱/天的正态分布，提前期满足均值为 6 天、标准差为 1.5 天的正态分布，并且日需求量与提前期是相互独立的，试确定 95%的顾客满意度下的安全库存量。

解：由题意得知：$\sigma = 2$ 箱，$\sum LT+T = 1.5$ 天，$D_{agv} = 10$ 箱/天，$LT+T=6$，服务水平为 0.95 对应的 $Z=1.65$，代入上面的公式得：

$$SS = 1.65 \times \sqrt{2^2 \times 6 + 1.5^2 \times 10^2} = 26$$

即在满足 95%的顾客满意度的情况下，安全库存量是 26 箱。

应该注意到，安全库存中，统计的是过去的数据，以过去的数据预测将来是有风险的，另外，安全库存还会受到公司对于库存周转率指标的影响。事实上，安全库存与其说是统计计算的结果，还不如说，它是一个管理决策。这是库存管理人员必须牢记的原则。

2．服务水平方法

在许多情况下，公司往往并不知道缺货成本到底有多大，甚至大致地加以估计也很困难。在这种情况下，往往是由管理者规定物品的服务水平，由此便可确定安全库存。下面介绍如何确定安全库存量,以使之满足规定的服务水平。

服务水平表示用存货满足用户需求的能力。如果用户是在需要的时候就得到他们所需要的物品,则服务水平为100%;否则服务水平就低于100%,服务水平与缺货水平之和为100%。一般来说,保证需求随时都得到满足不但很困难,而且在经济上也不合理。这是因为报偿递减原理在起作用。可能不需很多费用就可以把服务水平从80%提高到85%,但要把服务水平从90%提高到95%所需费用就要大的多。当服务水平接近100%时,安全库存投资通常会急剧地增长。由于企图完全消除缺货的费用很高,大多数公司都允许一定程度的缺货。

衡量服务水平有多种方式,如按满足需求的单位数、金额或订货次数来衡量。不存在一种服务水平的衡量方式适合于所有的库存物品。因而要具体情况具体分析,确定适合的衡量方式。四种常用的服务水平如下:

① 按订购周期计算的服务水平;
② 按年计算的服务水平;
③ 需求量服务水平系数;
④ 作业日服务水平系数。

不同服务水平衡量方式下得出的订货点或安全库存量也不相同,选择何种衡量方式应由管理者根据经营目标决定。

按订货周期计算的服务水平表示在补充供应期(前置时间)内不缺货的概率。这种衡量方式不关心缺货量的大小,仅反映可能出现在订购周期内的缺货是多长时间发生一次。

按订购周期计算的服务水平=1-有缺货的订购期数/订购期总数

$$=1-P(M>R) \tag{7-4}$$

$P(M>R)=P(S)=$有缺货的订购期数/订购期总数

$$=1-按订购周期计算服务水平 \tag{7-5}$$

式中 $P(M>R)$ 就是上面所提及的缺货概率,也就是前置时间需求量(M)会超过订货点(R)的概率。已知所允许的缺货概率后,根据前置时间需求量的概率分布,就可以确定安全库存,使之满足规定的服务水平。

当需求量服从正态分布时,由给定的服务水平确定缺货概率,然后查标准正态分布表确定需求量标准正态偏差 Z,用下式计算安全库存与订货点:

$$安全库存=Z\sigma \tag{7-6}$$

式中:σ 为标准差。

这时:订货点=期望平均需求+安全库存=$E(M)+Z\sigma$ \hfill (7-7)

四、降低安全库存

降低安全库存考虑的原则有:订货时间尽量接近需求时间;订货量尽量接近需求量;

库存适量。

由于意外情况发生而导致供应中断、生产中断的危险也随之加大,从而影响到为顾客服务,除非有可能使需求的不确定性和供应的不确定性消除,或减到最小限度。这样,至少4种具体措施可以考虑使用。

1. 改善需求预测。预测越准,意外需求发生的可能性就越小,还可以采取一些方法鼓励用户提前订货。

2. 缩短订货周期与生产周期。这一周期越短,在该期间内发生意外的可能性也越小。

3. 减少供应的不稳定性。其中途径之一是让供应商知道你的生产计划,以便它们能够及早作出安排。

另一种途径是改善现场管理,减少废品或返修品的数量,从而减少由于这种原因造成的不能按时按量供应。还有一种途径是加强设备的预防维修,以减少由于设备故障而引发的供应中断或延迟。

4. 运用统计的手法通过对前 6 个月甚至前 1 年产品需求量的分析,求出标准差后即得出上下浮动点后做出适量的库存。

 工作任务

1. 工作目标

通过模拟某制造企业的安全库存设计,使学生学会安全库存的分析,懂得不同情况所采用的安全库存计算方式。

2. 工作准备

(1) 了解安全库存的不同情形。

(2) 准备计算的相关资料和工具。

(3) 全部同学按照工作任务要求进行分组。

(4) 工作时间安排 2 学时。

3. 工作任务

某电缆生产企业,企业库存的物资种类很多,从原材料到成品物资达六千多种,对于如此多的物品,企业该如何设计各类物资的安全库存呢?

4. 工作评价

工作评价的方式有教师评价、小组内部成员评价和第三方评分组成员评价三种,建议教师评价占 60%权重,小组内部成员评价占 20%的权重,第三方评分组成员评价占 20%的权重,将三者综合起来的得分为该生在该项目的评价分,工作评价单见表 7-9。

表 7-9 工作评价单

考评人		被考评人	
考评地点			
考评内容			
考评标准	具体内容	分值（分）	实际得分
	工作态度	15	
	沟通水平	15	
	作业的逻辑性	15	
	作业的具体步骤	40	
	设计的可操作性	15	
	合计	100	

注：考评满分 100 分，60 以下为不及格，60~69 分为及格，70~79 分为中，80~89 分为良，90 分以上为优。

单元三 定期库存管理方法

 学习情境

某公司为实施定期订货法策略，对某个商品的销售量进行了分析研究。发现用户需求服从正态分布。过去九个月的销售量分别是：11、13、12、15、14、16、18、17、19（吨/月），如果他们组织资源进货，则订货提前期为 1 个月，一次订货费为 30 元，1 吨物资一个月的保管费为 1 元。如果要求库存满足率达到 90%，根据这些情况应当如何制定定期订货法策略。又在实施定期订货法策略后，第一次订货检查时，发现现有库存量为 21 吨，已订未到物资 5 吨，已经售出但尚未提货的物资 3 吨，问第一次订货时应该订多少？

 学习目标

1．认识定期库存管理方法的内涵
2．识别定期库存管理方法的应用范围
3．掌握定期订货法控制参数的确定

 学习地点

1. 各类型仓库，如物流公司仓库、制造企业仓库等
2. 校内实训室

 学习内容

一、定期订货法的含义和原则

定期库存管理方法又称"定期采购方式控制。"是以定期检查盘点和固定订购周期为基础的一种库存量控制方法。也就是我们常说的定期订货法，是按预先确定的订货时间间隔按期进行订货，以补充库存的一种库存控制方法。它要求按固定的检查周期对库存量进行盘点，并根据检查盘点的实际库存量和下一个进货周期的预计需要量来确定订购批量。所以，定期库存控制法是以"定期不定量"为特征的，即订购周期固定，如果备运时间相同，则进货周期也固定，而订购点和订购批量不定。

其决策思路是：每隔一个固定的时间周期检查库存项目的储备量。根据盘点结果与预定的目标库存水平的差额确定每次订购批量。这里假设需求为随机变化，因此，每次盘点时的储备量都是不相等的，为达到目标库存水平 Q_0 而需要补充的数量也随着变化。这样，这类系统的决策变量应是：检查时间周期 T、目标库存水平 Q_0。这种库存控制系统的储备量变化情况如下图 7-4 所示：

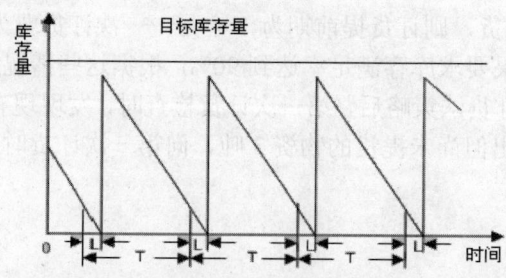

图 7-4 定期库存控制系统示意图

二、定期订货法的应用范围

具有下列特点的物品可以考虑采用固定间隔期系统实行库存控制。

其一，需要定期盘点和定期采购或生产的物资。这些物资主要指成批需要的各种原材料、配件、毛坯和零配件等。在编制上述物资的采购计划时通常均要考虑现有库存的情况，由于计划时定期制定并执行的，因此，这些物资需要定期盘点和定期采购。

其二，具有相同供应源的物资。此处具有相同供应来源的物资是指同一供应商生产或产地在同一地区的物资，由于物资来源的相似性，采用统一采购策略，不仅能够节约订货和运输费用，而且可以获得一定的价格折扣，降低购货成本。另外，还可以保证统一采购的顺利进行。

其三，供货渠道较少或供货来自物流企业的物资。其库存管理可采用定期管理系统进行控制。

定期订货法的缺点是不论库存水平降得多还是少，都要按期发出订货，当库存水平很高时，订货量是很少的。

三、定期订货法控制参数的确定

定期订货法的实施主要取决于三个控制参数。

1. 订货周期的确定

在定期订货法中，订货点实际上就是订货周期，其间隔时间总是相等的。它直接决定最高库存量的大小，即库存水平的高低，进而也决定了库存成本的多少。

订货周期一般根据经验确定，主要考虑制订生产计划的周期时间，常取月或季度作为库存检查周期。从费用角度出发，如果要使总费用达到最小，我们可以采用经济订货周期的方法来确定。

假设以年为单位

根据：年采购成本＝年保管成本

即：$S/T^* = RC_0/2$　　　T^*——经济订货周期

S——单次订货成本

$T^* = \sqrt{2S/C_0R}$　　C_0——单位商品年储存成本

R——单位时间内库存商品需求量

例：某仓库 A 商品年需求量为 16000 箱，单位商品年保管费用为 20 元，每次订货成本为 400 元，求经济订货批量 Q^*、经济订货周期 T^*。

解：根据 $Q^* = \sqrt{2DS/C_0}$

　　　　　＝800（箱）

根据 $T^* = \sqrt{2S/C_0R}$

　　　＝1/20（年）

　　　＝18（天）

2. 目标库存水平的确定

目标库存水平是满足订货期加上提前期的时间内的需求量。它包括两部分：一部分是订货周期加提前期内的平均需求量，另一部分是根据服务水平保证供货概率的保险储备量。

定期订货法的最高库存量是用以满足（$T+T_K$）期间内的库存需求的，所以我们可以用（$T+T_K$）期间的库存需求量为基础。考虑到为随机发生的不确定库存需求，再设置一定的安全库存。公式如下：

$Q_{max}=R(T+T_K)+QS$　　Q_{max}——最高库存量

　　　　　　　　　　　　R——（$T+L$）期间的库存需求量平均值

　　　　　　　　　　　　T——订货周期

　　　　　　　　　　　　T_K——平均订货提前期

　　　　　　　　　　　　QS——安全库存量

3．订货批量的确定

定期订货法没有固定不变的订货批量，每个周期订货量的大小，等于该周期的最高库存量与实际库存量的差值。这里所谓"实际库存量"，是指检查库存时仓库所实际具有的能够用于销售供应的全部物品的数量。考虑到订货点时的在途到货量和已发出出货指令尚未出货的待出货数量，则每次订货的订货量的计算公式为：

订货量＝最高库存量－现有库存量－订货未到量＋顾客延迟购买量

$$Q_I=Q_0-Q_{NI}-Q_{KI}+Q_{MI}$$

式中：Q_I——第 I 次订货的订货量

　　　Q_0——目标库存量

　　　Q_{NI}——第 I 次订货点的在途到货量

　　　Q_{KI}——第 I 次订货点的实际库存量

　　　Q_{MI}——第 I 次订货点的待出库货物数量

例：某仓库 A 商品订货周期 18 天，平均订货提前期 3 天，平均库存需求量为每天 120 箱，安全库存量 360 箱，另某次订货时在途到货量 600 箱，实际库存量 1500 箱，待出库货物数量 500 箱，试计算该仓库 A 商品最高库存量和该次订货时的订货批量。

解：根据　$Q_{max}=R(T+T_K)+QS$

　　　　　　$=120（18+3）+360$

　　　　　　$=2880$（箱）

　　根据　$Q_I=Q_0-Q_{NI}-Q_{KI}+Q_{MI}$

　　　　　　$=2880-600-1500+500$

　　　　　　$=1280$（箱）

　　　　　$Q_0=(T+L)R+ZS^2$

式中：T——订货周期；

　　　L——订货提前期；

　　　R——平均日需求量；

　　　Z——服务水平保证的供货概率查正态分布表对应的 T 值。

S——订货期加提前期内的需求变动的标准差。若给出需求的日变动标准差 S_0，则：$S^2 = S_0\sqrt{T+L}$

依据目标库存水平可得到每次检查库存后提出的订购批量：

$$Q = Q_0 - Q_T$$

式中：Q_T——在第 T 期检查时的实有库存量。

【例】 某货品的需求率服从正态分布，其日均需求量为 200 件，标准差为 25 件，订购的提前期为 5 天，要求的服务水平为 95%，每次订购成本为 450 元，年保管费率为 20%，货品单价为 1 元，企业全年工作 250 天，本次盘存量为 500 件，经济订货周期为 24 天。计算目标库存水平与本次订购批量。

解：
（1）$(T+L)$ 期内的平均需求量 $=(24+5)\times 200 = 5800$ 件
（2）$(T+L)$ 期内的需求变动标准差 $= 135$（件）
（3）目标库存水平：$Q_0 = 5800 + 1.96 \times 135 = 6065$ 件
（4）订购批量：$Q = 6065 - 500 = 5565$ 件

从上例的计算结果可以看出，在同样的服务水平下，固定订货期限系统的保险储备量和订购批量都要比固定订货量系统的保险储备量和订购批量大得多。这是由于在固定订货期系统中需满足订货周期加提前期内需求量和防止在上述期间发生缺货所需的保险储备量。这就是为什么一些关键物品、价格高的物品不用固定订货期法，而用固定订货量法的原因。

工作任务

1. 工作目标

通过模拟案例或计算演练，使学生学会分析定期订货法的应用情形，懂得定期订货法相关参数的计算。

2. 工作准备

（1）了解定期订货法的基本知识。
（2）准备计算的相关资料和工具等。
（3）由学生独立完成。
（4）工作时间安排 1 学时。

3. 工作任务

（1）如果某产品的需求量（D）为每年 2000 年单位，价格为每单位 2.5 美元，每次订货的订货成本（C）为 25 美元，年持有成本率 F 为 20%，则各次订货之间的最优检查间隔期 T 为多长时间？

（2）某公司为实施定期订货法策略，对某个商品的销售量进行了分析研究。发现用户需求服从正态分布。过去九个月的销售量分别是：11、13、12、15、14、16、18、17、19（吨/月），如果他们组织资源进货，则订货提前期为 1 个月，一次订货费为 30 元，1 吨物资一个月的保管费为 1 元。如果要求库存满足率达到 90%，根据这些情况应当如何制定定期订货法策略。又在实施定期订货法策略后，第一次订货检查时，发现现有库存量为 21 吨，已订未到物资 5 吨，已经售出但尚未提货的物资 3 吨，问第一次订货时应该订多少？

4. 工作评价

工作评价的方式有教师评价、小组内部成员评价和第三方评分组成员评价三种，建议教师评价占 60%权重，小组内部成员评价占 20%的权重，第三方评分组成员评价占 20%的权重，将三者综合起来的得分为该生在该项目的评价分。

表 7-10 工作评价单

考评人		被考评人	
考评地点			
考评内容			
考评标准	具体内容	分值（分）	实际得分
	工作态度	15	
	完成的速度	20	
	具体计算过程	40	
	计算的精确性	25	
	合计	100	

注：考评满分 100 分，60 以下为不及格，60~69 分为及格，70~79 分为中，80~89 分为良，90 分以上为优。

单元四　定量库存管理方法

学习情境

国内某制造公司新成立，对于库存管理这一模块还是比较薄弱的，于是公司派小王去负责库存的管理，公司准备采用定量订货的方式进行库存管理，那小王该如何去做呢？

学习目标

1. 学会定量库存管理方法的要点
2. 掌握定量库存管理的具体操作过程

学习地点

1. 各类型仓库,如物流公司仓库、制造企业仓库等
2. 校内实训室

学习内容

一、定量订货法的概念和基本原理

1. 概念

定量订货法是指当库存量下降到预定的最低库存量(订货点)时,按规定数量(一般以经济批量 EOQ 为标准)进行订货补充的一种库存控制方法,如图 7-5 所示。

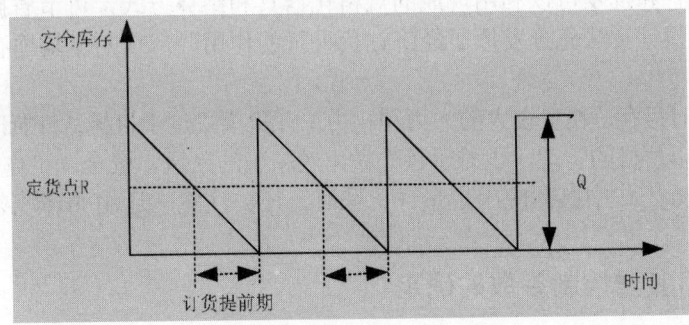

图 7-5 定量订货法示意图

2. 基本原理

预先确定一个订货点 Q_K 和订货批量 Q^*,在销售过程中,随时检查库存,当库存下降到 Q_K 时,就发出一个订货批量 Q^*,一般取经济批量 EOQ(Economic Order Quantity)。

结论一:需求量和订货提前期可以是确定的,也可以是不确定的。

结论二：订货点 Q_K 包括安全库存 Q_S 和订货提前期的平均需求量 DL 两部分。当需求量和订货提前期都确定的情况下，不需要设置安全库存；当需求量和订货提前期都不确定的情况下，设置安全库存是非常必要的。

结论三：由于控制了订货点 Q_K 和订货批量 Q^* 使得整个系统的库存水平得到了控制，从而使库存费用得到控制。

3. 定量订货法的应用和特点

（1）定量订货法的应用范围。

在下列情况下可以考虑采用定量订货法系统模型进行库存控制。

① 所储物资（存货）具备进行连续检查的条件

并非所有的物资都能很方便地随时进行检查，具备进行连续检查条件是选用连续检查控制方式的前提条件。

② 价值虽低但需求数量大的物资以及价格昂贵物质

这些均是需要重点控制的物资，应该考虑采用连续检查控制方式控制。前者是因为此类物资价低量大，采用连续检查控制方式的一些较易实施的方案可以简化控制程序；后者是因为连续检查控制方式可以及时收集库存信息，较灵活地优化库存控制与管理。

③ 易于采购的物资

采用连续检查控制方式，订货的时间无法确定，因此连续检查控制方式适用于市场上随时可以采购到的物资。

（2）定量订货法的优缺点

优点：订货点、订货批量一经确定，则定量订货法的操作就很简单；当订货量一定，收货。验收、保管和批发可以利用现成的规格化器具和结算方式，可节省搬运、包装等方面的工作量；定量订货法充分发挥了经济订货批量的作用，可以是平均库存量和库存费用最低。

缺点：要随时盘存，花费较大的人力和物力；订货模式过于机械；订货时间不能预先确定，所以难于加以严格的管理，也难于预先做出较精确的人员、资金、工作等的安排计划。

此外，在实际工作中具体应用定量订货法时，还要注意它适用的环境条件。

二、定量订货法控制参数的确定

定量订货法的实施主要取决于两个控制参数：

1. 订货点的确定

在定量订货法中，发出订货时仓库里该品种保有的实际库存量叫做订货点。它是直接控制库存水平的关键。

（1）在需求量和订货提前期都确定的情况下，不需要设置安全库存，可直接求出订货点。公式如下：

订货点＝订货提前期的平均需求量
　　　＝每个订货提前期的需求量
　　　＝每天需求量×订货提前期（天）
　　　＝（全年需求量/360）×订货提前期（天）

（2）在需求和订货提前期都不确定的情况下，安全库存的设置是非常必要的。公式如下：

订货点＝订货提前期的平均需求量＋安全库存
　　　＝（单位时间的平均需求量×最大订货提前期）＋安全库存

在这里，安全库存需要用概率统计的方法求出，公式如下：

安全库存＝安全系数×$\sqrt{最大订货提前期}$×需求变动值

式中：安全系数可根据缺货概率查安全系数表得到；最大订货提前期根据以往数据得到；需求变动值可用下列方法求得：

$$需求变动值 = \sqrt{\frac{\sum(y_i - y_A)^2}{n}}$$

表 7-11　安全系数表

缺货概率（%）	30.0	27.4	25.0	20.0	16.0	15.0	13.6
安全系数值	0.54	0.60	0.68	0.84	1.00	1.04	1.10
缺货概率（%）	11.5	10.0	8.1	6.7	5.5	5.0	4.0
安全系数值	1.20	1.28	1.40	1.50	1.60	1.65	1.75
缺货概率（%）	3.6	2.9	2.3	2.0	1.4	1.0	
安全系数值	1.80	1.90	2.00	2.05	2.20	2.33	

例： 某商品在过去三个月中的实际需求量分别为：一月份126箱，二月份110箱，三月份127箱。最大订货提前期为2个月，缺货概率根据经验统计为5%，求该商品的订货点。

解： 平均月需求量＝(126＋110＋127)/3＝121箱

缺货概率为5%，查表得：安全系数＝1.65

$$需求变动值 = \sqrt{\frac{(126-121)^2 + (110-121)^2 + (127-121)^2}{3}}$$
$$= 7.79$$

安全库存＝1.65×$\sqrt{2}$×7.79＝19箱

订货点＝121×2＋18.17＝261箱

2. 订货批量的确定

订货批量就是一次订货的数量。它直接影响库存量的高低，同时也直接影响物资供应的满足程度。在定量订货中，对每一个具体的品种而言，每次订货批量都是相同的，通常是以经济批量作为订货批量。

经济订货批量模型是最基本的订货模型,它是按照库存总费用最小的原则来决定订货量。

为此需要下列基本假设:
(1) 需求率固定;
(2) 交货提前期固定;
(3) 订货费用与批量无关;
(4) 不允许缺货;
(5) 一次性交货;
(6) 存储成本是存储量的线性函数;
(7) 产品的价格固定。

因为:库存总费用=货物成本+订货成本+存储成本

$$T_C = DC + C_0 \frac{D}{Q} + \frac{Q}{2} H$$

式中:T_C——一定时期(年或月)物资库存总费用;
C——物资的购买成本或单位生产成本;
D——库存物资的一定时期(年或月)的需求;
Q——订货批量;
H——单位物资的一定时期存储成本;
C_0——订货成本。

在上式中:DC 表示年采购成本;$\frac{D}{Q}C_0$ 表示年订购成本;$\frac{Q}{2}H$ 表示年储存成本。上述三种成本之间的关系可以用图表示:

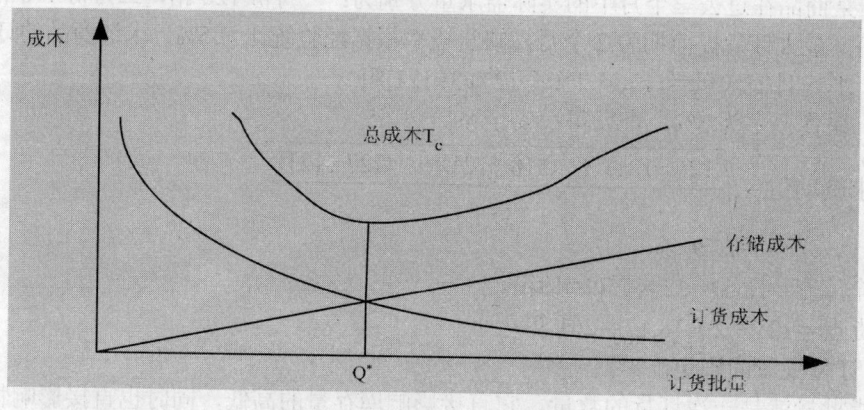

图 7-6 库存成本曲线示意图

将上式对 Q 进行求导,得经济订货批量的基本公式:

$$Q^* = EOQ = \sqrt{\frac{2DC_0}{H}}$$

全年订货次数为:$N = D/Q^*$

每次订货之间的间隔时间为:

$$t = 365/N$$

例:长城公司是生产某机械器具的制造企业,依计划每年需采购 A 零件 10000 个,每次订货成本是 100 元,每个 A 零件每年的保管仓储成本是 8 元。求 A 零件的经济订货批量、每年的订货次数和每次的订货之间的间隔时间。

解:经济批量

$$Q^* = EOQ = \sqrt{\frac{2DC_0}{H}} = \sqrt{\frac{2 \times 10000 \times 100}{8}} = 500 \text{(个)}$$

每年的订货次数 $N = D/Q^* = 10000/500 = 20$(次/年)

每次订货的时间间隔 $= 365/20 = 18.25$ (天)

三、两种企业库存订货管理方式的比较

表 7-12 库存订货管理方式的不同

订货方法名称	定期订货法	定量订货法
订货数量	每次订货数量变化	每次订货数量保持不变
订货时间	订货间隔期不变	订货间隔期变化
库存检查	在订货周期到来时检查库存	随时进行货物库存状况检查和记录
订货成本	较低	较高
订货种类	多品种统一进行订货	每个货物品种单独进行订货作业
订货对象	B 类及 C 类货物	A 类货物,有时 B 类货物亦可采用
缺货	在整个订货间隔内以及提前订货期间内均可能发生缺货	缺货情况只是发生在已经订货但货物还未收到的提前订货期间内

工作任务

1. 工作目标

通过模拟案例或计算演练,使学生学会分析定量订货法的应用情形,懂得定量订货法

相关参数的计算。

2. 工作准备

（1）了解定量订货法的基本知识。

（2）准备计算的相关资料和工具等。

（3）将学生独立完成。

（4）工作时间安排1学时。

3. 工作任务

某金属公司销售钢材，过去6周，每周销售的钢材分别为108、134、155、117、133、145吨，如果它们服从正态分布，订货进货提前期为4周，一次订货费用300元，一吨钢材保管1周需要保管费10元，要求库存满足率达到，如果实行定量订货法控制，应该怎样进行经济订货批量的计算？

某公司为了降低库存成本，采用订购点法控制某种商品的库存。该商品的年需求量为1000单位，准备或订购成本为每次10美元，每年每单位商品的持有成本为0.5美元，试计算该公司每次订购的最佳数量为多少？如果安全库存天数为3天，订购备运时间为4天，则该公司的订购点为多少？

4. 工作评价

工作评价的方式有教师评价、小组内部成员评价和第三方评分组成员评价三种，建议教师评价占60%权重，小组内部成员评价占20%的权重，第三方评分组成员评价占20%的权重，将三者综合起来的得分为该生在该项目的评价分。

表7-13 工作评价单

考评人		被考评人	
考评地点			
考评内容			
考评标准	具体内容	分值（分）	实际得分
	工作态度	15	
	完成的速度	20	
	具体计算过程	40	
	计算的精确性	25	
	合计	100	

注：考评满分100分，60以下为不及格，60~69分为及格，70~79分为中，80~89分为良，90分以上为优。

附录一

$$\varphi(-x) = 1 - \varphi(x)$$

$\varphi(x)$ x	0.00	0.01	0.02	0.03	0.04	0.05	0.06	0.07	0.08	0.09
0.0	0.5000	0.5040	0.5080	0.5120	0.5160	0.5199	0.5239	0.5279	0.5319	0.5359
0.1	0.5398	0.5438	0.5478	0.5517	0.5557	0.5596	0.5636	0.5675	0.5714	0.5753
0.2	0.5793	0.5832	0.5871	0.5910	0.5948	0.5987	0.6026	0.6064	0.6103	0.6141
0.3	0.6179	0.6217	0.6255	0.6293	0.6331	0.6368	0.6406	0.6443	0.6480	0.6517
0.4	0.6554	0.6591	0.6628	0.6664	0.6700	0.6736	0.6772	0.6808	0.6844	0.6879
0.5	0.6915	0.6950	0.6985	0.7019	0.7054	0.7088	0.7123	0.7157	0.7190	0.7224
0.6	0.7257	0.7291	0.7324	0.7357	0.7389	0.7422	0.7454	0.7486	0.7517	0.7549
0.7	0.7580	0.7611	0.7642	0.7673	0.7703	0.7734	0.7764	0.7794	0.7823	0.7852
0.8	0.7881	0.7910	0.7939	0.7967	0.7995	0.8023	0.8051	0.8078	0.8106	0.8133
0.9	0.8159	0.8186	0.8212	0.8238	0.8264	0.8289	0.8315	0.8340	0.8365	0.8389
1.0	0.8413	0.8438	0.8461	0.8485	0.8508	0.8531	0.8554	0.8577	0.8599	0.8621
1.1	0.8643	0.8665	0.8686	0.8708	0.8729	0.8749	0.8770	0.8790	0.8810	0.8830
1.2	0.8849	0.8869	0.8888	0.8907	0.8925	0.8944	0.8962	0.8980	0.8997	0.9015
1.3	0.9032	0.9049	0.9066	0.9082	0.9099	0.9115	0.9131	0.9147	0.9162	0.9177
1.4	0.9192	0.9207	0.9222	0.9236	0.9251	0.9265	0.9278	0.9292	0.9306	0.9319
1.5	0.9332	0.9345	0.9357	0.9370	0.9382	0.9394	0.9406	0.9418	0.9430	0.9441
1.6	0.9452	0.9463	0.9474	0.9484	0.9495	0.9505	0.9515	0.9525	0.9535	0.9545
1.7	0.9554	0.9564	0.9573	0.9582	0.9591	0.9599	0.9608	0.9616	0.9625	0.9633
1.8	0.9641	0.9648	0.9656	0.9664	0.9671	0.9678	0.9686	0.9693	0.9700	0.9706
1.9	0.9713	0.9719	0.9726	0.9732	0.9738	0.9744	0.9750	0.9756	0.9762	0.9767
2.0	0.9772	0.9778	0.9783	0.9788	0.9793	0.9798	0.9803	0.9808	0.9812	0.9817
2.1	0.9821	0.9826	0.9830	0.9834	0.9838	0.9842	0.9846	0.9850	0.9854	0.9857
2.2	0.9861	0.9864	0.9868	0.9871	0.9874	0.9878	0.9881	0.9884	0.9887	0.9890
2.3	0.9893	0.9896	0.9898	0.9901	0.9904	0.9906	0.9909	0.9911	0.9913	0.9916
2.4	0.9918	0.9920	0.9922	0.9925	0.9927	0.9929	0.9931	0.9932	0.9934	0.9936
2.5	0.9938	0.9940	0.9941	0.9943	0.9945	0.9946	0.9948	0.9949	0.9951	0.9952
2.6	0.9953	0.9955	0.9956	0.9957	0.9959	0.9960	0.9961	0.9962	0.9963	0.9964
2.7	0.9965	0.9966	0.9967	0.9968	0.9969	0.9970	0.9971	0.9972	0.9973	0.9974
2.8	0.9974	0.9975	0.9976	0.9977	0.9977	0.9978	0.9979	0.9979	0.9980	0.9981
2.9	0.9981	0.9982	0.9982	0.9983	0.9984	0.9984	0.9985	0.9985	0.9986	0.9986
3.0	0.9987	0.9990	0.9993	0.9995	0.9997	0.9998	0.9998	0.9999	0.9999	1.0000

注：本表最后一行自左至右依次是 $\phi(3.0)$、…、$\phi(3.9)$ 的值。

模块八　仓库安全管理能力

单元一　仓库消防管理

 学习情境

基本情况：锦云摩托车城是隶属于株洲市锦云房地产开发公司的一栋综合性商住楼，集摩托车销售及配件批发、零售和住宅于一体，高23.4米，地上7层，地下1层，钢筋砖混结构，建筑耐火等级二级，建筑面积13500平方米，总投资927万元。该楼1995年11月底动工兴建，1996年11月基本竣工并开始对外出租铺面，1997年4月28日正式营业。

起火经过和扑救情况：1997年12月16日23时40分，建宁信用社工地值班员发现摩托车城59#－2门面起火。23时46分，市消防支队接到过路行人的报警后，立即调出2辆消防车、9名消防官兵赶赴火场扑救。随后，根据火场情况，又相继调出公安和企业消防队的18辆消防车、180余名消防人员和155名公安干警赶赴现场增援。经奋力扑救，于5时许将火扑灭。

起火原因：湘发摩托车配件店（59#－2门面）使用电暖器长时间通电，致使电暖器石英玻璃管内的电阻丝在带电状态下，由于故障过热引燃易燃塑料底座及周围的可燃物。

火灾损失：烧毁个体摊位57家、各种摩托车488辆及大量摩托车配件，1人跳楼摔死，10人烟熏中毒（其中9名消防官兵），直接财产损失765.6万元。

主要教训。

1. 湘发摩托车配件店业主防火安全意识淡薄，严重违反安全用电管理规定，离店时未将电暖器电源切断。

2. 锦云实业股份有限公司、锦云房地产开发公司在兴建锦云摩托车城中，严重违反国家消防法律、法规。一是不向消防部门报建，1995年11月动工，1996年7月才补办报建手续；二是没有按原设计的要求在楼梯间的入口设置乙级防火门，擅自变更图纸，且中间敞开楼梯四周没有设防火卷帘和进行防火分隔；三是擅自改变了设计要求，取消了大楼的消防水池、消防水泵及水泵接合器、屋顶消防水箱等消防设施，减少了室内消火栓的设置数量和减小了消防进水管的管径；四是投入使用不申请消防部门验收，留下了许多先天性隐患。

3. 锦云摩托车城在 1997 年 4 月投入使用后，一直存在消防管理混乱的问题：一是未建立任何消防安全管理制度，无章可循；二是为节省开支取消了原来已有的夜间值班；三是将室内消火栓水源关闭，消防水带、水枪等存入仓库，使室内消防给水系统形同虚设。

4. 市政公共消防设施严重不足。

那么仓库消防管理应从哪些方面着手呢？

学习目标

1. 解燃烧的基本原理
2. 了解仓库火灾的种类
3. 学会灭火方法

学习地点

1. 各类型仓库，如物流公司仓库、制造企业仓库等
2. 校内实训室

学习内容

一、仓库火灾基本知识

（一）火灾的危害

仓库火灾是仓库的灾难性事故，不仅造成仓储货物的损害，还损毁仓库设施，而且产生的有毒气体直接危及人命安全。

（二）燃烧的基本原理

所谓燃烧，是指可燃物分解或挥发出的可燃气体，与空气中的氧剧烈化合，同时发光热的反应过程。燃烧必须同时具备三要素：可燃物、助燃物和着火热源，并且它们相互作用时，燃烧才能发生。

可燃物是指在常温条件下能燃烧的物质，包括一般植物性物料、油脂、煤炭、蜡、硫磺、大多数的有机合成物等。

助燃物是指支持燃烧的物质，包括空气中的氧气、释放氧离子的氧化剂。

着火源则是物质燃烧的热能源，实质上就是引起易燃物燃烧的热能。

根据引发燃烧的能量种类可将着火源分为机械火源、热火源、电火源和化学火源四类。

机械火源包括摩擦、撞击火花等；热火源包括高温表面或炽热物体等；电火源包括电火花、静电火花和雷电火花等；化学火源主要是明火、自燃发热、化学反应热等，如电、气焊割火花、炉火，煤的堆积。

（三）仓库火灾的种类

1. 普通火

普通可燃固体所发生的火灾，如木料、棉花、化纤、煤炭等。

2. 油类火

各种油类、油脂发生燃烧所引起的火灾。

3. 电气火

电器、供电系统漏电所引起的火灾，以及具有供电的仓库发生火灾。

4. 爆炸性火灾

具有爆炸性的货物发生火灾，或者火场内有爆炸性物品，如易发生化学爆炸的危险品，会发生物理爆炸的密闭容器等。

二、防火与灭火

（一）防火措施

防火工作是企业安全生产的一项重要内容，一旦发生火灾事故，往往造成巨大的财产损失和人员伤亡。企业防火措施主要如下。

1. 易燃易爆场所如油库、气瓶站、煤气站和锅炉房等工厂要害部位严禁烟火，人员不得随便进入。

2. 火灾爆炸危险较大的厂房内，应尽量避免明火及焊割作业，最好将检修的设备或管段转移到安全地点检修。当条件不允许必须在原地检修时，一定要按照动火的有关规定进行必要时还需请消防队进行现场监护。

3. 在积存有可燃气体或蒸汽的管沟、下水道、深坑、死角等处附近动火时，必须经处理和检验，确认无火灾危险时，方可按规定动火。

4. 道生炉、熬炼设备的操作，要坚守岗位，防止烟道窜火和熬锅破漏。同时熬炼设备必须设置在安全地点作业并有专人值守。

5. 火灾爆炸危险场所应禁止使用明火烘烤结冰管道设备，宜采用蒸汽、热水等化冰解堵。

6. 对于混合接触能发生反应而导致自燃的物质，严禁混存混运。对于吸水易引起自燃或自然发热的物质应保持使用贮存环境干燥。对于容易在空气中剧烈氧化放热自燃的物质，应密闭储存或浸在相适应的中性液体（如水、煤油等）中储放，避免与空气接触。

7. 易燃易爆场所必须使用防爆型电气设备，还应做好电气设备的维护保养工作。

8. 易燃易爆场所的操作人员必须穿戴防静电服装鞋帽，严禁穿钉子鞋、化纤衣物进入，操作中严防铁器撞击地面。

9. 对于有静电火花产生的火灾爆炸危险场所，提高环境温度，可以有效减少静电的危害。

10. 可燃物的存放必须与高温器具、设备的表面保持足够的防火间距，高温表面附近不宜堆放可燃物。

11. 熔渣、炉渣等高热物要安全处置，防止落入可燃物中。

12. 应掌握各种灭火器材的使用方法。

13. 不能用水扑灭碱金属、金属碳化物、氢化物火灾，因为这些物质遇水后会发生剧烈化学反应，并产生大量可燃气体、释放大量的热，使火灾进一步扩大。

14. 不能用水扑灭电气火灾，因为水可以导电，容易发生触电事故，也不能用水扑灭比水轻的油类火灾，因为油浮在水面上，反而容易使火势蔓延。

（二）灭火方法

根据物质燃烧原理，燃烧必须同时具备可燃物、助燃物和着火源三个条件，缺一不可。而一切灭火措施都是为了破坏已经产生的燃烧条件，或使燃烧反应中的游离基消失而终止燃烧。灭火的基本方法有四种：即减少空气中的含氧量——窒息灭火法；降低燃烧物的温度——冷却灭火法；隔离与火源相近的可燃物——隔离灭火法；消除燃烧中的游离基——抑制灭火法。

1. 冷却灭火法

冷却灭火法，就是将灭火剂直接喷洒在燃烧着的物体上，将可燃物的温度降低到燃点以下，从而使燃烧终止。这是扑救火灾最常用的方法。冷却的方法主要是采取喷水或喷射二氧化碳等其他灭火剂，将燃烧物的温度降到燃点以下。灭火剂在灭火过程中不参与燃烧过程中的化学反应，属于物理灭火法。

在火场上，除用冷却法直接扑灭火灾外，在必要的情况下，可用水冷却尚未燃烧的物质，防止达到燃点而起火。还可用水冷却建筑构件、生产装置或容器设备等，以防止它们受热结构变形，扩大灾害损失。

2. 隔离灭火法

隔离灭火法，就是将燃烧物体与附近的可燃物质隔离或疏散开，使燃烧停止。这种方法适用扑救各种固体、液体和气体火灾。

采取隔离灭火法的具体措施有：将火源附近的可燃、易燃、易爆和助燃物质，从燃烧区内转移到安全地点；关闭阀门，阻止气体、液体流入燃烧区；排除生产装置、设备容器内的可燃气体或液体；设法阻拦流散的易燃、可燃液体或扩散的可燃气体；拆除与火源相毗连的易燃建筑结构，造成防止火势蔓延的空间地带；以及用水流封闭或用爆炸等等方法扑救油气井喷火灾；采用泥土、黄沙筑堤等方法，阻止流淌的可燃液体流向燃烧点。

3. 窒息灭火法

窒息灭火法，就是阻止空气流入燃烧区，或用不燃物质冲淡空气，使燃烧物质断绝氧气的助燃而熄灭。这种灭火方法适用扑救一些封闭式的空间和生产设备装置的火灾。

在火场上运用窒息的方法扑灭火灾时，可采用石棉布、浸湿的棉被、湿帆布等不燃或难燃材料，覆盖燃烧物或封闭孔洞；用水蒸气、惰性气体（如二氧化碳、氮气等）充入燃烧区域内；利用建筑物上原有的门、窗以及生产设备上的部件，封闭燃烧区，阻止新鲜空气进入。此外在无法采取其他扑救方法而条件又允许的情况下，可采用水或泡沫淹没（灌注）的方法进行扑救。

采取窒息灭火的方法扑救火灾，必须注意以下几个问题。

（1）燃烧的部位较小，容易堵塞封闭，在燃烧区域内没有氧化剂时，才能采用这种方法。

（2）采取用水淹没（灌注）方法灭火时，必须考虑到火场物质被水浸泡后是否产生不良后果。

（3）采取窒息方法灭火后，必须在确认火已熄灭时，方可打开孔洞进行检查。严防因过早地打开封闭的房间或生产装置的设备孔洞等，而使新鲜空气流入，造成复燃或爆炸。

（4）采取惰性气体灭火时，一定要将大量的惰性气体充入燃烧区，以迅速降低空气中氧的含量，窒息灭火。

4. 抑制灭火法

抑制灭火法，是将化学灭火剂喷入燃烧区使之参与燃烧的化学反应，从而使燃烧反应停止。采用这种方法可使用的灭火剂有干粉和卤代烷灭火剂及替代产品。灭火时，一定要将足够数量的灭火剂准确地喷在燃烧区内，使灭火剂参与和阻断燃烧反应。否则将起不到抑制燃烧反应的作用，达不到灭火的目的。同时还要采取必要的冷却降温措施，以防止复燃。

采用哪种灭火方法实施灭火，应根据燃烧物质的性质、燃烧特点和火场的具体情况，以及消防技术装备的性能进行选择。有些火灾，往往需要同时使用几种灭火方法。这就要注意掌握灭火时机，搞好协同配合，充分发挥各种灭火剂的效能，迅速有效地扑灭火灾。

（三）消防设施和灭火器

1. 仓库建筑的防火设计

新建、改建和扩建的仓库建筑设计，应符合《建筑设计防火规范》的规定，并经公安消防监督机关审核和验收仓库的建成。仓库、货场必须生活区、维修工房分开布置。

易燃和可燃物品的露天堆垛与烟囱、明火作业场所，架空电力线等的安全距离应当符合《建筑设计防火规范》的规定。储存易燃物品库房地面，应当采用不易打出火花的材料。库区的加工间和保管员办公室应当单独修建或用防火墙与库房隔开。仓库区域内应当按《建筑设计防火规范》有关规定，设置消防车通道。储存易燃和可燃物品的库房、货场应当根据防雷的需要，装置避雷设备。

2. 消防设施的设置和管理

各类物资仓库应按照国家《建筑设计防火规范》的有关规定设置、安装室内外消防给水设备。无市政供水的地区，可利用天然河流，或设置消防蓄水池，保证消防供水。

各类仓库的库区和库房，应根据储存物资的性质，成组配备相应灭火器，一组灭火器不应少于四只。一般物资仓库可按仓间面积每一百平方米配备一只灭火器的标准设置。单层库房的灭火器宜布置在库房出入口的外墙上，多层库房的灭火器宜布置在每层楼梯的平台处。

大型易燃物资仓库应设置烟雾、感温等火警自动报警设备。储存贵重物品、易燃物资的仓库和高层可燃物品仓库及高架仓库，除应设置火警自动报警设备外，还应设置自动灭火装置。

各类大型专业仓库，应与就近辖区公安消防队设置直线电话。仓库的各类消防器材设备和防火设施，应有专人负责管理，任何人不准擅自拆除、移位和挪作他用。消防车辆报废，须经上级主管部门批准和消防监督机关同意。库区内的消火栓、消防水池、消防管道、自动报警和自动灭火系统、安全疏散楼梯、通道等应保持畅通和正常使用。

3．灭火器

灭火器的分类方法有三种，即按充入灭火剂的类型来划分；按灭火器的总重和移动方式来划分；按灭火器的加压方式来划分。

（1）以灭火器内充装的灭火剂类型来划分。

① 清水灭火器：这类灭火器内充入的灭火剂主要是清洁水。有的加入适量的防冻剂，以降低水的冰点。也有的加入适量润湿剂、阻燃剂、增稠剂等，以增强灭火性能。

② 酸碱灭火器：这类灭火器内充入的灭火剂是工业硫酸和碳酸氢钠水溶液。

③ 化学泡沫灭火器：这类灭火器内充装的灭火剂是硫酸铝水溶液和碳酸氢钠水溶液，再加入适量的蛋白泡沫液。如果再加入少量氟表面活性剂，可增强泡沫的流动性，提高了灭火能力，故称高效化学泡沫灭火器。

④ 空气泡沫灭火器：这类灭火器内充装的灭火剂是空气泡沫液与水的混合物。空气泡沫的发泡是由空气泡沫混合液与空气借助机械搅拌混合生成，在此又称空气机械泡沫。空气泡沫灭火剂有许多种，如蛋白泡沫、氟蛋白泡沫、轻水泡沫、抗溶泡沫、聚合物泡沫等。由于空气泡沫灭火剂的品种较多，因此空气泡沫灭火器又按充入的空气泡沫灭火剂的名称加以区分，称为蛋白泡沫灭火器、轻水泡沫灭火器、抗溶泡沫灭火器等。

⑤ 二氧化碳灭火器：这类灭火器内充入的灭火剂是液化二氧化碳气体。

⑥ 干粉灭火器：这类灭火器内充入的灭火剂是干粉。干粉灭火剂的品种较多，因此灭火器根据内部充入的不同干粉灭火剂的名称，称为碳酸氢钠干粉灭火器、磷酸铵盐干粉灭火器。氨基干粉灭火器。由于碳酸氢钠干粉只适用于灭Ｂ、Ｃ类火灾，因此又称ＢＣ干粉灭火器。磷酸铵盐干粉能适用于Ａ、Ｂ、Ｃ类火灾，因此又称ＡＢＣ干粉灭火器。

⑦ 卤代烷灭火器：这类灭火器内充装的灭火剂是卤代烷灭火剂。灭火时对着着火物释放，通过降温、隔绝空气、形成不燃覆盖层灭火。其灭火效率极高，适合于油类火灾、电气火灾的扑灭。我国发展了两种卤代烷灭火器，一种是二氟一氯一溴甲烷，简称"1211灭火器"；另一种是"1301灭火器"。由于1211在高温中会产生有毒气体，已被逐渐限制使用，由1301替代。

三、仓库消防管理

仓库消防管理的方针是"预防为主、防治结合"。仓库的消防管理工作包括仓库建设时的消防规划、消防管理组织、岗位消防责任、消防工作计划、消防设备配置和管理、消防检查和监督、消防日常管理、消防应急、消防演习等。目前相关法律法规有:《中华人民共和国消防法》、《建筑工程消防监督审核管理规定》、《商业仓库消防安全管理办法》、《集贸市场消防安全管理规定》、《化学危险品安全管理条例》、《仓库防火安全管理规定》等。

消防设备配置计算说明。

例:一个中危险级的 A 类火灾灭火器配置场所,其保护面积 1000m²,在无消火栓和灭火系统时,计算所需 8kg 磷酸铵盐干粉灭火器多少只。

解:根据规范有关规定:其 $S=1000m^2$,$U=15m^2/A$,$K=1.0$
则 $a=KS/U=1.0\times1000/15\approx66.7$(A)
而一个 8kg 磷酸铵盐干粉灭火器灭火级别为 13A,故配置灭火器的数量:
$N=66.7/13\approx5$(个)
若配置场所为设有消火栓系统的地下建筑。则 $N=1/3\times0.7\times5=4.55\approx5$(个)

本例计算数值为保护面积 1000m² 时的计算数据。使用中保护面积计算规定为:(1)建筑工程按使用面积进行计算;(2)可燃物露天堆垛,甲、乙、丙类液体储罐,可燃气体储罐按堆垛、储罐的占地面积进行计算。本例计算数据一般按四舍五入取整数值,在对不同保护面积的灭火器取值时,应尽可能选较大正整数值,以确保实际配置的所有灭火器的灭火级别满足该场所灭火器配置要求。

其他说明如下:

(1)本例数据为同一类型、同一灭火级别灭火器的配置数量,同一类型不同灭火级别的灭火器配置数量应实际计算后参照选用;

(2)本例只为提供一个保护面积的配置数量,而对灭火器的设置要求及灭火器的保护距离等方面考虑不够,需要完善和发展;

(3)根据中华人民共和国公安部、国家环境保护局公通字〔1994〕94 号《关于在非必要场所停止再配置哈龙灭火器的通知》精神,在非必要场所应尽量不选用卤代烷灭火器;

(4)本例未尽事宜,应参照规范执行。

 工作任务

1. 工作目标

通过制定仓库消防管理制度和配置消防器材,使学生学会仓库消防管理,懂得配置、使用消防器材。

2．工作准备

（1）了解消防管理相关知识。

（2）准备相关的消防器材，如灭火器等。

（3）将全班学生分成若干组，每组 5 人。

（4）工作时间安排 2 学时。

（5）工作环境模拟，需要学院的仓库实训室资源配合。

3．工作任务

某手机制造企业在福州设有产品仓库，面积 1000 平方米，单层钢筋混凝土结构，要求为该企业工厂设计合理消防管理制度和配置消防器材，仓库职员对消防器材进行模拟操作。

（1）设计合理消防管理制度。

（2）查阅仓库建筑的防火规范。

（3）配置消防器材。

（4）使用消防器材。

4．工作评价

工作评价的方式有教师评价、小组内部成员评价和第三方评分组成员评价三种，建议教师评价占 60%权重，小组内部成员评价占 20%的权重，第三方评分组成员评价占 20%的权重，将三者综合起来的得分为该生在该项目的评价分。工作评价单见表 8-1。

表 8-1　工作评价单

考评人		被考评人	
考评地点			
考评内容			
考评标准	具体内容	分值（分）	实际得分
	工作态度	15	
	沟通水平	15	
	消防管理制度合理性	15	
	消防器材配置合理性	40	
	消防器材操作熟练程度	15	
合计		100	

注：考评满分 100 分，60 以下为不及格，60~69 分为及格，70~79 分为中，80~89 分为良，90 分以上为优。

单元二　仓库抗台风防雨汛管理

 学习情境

据中新社福州七月三十日电，伴随"凤凰"逐步远离，福建各地降雨正在减弱。福建省防汛抗旱指挥部办公室今日的最新消息显示，"凤凰"已造成福建直接经济损失十四点二二亿元，但尚无人员伤亡报告。

截至三十日十六时统计，福建宁德、福州、莆田、泉州、三明、南平、龙岩七个设区市共有五十七个县（市、区）、五百三十五个乡镇、一百三十八点六九万人受灾，房屋倒塌一千二百二十间；紧急转移人员五十二点三六万人；农作物受灾六十点二四千公顷，成灾二十五点八五千公顷；水产养殖损失面积七点四五千公顷、九点一一万吨；停产工矿企业四百零八个；直接经济损失十四点二二亿元，其中水利设施直接经济损失二点七二亿元。

今年第八号热带风暴"凤凰"已于今天十四时减弱为低压，其中心位于江西和湖北的交界处。随着降雨云系北抬和减弱，福建降雨强度明显减小，福建省气象台已解除了台风黄色预警信号。据三十日八时至十六时统计，降雨量在二十五至四十九毫米的有十个县（市、区），上杭、长汀、武平三地的降雨量超过五十毫米。

据福建省气象台预测，今天夜里，福建全省天气阴有中到大雨，内陆各市的部分县市有大雨到暴雨，局部乡镇有大暴雨，沿海各市的局部县市有暴雨；三十一日，降水将进一步减弱。

此外，因"凤凰"停航两天的泉金客运航线今天恢复运营。上午十一时四十分，直航客轮"泉金"轮运送五十七名旅客自金门驶抵福建南安石井港。据了解，"泉金"轮三十日共有三个航班，运送旅客二百零七名，其中台胞一百九十五名。为确保"泉金"轮的进港航行安全，南安海事处还出动了"海巡一三三〇"艇和"海巡一三三一"艇为其提供专项护航。

台风"凤凰"在福建福清登陆后，南安海事处随即为泉金客运航线恢复运营做好各项准备工作，及时疏导在港避风的锚泊船舶安全有序地出港，保证航道畅通；结合泉金航线（泉州段）"安全畅通文明"航段创建活动，涉海执法部门开展联合行动，创造良好通航环境，确保直航客轮的航行安全。（记者　张彩林　邱全强　黄瑶瑛）

那么仓库防台风管理应从哪些方面着手呢？

 学习目标

1. 了解台风基本知识
2. 了解防台风基本措施

3. 能够制定相关应急预案

学习地点

1. 各类型仓库，如物流公司仓库、制造企业仓库等
2. 校内实训室

学习内容

一、防台风

我国所滨临的西北太平洋是热带气旋生成最多的地区，年平均约有 30 个，其中 7～10 月份最多，其他月份较少，因而我国将此段时间称为台风季节。台风有一部分在我国登陆，主要分布在 5～10 月份，12～4 月份基本上不在我国登陆。在我国登陆的地点主要几种在华南、华东地区，华北、东北极少。西北路径的台风经常在华东登陆后又回到东海，成为转向路径，这种台风的危害较大。一般台风在登陆后会迅速地转为热带低气压或者温带低气压，风力减弱，但是仍然还会随气流向内陆移动。

在华南、华东沿海地区的仓库，都会受到台风的危害。处在这些地区的仓库要高度重视防台工作，避免这种灾难性天气对仓储造成严重的危害。仓库应设置专门的防台办公室或专门人员，负责研究仓库的防台工作，制定防范工作计划，接收天气预报和台风警报，与当地气象部门保持联系，组织防台检查，管理相关文件，承担台汛期间防台联络组织工作。在台汛期间，建立通讯联络、物资供应、紧急抢救、机修、排水、堵漏、消防等临时专业小组。

（一）防范台风预备措施

1. 积极防范

台风并不是年年都在一个地区登陆，防台工作是一项防患未然、有备无患的工作。企业要对员工，特别是领导干部进行防台宣传和教育，保持警惕、不能麻痹。

2. 全员参与

台风可以造成仓库的损害不仅是仓储物质，还包括仓库建筑、设备、设施、场地、树木，以及物料备料、办公设施等一切财产和生命安全，还会造成环境污染危害。防台抗台工作是所有员工的工作，需要全员参与。

3. 不断改善仓库条件

为了使防台抗台取得胜利，需要有较好的硬件设施和条件，提高仓库设施设备的抗风、防雨、排水防水浸的能力；减少使用简易建筑，及时拆除危房危建和及时维修加固老旧建筑、围墙；提高仓库、货场的排水能力，注意协调仓库外围避免对排水的阻碍；购置和妥善维修水泵等排水设备，备置堵水物料；牢固设置仓库、场地的绑扎固定绳桩。

（二）某公司防台具体措施

以美国美亚保险公司上海分公司防损工程部《暴雨，台风防损公告（2007）》部分内容为例。

1. 在暴雨，台风和高温等灾害性天气期间，企业管理层对抗灾防损工作应加强重视和防范力度，并配备相应的人力和物力，在预防措施上下工夫。厂内应组建抗灾防损应急预案和执行小组；具体抗灾防损工作要落实到专人负责。相应的抗灾防损演练工作应安排到议事日程上。该预案应至少包括以下内容。

（1）专人负责监听灾害性天气预报，了解天气变化信息及时采取预防及抗灾防损措施。

（2）在灾害性天气来临前，执行小组成员要实地检查并列出场所内所有可能受灾害影响的位置及易受损的库存、设备；采取相应预防措施。

（3）认真执行相应的防灾预防计划，尽可能避免灾害侵袭；在灾害性天气期间，执行小组应有专人在各处巡逻并了解预防及抗灾防损措施工作状态以备不测。

（4）针对消防灭火设施的检查工作更应加强，包括如水源、室内、外消火栓系统、喷淋系统、灭火器和其他特殊灭火系统报告，火灾报警系统、红外线防盗报警系统和有线电视监控录像系统，屋顶漏水，防火门、防火卷帘是否按设计要求关闭等。

（5）减小灾害影响的应变计划。万一发生水浸时，应有相应的应变计划将贵重的库存和机械设备转移到安全地点。

（6）紧急联络电话。所有防灾人员及相应承包商的电话必须及时更新；所有防灾人员和后备人员应及时待命。

2. 建筑物墙壁与屋顶连接处等应予以牢固连接和完整防水履盖。整个屋顶防水层应当固定、压实并确保完好。对于坐落于底层的车间、厂房和仓库等应配备有足够的防洪沙袋和防洪挡板（尤其是历史上有水淹经历的场地，做到有备无患）。有水损风险的设备和库存应垫高，离地面高度至少为10cm。厂内应开拓必要的排水沟渠，并配备抽水机或排水泵。在大风大雨即将到来之前后，要有专人检查、值班；发现危险、隐患及时整改。

3. 屋顶上的杂物应及时清理掉，落水管应保持畅通以免屋顶积水。对于有渗漏的屋顶和侧壁等应予以及时维修。如无足够的时间修整，可采用临时补救措施以减少财物的水损。如：屋顶防雨布和室内防水罩，移开漏水处下的设备和库存。

4. 对于建筑物已有的各类防雷设施（如避雷针等），应当尽快要求专业人员对其避雷性能进行一次全面测试。如建筑物的防雷设施存在缺陷，应当立即修复。建筑物的脚手架、临时易燃易爆物品仓库和塔吊、打桩机等机械设备，应设临时避雷装置。

5. 对于高耸的搭建物（如广告牌，雨棚、脚手架、机电设备和临时线路等物件），尤其是临时设施应有良好的固定防风设施。并应对防风缆绳及其地锚和机械设备的连接处予以检查，从而杜绝上述物品的倒坍、压人及触电事故的发生。应尽可能拆除那些临时搭建物，以降低风险发生的可能。

6. 黄浦江及苏州河沿岸的单位，尤其南汇、奉贤和金山等沿海地区，应在防汛墙保护范围内做一次普查，杜绝违法装卸作业、堆放货物、带缆泊船和安装吊机等行为。各单位应成立防洪抗汛领导小组和制订应急计划，并应加强值班巡逻工作，保安人员应受过安全防汛应急培训。万一发生灾害，要在第一时间通知国家防汛救灾部门或其他救援单位。保安人员要定期巡逻并作记录，巡逻人员至少应有两人。巡逻范围应包括厂区内所有重要区域和设备。

7. 台风季节天气潮湿，各种电器设备及电线应采用防潮措施，以免电器短路，伤及人员并引起火灾。应进行安全检查以保证线路绝缘良好和电器的正确接地。每天下班前必须将不使用的电器开关关闭，并切断电源。

二、防汛

洪水和雨水虽然是一种自然现象，但时常会对货物的安全仓储带来不利影响。所以应认真做好仓库防汛工作。

1. 建立组织

汛期到来之前，要成立临时性的短期工作机构，在仓库领导者的领导下，具体组织防汛工作。

2. 积极防范

平时要加强宣传教育，提高职工对自然灾害的认识；在汛期职工轮流守库，职能机构定员驻库值班，领导现场坐镇，以便在必要时，统一指挥，积极组织抢救。

3. 加强联系

仓库防汛组织要主动争取上级主管部门的领导，并与气象电台联系了解汛情动态，预见汛情发展，克服盲目性，增强主动性。

除此之外，还要注意对陈旧的仓库改造排水设施，提高货位，新建仓库应考虑历年汛情的影响，使库场设施能抵御雨汛的影响。

三、防雷

仓储企业应在每年雷雨季节来临之前，对防雷措施进行全面检查。主要应检查的方面有：

1. 建筑物维修或改造后是否改变了防雷装置的保护情况；
2. 有无因挖土方、铺设管线或种植树木而挖断接地装置；
3. 各处明装导体有无开焊、锈蚀后截面过小而导致损坏折断等情况；
4. 接闪器有无因接受雷击而熔化或折断；

5．避雷器磁套有无裂缝、碰伤、污染、烧伤等；
6．引下线距地 2m 一段的绝缘保护处理有无破坏；
7．支持物是否牢固，有无歪斜、松动；
8．引下线与支持物的固定是否可靠；
9．断接卡子有无接触不良；
10．木结构接闪器支柱或支架有无腐蚀；
11．接地装置周围土壤有无塌陷；
12．测量全部接地装置的流散电流。

四、防震

为搞好仓库防震，首先在仓库建筑上，要以储存物资的价值大小为依据。审视其建筑物的结构、质量状况，从保存物资的实际需要出发，合理使用物力财力，进行相应的加固。新建的仓库，特别是多层建筑，现代化立体仓库，更要结合当地地质结构类型，预见地震的可能性，在投资上予以考虑，做到有所准备。其次，在情报信息上，要密切注视毗邻地区及地震部门预测和预报资料。再次，在组织抢救上，要作充分的准备。当接到有关部门地震预报时，要建立必要的值班制度和相应的组织机构，当进入临震时，仓库领导要通盘考虑，全面安排，合理分工，各负其责，做好宣传教育工作，动员职工全力以赴，做好防震工作。

五、防静电

爆炸物和油品应采取防静电措施。静电的安全应设懂有关技术的专人管理。并配备必要的检测仪器，发现问题及时采取措施。

所有防静电设施都应保持干净，防止化学腐蚀、油垢玷污和机械碰撞损坏。每年应对防静电设施进行 1～2 次的全面检查，测试应当在干燥的气候条件下进行。

 工作任务

1．工作目标

通过制定仓库防台风应急预案，使学生学会在台风来临时，如何对仓库进行安全管理。

2．工作准备

（1）了解防台风相关知识。
（2）将全班学生分成若干组，每组 5 人。
（3）制定仓库防台风应急预案。

(4) 工作时间安排 2 学时。

(5) 工作环境模拟,需要学院的仓库实训室资源配合。

3. 工作任务

某手机制造企业在福州设有产品仓库,面积 1000 平方米,单层钢筋混凝土结构,要求为该企业仓库设计合理防台风应急预案。要求完成以下工作任务。

(1) 查阅应急预案的要求、格式。

(2) 查阅防台风应急预案的范本。

(3) 制订防台风应急预案。

4. 工作评价

工作评价的方式有教师评价、小组内部成员评价和第三方评分组成员评价三种,建议教师评价占 60%权重,小组内部成员评价占 20%的权重,第三方评分组成员评价占 20%的权重,将三者综合起来的得分为该生在该项目的评价分。工作评价单见表 8-2。

表 8-2 工作评价单

考评人		被考评人	
考评地点			
考评内容			
考评标准	具体内容	分值(分)	实际得分
	工作态度	20	
	沟通水平	20	
	防台风应急预案合理性	30	
	防台风应急预案可行性	30	
合计		100	

注:考评满分 100 分,60 以下为不及格;60~69 分为及格,70~79 分为中,80~89 分为良,90 分以上为优。

单元三　仓库安全生产管理

 学习情境

1992 年 3 月 15 日 16 时许,河南省漯河市棉麻公司仓库发生特大火灾,烧毁库存棉花及库房等,造成直接经济损失 359 万余元。

1991 年 11 月中旬,河南省漯河市棉麻公司租赁一机部漯河仓库存放棉花。经双方商定并签订了协议,库房内的消防器材和安全由棉麻公司负责,库房外的安全工作由一机部

仓库负责。11月中旬至12月下旬棉麻公司先后调入棉花1万2千件，960吨，由仓库保管员张某某负责管理。

1992年3月13日上午，张某某骑自行车去仓库检查，未发现异常情况，约10分钟后离去，以后未再去进行检查。3月15日下午4时，该仓库内的一名搬运工人发现存放棉花的4号库房有浓烟，并从玻璃窗看到库房内有火苗，当即报警。后经消防队员数小时扑救将大火扑灭。经核查，烧毁棉花10批，5000件，部分烧毁棉花198件，烧毁库房5间778平方米，烧毁双梁吊车和轨道滑线等物。直接经济损失359.36万余元。

经有关部门现场勘查并请有关单位鉴定，证实这场火灾的原因是库房内电缆导线与螺丝连接处接触不良，局部过热，长时间阴燃造成的。

张某某身为仓库保管员，工作不负责任，违反公安部《仓库防火安全规则》的有关规定，违反本单位规章制度，对存放易燃物品的仓库不按规定进行经常性的检查，擅离职守，致使国家财产遭受巨大损失。其行为触犯《中华人民共和国刑法》第187条之规定，构成玩忽职守罪。

漯河市源汇区人民检察院于1992年8月依法对张某某做了免予起诉处理。

那么仓库安全生产管理应从哪些方面着手呢？

学习目标

1. 学会仓库治安保卫管理基本知识
2. 学会仓库安全生产基本措施
3. 能够制定相关管理制度

学习地点

1. 各类型仓库，如物流公司仓库、制造企业仓库等
2. 校内实训室

学习内容

一、仓库治安保卫管理

仓库的治安保卫管理是仓库为了防范、制止恶性侵权行为、意外事故对仓库及仓储财

产的侵害和破坏，并维护仓储环境的稳定，保证仓储生产经营的顺利开展所进行的管理工作。治安保卫工作的具体内容就是执行国家治安保卫规章制度，做到防盗、防抢、防骗、防破坏、防火，防止财产侵害，以及防止交通意外事故等仓库治安灾难事故，协调与外部的治安保卫关系，维持仓库内部安定局面和员工人身安全。治安保卫管理是仓库管理的重要的组成部分，是降低和防止经营风险的有效手段。

（一）设立库区治安保卫的组织

专职保卫机构既是仓库治安保卫的执行机构，也是仓库治安保卫管理的职能机构。专职保卫机构根据仓库规模的大小、人员的多少、任务的繁重程度和仓库所在地的社会环境而确定机构的设置和人员配备。

（二）健全治安保卫管理制度

仓库治安保卫管理制度需要依据国家法律和法规，并结合仓库治安保卫的实际需要，以保证仓储生产高效率进行，实现安全仓储，防止治安事故的发生为目的。

仓库治安保卫的规章制度既有独立的规章制度，如安全防火责任制度，安全设施设备保管使用制度，门卫值班制度，车辆、人员进出仓库管理制度，保卫人员值班巡查制度等，同时也有合并在其他制度之中，如仓库管理员职责，办公室管理制度，车间作业制度，设备管理制度等规定的治安保卫事项。

（三）加强治安保卫工作

1. 出入口和要害部位

仓库大门是仓库与外界的连接点，是仓库地域范围的象征，也是仓储承担货物保管责任的分界线。大门守卫是维持仓库治安的第一道防线，大门守卫负责开关大门，限制无关人员、车辆进入，接待入库办事人员并实施身份核实和登记，禁止入库人员携带火源、易燃易爆物品入库，检查入库车辆的防火条件，指挥车辆安全行使、停放，登记入库车辆，检查出库车辆，核对出库货物和物品放行条和实物，并收留放行条，查问和登记出库人员携带的物品，特殊情况下查扣物品、封闭大门。

对于危险品仓、贵重物品仓、特殊品储存仓等要害部位，需要安排专职守卫看守，限制人员接近、防止危害、防止破坏和失窃。

2. 巡逻检查

由专职保安员不定时、不定线、经常地巡视整个仓库区每一个位置的安全保卫工作。巡逻检查中发现不符合治安保卫制度要求的情况，采取相应的措施处理或者通知相应部门处理。

3. 防盗设施、设备使用

仓库的防盗设施大至围墙、大门，小到门锁、防盗门、窗，仓库根据法规规定和治安保管的需要设置和安装。仓库使用的防盗设备除了专职保安员的警械外，主要有视频监控设备、自动警报设备、报警设备，仓库应按照规定使用所配置的设备，专人负责操作和管理，确保设备的有效运作。

4．治安检查

治安责任人应经常检查治安保卫工作，督促照章办事。治安检查实行定期检查与不定期检查相结合的制度，班组每日检查、部门每周检查、仓库每月检查，及时发现治安保卫漏洞、隐患、采取有效措施及时消除。

5．治安应急

治安应急是仓库发生治安事件时，采取紧急措施，防止和减少事件所造成的损失的制度。

二、仓库安全生产

（一）安全生产基本要求

1．人力操作

（1）人力作业仅限制在轻负荷的作业。

（2）尽可能采用人力机械作业。

（3）只在适合作业的安全环境进行作业。

（4）作业人员按要求穿戴相应的安全防护用具，使用合适的作业工具进行作业。

（5）合适安排工间休息。

（6）必须有专人在现场指挥和安全指导，严格按照安全规范进行作业指挥。

2．机械安全作业

（1）使用合适的机械、设备进行作业。

（2）所使用的设备具有良好的工况。

（3）设备作业要有专人进行指挥。

（4）汽车装卸时，注意保持安全间距。

（5）移动吊车必须在停放稳定后方可作业。

（6）载货移动设备上不得载人运行。

3．安全技术

（1）装卸搬运机械的作业安全。

要经常定期地对职工进行安全技术教育，从思想认识上提高其对安全技术的认识。组织职工不断学习普及仓储作业技术知识。各项安全操作规程是防止事故的有效方法。

（2）仓库储备物资保管保养作业的安全。

作业前要做好准备工作，检查所用工具是否完好。作业人员应根据危险特性的不同，穿戴相应的防护服装。作业时要轻吊稳放，防止撞击、摩擦和震动，不得饮食和吸烟。工作完毕后要根据危险品的性质和工作情况，及时洗手、洗脸、漱口或淋浴。

（3）仓库电器设备的安全。

电器设备在使用过程中应有可熔保险器和自动开关。电动工具必须有良好的绝缘装置，使用前必须使用保护性接地。高压线经过的地方，必须有安全措施和警告标志。电工操作时，必须严格遵守安全操作规程。高大建筑物和危险品库房，要有避雷装置。

4. 劳动保护制度

劳动保护是为了改善劳动条件，提高生产的安全性，保护劳动者的身心健康，减轻劳动强度所采取的相应措施和有关规定。劳动安全保护包括直接和间接施行于员工人身的保护措施。仓库要遵守《中华人民共和国劳动法》的劳动时间和休息规定，依法安排加班，保证员工有足够的休息时间。提供合适和足够的劳动防护用品，如安全帽、手套、工作服、高强度工作鞋等，并督促作业人员使用和穿戴。具体如下。

（1）要批判"事故难免论"的错误思想。重要的是要提高各级领导干部的安全思想认识和安全技术知识以及各班组安全员的责任心，使其认识到不安全因素是可以被认识的，事故是可以控制的，只要思想重视，实现安全作业是完全可能的。

（2）建立和健全劳动保护机构和规章制度。专业管理与群众管理相结合，把安全工作贯穿到仓库作业的各个环节，对一些有害有毒工种要建立保健制度，实行专人、专事、专责管理，推行安全生产责任制。并要建立群众性的安全生产网，大家管安全，使劳动保护收到良好效果。

（3）结合仓库业务和中心工作，开展劳保活动。要根据上级指示和仓库具体情况，制订有效的预防措施。做到年度有规划，季度有安排，每月有纲要，使长计划与短安排结合。同时还要经常检查，防止事故的发生。仓库要经常开展安全检查，清查潜在的不安全因素，及时消除事故的隐患，防患于未然。

（4）还要经常组织仓库职工开展文体活动，丰富职工精神生活，增强体质，改善居住条件等，这些都将对劳动保护起着重要的作用。

除此之外，采用具有较高安全系数的作业设备、作业机械，作业工具应适合作业要求，作业场地必须具有合适的通风、照明、防滑、保暖等适合作业的条件。不进行冒险作业和不安全环境的作业，在大风、雨雪影响作业时暂缓作业，避免人员带伤病作业。

（二）库区的安全管理

1. 仓储技术区的安全管理

技术区出入口设置日夜值班的门卫，对进出人员和车辆进行检查和登记，严禁易燃易爆物品和火源带入。

2. 库房的安全管理

经常检查库房结构情况，对于地面裂缝、地基沉降、结构损坏，以及周围山体滑坡、塌方，或防水防潮层和排水沟堵塞等情况应及时维修和排除。此外，库房钥匙应妥善保管，实行多方控制，严格遵守钥匙领取手续。

3. 货物装卸与搬运中的安全管理

仓库机械应实行专人专机，建立岗位责任制，防止丢失和损坏，操作手应做到"会操作、会保养、会检查、会排除一般故障"。根据货物尺寸、重量、形状来选用合理的装卸、搬运设备，严禁超高、超宽、超重、超速以及其他不规范操作。

（三）腐蚀与毒害品安全作业

为了保证搬运装卸作业的安全，作业时应注意以下事项。

1. 作业现场应有统一指挥，有明确固定的指挥信号，以防作业混乱发生事故。作业现场装卸搬运人员和机具操作人员，应严格遵守劳动纪律，服从指挥。非装卸搬运人员，均不准在作业现场逗留。

2. 对各种装卸设备，必须制订安全操作规程，并由经过操作训练的专职人员操作，以防发生事故。

3. 在装卸搬运危险品操作前，必须严格执行操作规程和有关规定，预先做好准备工作，认真细致检查装卸搬运工具及操作设备。工作完毕后，沾染在工具上面的物质必须清除，防止相互抵触的物质引起化学反应。对操作过氧化剂物品的工具，必须清洗后方可使用。

4. 人力装卸搬运时，应量力而行，配合协调，不可冒险违章操作。

5. 操作人员不准穿带钉子的鞋。根据不同的危险特性，应分别穿戴相应的防护用具。对有毒的腐蚀性物质，更要加强注意，应适当考虑在操作一段时间后，呼吸新鲜空气，避免发生中毒事故。操作完毕后，防护用具应进行清洗或消毒，保证人身安全。各种防护用品应有专人负责，专библиотек保管。

6. 装卸危险品应轻搬轻放，防止撞击摩擦，摔碰震动。液体铁桶包装卸垛，不宜用快速溜放办法，防止包装破损。对破损包装可以修理者，必须移至安全地点，整修后再搬运，整修时不得使用可能发生火花的工具。

7. 散落在地面上的物品，应及时清除干净。对于扫起来的没有利用价值的废物，应采用合适的物理或化学方法处置，以确保安全。

8. 装卸作业完毕后，应及时洗手、脸、漱口或沐浴。中途不得饮食、吸烟。并且必须保持现场空气流通，防止沾染皮肤、粘膜等。装卸人员发现头晕、头昏等中毒现象，按救护知识进行急救，重者应立即送医院治疗。

9. 两种性能相互抵触的物资，不得同时装卸。对怕热、怕潮物资，装卸时要采取隔热、防潮措施。

 工作任务

1. 工作目标

通过制定仓库库房的安全管理制度，使学生学会如何对仓库库房进行安全管理。

2. 工作准备

（1）了解安全管理相关知识。

（2）将全班学生分成若干组，每组5人。

（3）制定仓库安全管理制度。

（4）工作时间安排 4 学时。

（5）工作环境模拟，需要学院的仓库实训室资源配合。

3．工作任务

某电子产品制造企业在福州设有产品仓库，面积 2000 平方米，单层钢筋混凝土结构，要求为该企业仓库库房设计合理安全管理制度。具体要求完成如下工作任务。

（1）查阅的安全管理制度要求、格式。

（2）制订仓库治安保卫管理制度。

（3）制订安全操作管理制度。

4．工作评价

工作评价的方式有教师评价、小组内部成员评价和第三方评分组成员评价三种，建议教师评价占 60%权重，小组内部成员评价占 20%的权重，第三方评分组成员评价占 20%的权重，将三者综合起来的得分为该生在该项目的评价分。

表 8-3　工作评价单

考评人		被考评人	
考评地点			
考评内容			
考评标准	具体内容	分值（分）	实际得分
	工作态度	20	
	沟通水平	20	
	安全管理制度合理性	30	
	安全管理制度可行性	30	
合计		100	

注：考评满分 100 分，60 以下为不及格，60~69 分为及格，70~79 分为中，80~89 分为良，90 分以上为优。

模块九　仓库货物配送组织能力

单元一　仓库货物配送计划

 **学习情境**

小陈最近应聘于国内某物流公司，师从公司老刘进行货物配送工作。物流公司拥有众多客户，平均每天要对客户配送上千种货物，数量达到上百吨。公司工作任务繁忙紧张，为了更好地适应工作需要，以严谨认真而著称的老刘同志，为小陈制定了周密而详细的学习计划。老刘首先安排小陈学习仓库货物配送计划的制订，以下是小陈的学习内容。

 **学习目标**

1. 了解配送系统的构成
2. 掌握配送服务要点
3. 掌握配送作业基本流程
4. 能够进行配送计划的制订

 **学习地点**

1. 物流配送企业、配送中心
2. 校内物流配送实训室

学习内容

一、配送系统的构成

配送系统是由运输网络中的运输路线和集散站的仓储设施结合而构成的。随着时间的变化，不同的货物在此系统中流动。在配送网络中流动的货物，不管是原材料还是提供消费的成品，只要是在两点中移动，均需要靠运输服务来完成。同时，由于范围逐渐扩大，以及有效经营观念的提升，加上运输方式已经逐渐改良，两地间连接运送方式增加运转作业，即货物流通网络也逐渐复杂，而输送和配送的两段运输更加明显。

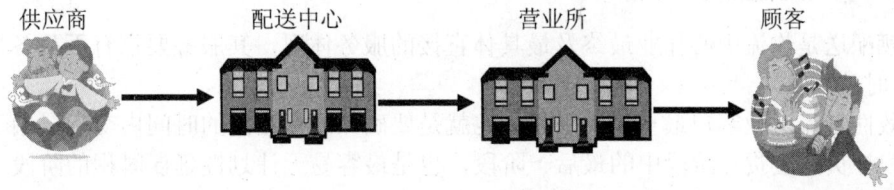

图 9-1 配送系统基本框架

因此，配送系统便以输送→配送的基本框架来完成货物的流程程序，如图 9-1 所示。由于顾客逐渐增加，顾客分布的范围逐渐扩大，需要运输服务的数量也不断增加，因此，配送系统必须根据环境的变化进行调整，除了必须增加营业所外，配送中心应运而生，以使作业更加经济、有效，从而构成更复杂且更有效的现代化的配送系统，如图 9-2 所示。

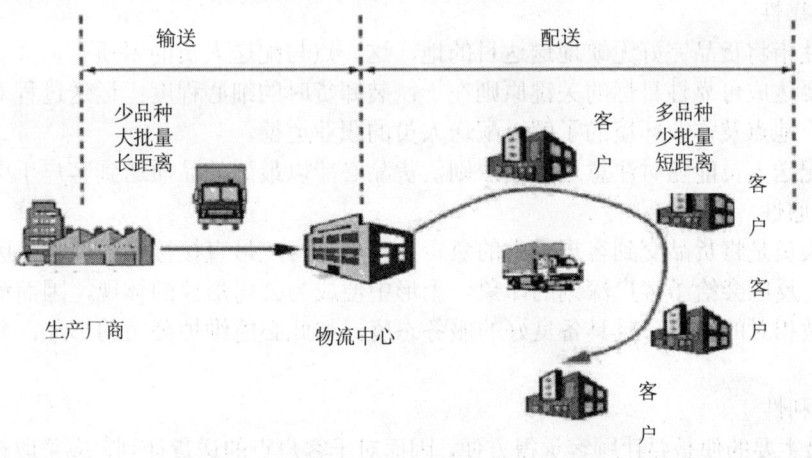

图 9-2 现代化配送系统

供应商到配送中心运输一般距离比较远,称之为输送。配送中心到营业所和顾客运输距离一般比较近,称之为配送。输送是不与顾客直接接触。至于所谓的集配,则是指营业所与顾客间的集货与配送作业。这种物流作业方式的改变,显示出运输作业较细的分工,也增加了运输效率。

在现代化的配送系统的构架下,货物的配送方式应按照成本最低化原则,根据其内外部环境的变化进行调整。目前的配送系统中的各种运输工具,大都与公路运输有关,因此以下将以公路运输的货物托运流程作业为例,简单说明货物在配送系统中的流动。

事实上,托运过程的主要作业为集货→分类装货→运送(包括转运)→卸货→分送货物→送达客户手中。

二、车辆配送服务要点

车辆配送是物流中心作业最终及最具体直接的服务体现,其服务要点有下列各项。

1. 时效性

时效性是流通业客户最重视的因素,也就是要确保能在指定的时间内交货。由于配送是从客户订货至交货各阶段中的最后一阶段,也是最容易无计划性延误时程的阶段(配送中心内部作业的延迟较易掌握,可随时与客户调整),一旦延误便无法弥补。即使内部阶段稍稍延迟,若能规划一个良好的配送计划则仍可能补救延迟的时间,因而配送作业可说是掌控时效的关键点。

一般未能掌握输配送时效性的原因,除司机本身问题外,不外乎所选择的配送路径路况不良、中途客户点下货不易以及客户未能及时配合等问题,因此要合理选择运输车辆和配送路径,或加派助理辅助卸货,这样才能让每位客户都能在其所期望时间收到期望的货物。

2. 可靠性

可靠性指将货品完好无缺地送达目的地,这一点与配送人员的素质有很大关系。以配送而言,要达成可靠性目标的关键原则在于:装卸货时的细心程度;运送过程对货品的保护;对客户地点及作业环境的了解;配送人员的职业道德。

如果配送人员能随时注意这几项原则,货品必能以最好的品质送到客户手中。

3. 沟通性

配送人员是将货品交到客户手中的负责人,也是客户最直接接触的人员,因而其表现出的态度、反应会给予客户深刻的印象,无形中便成为公司形象的体现,因而配送人员应能与顾客做相对的沟通,且具备良好的服务态度,如此必能维护公司的形象,并巩固客户的忠诚度。

4. 便利性

配送最主要的便是要让顾客觉得方便,因而对于客户点的送货计划,应采取较弹性的系统,才能够随时提供便利的服务。例如紧急送货、信息传送、顺道退货、辅助资源回收等。

5. 经济性

实现一定的经济利益是企业运作的基本目标,因此,对合作双方来说,以较低的费用,完成配送作业是企业建立双赢机制加强合作的基础。所以客户的要求不仅是高质量、及时方便的配送服务,还必须提高配送运输的效率,加强成本控制与管理,为客户提供优质、经济的配送服务。

三、配送运输的基本作业流程

配送运输的一般作业流程如图 9-3 所示。

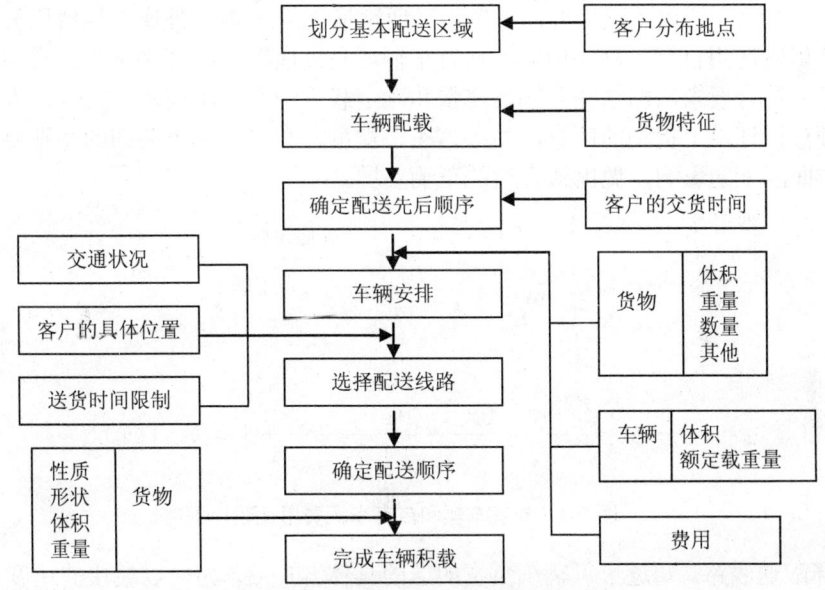

图 9-3　配送运输基本作业流程

1. 划分基本配送区域。为使整个配送有一个可循的基本依据,应首先将客户所在地的具体位置作一系统统计,并将其作区域上的整体划分,将每一客户囊括在不同的基本配送区域之中,以作为下一步决策的基本参考。如按行政区域或依交通条件划分不同的配送区域,在这一区域划分的基础上再作弹性调整来安排配送。

2. 车辆配载。由于配送货物品种、特性各异,为提高配送效率,确保货物质量,必须首先对特性差异大的货物进行分类。在接到订单后,将货物依特性进行分类,以分别采取不同的配送方式和运输工具,如按冷冻食品、速食品、散装货物、箱装货物等分类配载;其次,配送货物也有轻重缓急之分,必须初步确定哪些货物可配于同一辆车,哪些货物不能配于同一辆车,以做好车辆的初步配装工作。

3. 暂定配送先后顺序。在考虑其他影响因素，做出确定的配送方案前，应先根据客户订单要求的送货时间将配送的先后作业次序作一概括的预订，为后面车辆限载量做好准备工作。计划工作的目的，是为了保证达到既定的目标，所以，预先确定基本配送顺序可以既有效地保证送货时间，又可以尽可能提高运作效率。

4. 车辆安排。车辆安排要解决的问题是安排什么类型、吨位的配送车辆进行最后的送货。一般企业拥有的车型有限，车辆数量亦有限，当本公司车辆无法满足要求时，可使用外雇车辆。在保证配送运输质量的前提下，是组建自营车队，还是以外雇车为主，则须视经营成本而定，具体如图9-4所示。曲线1表示外雇车辆的配送费用随运输量的变化情况；曲线2表示自有车辆的配送费用随运输量的变化情况。当运输量小于A时，外雇车辆费用小于自有车辆费用，所以应选用外雇车辆；当运输量大于A时，外雇车辆费用大于自有车辆费用，所以应选用自有车辆。但无论自有车辆还是外雇车辆，都必须事先掌握有哪些车辆可供调派并符合要求，即这些车辆的容量和额定载重是否满足要求；其次，安排车辆之前，还必须分析订单上货物的信息，如：体积、重量、数量等对于装卸的特别要求等，综合考虑各方面因素的影响，做出最合适的车辆安排。

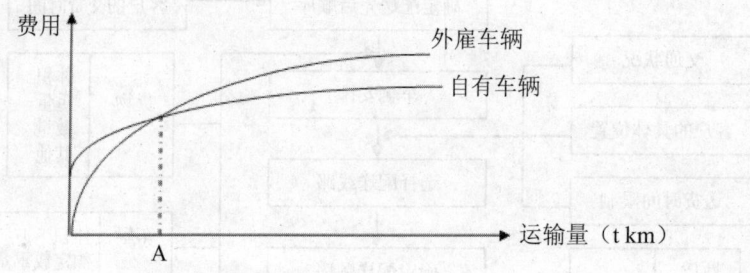

图9-4 外雇车辆和自有车辆费用比较

5. 选择配送线路。知道了每辆车负责配送的具体客户后，如何以最快的速度完成对这些货物的配送，即如何选择配送距离短、配送时间短、配送成本低的线路，这需根据客户的具体位置、沿途的交通情况等做出优先选择和判断。除此之外，还必须考虑有些客户或其所在地点环境对送货时间、车型等方面的特殊要求，如有些客户不在中午或晚上收货，有些道路在某高峰期实行特别的交通管制等。

6. 确定最终的配送顺序。做好车辆安排及选择好最佳的配送线路后，依各车负责配送的具体客户的先后，即可将客户的最终配送顺序加以明确的确定。

7. 完成车辆积载。明确了客户的配送顺序后，接下来就是如何将货物装车，以什么次序装车的问题，即车辆的积载问题。原则上，知道了客户的配送顺序先后，只要将货物依"后送达先装载"的顺序装车即可。但有时为了有效利用空间，可能还要考虑货物的性质（怕震、怕压、怕撞、怕湿）、形状、体积及重量等做出弹性调整。此外，对于货物的装卸方法也必须依照货物的性质、形状、重量、体积等来做具体决定。

在以上各阶段的操作过程中,需要注意的要点有:
(1) 明确订单内容;
(2) 掌握货物的性质;
(3) 明确具体配送地点;
(4) 适当选择配送车辆;
(5) 适择最优配送路线;
(6) 充分考虑各作业点装卸时间。

四、配送计划的制订

配送计划的制订主要根据客户的货物需求量、需求时间、送货提前期和车辆运输能力决定。表 9-1 是仓库物品 A01 的送货计划。

表 9-1 仓库送货计划

物品名称:A01　　　单位:件　　　年　月　日

送货提前期1天	客户需求时间(天)					
	1	2	3	4	5	6
客户需求量	100	120	90	110	100	80
送货计划	120	90	110	100	80	

一个仓库有多个品种的物资,每个品种都有一个送货计划。把各个品种的送货计划汇集起来,就可以得到仓库总的送货计划表。如表 9-2 所示。

表 9-2 仓库总送货计划

单位:件　　　年　月　日

物品名称	客户需求时间(日)					
	1	2	3	4	5	6
A01 送货计划	120	90	110	100	80	100
A02 送货计划	20	30	20	50	40	30
A03 送货计划	100	90	120	150	90	110
A04 送货计划	70	100	90	80	90	120
A05 送货计划	110	90	120	150	90	110

知道送货任务量后,就要根据车队的车辆状况,进行初步匡算,看车辆够不够用以及不够用时需采取的弥补措施。实在不行,就调整送货任务量,这就是运输能力平衡。能力平衡的结果是得到一个物流能力计划。但这个能力计划是粗的,是总量上的大致匡算。

接下来要进行具体运输方案的制订。这是对于大致平衡的任务和能力,进行具体运输方案的研究确定。所谓具体的运输方案，是指哪个任务派哪一辆车。一个配送中心，有许多的任务和许多的车，不能够一个一个孤立起来，而要联合起来，统一调运。这样做，可以实现物流优化调度，实现车辆的极大节省和充分有效的利用，大大节省物流费用，提高经济效益。联合调运方案可通过用电脑运行物流优化数学模型而得到。

 工作任务

1．工作目标

通过模拟仓库作业环境，使学生了解仓库配送运输的一般作业流程，懂得配送运输操作程序，掌握仓库送货计划的制订与审核。

2．工作准备

（1）了解仓库作业相关知识。

（2）准备仓库相关的作业单证，如客户订单、送货单、送货计划表等。

（3）将全班学生分成若干组，每组选组长1人。

（4）工作时间安排2学时。

（5）工作环境模拟，需要学院的仓库实训室，机房等资源配合。

3．工作任务

国内某连锁超市仓库，为自有6家连锁超市配送货物，某日收到3家连锁超市要求配送货物清单，见表9-3、9-4和9-5。试编制仓库总的送货计划表。

表9-3　连锁超市1要货计划

单位：件　　　　　　　　08年 10 月 25 日

送货提前期1天	需求时间（日）					
	1	2	3	4	5	6
货物A01的需求量	100	120	90	110	100	80
货物A02的需求量	90	80	30	80	70	80
货物A04的需求量	30	50	30	40	40	30

表9-4　连锁超市2要货计划

单位：件　　　　　　　　08年 10 月 25 日

送货提前期1天	需求时间（日）					
	1	2	3	4	5	6
货物A01的需求量	70	60	90	100	70	80
货物A02的需求量	120	110	50	80	70	90
货物A03的需求量	35	55	36	45	40	38

表 9-5　连锁超市 3 要货计划

单位：件　　　　　　　　　　　　　　　08 年　10 月　25 日

送货提前期 2 天	需求时间（日）					
	1	2	3	4	5	6
货物 A01 的需求量	90	80	80	100	90	80
货物 A03 的需求量	100	110	60	90	80	80
货物 A04 的需求量	45	55	56	65	50	58

4．工作评价

工作评价的方式有教师评价、小组内部成员评价和第三方评分组成员评价三种，建议教师评价占 60%权重，小组内部成员评价占 20%的权重，第三方评分组成员评价占 20%的权重，将三者综合起来的得分为该生在该项目的评价分。

表 9-6　工作评价表

考评人			被考评人	
考评地点				
考评内容				
考评标准	具体内容		分值（分）	实际得分
	工作态度		15	
	沟通水平		15	
	送货计划表正确程度		70	
合计			100	

注：考评满分 100 分，60 以下为不及格，60~69 分为及格，70~79 分为中，80~89 分为良，90 分以上为优。

单元二　仓库货物配送组织

学习情境

小陈学习仓库货物配送计划的制订后，深得老刘肯定。接下来老刘安排小陈学习货物的配送方法，以便根据不同的小陈能根据不同的产品、不同的客户、不同的流通环境进行组织配送活动。以下是小陈的学习内容。

学习目标

1. 能够根据不同的产品、不同的客户、不同的流通环境进行组织配送活动
2. 掌握共同配送的要点

学习地点

1. 物流配送企业、配送中心
2. 校内物流配送实训室

学习内容

一、配送的方法

在不同的市场环境下,为了满足不同产品、不同客户、不同的流通环境的要求,在配送组织活动过程中,可以采取不同的配送形式来满足用户的需要。根据配送组织过程的两大要素,即配送的时间和配送货物的数量不同,将配送活动分为定时配送、定量配送、定时定量配送、定时定线路配送和即时配送等几种不同的组织形式。

1. 定时配送

定时配送是配送企业根据与用户签订的配送合同,按照约定的时间间隔进行的配送组织形式。在实践活动中,配送的货物品种可以是数天或数小时不等,而且每次配送之前以商定的联络方式,比如电话或通过配送信息管理系统等,通知配送中心或配送企业需要的商品品种及数量。

这种配送形式的时间比较固定,且具有一个循环周期,因此便于安排配送计划和配送调度,对于用户来讲,也便于安排接货和组织生产。但是由于配送的商品种类、数量不确定。配货、配装、运输的难度较大,在具体实施时,也会对运力的合理安排造成困难。定时配送有两种形式。

(1) 日配形式。

日配是定时配送中被较为广泛采纳的一种形式,尤其是在城市内的配送活动中,日配占了绝大比例。一般的,日配的时间要求大体是,上午的配送订货下午送达,下午的配送订货第二天送达,即实现在订货发出后 24h 之内将货物送到用户手中。或者是用户下午的需要保证上午送到，上午的需要保证前一天上午送到，即实现在用户实际投入使用前 24h 之内送到。

广泛而稳定地开展日配方式，可使用户基本上无须保持库存，做到以配送日配方式代替传统的库存来实现生产的准时和销售经营的连续性（无缺货）。一般日配形式较适合下述几种情况。

① 保鲜要求较高的商品和食品，如蔬菜、水果、肉类、点心、鲜花等。

② 用户是多个小型商店，如街区的零售店或便利店，它们的资金实力小，追求资金、货物周转快，随进随销。

③ 由于用户的条件限制，不可能保持较长时期的库存，比如采用零库存管理的生产企业，位于商业中心"黄金地段"的商店或那些缺少储存设施（比如冷藏设施）的用户。

④ 临时出现的配送需求。

（2）准时—看板方式。

准时—看板方式是实现配送供货与生产企业保持同步的一种配送方式，与日配方式和一般定时配送方式相比，这种方式更为精确和准确，配送组织过程也更加严密。其配送要与企业生产节奏同步，每天至少一次，甚至几次，以保证企业生产的不间断。这种配送方式的目的是实现供货时间恰好是用户生产之时，从而保证货物不需要在用户的仓库中停留，可直接运送至生产现场，这样与日配形式比较，连"暂存"这种过程也可取消，可以绝对地实现零库存。

准时—看板方式要求依靠高水平的配送系统来实现。由于要求迅速反应，因而对多用户进行周密的共同配送计划是不可能的。这种形式较适合于装配型、重复生产的用户，其所需配送的货物是重复的、大量的，且变化大；因而往往是一对一的配送。

2．定量配送

定量配送是指按照规定的数量（批量），在一个指定的时间范围内（对配送时间不严格限定）进行配送。这种配送方式配送货物的数量固定，备货较为方便、简单，可以依据托盘、集装箱及车辆的装载能力来测定配送的数量，也能够有效利用托盘、集装箱等集装方式，可做到整车配送，配送的效率较高。另外由于对配送的时间不做严格限定，因此在时间上能够将不同用户所需的货物配装成一辆整车后进行配送运输，这样能提高运力的利用率。而对于用户来讲，由于每次送达的货物数量是固定的，所以接货工作也易于组织，用户的生产和销售计划也易于与配送活动保持同步进行。不足之处在于，由于每次配送的数量保持不变，因此不够机动灵活，有时会增加用户的库存，造成库存过高或销售积压。

3．定时定量配送

定时定量配送是按照所规定的配送时间和配送的数量来组织配送，这种形式兼有定时配送和定量配送两种形式的优点。但是对配送组织要求较高，计划难度大，不太容易做到既与用户的生产节奏保持合拍，同时又保持较高的配送效率，实际操作较为困难。一般适合于配送专业化程度高的厂商（制造商）配送中心配送。

4．定时定线路配送

定时定线路配送是指在规定的运行线路上，制定到达时间表，按照运行时间表进行配送的形式。

采用这种配送方式用户须提前提出订货要求,并按规定的时间在规定的运行线路上接货。也可将其称作班车配送或列车时刻表配送。

这种配送方式对配送企业而言,有利于安排车辆运行及人员配备,比较适合于用户相对比较集中、用户需求较为一致的环境,并且配送的品种和数量不能太大,批量的变化也不能太大。对于用户来讲,由于配送的时间和路线固定,可以根据需要有计划地安排接货,但由于配送时间和路线不变,因而对用户的适应性较差,灵活性和机动性不强。

5. 即时配送

即时配送是指完全按照用户提出的送货时间和送货数量,随时进行的配送组织形式。这是一种灵活性和机动性很强的应急配送方式,用户可以用即时配送来代替保险储备。但对配送的组织者来说,很难做到充分利用运力,配送成本较高。同时,由于这种配送形式完全按照用户的要求来进行,因而配送的计划性较差。对配送组织过程要求高,对配送企业的应变能力和快速反应能力要求也比较高。其优点是适合用户要求的能力强,对提高配送企业的管理水平和作业效率有利。

二、共同配送

1. 共同配送的含义

我国国家标准《物流术语》对共同配送的解释是"由多个企业联合组织实施的配送活动。"

共同配送是多名流通经营者在配送环节上进行合作的配送方式。采用这种合作方式的经营者可以互相使用对方的配送系统或者共同组建配送系统,也可以共同设立独立配送企业。

2. 共同配送的优势

共同配送是经过长期的发展和探索,优化出的一种配送形式,也是现代社会上影响面较大,资源配置较为合理的一种配送方式,其优势可以从两方面看。

一方面,从货主(厂家,批发商和零售商)的角度来说,通过共同配送可以提高物流效率,如中小批发业者各自配送,难以满足零售商多批次,小批量的配送要求。采用共同配送,送货的一方可以实现少量物流配送,收货一方可以统一进行总验货,从而达到提高物流配送水平的目的。

另一方面,从汽车运输经营者的角度来说,汽车运输经营者内多为中小企业,不仅资金少,人才不足,组织脆弱,而且运输量少,运输效率低,使用车辆多,在独自承揽业务、物流合理化及效率上受到限制。如果实现合理化共同配送,则筹集资金、大宗运货、通过信息网络提高车辆使用效率、进行往返运货等问题均可得到解决。同时,也可以通过共同运输,扩大多批次、小批量的服务。

共同配送的目的在于最大限度地提高人员、物资、资金、时间等物流资源的效率(降低成本），取得最大效益（提高服务）。还可以去除多余的交错运输，取得缓解交通，保护环境等社会效益。

共同配送的优点如表 9-7 所示。

表 9-7 共同配送的优点

对货主的优点	对运送者的优点
1. 运费负担减轻	1. 可以提高输送效率
2. 可以裁减人员	2. 可以降低物流成本
3. 可以小批量进货配送	3. 可以减少物流人员
4. 收货人员可以对不同品种货物统一验收	4. 可以减少不适当的竞争
5. 物流空间可以互相融通	5. 可以减少重复的服务
6. 可以缓解交通拥挤	6. 可以缓解交通拥挤
7. 防止环境污染	7. 防止环境污染

3．共同配送的两种类型

共同配送可以分为下述以货主为主体的共同配送和以物流业者为主体的共同配送，如表 9-8 所示。

表 9-8 共同配送的类型与具体实例

主体		类型		具体实例
货主主体型	发货主主体型	与交易对象共同配送		NEC 集团（采购零件部）、莱昂（原材料）
		与不同行业的货主共同配送		麒麟集团（味之素、三菱材料、莱昂等 100 个公司）
		集团系统内部的共同配送		味之素集团（味之素、AFG，梅尔鲁），三菱集团（三菱电器、麒麟集团等）
		与同业货主协同	集团共同配送	关西百货店（阪急百货店等大阪 7 家百货店）
			共同出资组建公司进行共同配送	巴比克斯公司（纸批发业 6 公司）共荣系统等 5 家公司，医疗设备 1 公司，东日本桥流通服务公司
			组建合作社进行共同配送	（合作社）东京具马尔谢公司，仙台批发商中心等
			使用行业增值网共同配送	日本唱片公司（唱片、CD 等），行星物流（莱昂等 11 家）
	收货主主体型	以主力批发商为窗口交货的共同配送		"7-11" 公司（一揽子送货），神奈川西基西中心（神奈川超市 6 家）
物流专业者主体型	公司主体型	运送业者的共同配送		南王运送（代向百货店交货、验货），四国运输（家庭纸厂 20 家）
		共同出资组建新公司进行共同配送		爱知共同配送
	合作型	运送业者组建合作社进行共同配送		东京都市圈货物输送合作社（小批量杂货）
		运送业、批发业组建合作社进行共同配送		西大阪运送事业合作社（机械工具）

(1) 以货主为主体的共同配送。

由有配送需求的厂家、批发商、零售商以及它们组建的新公司或合作社机构作为主体进行合作，解决个别配送的效率低下问题。这种配送又可分为发货货主主体型和进货货主主体型。

① 发货货主主体型
- 与客户的共同配送。用于采购零部件或原材料的运输车辆均可参与的共同配送。
- 不同行业货主的共同配送。不跑空车，让物流子公司与其他行业合作，装载回程货物或与其他公司合作进行往返运输。
- 集团系统内的共同配送。企业集团、大资本集团、零售商集团等的内部共同配送。
- 同行业货主的共同配送。同行业货主共同出资组建公司进行共同配送，或建立合作社进行共同配送，通过同行业 VAN 增值网进行共同配送。

② 进货货主主体型

零售商以中心批发商（一级批发商）为窗口，从中间批发商（二级批发商）处统一进货再配送给物流中心或零售店。

(2) 以物流业者为主体的共同配送。

由提供配送的物流业者，或以它们组建的新公司或合作机构为主体进行合作，克服个别配送的效率低下等问题。这一类共同配送又可分为公司主体型和合作机构主体型。

① 公司主体型
- 运送业者的共同配送向特定交货点运送货物，交货业务合作化。
- 共同出资组建新公司开展共同配送本地的运送公司（特别零担货物运输业者、包租业者）共同出资组建新公司开展送货到户业务。

② 合作机构主体型
- 运送业者组成合作机构开展共同配送。运送公司组成合作机构，将各成员在各自收集货物或配送货物地区所收集的货物运到收配货据点，然后统一配送。
- 运送合作机构和批发合作机构合作，开展共同配送。他们共同设置收货和配货的据点，由运送公司统一承包批发商的集货和配货业务。

4. 共同配送的问题及解决办法

日本新泻产业大学的菊池康也教授对日本开展共同配送过程中出现的问题做出了分析，并对如何消除这些问题的影响，开展共同配送提出了自己的看法。

(1) 共同配送发展的障碍。
① 有可能泄露企业的商业机密。
② 难于进行商品管理。
③ 担心出现纠纷，担心服务水平下降。
④ 担心共同物流设施费用及其管理成本增加。
⑤ 担心成本收益的分配出现问题。

⑥ 主管人员在经营管理方面存在困难。
⑦ 缺乏实现共同配送的领袖人物。
⑧ 为建立共同配送设施和改善环境而发生的投资不易合理分配。
⑨ 建立共同配送系统的专家不足。
（2）如何消除这些障碍。
从货主角度，应注意以下问题。
① 由于大型零售业的流通变革非常激烈，在批发阶段，要求多品种一次性进货。为适应这种需求，无论如何必须开展共同配送。
② 货主的竞争只在销售，而配送应当共同进行。实际开展时需要投入许多的人员、精力、资金和时间，这方面应有充分的精神准备。
③ 在公司内部，特别是要能够得到销售部门对共同配送的理解，应当想办法既能够开展共同配送，又不至于把顾客的名单和交易价格泄露出去。
④ 应当在同一地区，寻找既有配送实力，又无需竞争的公司即不同行业的公司联手开展共同配送。
⑤ 如与不同行业的公司开展共同配送，应注意选择如下对象。
- 配送地址的分布类似。
- 商品特征类似。
- 保管和搬运拣选类似。
- 系统类似。
- 服务水平类似。
- 处理的配送量类似。

⑥ 实际操作时，要切实定好接收订货信息的时间，以及托盘、货单、代码等基础条件。
⑦ 开展共同配送时必须注意这些问题，为取得成功，需要有信心，并使之系统化。
（3）如何开展共同配送。
① 开展共同配送的程序。
- 研究物流共同化的可能性。
- 参加的单位统一意志。
- 确立物流共同化的主体。
- 系统设计。
- 办理有关手续（主要是行政手续）。
- 筹措资金。
- 确认工作开始。
- 运营主体开始工作。
- 实施后的调查研究及工作改进。

② 实施过程中要注意的问题。
- 不要泄露合作企业的商业机密。
- 共同配送组织要有好的领导人或协调人，就共同配送问题协调各方面的意见。最好由有经验的物流专家来担任协调人。
- 要保持较高的服务水平。
- 要有成本效益目标。
- 搞好商品管理。
- 搞好成本效益分配。
- 要阻止设施费用和管理成本的增长。
- 创造条件取得公司内部的理解和支持。

总之，为促成共同配送的实现，有许多困难。这些困难只靠货主单方面努力是不可能解决的，要有厂家、运送业者和接受配送单位的强有力的支持，有时甚至还需要政府或地方公共团体的支持。

工作任务

1. 工作目标

通过对实践环节的调查了解，能够根据不同的产品、不同的客户、不同的流通环境进行组织货物配送活动；掌握共同配送的要点。

2. 工作准备

（1）了解货物配送的几种方式及其适用范围，设计客户调查表格。

（2）将全班学生分成若干组，每组选组长1人。

（3）调查时间安排4学时。

（4）工作环境模拟，需要学院的仓库实训室，机房等资源配合。

3. 工作任务

（1）对定时配送，定量配送，定时定量配送，定时定线路配送和即时配送等形式写出五种以上的配送货物。

（2）调查一个共同配送企业，发现它存在的问题，并提出解决措施。

4. 工作评价

工作评价的方式有教师评价、小组内部成员评价和第三方评分组成员评价三种，建议教师评价占60%权重，小组内部成员评价占20%的权重，第三方评分组成员评价占20%的权重，将三者综合起来的得分为该生在该项目的评价分。

表 9-9 工作评价表

考评人		被考评人	
考评地点			
考评内容			
考评标准	具体内容	分值（分）	实际得分
	工作态度	15	
	沟通水平	15	
	写出五种配送货物完成情况	20	
	共同配送企业发现问题情况	20	
	共同配送企业问题解决情况	30	
	合计	100	

注：考评满分 100 分，60 以下为不及格，60~69 分为及格，70~79 分为中，80~89 分为良，90 分以上为优。

单元三　仓库车辆调度操作

学习情境

仓库货物配送计划的制订后，接下来就要安排车辆运输。各种货物都有自己的去向和运量，如何合理调度车辆，是降低配送成本的重要途径。老刘于是给小陈介绍车辆调度工作的特点、原则，并介绍了车辆调度方法。以下是小陈的学习内容。

学习目标

1. 掌握车辆调度的原则、方法
2. 能够进行车辆的合理调度

学习地点

1. 物流配送企业、配送中心
2. 校内物流配送实训室

 学习内容

一、车辆调度工作的作用及特点

（一）车辆调度的作用

1. 保证运输任务按期完成。
2. 能及时了解运输任务的执行情况。
3. 促进运输及相关工作的有序进行。
4. 实现最小的运力投入。

（二）车辆调度工作的特点

1. 计划性

以合同运输为主，临时运输为辅制订运输工作计划，按运输任务认真编制、执行及检查车辆运行作业计划。

2. 预防性

在车辆运行组织中，经常进行一系列预防性检查，发现问题，及时采取解决措施，避免中断运输。

3. 机动性

加强信息沟通，机动灵活地处理有关部门的问题，及时准确地发布调度命令，保证生产的连续性。

二、车辆调度工作的原则

（一）车辆调度工作的基本原则

1. 坚持统一领导和指挥，分级管理，分工负责的原则。
2. 坚持从全局出发，局部服从全局的原则。
3. 坚持以均衡和超额完成生产计划任务为出发点的原则。
4. 最低资源（运力）投入和获得最大效益的原则。

（二）车辆调度工作的具体原则

1. 宁打乱少数计划，不打乱多数计划。
2. 宁打乱局部计划，不打乱整体计划。
3. 宁打乱次要环节，不打乱主要环节。
4. 宁打乱当日计划，不打乱以后计划。
5. 宁打乱可缓运物资的计划，不打乱急需物资运输计划。

6. 宁打乱整批货物运输计划，不打乱配装货物运输计划。
7. 宁使企业内部工作受影响，不使客户受影响。

三、车辆调度方法

车辆调度的方法有多种，可根据客户所需货物、配送中心站点及交通线路的布局不同而选用不同的方法。简单的运输可采用定向专车运行调度法、循环调度法、交叉调度法等。如果运输任务较重，交通网络较复杂时，为合理调度车辆的运行，可运用运筹学中线性规划的方法，如最短路径法、表上作业法、图上作业法等。这里先讲图上作业法、表上作业法。

1. 空车调运数学模型

设：i——空车收点（即装货点）标号，$i=1, 2, …, m$；
　　j——空车发点（即卸货点）标号，$j=1, 2, …, n$；
　　Q_{ij}——由第 j 点发到第 i 点的空车数（辆）或吨位数（吨位）；
　　q_i——第 i 点所需车数（辆）或吨位数（吨位）；
　　Q_j——第 j 点空车发出数量（辆）或吨位数（吨位）；
　　L_{ij}——第 j 点至 i 点的距离（km）。

则空车调运最佳行驶线路选择问题可得如下的数学模型：

（1）约束条件的数学模型

① 某空车发点向各空车收点调出空车的总数，等于该点空车发量，即

$$\sum_{i=1}^{m} Q_{ij} = Q_j \qquad i=1, 2, …, m$$

② 某空车收点调入各空车发点空车的总数，等于该点空车收量，即

$$\sum_{i=1}^{n} Q_i = q_j \qquad j=1, 2, …, n$$

③ 上述各式中各个变量 Q_{ij} 必须不是负数，即

$$Q_{ij} \geq 0$$

④ 各空车发点调出空车的总数，等于各空车收点调入空车总数，即

$$\sum_{j=1}^{n} Q_i = \sum_{i=1}^{m} q_j$$

（2）目标函数的数学模型

确定以全部空车调运里程 $\sum L_k$ 最小为求解目标。即

$$\sum L_k = \sum Q_{ij} \cdot L_{ij} = \min$$

2. 图上作业法

这是一种借助于货物流向—流量图而进行车辆合理规划的简便线性规划方法，它能消除环状交通网上物资运输中车辆的对流运输（包括隐蔽对流运输）和迂回运输问题，得出

空车调运总吨公里最小的方案。所谓对流，就是在一段路线上有车辆往返空驶。所谓迂回，就是成圈（构成回路）的道路上，从一点到另一点有两条路可以，一条是小半圈，一条是大半圈，如果选择的路线的距离大于全回路总路程的一半，则就是迂回运输。运用线型规划理论可以证明，一个运输方案，如果没有对流和迂回，它就是一个运力最省的最优方案。

（1）图上作业法的基本知识

① 图上作业法的常用符号

为了表达方便，交通网络使用下列符号：

"○"表示货物装车点，即空车接受点；

"×"表示货物卸车点，即空车发出点；

"⊗"表示货物装卸点，即空车收发点；

"——▶"表示重车流向线，"----▶"表示空车流向线；

"(××)"某段流向线的公里数；

"△"车场位置。

② 线形分类

图上作业法根据交通图的点和线的关系，把各种线形归纳为道路不成圈（无圈）和道路成圈两类。

道路不成圈，就是没有回路的"树"形路线，包括直线（实际上是曲线）、丁字线、交叉线、分支线等。直线为图上作业法的基本路线，不论何种线形，都要采取一定的办法，把它化为一条直线的运输形式，以便做出流向线。无圈的流向图，只要消灭对流，就是最优流向图。

道路成圈，就是形成闭合回路的"环"状路线，包括一个圈（有三角形、四边形、多边形）和多个圈。成圈的流向图要达到既没有对流，又没有迂回的要求，才是最优流向图。

（2）交通图不含圈的图上作业法

任何一张交通网络图，其线路分布形状可分成圈和不成圈两类，对于不成圈的交通网络图，根据线性规划原理，物资调拨或空车调运线路的确定可依据"就近调空"原则进行。

此网络只要使方案中不出现对流情况，即是最优方案。如根据图9-5所示要求，就可得到图9-6的调运方案，其运力消耗最少，即吨位公里数最小。

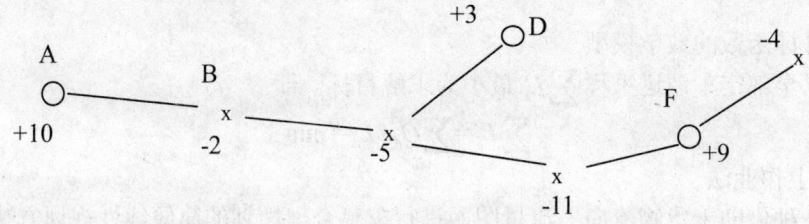

图 9-5　物资调运示意图

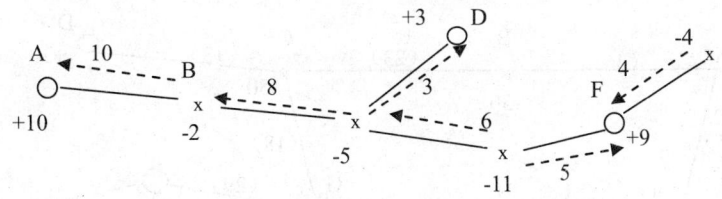

图 9-6 空车调运最优示意图

(3) 交通图含圈的图上作业法

① 假设某两点间线路"不通",将成圈问题简化为不成圈问题考虑,得到一个初始的调运方案。

② 检查初始调运方案是否可行。里、外圈的流向线之和是否超过其周长之一半,如均小于周长一半,则初始方案为最优方案。如外圈流向线总长超过全圈周长的一半,则缩短外圈流向;反之,就应缩短里圈流向。

③ 调整超长圈,具体方法是选该圈流向线中流量最小的进行调整,在超长圈各段流向线上减去最小的运量,然后再在相反方向的圈流向线和原来没有流向线的各段,加上同样数目的运量,就可得到一个新的调拨方案。然后再用上述方法处理,直到内、外圈空车流向线之和均小于周长之一半,此时,得到的调运方案为最优方案。对于有几个圈的交通网络,则应逐圈检查并调整,直到每一圈都能符合要求,此时才能得到空车调拨的最优方案。

例:在给定交通图上,要求完成下表所列的货物运输任务,根据上述方法求解空车最优调运方案。

表 9-10 物资调运表

装货点	卸货点	运量(吨)
A	C	20
D	B	20
F	E	20
F	I	30
F	G	50
H	B	10
H	C	30
H	G	20

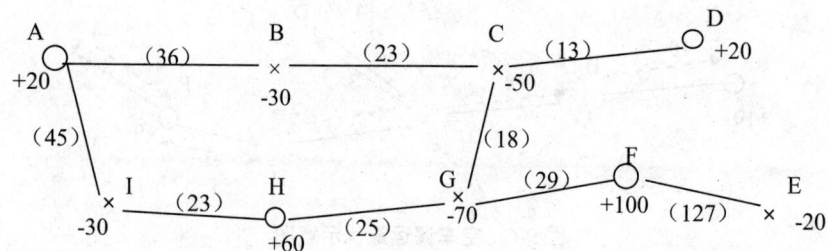

图 9-7 物资调运示意图

第一步,作初始方案。

先假设 A-B 不通,用"就近调空"原则,得到一个初始的调运方案,如图 9-8 所示。

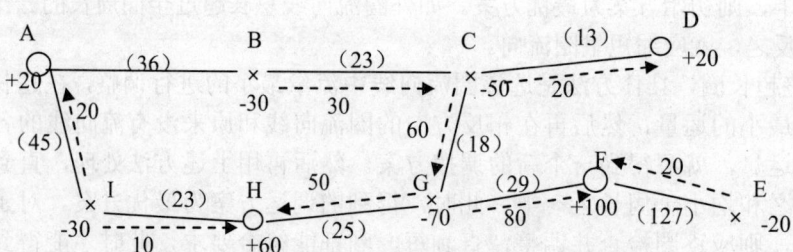

图 9-8 初始方案

第二步,检查初始方案。

求全圈周长的一半=(45+23+25+18+23+36)/2=85 km

内圈流向线总长=45+23+18+25=111 km

外圈流向线总长=23 km

内圈流向线总长超过全圈周长的一半,方案不是最优,要调整。

第三步,调整流向。

在超长圈(内圈)各段流向线上减去最小的运量 20,然后再在相反方向的圈流向线和原来没有流向线的各段,加上同样数目的运量 20,可得到一个新的空车调运方案,如图 9-9 所示。

第四步,检验新方案是否最优。

求全圈周长的一半=(45+23+25+18+23+36)/2=85 km

内圈流向线总长=25+18+23=66 km

外圈流向线总长=23+36=59 km

内、外圈流向线总长均小于全圈周长的一半,方案最优。

第五步,写出空车调运方案。

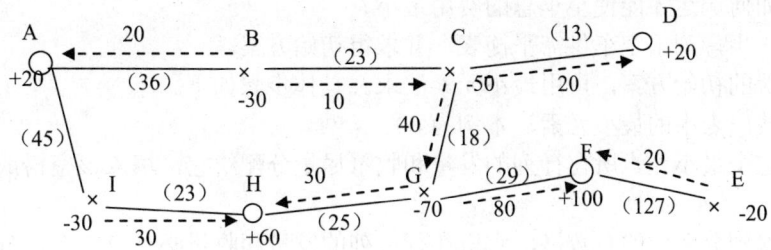

图 9-9　调整后的方案

表 9-11　空车调运方案

空车发出点	空车接收点	数量(吨)
B	A	20
B	F	10
C	D	20
C	H	30
I	H	30
E	F	20
G	F	70

大家可计算一下两种方案的空车公里多少?(第 1 方案 9270 tkm,第 2 方案 8230 tkm)

3．表上作业法

表上作业法是用列表的方法求解线性规划问题中运输模型的计算方法。当某些线性规划问题采用图上作业法难以进行直观求解时,就可以将各元素列成相关表,作为初始方案,然后采用检验数来验证这个方案,否则就要采用闭回路法、位势法或矩形法等方法进行调整,直至得到满意的结果。运输问题是一类常见而且极其典型的 LP 问题。从理论上讲,运输问题可以用单纯型来求解。但由于运输问题数学模型具有特殊的结构,存在一种比单纯型法更简便的计算方法——表上作业法。用表上作业法来求解运输问题比单纯型可节约计算时间与计算费用,但表上作业法实质上仍是单纯型法。

表上作业法的基本程序是:

(1) 列出供需平衡表;

(2) 在表上做出初始方案;

(3) 检查初始方案是否最优;

(4) 调整初始方案求得最优解。

例:某企业有 3 个生产同类产品的工厂(装货点),生产的产品由 4 个销售点(卸货点)出售,各工厂的生产量、各销售点的销售量(假定单位均为 t)以及各工厂到各销售点的单位运费（元/t）示于下表（表9-12），左上角标注的是两点间的距离或费用，一般称为元素。试研究如何调运才能使空车总的费用最小？

解：第一步，列出空车供需平衡表，并求得初始方案。

空车调拨的初始方案，可用最小元素法求。具体步骤如下。

（1）先找出表中的最小元素，本例为60。

（2）把这个最小元素所在行列的发量和收量尽量分配给它，填入该空格成为有数格。本例填50。

（3）已得到分配数的有数格，它所在行、列的发量和收量必然有一个被分配完，就把被分配完的这行或列用粗线划去，另一行（列）的发（收）量应减去其分配量，列出剩余量，如行和列的发收量同时被分配完，也只划去其中之一。

（4）从剩余行列中再找出最小元素，以同样的方法进行分配，直到全部分配完为止。

表 9-12　产销地运费运量表

卸货点 / 装货点	B	D	E	收货量
A	70	230	80	40
C	140	100	230	30
F	60	190	80	50
G	160	90	180	80
发货量	80	90	30	200

本例完成的初始方案如表9-13所示。

表 9-13　空车供需平衡表

空车接收点 / 空车发出点	B	D	E	空车发量
A	70 ㉚	230	80 ⑩	40
C	140	100 ⑩	230 ⑳	30
F	60 ㊿	190	80	50
G	160	90 ⑧⓪	180	80
空车收量	80	90	30	200

第二步，检验初始方案。

检验初始方案是否最优，常用的方法有闭回路法和位势法。现介绍位势法，其步骤为：

（1）先按供需平衡表画出相同的表，作为检验用表。

（2）在初始方案的有数格标上"0"。

（3）在表的右方增加一列"行位势"（u_i），在表的下方增加一行"列位势"（v_j），并在行位势、列位势的方格中，填上新的数值，这些数值应该使表中有"0"的方格内的元素（距离或费用），恰好等于它所在的行、列所填两个数字之和。

即　$u_i + v_j = c_{ij}$　　　　c_{ij}——方格内的元素

（4）将各空格的元素减去该格所对应的在行位势和列位势，便得到该空格的检验数。

即检验数　$\lambda_{ij} = c_{ij} - (u_i + v_j)$，如果检验数全部非负，方案最优，否则要进行调整。

本例检验数求解过程如下：

设：$u_i = 0$

$v_1 = c_{11} - u_1 = 70 - 0 = 70$

$v_3 = c_{13} - u_1 = 80 - 0 = 80$

$u_2 = c_{31} - v_1 = 140 - 80 = 150$

$v_2 = c_{22} - u_2 = 100 - 150 = -50$

$u_3 = c_{13} - v_1 = 60 - 70 = -10$

$u_4 = c_{23} - v_2 = 90 - (-50) = 140$

位势求出后，即可按检验数公式计算出检验数。表9-14是检验数求得结果。

表9-14　检验数表

空车发出点＼空车接收点	B	D	E	空车发量	行位势 u_i
A	70　㉚ 0	230 280	80　⑩ 0	40	0
C	140 -80	100　⑩ 0	230　⑳ 0	30	150
F	60　㊿ 0	190 250	80 10	50	-10
G	160 -50	90　⑧⓪ 0	180 -40	80	140
空车收量	80	90	30	200	
列位势 v_j	70	-50	80		

第三步,调整初始的调运方案。

当检验数有负数时,方案不是最优,应调整,调整方法如下。

(1)选取检验数负数的绝对值最大的空格,用闭回路法找出该空格的闭回路,本例闭合回路见表 9-15。

闭回路法:以空格为起点,沿水平或垂直方向移动,遇到有数格才作直角转弯,如在该有数格转弯后,不能形成闭回路,则暂不转弯,可跨越该有数格继续前进,再遇有数格才转弯,如此行进,最后又回到起点的空格构成一个闭合回路。

表 9-15 画闭回路

空车发出点\空车接收点	B	D	E	空车发量	行位势 u_i
A	70 ㊿ 0	230 280	80 ⑩ 0	40	0
C	140 -80	100 ⑩ 0	230 ⑳ 0	30	150
F	60 ㊿ 0	190 250	80 10	50	-10
G	160 -50	90 ㊿ 0	180 -40	80	140
空车收量	80	90	30	200	
列位势 v_j	70	-50	80		

(2)在闭回路的奇数角中,找出最小流量 $X_{\min}$。本例为 20。

奇、偶数角:从空格起点移动(空格为 0),顺着一个方向数,凡 1、3、5……为奇数角;凡 2、4、6……为偶数角。

(3)每一个奇数角所在的格都减去最小流量 $X_{\min}$,每一个偶数角所在的格都加上最小流量 $X_{\min}$,得一新方案。

(4)对新方案进行检验,看检验数是否全部非负。

第四步,检验新方案

检验过程、方法同上,表 9-16 是计算结果。

表 9-16 检验数表

空车发出点 \ 空车接收点	B		D		E		空车发量	行位势 u_i
A	70	⑩	230		80	㉚	40	0
	0		200		0			
C	140	⑳	100	⑩	230		30	70
	0		0		130			
F	60	㊿	190		80		50	-10
	0		170		10			
G	160		90	㊿	180		80	60
	30		0		40			
空车收量	80		90		30		200	
列位势 v_j	70		30		80			

最优空车调运方案：A→B 10 吨，C→B 20 吨，F→B 50 吨，C→D 10 吨，G→D 80 吨，A→E 30 吨。

工作任务

1．工作目标

通过对实践练习，能够根据不同的产品、不同的客户、不同的流通环境进行空车合理调度。同时能够进行紧急情况下的车辆合理调度。

2．工作准备

（1）学会空车合理调度方法。

（2）掌握紧急情况下的车辆合理调度要求。

（3）将全班学生分成若干组，每组选组长 1 人。

（4）作业时间安排 4 学时。

（5）工作环境模拟，需要学院的仓库实训室，机房等资源配合。

3．工作任务

（1）在给定交通图上，要求完成下表所列的货物运输任务，根据上述方法求解空车最优调运方案。

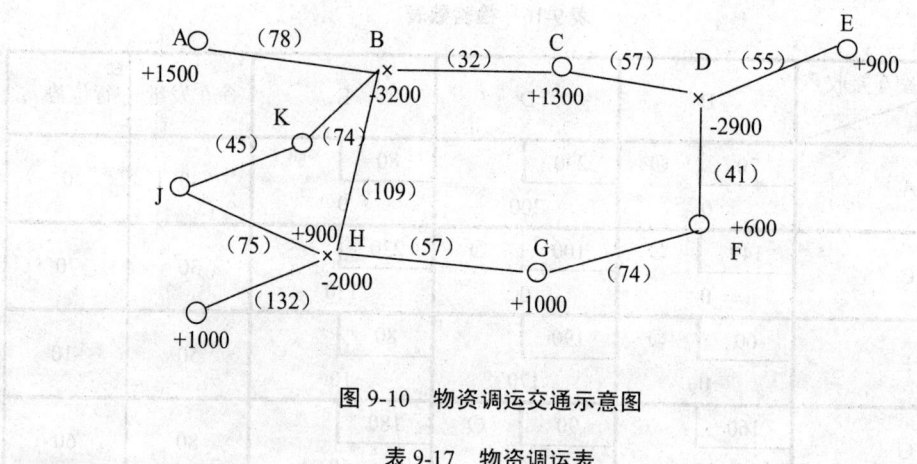

图 9-10 物资调运交通示意图

表 9-17 物资调运表

货名	装货点	卸货点	运量（吨）
××	G	B	900
××	G	H	100
××	I	H	1000
××	J	H	900
××	A	D	1000
××	A	B	500
××	K	B	900
××	F	D	600
××	E	B	900
××	C	D	1300

（2）在上题中，B—G 新修了一条 98km 的道路，此时应如何安排空车调运？

（3）求解下面资料中的最优空车调运方案？

表 9-18 货运任务表

货 名	发货点	收货点	运距（km）	运量（t）
××	A	D	70	40
××	C	F	18	100
××	B	E	47	35
××	B	F	23	10
××	B	G	60	14

表 9-19　里程表

装卸点	D	E	F	G
A	70	23	41	44
B	46	47	23	60
C	77	48	18	19

4．工作评价

工作评价的方式有教师评价、小组内部成员评价和第三方评分组成员评价三种，建议教师评价占 60%权重，小组内部成员评价占 20%的权重，第三方评分组成员评价占 20%的权重，将三者综合起来的得分为该生在该项目的评价分。

表 9-20　工作评价表

考评人		被考评人	
考评地点			
考评内容			
考评标准	具体内容	分值（分）	实际得分
	工作态度	15	
	沟通水平	15	
	任务 1 完成情况	20	
	任务 2 完成情况	20	
	任务 3 完成情况	30	
合计		100	

注： 考评满分 100 分，60 以下为不及格，60~69 分为及格，70~79 分为中，80~89 分为良，90 分以上为优。

单元四　仓库车辆积载

学习情境

安排配送车辆之后，便要组织货物装车。合理装载车辆，是降低配送成本的重要途径。于是老刘教给小陈车辆装载的方法，要求。以下是小陈的学习内容。

学习目标

1. 掌握车辆亏载的原因
2. 学会车辆装载量的计算
3. 能够进行车辆的合理装载

学习地点

1. 物流配送企业、配送中心
2. 校内物流配送实训室

学习内容

一、车辆亏载的原因

1. 货物特性

如轻泡货物，由于车厢容积的限制和运行限制（主要是超高），而无法装足吨位。

2. 货物包装情况

如车厢尺寸不与货物包装容器的尺寸成整倍数关系，则无法装满车厢。如货物宽度 80cm，车厢宽度 220cm，将会剩余 60cm。

3. 不能拼装运输

应尽量选派核定吨位与所配送的货物数量接近的车辆进行运输，或按有关规定而必须减载运行，比如有些危险品货物必须减载运送才能保证安全。

4. 装载技术的原因，造成不能装足吨位。

二、提高配送运输车辆吨位利用率的具体办法

1. 研究各类车厢的装载标准，不同货物和不同包装体积的合理装载顺序，努力提高装载技术和操作水平，力求装足车辆核定吨位。

2. 根据客户所需的货物品种和数量，调派适宜的车型承运，这就要求配送中心保持合适的车型结构。

3. 凡是可以拼装运输的，尽可能拼装运输，但要注意防止差错。

箱式车有确定的车箱容积，敞篷车也因高度所限，车辆的载货容积为确定值。设车箱容积为 V，车辆载重量为 W。现要装载质量体积为 R_a、R_b 的两种货物，使得车辆的载重量和车箱容积均被充分利用。

设：两种货物的配装重量 W_a、W_b。

$$\begin{cases} W_a + W_b = W \\ W_a \times R_a + W_b \times R_b = V \end{cases}$$

$$W_a = \frac{V - W \times R_b}{R_a - R_b}$$

$$W_b = \frac{V - W \times R_a}{R_b - R_a}$$

例：某仓库某次需运输水泥和玻璃两种货物，水泥质量体积为 $0.9\text{m}^3/\text{t}$，玻璃是 $1.6\text{m}^3/\text{t}$，计划使用的车辆的载重量为 11t，车箱容积为 15m^3。试问如何装载使车辆的载重能力和车箱容积都被充分利用？

设：水泥的装载量为 W_a，玻璃的装载量为 W_b。

其中：$V = 15\text{m}^3$，$W = 11\text{t}$，$R_a = 0.9\text{m}^3/\text{t}$，$R_b = 1.6\text{m}^3/\text{t}$

$$W_a = \frac{V - W \times R_b}{R_a - R_b} = \frac{15 - 11 \times 1.6}{0.9 - 1.6} = 3.71t$$

$$W_b = \frac{V - W \times R_a}{R_b - R_a} = \frac{15 - 11 \times 0.9}{1.6 - 0.9} = 7.29t$$

该车装载水泥 3.71 t，玻璃 7.29 t 时车辆达到满载。

通过以上计算可以得出两种货物的搭配使车辆的载重能力和车箱容积都得到充分的利用。但是其前提条件是：车厢的容积系数介于所要配装货物的容重比之间。如所要装载的货物的质量体积都大于或小于车箱容积系数，则只能是车厢容积不满或者不能满足载重量。当存在多种货物时，可以将货物比重与车辆容积系数相近的货物先配装，剩下两种最重和最轻的货物进行搭配配装。或者对需要保证数量的货物先足量配装，再对不定量配送的货物进行配装。

三、车辆积载的原则

在明确了客户的配送顺序后，接下来就是如何将货物装车，以什么次序装车的问题，这就是车辆的积载问题。原则上，客户的配送顺序安排好后，只要按货物"后送先装"的顺序装车即可。但有时为了有效地利用空间，还应根据货物的性质（怕震、怕压、怕撞、怕湿）、形状、体积及质量等做出某些调整。如能根据这些选择恰当的装卸方法，并能合理地进行车辆积载工作，则可使货物在配送运输中货损货差减少，既能保证货物完好和安全运输，又能使车辆的载重能力和容积得到充分的利用。当然，这就要求在车辆积载时应遵循以下原则。

1．轻重搭配的原则。车辆装货时，必须将重货置于底部，轻货置于上部，避免重货压坏轻货，并使货物重心下移，从而保证运输安全。

2．大小搭配的原则。如到达同一地点的同一批配送货物，其包装的外部尺寸有大有小，为了充分利用车厢的内容积，可在同一层或上下层合理搭配不同尺寸的货物，以减少箱内的空隙。

3．货物性质搭配的原则。拼装在一个车厢内的货物，其化学属性、物理属性不能互相抵触。在交运时托运人已经包装好的而承运人又不得任意开封的货物。在箱内因性质抵触而发生损坏，由托运人负责；由此造成的承运人的损失，托运人应负赔偿责任。

4．到达同一地点的适合配装的货物应尽可能一次积载。

5．确定合理的堆码层次及方法，根据车厢的尺寸、容积，货物外包装的尺寸来确定。

6．积载时不允许超过车辆所允许的最大载重量。

7．积载时车厢内货物重量应分布均匀。

8．应防止车厢内货物之间碰撞、沾污。

配送车辆的载重能力和容积能否得到充分的利用，当然与货物本身的包装规格有很大关系。小包装的货物容易降低亏箱率，同类货物用纸箱比用木箱包装亏箱率要低一些。但是，亏箱率的高低还与采用的积载方法有关，所以说，恰当的积载方法能使车箱内部的高度、长度、宽度都得到充分的利用。

四、装车堆积

这是在具体装车时，为充分利用车厢载重量、容积而必须采用的方法。一般是根据所配送货物的性质和包装来确定堆积的行、列、层数及码放的规律。

装车前应对车厢进行检查和清扫，清洗、消毒，必须达到规定要求。在装卸过程中，应尽量减少或根本不消耗装卸的动力，以利用货物本身的重量，进行从上往下的装卸方法。

1．堆积的方式

（1）行列式堆码方式。

（2）直立式堆码方式（一般适宜用花格木箱或木箱套装的瓶装液体物）。

2．堆积应注意的事项

（1）堆码方式要有规律，整齐。

（2）堆码高度不能太高。车辆堆装高度一是受限于道路高度限制；二是道路运输法规规定大型货车的高度从地面起不得超过4m，载质量1000kg以上的小型货车不得超过2.5m，载质量1000kg以下的小型货车不得超过2m。

（3）货物在横向不得超出车厢宽度；前端不得超出车身；后端不得超出车厢的长度为

大货车不超过 2m，1000kg 以上的小型货车不超过 lm，1000kg 以下的小型货车不超过 50cm。

(4) 堆码时应重货在下，轻货在上；包装强度差的应放在包装强度好的上面。

(5) 货物应大小搭配，以利于充分利用车厢的载容积及核定载重量。

(6) 按顺序堆码，先卸车的货物后码放。

五、绑扎和封盖

绑扎可以说是在配送发车前的最后一个环节，也是非常重要的环节。是在配送货物按客户订单全部装车完毕后，为了保证货物在配送运输过程中的完好，以及为避免车辆到达各客户点卸货时开厢时发生货物倾倒，而必须进行的一道工序。

1. 绑脚扎时主要考虑以下几点

(1) 绑扎端点要易于固定而且牢靠。

(2) 可根据具体情况选择绑扎形式。

(3) 应注意绑扎的松紧度，避免货物或其外包装损坏。

2. 绑扎的形式

(1) 单件捆绑。

(2) 单元化、成组化捆绑。

(3) 分层捆绑。

(4) 分行捆绑。

(5) 分列捆绑。

3. 绑扎的方法

(1) 平行绑扎。

(2) 垂直绑扎。

(3) 相互交错绑扎。

4. 货车封盖

为了防治雨雪湿损、日晒损坏货物，货物装车后应加封盖。一般采用帆布封盖，或者移动车棚封盖。此外根据道路管理条例规定，装载容易散落、飞扬、流漏的物品的车厢，需封盖严密。

 工作任务

1. 工作目标

通过实践，能够把不同的客户的不同的产品合理地装上车辆、同时避免车辆亏载，保证物品配送质量。

2. 工作准备

(1) 厢式车 1 辆（或 20 英尺的标准集装箱 1 个）、不同尺寸的物品 20 箱，并能通过组合装满一车（或一集装箱）。

(2) 将全班学生分成若干组，每组选组长 1 人。

(3) 调查时间安排 4~6 学时，工作环境模拟，需要学院的仓库实训室，机房等资源配合。

3. 工作任务

(1) 三种箱装货物：A. 包装尺寸 80cm×40cm×50cm，每箱重 80kg；B. 包装尺寸 40cm×30cm×30cm，每箱重 30kg；C. 包装尺寸 50cm×40cm×30cm，每箱重 40kg。要把三种货物装在一个 20ft 的集装箱中，试设计装箱方法，并计算最大装箱量。

(2) 以 20 英尺标准集装箱为例模拟进行装箱实战。

4. 工作评价

工作评价的方式有教师评价、小组内部成员评价和第三方评分组成员评价三种，建议教师评价占 60%权重，小组内部成员评价占 20%的权重，第三方评分组成员评价占 20%的权重，将三者综合起来的得分为该生在该项目的评价分。

表 9-21 工作评价表

考评人		被考评人	
考评地点			
考评内容			
考评标准	具体内容	分值（分）	实际得分
	工作态度	15	
	沟通水平	15	
	工作任务 1 完成情况	30	
	工作任务 2 完成情况	40	
合计		100	

注：考评满分 100 分，60 以下为不及格，60~69 分为及格，70~79 分为中，80~89 分为良，90 分以上为优。

单元五　配送中心车辆配送线路选择

学习情境

货物装车后，车辆便进入行驶，而路网是复杂的。科学合理地选择路线，可以降低配送成本，提高配送效率。于是老刘教给小陈车辆行驶路线的合理选择。以下是小陈的学习内容。

学习目标

1. 能够进行直送式配送线路选择
2. 能够进行分送式配送线路选择
3. 掌握节约法

学习地点

1. 物流配送企业、配送中心
2. 校内物流配送实训室

学习内容

配送运输由于配送方法的不同，其运输过程也不尽相同，影响配送运输的因素很多，如车流量的变化、道路状况、客户的分布状况和配送中心的选址、道路交通网、车辆额定载重量以及车辆运行限制等。配送线路设计就是整合影响配送运输的各因素，适时适当地利用现有的运输工具和道路状况，及时、安全、方便经济地将客户所需的不同物资准确送达客户手中，以便提供优良的物流配送服务。在配送运输线路设计中，需根据不同客户群的特点和要求，选择不同的线路设计方法，最终达到节省时间、运行距离和运行费用的目的。

一、直送式配送线路选择

在配送线路设计中，当由一个配送中心向一个特定的客户进行专门送货时，从物流角度看，客户的需求量接近或大于可用车辆的定额载重量，需专门派一辆或多辆车一次或多次送货，配送线路设计时，追求的是最短配送距离，以节省时间、多装快跑，提高送货的效率。

目前解决最短线路问题的方法有很多，如位势法、"寻"型法、动态法等。现以位势法为例，介绍如何解决物流网络中的最短线路问题。已知物流网络如图 9-11，各结点分别表示为 A、B、C、D、E、F、H、I、J、K，各结点之间的距离如图所示，试确定各结点间的最短线路。

寻找最短线路的方法步骤如下。

第一步：选择货物供应点为初始结点，并取其位势值为"零"即 $V_i=0$。

第二步：考虑与 i 点直接相连的所有线路结点。设其初始结点的位势值为 V_i，则其终止结点 j 的位势值可按下式确定：
$$V_j = V_i + L_{ij}$$

式中：L_{ij}——i 点与 j 点之间的距离。

第三步：从所得到的所有位势值中选出最小者，此值即为从初始结点到该点的最短距离，将其标在该结点旁的方框内，并用箭头标出该连线了 i—j 以此表示从 i 点到 j 点的最短线路走法。

第四步：重复以上步骤，直到物流网络中所有的结点的位势值均达到最小为止。

最终，各结点的位势值表示从初始结点到该点的最短距离。带箭头的各条联线则组成了从初始结点到其余结点的最短线路。分别以各点为初始结点，重复上述步骤，即可得各结点之间的最短距离。

例：在物流网络图 9-11 中，试寻找从供应点 A 到客户 K 的最短线路。

解：根据以上步骤，计算如下：

（1）取 $V_A=0$；

（2）确定与 A 点直接相连的所有结点的位势值：
$$V_B = V_A + L_{AB} = 0 + 6 = 6$$
$$V_E = V_A + L_{AE} = 0 + 5 = 5$$
$$V_F = V_A + L_{AF} = 0 + 11 = 11$$
$$V_H = V_A + L_{AH} = 0 + 8 = 8$$

（3）从所得的所有位势值中选择最小值值 $V_E=5$，并标注在对应结点 E 旁边的方框内，并用箭头标出联线 AE。即
$$\min\{V_B, V_E, V_F, V_H\} = \min\{6, 5, 11, 8\} = V_E = 5$$

（4）以 E 为初始结点，计算与之直接相连的 D、G、F 点的位势值（如果同一结点有多个位势值，则只保留最小者）。
$$V_D = V_E + L_{ED} = 5 + 2 = 7$$
$$V_G = V_E + L_{EG} = 5 + 14 = 19$$
$$V_F = V_E + L_{EF} = 5 + 4 = 9$$

（5）从所得的所有剩余位势值中选出最小者 6，并标注在对应的结点 F 旁，同时用箭头标出联线 AB，即
$$\min\{V_B, V_H, V_D, V_G, V_F\} = \min\{6, 8, 7, 19, 9,\} = V_B = 6。$$

（6）以 B 点为初始结点，与之直接相连的结点有 D、C，它们的位势值分别为 16 和 17。从所得的所有剩余位势值中取最小，即
$$\min\{8, 7, 19, 9, 17\} = V_D = 7。$$

将最小位势值 7 标注在与之相应的 D 旁边的方框内，并用箭头标出其联线 ED，如此继续计算，可得最优路线如图 9-12 所示，由供应点 A 到客户 K 的最短距离为 24。

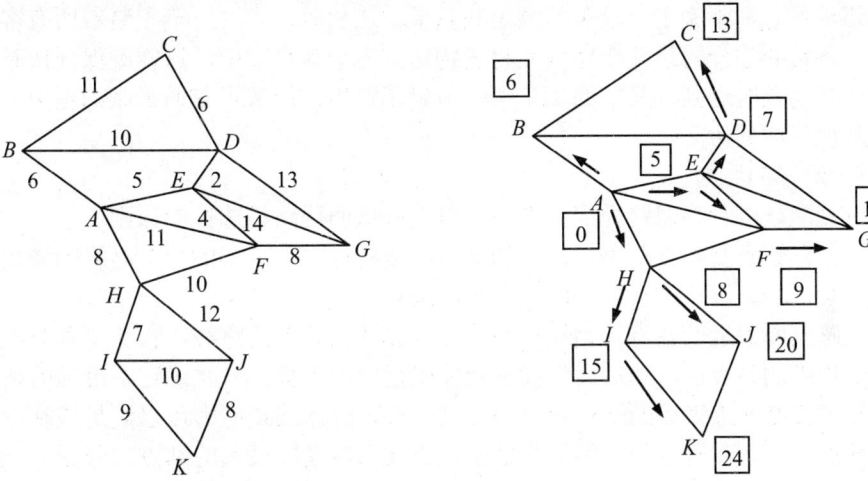

图 9-11　物流网络示意图　　　　　　　图 9-12　最优线路图

依照上述方法，将物流网络中的每一结点当作初始结点，并使其位势值等于"零"，然后进行计算，可得所有结点之间的最短距离。如表 9-22。

表 9-22　结点之间的最短距离

物流网结点	A	B	C	D	E	F	G	H	I	J	K
A	0	6	13	7	5	9	17	8	15	20	24
B	6	0	11	10	11	15	23	14	21	26	30
C	13	11	0	6	8	12	19	21	28	33	37
D	7	10	6	0	2	6	13	15	22	27	31
E	5	11	8	2	0	4	12	13	20	25	29
F	9	15	12	6	4	0	8	10	17	22	26
G	17	23	19	13	12	8	0	15	22	27	31
H	8	14	21	15	13	10	15	0	7	12	16
I	15	21	28	22	20	17	22	7	0	10	9
J	20	26	33	27	25	22	27	12	10	0	8
K	24	30	37	31	29	26	31	16	9	8	0

二、分送式配送线路选择

分送式配送是指由一个供应点对多个客户的共同送货。其基本条件是同一条线路上所有客户的需求量总和不大于一辆车的额定载重量。送货时，由这一辆车装着所有客户的货物，沿着一条精心选择的最佳线路依次将货物送到各个客户手中，这样既保证按时按量将用户需要的货物及时送到，又节约了车辆，节省了费用，缓解了交通紧张的压力，并减少了运输对环境造成的污染。

1．路径选择的原则

在对物流配送进行物流路径优化之前，首先应该明确路径选择的原则。

（1）安排车辆负责相互距离最接近的站点的货物运输。卡车的行车路线围绕相互靠近的站点群进行计划，以使站点之间的行车时间最短。

（2）从距仓库最远的站点开始设计路线。要设计出有效的路线，首先要划分出距仓库最远的站点周围的站点群，然后逐步找出仓库附近的站点群。一旦确定了最远的站点，就应该选定距该核心站点最近的一些站点形成站点群，分派载货能力可以满足该站点群需要的卡车。然后，从还没有分派车辆的其他站点中找出距仓库最远的站点，分派另一车辆。如此往复，直到所有站点都分派有车辆。

（3）安排行车路线时各条路线之间应该没有交叉。应该注意的是时间窗口和送货之后才能取货的限制可能会造成线路交叉。

（4）尽可能使用最大的车辆进行运送，这样设计出的路线是最有效的。理想状况是用一辆足够大的卡车运送所有站点的货物，这样将使总的行车距离或时间最小。因此，在车辆可以实现较高的利用率时，应该首先安排车队中载重量最大的车辆。

（5）取货送货应该混合安排，不应该在完成全部送货任务之后再取货。应该尽可能在送货过程中安排取货以减少线路交叉的次数（如果在完成所有任务之后再取货，就会出现线路交叉的情况）。线路交叉的程度取决于车辆的结构、取货数量和货物堆放对车辆装卸出口的影响程度。

（6）对过于遥远而无法归入群落的站点，可以采用其他配送方式。那些孤立于其他站点群的站点，为其提供服务所需的运送时间较长，运送费用较高。考虑到这些站点的偏僻程度和货运量，采用小型车单独为其进行服务可能更经济。此外，利用外包的运输服务也是一个很好的选择。

（7）避免时间窗口过短。各站点的时间窗口过短会使得行车路线偏离理想模式，所以如果某个站点或某些站点的时间窗口限制导致整个路线偏离期望的模式，就应该重新进行时间窗口的限制，或重新优化配送路线。

这些原则较为简单，而且按照这些原则在物流配送中可以较快的找到比较合理的方案。但是，随着配送限制条件的增加，如时间窗口限制、车辆的载重量和容积限制、司机途中总驾驶时间的上限要求、不同线路对于行车速度的限制等使得最优路线的设计越来越复杂。

2. 制定配送路线

制定配送路线，主要有两个方法，扫描法和节约法。本书只介绍节约法。

（1）节约法的基本规定。

利用里程节约法确定配送线路的主要出发点是，根据配送方的运输能力及其到客户之间的距离和各客户之间的相对距离来制订使配送车辆总的周转量达到或接近最小的配送方案。

为方便介绍，假设：

① 配送的是同一种或相类似的货物；
② 各用户的位置及需求量已知；
③ 配送方有足够的运输能力；
④ 设状态参数为 t_{ij}，t_{ij} 是这样定义的：

$t_{ij}=\{1$，表示客户 i、j 在同一送货线路上；0，表示客户 i、j 不在同一送货线路上。$\}$

$t_{0j}=2$ 表示由 P_0 向客户 j 单独派车送货。

且所有状态参数应满足下式：

$$\sum_{i=1}^{j-1} t_{ij} + \sum_{i=j+1}^{N} t_{ij} = 2 \quad (j=1, 2, \cdots, N)$$

式中：N——客户数。

利用节约法制订出的配送方案除了使总的周转量最小外，还应满足：

① 方案能满足所有用户的到货时间要求；
② 不使车辆超载；
③ 每辆车每天的总运行时间及里程满足规定的要求。

（2）节约法的基本思想

节约法的目标是使所有车辆行驶的总里程最短，并进而使为所有站点提供服务的车辆数最少。首先假设每一个站点都有一辆虚拟的卡车提供服务，随后返回仓库（如图9-13所示，由配送中心 P 向用户 A、B 配货），这时的路线里程是最长的；然后，将两个站点合并到同一条线路上，减少一辆运输车，相应的缩短路线里程。在图9-14中，合并线路之前的总里程为 $2PA+2PB$，合并后的路线总里程为 $PA+AB+PB$，缩短的线路里程为 $PA+PB-AB$。

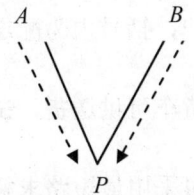

图9-13 节约法原理示意图

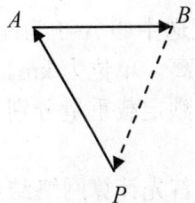

图9-14 某配送中心配送网络图

继续上述的合并过程。如果是多站点配送（三个及其以上），除了将两个单独的站点合并在一起外，还可以将某站点并入已经包含多个站点的线路上，同样可以达到节省配送费用、缩短线路里程的作用，缩短的里程同样可以计算出来。应该注意的是，每次合并都要计算所缩短的距离，节约距离最多的站点就应该纳入现有线路；如果由于某些约束条件（如线路过长、无法满足时间窗口的限制或车辆超载等），节约距离最多的站点不能并入该线路，则考虑节约距离次多的站点，直至该线路不能加入新的站点为止。然后重复上述整个过程至所有站点的路线设计完成。

节约法在按照最大节约值原则将站点归入某条路线之前，预先考查加入该站点后路线的情况，而且还要考虑一系列关于路线规划的问题，如行车时间、时间窗口限制、车辆载重等。这种处理方法能够处理有众多约束条件的实际问题，而且可以同时确定路线和经过各站点的顺序，有较为强大的处理能力。但是，随着约束条件的增加，扩展问题难度加大，节约法不能保证得到最优解，但是可以获得合理解。

下面举例说明节约法的求解过程，例图 9-15 所示为某配送中心的配送网络。

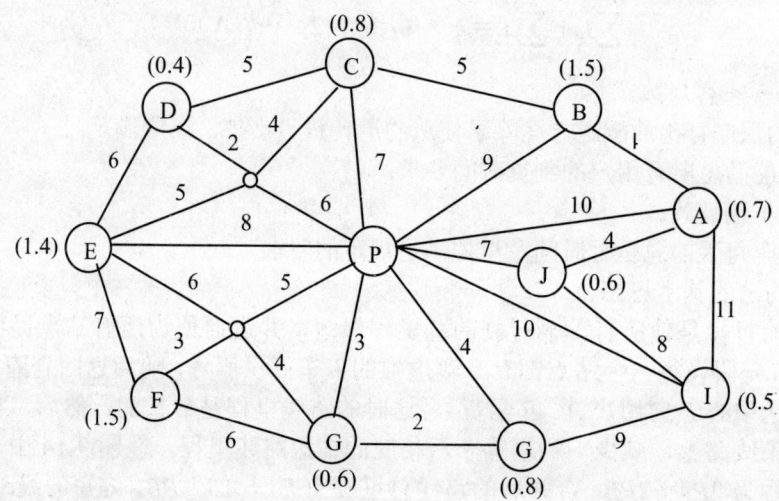

图 9-15 某配送中心的配送网络图

图中 P 点为配送中心 A~J 为配送客户，共 10 位客户，括号内为配送货物吨数，线路上的数字为道路距离，单位为 km。

现配送中心有额定载重量分别为 2t 和 4t 两种厢式货车可供送货，试用节约法设计最佳送货路线。

解：第一步，首先计算网络结点之间的最短距离（可采用最短路求解）。

计算结果如表 9-23 所示。

表9-23 最短配送线路表

	P								
A	10	A							
B	9	4	B						
C	7	9	5	C					
D	8	14	10	5	D				
E	8	18	14	9	6	E			
F	8	18	17	15	13	7	F		
G	3	13	12	10	11	10	6	G	
H	4	14	13	11	12	12	8	2	H
I	10	11	15	17	18	18	17	11	9	I
J	7	4	8	13	15	15	15	10	11	8

第二步,根据最短距离结果,计算出各客户之间的节约行程,结果见表9-24。

表9-24 配送路线节约行程表

	A								
B	15	B							
C	8	11	C						
D	4	7	10	D					
E	0	3	3	10	E				
F	0	0	0	3	9	F			
G	0	0	0	0	1	5	G		
H	0	0	0	0	0	4	5	H	
I	9	4	0	0	0	1	2	5	I
J	13	8	1	0	0	0	0	0	9

计算举例,A—B的节约行程:
P—A 距离:$a=10$
P—B 距离:$b=9$
A—B 距离:$c=4$
则 P—A 的节约行程为 $a+b-c=15$
第三步,对节约行程按大小顺序进行排列,如表9-25所示。

表9-25 节约行程排序表

序号	连接点	节约里程	序号	连接点	节约里程
1	A—B	15	13	F—G	5
2	A—J	13	13	G—H	5
3	B—C	11	13	H—I	5
4	C—D	10	16	A—D	4
4	D—E	10	16	B—I	4
6	A—I	9	16	F—H	4
6	E—F	9	19	B—E	3
6	I—J	9	19	D—F	3
9	A—C	8	21	G—I	2
9	B—J	8	22	C—J	1
11	B—D	7	22	E—G	1
12	C—E	6	22	F—I	1

第四步，按节约行程排列顺序表，组合成配送路线图9-19所示。

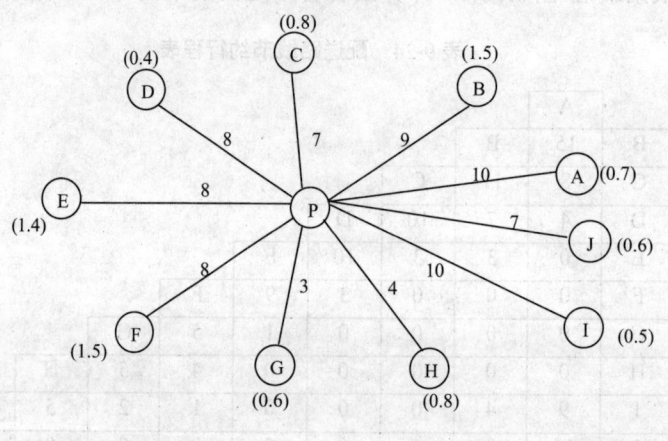

图9-19 初始方案

① 初始方案

如图9-19所示，从配送中心P分别向各个客户进行配送，共有10条配送路线，总行程为148km，需2t货车10辆（每一客户的货量均小于2t）。

② 二次解

按照节约行程的大小顺序连接A—B，A—J，B—C，同时取消P—A，P—B路线，形成巡回路线P—J—A—B—C—P的配送线路I，如图9-20所示，装载货物3.6t，运行距离为27km，需4t货车1辆。这时配送路线总运行距离为109km，需2t货车6辆，4t货车1辆。

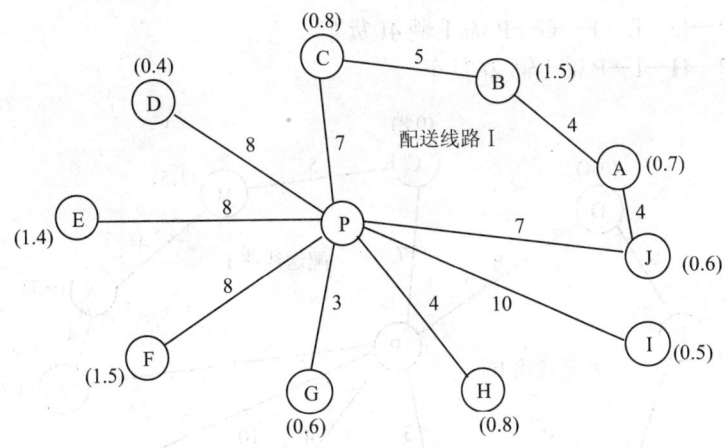

图 9-20 二次解

③ 三次解

按节约里程大小顺序，应该是 C—D 和 D—E，C—D 和 D—E 都有可能并到线路 I 中，但考虑到单车载重量和线路均衡（如规定每次运行距离为 30km 以内），配送线路 I 不再增加配送客户，为此连接 D—E，形成 P—D—E—P 初始配送线路 II，其装载重量为 1.8t，运行距离 22km，需 2t 货车 1 辆。此时，共有配送线路 6 条，总行程 99km，需 2t 货车 5 辆，4t 货车 1 辆。

④ 四次解

接下来节约里程顺序是 A—I，E—F，由于客户 A 已组合到配送线路 I 中，且该线路不再扩充客户，故不连接 A—I；连接 E—F 并入配送线路 II 中，并取消 P—D，P—E 线路，形成 P—D—E—F—P 配送线路 II，装载量为 3.3t，运行距离为 29km，需 4t 货车 1 辆。此时配送线路共有 5 条，总运行距离为 90km，需 2t 货车 3 辆，4t 货车 2 辆。

⑤ 五次解

按节约行程顺序接下来应该是 I—J，A—C，B—D，C—E，但这些连接已包含在配送线路 I 或 II 中，故不能再组合成新的线路。接下来是 F—G，可组合在配送线路 II 中，形成 P—D—E—F—G—P 满车的配送线路 II，此时线路 II 的装载量为 3.9t，运行距离为 30km，还是 4t 货车 1 辆。这样共有 4 条线路，总行程为 85km，需 2t 货车 2 辆，4t 货车 2 辆。

⑥ 最终解

接下来节约里程顺序为 G—H，由于受装载量限制，不再组合到线路 II 中，故连接 H—I 组成配送线路 III，如图 9-21 所示，其装载量为 1.3t，运行距离为 23km，此时共有三条配送线路，总行程为 80km，需 2t 货车 1 辆，4t 货车 2 辆。

配送线路为：

线路一：P—J—A—B—C—P 需 1 辆 4t 货车

线路二：P—D—E—F—G—P 需 1 辆 4t 货车
线路三：P—H—I—P 需 1 辆 2t 货车

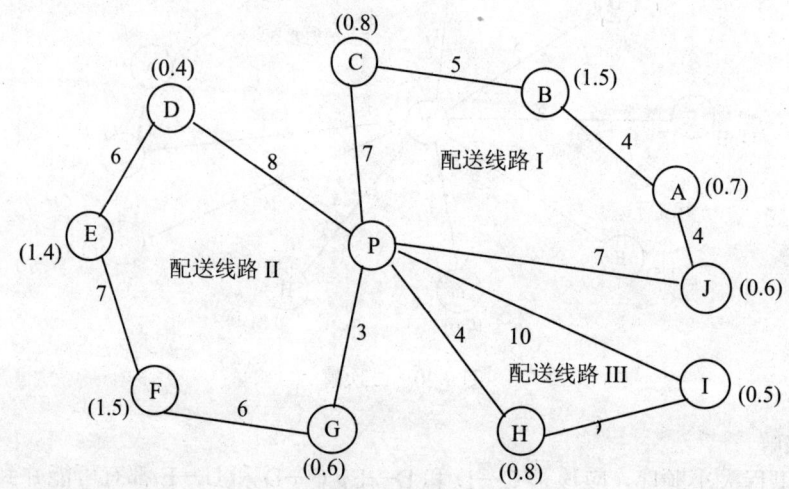

图 9-21 最终解

（3）节约法的注意事项。
① 适用于有稳定客户群的配送中心。
② 各配送线路的负荷要尽量均衡。
③ 实际选择线路时还要考虑道路状况。
④ 要考虑驾驶员的作息时间及客户要求的交货时间。
⑤ 可利用计算机软件进行运算，直接生成结果。

 工作任务

1. 工作目标
（1）通过实践，能够进行直送式、分送式配送线路选择，同时保证物品配送质量。
（2）能够利用节约法进行配送线路选择。
2. 工作准备
（1）学会直送式、分送式配送线路选择方法；掌握节约法。
（2）将全班学生分成若干组，每组选组长 1 人。每组交通图 1 张、客户点若干个。
（3）学习时间安排 2~4 学时。
（4）工作环境模拟，需要学院的仓库实训室，机房等资源配合。

3．工作任务

（1）求图9-22中从 V_1 到 V_7 的最短路线和里程。

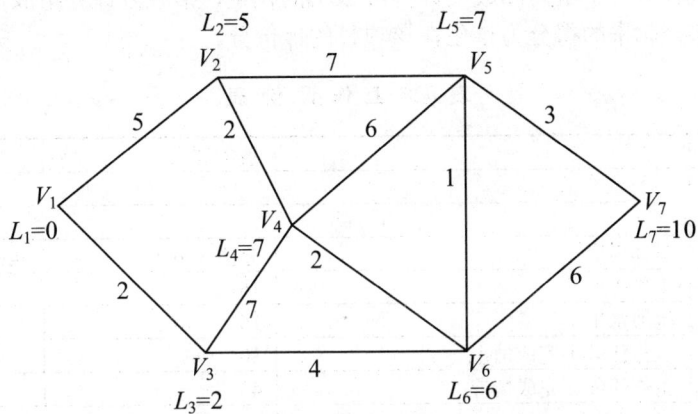

图9-22 任务图

（2）配送中心 P_0 向12个客户 P_j（$j=1$，2，…，12）配送货物。各个客户的需求量为 q_j，从配送中心到客户的距离为 d_{0j}（$j=1$，2，…，12），各个客户之间的距离为 d_{ij}，具体数值见表9-26和9-27，配送中心有4t,5t 和6t三种车辆可供调配，试制定最优配送方案。

表9-26 配送中心 P_0 与12个客户 P_j 关系参数表

P_j	1	2	3	4	5	6	7	8	9	10	11	12
q_j	1.2	1.7	1.5	1.4	1.7	1.4	1.2	1.9	1.8	1.6	1.7	1.1
d_{0j}	9	14	21	23	22	25	32	36	38	42	50	52

表9-27 12个客户之间距离表

P_1											
5	P_2										
12	7	P_3									
22	17	10	P_4								
21	16	21	19	P_5							
24	23	30	28	9	P_6						
31	26	27	25	10	7	P_7					
35	30	37	33	16	11	10	P_8				
37	36	43	41	22	13	16	6	P_9			
41	36	31	29	20	17	10	6	12	P_{10}		
49	44	37	31	28	25	18	14	12	8	P_{11}	
51	46	39	29	30	27	20	16	20	10	10	P_{12}

4. 工作评价

工作评价的方式有教师评价、小组内部成员评价和第三方评分组成员评价三种，建议教师评价占 60%权重，小组内部成员评价占 20%的权重，第三方评分组成员评价占 20%的权重，将三者综合起来的得分为该生在该项目的评价分。

表 9-28 工 作 评 价 表

考评人		被考评人	
考评地点			
考评内容			
考评标准	具体内容	分值（分）	实际得分
	工作态度	15	
	沟通水平	15	
	工作任务 1 完成情况	30	
	工作任务 2 完成情况	40	
合计		100	

注：考评满分 100 分，60 以下为不及格；60~69 分为及格，70~79 分为中，80~89 分为良，90 分以上为优。

单元六 仓库服务管理

学习情境

小陈车辆学习了行驶路线的合理选择，觉得全部学会了，自鸣得意。老刘问道："当几个顾客同时要求配送货物时，你要怎么处理？当顾客要求远距离配送时，你是否也同意？当前做法与顾客要求有差距时，你怎么处理？配送服务水平与配送成本是什么关系？以客户为中心的配送服务战略应怎么开发？"一连串的问题使小刘无言以对。于是老刘教给如何进行服务管理，以下是小陈的学习内容。

学习目标

1. 掌握配送服务的构成
2. 能够正确处理配送服务与成本的关系
3. 能够进行配送服务质量管理

学习地点

1. 物流配送企业、配送中心
2. 校内物流配送实训室

学习内容

一、配送服务构成

仓库配送服务就是对客户商品物流的保证,它包含三个要素:
1. 拥有客户所期望的商品(备货保证);
2. 符合客户所期望的质量(品质保证);
3. 在客户希望的时间内配送商品(输送保证)。

配送服务主要就是围绕上述三要素展开的,如图9-22所示。

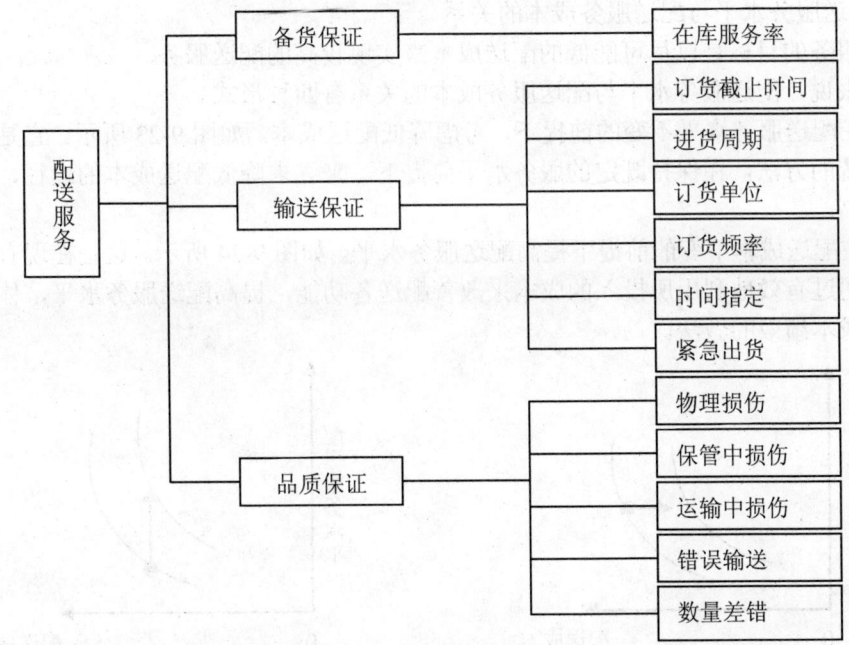

图 9-22　物流服务构成要素

二、配送服务水平与配送成本

1. 配送成本的特征

从物流角度来说，配送几乎包括了物流的所有功能要素，是物流的一个缩影或在较大范围中全部物流活动的体现。因此，配送成本就是指配送活动中所消耗的物化劳动和活劳动的货币表现。具体来说，有六类成本：客户服务成本、库存管理成本、运输成本、作业成本、订货成本和信息成本。

配送成本的一般特征如下。

（1）配送成本与服务水平密切相关。提高配送服务水平会使配送成本大幅度增加。

（2）配送成本中有不少是配送部门不能控制的，受商品交易市场、交通运输条件的直接影响。

（3）配送成本中不同的功能成本之间存在二律背反现象，即一种功能成本的削减会使另一种功能成本增加，因此，配送管理的目标是追求总成本的最小化，而不是个别成本的优化。

（4）配送成本削减的乘法效应。如果配送成本占销售额的1%，那么当配送成本降低1元，相当于使销售额增加100元。可见，配送成本的下降对企业经营影响巨大。

（5）一些专业的配送需要特殊的专业设备，投入巨大，且没有通用性。

（6）配送往往单向进行。

2. 配送服务水平与配送服务成本的关系

配送服务的目标是以尽可能低的配送成本来实现较高的配送服务。

一般来说，配送服务水平与配送服务成本的关系有四种形式。

（1）在配送服务水平不变的前提下，考虑降低配送成本。如图9-23所示。它是通过改变配送系统的方法，在保持既定的服务水平前提下，来寻求降低配送成本的途径，即追求效益的提高。

（2）在配送成本不变的前提下提高配送服务水平。如图9-24所示。这是在现有的配送成本下，通过有效地利用所投入的成本来改善配送各功能，提高配送服务水平，体现的是一种追求成本绩效的做法。

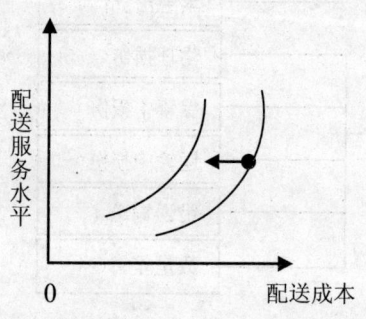

图9-23 服务水平一定，成本降低

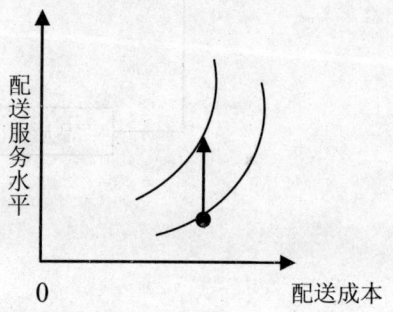

图9-24 成本一定，服务水平提高

（3）为了提高配送服务水平，不惜增加配送成本。如图 9-25 所示。这是大多数企业在提高配送服务水平时的状态，也是企业在特定顾客或特定商品面临竞争时所采取的战略措施，它主要是通过增值物流服务来实现。

（4）用较低的配送成本来实现较高的配送服务水平。这是一种双赢的措施。通过对企业物流系统的流程再造，实现一种新的企业物流模式，达到降低配送成本、提高配送服务水平的目的。如图 9-26 所示。

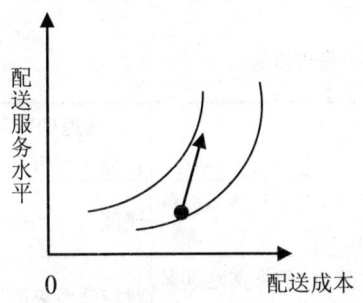 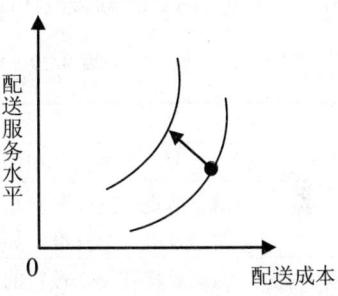

图 9-25　成本增加，服务水平提高　　　　图 9-26　成本降低，服务水平提高

3．配送服务水平与配送成本的二律背反问题

所谓二律背反是指同一资源的两方面处于相互矛盾的关系之中，要达到一个目的，必然要损害另一目的。比如，库存控制中库存量（缺货率）与库存保管费之间的二律背反，如图 9-27 所示。

一般来讲，配送服务水平与成本之间存在二律背反。二者之间是此消彼长的关系，同时存在收益递减，如图 9-28 所示。在一个较低的服务水平下，如果增加 x 单位的配送成本，服务水平将提高 y，而在一个较高服务水平下，同样增加 x 单位的配送成本，服务水平的提高只有 y'，（$y'<y$），因此，服务水平的提高不能无限度放大，否则，成本的加速上升会使整个系统的效率下降。

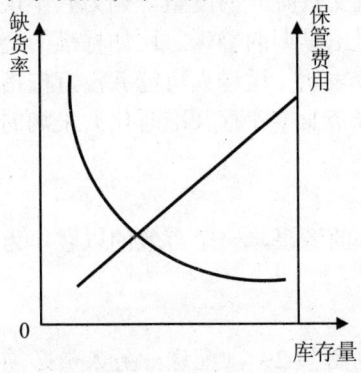 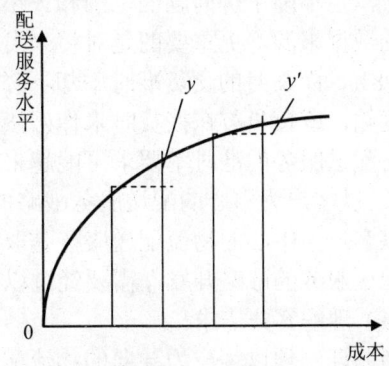

图 9-27　库存量与保管费用的二律背反　　图 9-28　配送服务水平与成本的二律背反

三、服务质量管理

1. 配送服务质量的要素与表现度量

在配送服务质量管理中,四个传统的客户服务因素:时间、可靠性、方便性和信息的沟通是配送服务质量管理中需要考虑的基本因素,这些因素也是制定配送服务质量标准的基础。表 9-29 是客户服务的四个要素及对应的表现衡量内容。通常这些度量以卖方角度表示,例如,订单的准时、完整发送和订单的准备时间等。

表 9-29　客户服务的要素与表现度量

因　　素	含　　义	典型的度量单位
产品的可得性	它是客户服务最常用的度量,一般为以百分比表示的存货	百分比可得性
备货时间	从下达定单到收到货物的时间长度。一般可得性与备货时间常结合成一个标准,如 95%的订单在 10 天达	速度与一致性
配送系统的灵活性	系统对特殊及未预料的客户需求的反应能力,包括加速和替代的能力	对特殊要求的反应时间
配送系统信息	配送信息系统对客户的信息需求反应的及时性与准确性	对客户的反应速度、准确性
配送系统纠错能力	配送系统出错恢复的程序以及效率与时间	应答与需要的恢复时间
配送服务后的支持	交货后对配送服务支持的效率,包括客户配送方案和配送服务信息的修订与改进	应答时间与应答质量

在供应链环境下,配送服务的质量需要更严密的度量标准。现在,人们越来越认识到应从客户角度来进行度量。如:订单的及时性、完整性,订单完整无缺的货物比率,订单完成的准确性,账单的准确性等。如果卖方以传统的度量方法衡量和考虑客户服务,则客户可能并不满意,而且如果问题发生在交货过程中,客户可能并不知道。再者,客户以传统的方法也不能了解问题的范围和大小。目前较注重交货时间的度量,因为它不仅提供了评价的数据来源,更重要的是对将来发生的问题能提出早期的警告。比如标准的交货准时率是 98%,而某月的交货准时率却下降到 95%,调查表明,运送人可能并没有按指令办理货物运输,或接货方在接货时未作好接货准备。随着企业零库存(准时化)采购的实施,今后对配送服务的准时率要求可能越来越高。

2. 以客户为中心的配送服务战略的开发

以客户为中心的物流配送服务是取得竞争性优势的源泉,一个有效的以客户为中心的物流配送服务的战略开发,需要经过以下几个阶段。

(1) 理解客户需求。

当制订一项以客户为导向的物流配送战略时(见图 9-29),配送业务人员必须确切了解客户对于配送服务的需求和期望。不同的客户有不同的需求和期望。例如,客户对配送的各个环节可能包括适时和可靠的送货、良好的沟通、送货的准时性和高频率、订单状态信息的可得性、高效的信息反馈过程、紧急情况的及时处理、货物的完好性、礼貌地索赔、精确和适时地结算以及对咨询的及时而准确的答复等。

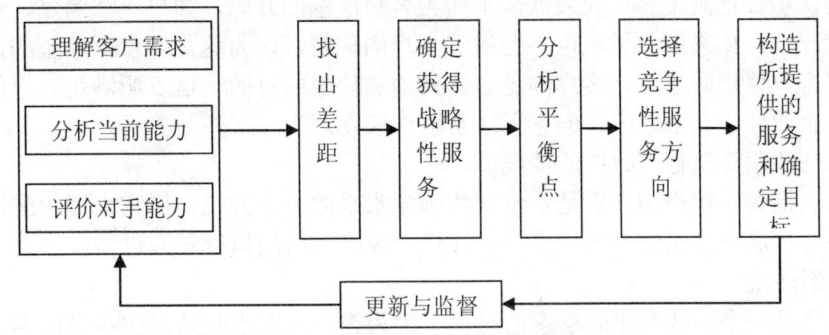

图 9-29　以客户为导向的配送服务战略的开发

确定客户的需求的过程是一个较为复杂的事情，可以从以下几点来考虑：

① 充分了解客户的业务及其供应链的下一结点或直接的用户；

② 鉴明客户的需求和期望，可以从供应商的角度，给客户列一张客户需求清单作为工作的开始，在充分倾听客户陈述和对同行业的对比之后再做出判断；

③ 与客户深入探讨需求和所期望的变更，测定客户对价格配送服务的愿望。

（2）评价当前的服务和能力。

一旦了解了客户的想法后，配送服务供应商就必须找出他们当前的服务能力和实际要求的差距，包括采取什么方法来满足专门的服务目标和鉴别当前由竞争对手提供的服务。

（3）解释当前作法与客户要求的差距。

一旦服务商清楚客户的需求正好与提供的服务相反，两者之间的差距便可以分析出来。在许多时候人们常常认为，客户的需求与他们提供的服务之间差距很小，调查之后会发现，他们通常会曲解客户的需求。当被问及客户的需求和期望时，一家公司的客户表示，及时送货和无损送货是评价配送服务的两个最重要的标准。

当改善配送服务的选择确定后，配送服务供应商必须分析与消除差距有关的均衡点、利益、成本及风险，这些利益包括服务水平、收入的增加、顾客的忠诚、竞争的优势。另外，改善配送服务还可以避免因服务水平差而失去业务量。在此基础上，确定能够使利益超过成本的服务方式和措施。

（4）满足客户特定需求的针对性服务。

为尽可能让尽可能多的客户满意，应该按客户需求的相似性对客户进行细分，形成不同类别的客户群。比如，可根据客户对配送服务的时间要求进行分类，如两天一次送货客户群和一日一送客户群等。

(5) 在客户要求的基础上创造服务。

为了满足客户的需求,并超出他们的期望值,配送服务不但要必须满足客户的需要,而且还要持久提供增值服务。当竞争对手开始把客户满意度作为竞争优势时,应着眼于客户对价值的认识,把满足客户的最低需求作为客户满意的开始,如果无法满足,则会得到客户的否定评价;如果满足了,也不会得到客户的称赞,因为这是客户所希望的。只有当供应商超出客户要求时才会让客户满足,达到增加价值的目的。这表明满足客户的最低要求只能保证企业处于竞争之中,但它无法帮助你成功。

(6) 评估并跟踪执行与改进的情况。

客户满意指数即客户满意率是定量评估满意水平的一种方式。用它来评价配送服务供应商在有关客户满意方面的表现,也可以评估一段时间内的执行和改进情况。

(7) 不断改进。

客户满意是一个不断变化的动态过程,因为客户的要求是随着服务的内容、水平和技术的变化而变化的。配送服务供应商必须跟上这些变化。因此,客户满意的标准和评价内容要不断地改进。

总之,配送服务企业要周而复始地"了解物流配送服务现状"、"对配送服务进行评估"、"确定配送服务形式"、"重新构筑配送服务系统"、"定期征求客户意见"。配送服务质量管理周期如图 9-30 所示。

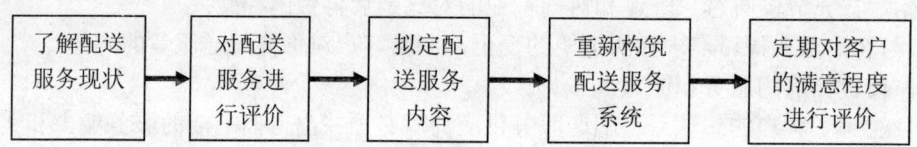

图 9-30 配送服务质量管理周期

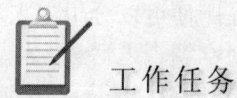 **工作任务**

1. 工作目标

通过实践作业,能够正确处理配送服务与成本的关系,能够进行配送服务质量管理,能够进行以客户为中心的配送服务战略的开发。

2. 工作准备

(1) 理解配送服务与成本的关系,懂得配送服务质量管理内容。

(2) 配送企业服务水平调查表,配送成本调查表,库存量调查表,订货次数表,配送损失记录表等。

(3) 将全班学生分成若干组,每组选组长 1 人。

(4) 调查时间安排 4 学时。

(5) 工作环境模拟，需要学院的仓库实训室，机房等资源配合。

3．工作任务

(1) 对某配送企业进行调查，完成配送企业服务水平调查表，配送成本调查表，库存量调查表，订货次数表，配送损失记录表等内容。

(2) 分析该配送企业配送服务水平与成本的关系。

(3) 对该配送企业进行以客户为中心的配送服务战略的开发。

4．工作评价

工作评价的方式有教师评价、小组内部成员评价和第三方评分组成员评价三种，建议教师评价占 60%权重，小组内部成员评价占 20%的权重，第三方评分组成员评价占 20%的权重，将三者综合起来的得分为该生在该项目的评价分。

表9-30　工作评价表

考评人		被考评人	
考评地点			
考评内容			
考评标准	具体内容	分值（分）	实际得分
	工作态度	15	
	沟通水平	15	
	工作任务 1 完成情况	20	
	工作任务 2 完成情况	20	
	工作任务 3 完成情况	30	
合计		100	

注：考评满分 100 分，60 以下为不及格，60~69 分为及格，70~79 分为中，80~89 分为良，90 分以上为优。

模块十　仓储成本及绩效管理

单元一　仓储成本管理

 **学习情境**

某一家传统制造企业,随着市场的发展,公司目前业务在不断的扩大。虽然公司的规模在不断的扩大,但是公司的物流业务还是自己操作的。由于受传统观念的影响,公司基本上还是按照传统制造模式进行大规模生产,所以经常会造成大量的库存积压,占用了很大资金。为了更好地进行仓储管理,公司安排小王对仓储成本进行分析和计算,使公司的人能转变对仓储的认识。那小王该如何分析和计算呢?

 **学习目标**

1. 识别仓储成本的构成
2. 懂得仓储成本的控制方法
3. 掌握仓储成本的计算

 **学习地点**

1. 各类型仓库,如物流公司仓库、制造企业仓库等
2. 校内实训室

 **学习内容**

一、仓储成本的构成

仓储成本是发生在货物储存期间的各种费用支出。其中,一部分是用于仓储的设施、

设备投资和维护货物本身的自然损耗,另一部分则是用于仓储作业所消耗的物化劳动和活劳动,还有一部分是货物存量增加所消耗的资金成本和风险成本。这些在货物存储过程中的劳动消耗是商品生产在流通领域中的继续,是实现商品价值的重要组成部分。

由于不同仓储商品的服务范围和运作模式不同,其内容和组成部分也各不相同。同时控制仓储成本的方法也多种多样。本书将成本分为以下两大部分:一是仓储运作成本;二是仓储存货成本。

仓储成本分为以上两类的原因是:在组织管理中,仓储与存货控制是两个不同的部门。仓储运作成本发生在仓储部门,并且由仓储部门来控制,而货品存货成本发生在存货控制部门,其成本由存货控制部门来控制。仓储管理与存货控制是紧密相关的,要联系起来分析和控制。

（一）仓储运作成本

1. 仓储运作成本的构成

仓储运作成本是发生在仓储过程中,为保证商品合理储存,正常出入库而发生的与储存商品运作有关的费用。仓储运作成本包括房屋、设备折旧,库房租金,水、电、气费用,设备修理费用,人工费用等一切发生在库房中的费用。仓储运作成本可以分为固定成本和变动成本两部分。

表 10-1 仓储成本的构成

构成	含义	包括的范围
固定成本	一定的仓储存量范围内,不随出入库量变化的成本	①库房折旧;②设备折旧;③库房租金;④库房固定人工工资等
变动成本	仓库运作过程中与进出入库货物量有关的成本	①水、电、气费用;②设备维修费用;③工人加班费用;④货品损坏成本等

2. 仓储运作成本的计算

（1）固定成本的计算。仓库固定成本在每月的成本计算时相对固定,与日常发生的运作、消耗没有直接的关系,在一定范围内与库存数量也没有直接关系。固定成本中的库房折旧、设备折旧、外租库房租金和固定人员工资从财务部可以直接得到。库房中的固定费用可以根据不同的作业模式而有不同的内容,包括固定取暖费、固定设备维修费、固定照明费用等。

（2）变动成本的计算。库房运作变动成本的统计和计算根据实际发生的运作费用进行的。包括按月统计的实际运作中发生的水、电、气消耗,设备维修费用,由于货量增加而发生的工人加班费和货品损坏成本等。

（二）仓储存货成本

仓储存货成本是由于存货而发生的除运作成本以外的各种成本,包括:订货成本;资金占用成本；存货风险成本；缺货成本等。

1. 订货成本

订货成本是指企业为了实现一次订货成本而进行的各种活动费用，包括处理订货的差旅费、办公费等支出。订货成本与订货规模的关系见图10-1。订货成本中有一部分与订货次数无关，如常设机构的基本支出等，称为订货的固定成本；另一部分与订货次数有关，如差旅费、通信费等，称为订货的变动成本。具体来讲，订货成本包括与下列活动相关的费用：

（1）检查存货费用；

（2）编制并提出订货申请费用；

（3）对多个供应商进行调查比较，选择合适的供应商的费用；

（4）填写并发出订单；

（5）填写并核对收货单；

（6）验收货物费用；

（7）筹集资金和付款过程中产生的各种费用。

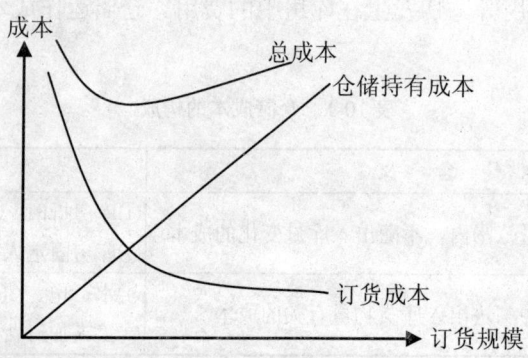

图 10-1　订货规模与成本的关系

2. 资金占用成本

资金占用成本是购买货品和保证存货而使用的资金的成本。资金成本可以用公司投资的机会成本货投资期望来衡量，也可以用资金实际来源的发生成本来计算。为了简化和方便，一般资金成本用银行贷款利息来计算。

3. 存货风险成本

存货风险成本是发生在货品持有期间，由于市场变化、价格变化、货品质量变化所造成的企业无法控制的商品贬值、损坏、丢失、变质等成本。

4. 缺货成本

缺货成本不是仓库存货发生的成本支出项目，而是作为一项平衡库存大小，从而进行库存决策的一种成本比较方法。缺货成本是指由于库存供应中断而造成的损失，包括原材料供应中断造成的停工损失、产成品库存缺货造成的延迟发货损失和丧失销售机会的损失（还应包括商誉损失）。如果生产企业以紧急采购代用材料来解决库存材料的中断之急，那么缺货成本表现为紧急额外购入成本（紧急采购成本与正常采购成本之差）。当一种产品缺货时，客户就会购买该企业的竞争对手的产品，这就会对该企业产生直接利润损失，如果失去客户，还可能为企业造成间接或长期成本。另外，原材料、半成品或零配件的缺货，意味着机器空闲，甚至停产。

（1）安全库存的存货成本。

为防止因市场变化或供应不及时而发生存货短缺的现象，企业会考虑保持一定数量的安全库存及缓冲库存，以防在需求方面的不确定性。但是，困难在于确定在任何时候需要保持多少安全库存，安全库存太多意味着多余的库存，而安全库存不足则意味着缺货或失销。增加安全库存，会减少货品短缺的可能性，同时会增加仓储成本。仓储安全库存决策就是需求一个缺货成本和安全库存成本两者的综合成本最小化。

（2）缺货成本。

缺货成本是由于外部和内部中断供应所产生的。当企业的客户得不到全部订货时，叫做外部缺货；而当企业内部某个部门得不到全部订货时，叫做内部缺货。

如果发生外部缺货，将导致以下两种情况发生。

① 延期交货。延期交货可以有两种形式：一是缺货商品可以在下次规则订货时得到补充；二是利用快递延期交货。如果客户愿意等到下一个规则订货，那么企业实际上没有什么损失。但如果经常缺货，客户可能就会转向其他供应商。

商品延期交货会产生特殊订单处理费用和运输。延期交货的特殊订单处理费用要比普通处理费用高。由于延期交货经济是小规模装运，运输费率相对较高，而且，延期交货的商品可能需要从一个地区的一个工厂的仓库供货，进行长距离运输。另外，可能需要利用速度快、收费较高的运输方式运送延期交货的商品。因此，延期交货成本可根据额外订单处理费用的额外运费来计算。

② 失销。由于缺货，可能造成一些用户会转向其他供应商，也就是说，许多公司都有生产替代产品的竞争者，当一个供应商没有客户的商品时，客户就会从其他供应商那里订货，在这种情况下，缺货导致失销，对于企业来说，直接损失就是这种商品的利润损失。因此，可以通过计算这批商品的利润来确定直接损失。

除了利润的损失，失销还包括当初负责相关销售业务的销售人员所付出的努力损失。这就是机会损失。需要指出的是，很难确定在一些情况下失销的总损失。比如，许多客户习惯用电话订货，在这种情况下，客户只是询问是否有货。而未指明订货多少，如果这种产品没货，那么客户就不会说明需要多少，企业也不会知道损失的总成本。此外，很难估计一次缺货对未来销售的影响。

③ 失去客户。第三种可能发生的情况是由于缺货而失去客户，也就是说，客户永远转

向另一个供应商。如果失去了客户，企业也就失去了未来的一系列收入，这种缺货造成的损失很难估计，需要用管理科学的技术以及市场营销的研究方法来分析和计算。除了利润损失，还有由于缺货造成的商誉损失。

5. 在途存货成本

学习的主要是仓库中货品的运作和存货成本，但另一项成本也必须加以考虑，这就是在途成本。它与选择的运输方式有关。如果企业以目的地交货价销售商品，这意味着企业要负责将商品运达客户，当客户收到订货商品时，商品的所有权才转移。从财务的角度来看，商品仍是销售方的库存。因为这种在途商品在交给客户之间仍然属于企业所有，运货方式及所需的时间是储存成本的一部分，企业应该对运输成本与在途存货持有成本进行分析。

在途库存的资金占用成本一般等于仓库中库存资金的占用成本。仓储运作成本一般与在途库存不相关，但要考虑在途货物的保险费用。选择快速运输方式时，一般货物过时或变质的风险要小一些，因此，仓储风险成本较小。

一般来说，在途存货成本要比仓库中存货成本小，在实际中，需要对每一项成本进行分析，才能准确计算出实际成本。

二、仓储成本的计算

仓储成本是伴随着物流仓储活动而发生的各种费用。仓储成本是企业物流成本中的重要组成部分，其高低直接影响着企业的利润水平。因此，合理控制仓储成本，加强仓储成本管理是企业物流管理的一项重要内容。

1. 仓储成本的计算的目的

仓储成本是指物流活动中所消耗的物化活动和活劳动的货币表现。可以将仓储活动的成本分为以下三部分：

（1）伴随货物的物理性活动而发生的费用，以及从事这些活动所必需的设备、设施成本；

（2）伴随物流信息的传送与处理活动而发生的费用，以及从事这些活动所必需的设备、设施成本；

（3）对上述活动进行综合管理的成本。

仓储成本是客观存在的。但是，由于仓储成本的计算内容和范围没有一个统一的计算标准，加之不同企业的运作模式也各不相同，不同企业有不同的计算方法，但从企业经营的总体需求来讲，仓储成本低的计算和信息的收集主要为了满足以下几个方面的需要：

（1）为各个层次的经营管理者提供物流管理所需的成本资料；

（2）为编制物流预算以及预算控制所需的成本资料；

（3）为制定物流计划提供所需的成本资料；

(4) 为监控仓储管理水平而收集的各种成本信息;

(5) 提供价格计算所需的成本资料。

为达到以上目的,仓储成本除了按物流活动领域、支付形态等类别分类外,还应根据管理的需要进行分类,而且要通过不通期间成本的比较、实际发生费用与预算标准的比较,并结合仓储周转数量和仓储服务水平,对仓储成本进行分析比较。

2. 仓储成本的计算范围

在计算仓储成本之前,需要明确仓储成本的计算范围。计算范围取决于成本计算的目的,如果要对所有的仓储物流活动进行管理,就需要计算出所有的仓储成本。同样是仓储成本,由于所包括的范围不同,计算结果也不一样。如果只考虑库房本身的费用,不考虑仓储物流等其他领域的费用,也不能全面反映仓储成本的全貌。每个企业在统计仓储费用时的口径不一样,往往缺乏可比性。因此,在讨论仓储成本的时候,首先应该明确成本计算所包括的范围。

在计算仓储成本时,原始数据主要来自财务部门提供的数据。因此,应该把握按支付形态分类的成本。在这种情况下,对外支付的保管费可以直接作为仓储物流成本全额统计,但对于企业内发生的仓储费用时与其他部门发生的费用混合在一起的,需要从中剥离出来,例如:材料费、人工费、物业管理费、管理费、营业外费用等。仓储成本计算方法如下。

(1) 材料费。

与仓储有关的包装材料、消耗工具、器具备品、燃料等费用,可以根据材料的出入库记录,将此期间与仓储有关的消耗量计算出来,再分别乘以单价,便可得出仓储材料费。

(2) 人工费。

人工费可以从物流人员的工资、奖金、补贴等报酬的实际支付金额得到,以及由企业统一负担部分按人数分配后得到的金额计算出来。

(3) 物业管理费。

物业管理费包括水、电、气等费用,可以根据设施上所记录的用量来获取相关数据,也可以根据建筑设施的比例和物流人员的比例简单推算。

(4) 管理费。

管理无法从财务会计方面直接得到相关数据,可以按人头比例简单计算。

(5) 营业外费用。

营业外费用包括折旧、利息等。折旧根据设施设备的折旧年限、折旧率计算;利息根据物流相关资产的贷款率计算。

3. 仓储存货成本的计算方法

(1) 购进存货成本的计算。

库存商品购进是指流通企业为了出售或加工后出售,通过货币结算的方式取得商品或商品所有权的交易行为。

存货的形式主要有外购和自制两个途径。从理论上讲,企业无论是从何种途径取得的存货,凡与存货形成有关的支出,均应计入存货的成本。流通企业由于其行业的特殊性,在购进商品时,按照进价和按规定应计入商品成本的税金作为实际成本,采购过程中发生的运输费、装卸费、保险费、包装费、仓储费等费用,运输途中发生的合理损耗、入库前的挑选整理费等,直接计入当期损益。

流通企业加工的商品,以商品的进货原价、加工费用和按规定应计入成本的税金作为实际成本。

(2)仓储成本的不同计算方法。

为了达到合理计算仓储成本,有效监控仓储过程中发生的费用来源,可以按仓库支付形式,按仓储运作项目或按使用对象等不同方法计算仓储成本。

① 按支付形式计算仓储成本,把仓储成本分别按仓储搬运费、仓储保管费、材料消耗费、人工费、仓储管理费、仓储占用资金利息等支付形态分类,就可以计算出仓储成本的总额。这样可以了解花费最多的项目,从而确定仓储成本管理的重点。

这种计算方法是从月度损益表中"管理费用、财务费用、营业费用"等各个项目中,取得一定数值乘以一定的比率(物流部门比率,分别按人数平均、台数平均、面积平均、时间平均等计算出来)算出仓储部门的费用。再将仓储成本总额与上一年度的数值做比较,弄清楚增减的原因并制定整改方案。

② 按仓储活动项目计算仓储成本。按仓储活动项目计算仓储成本是将仓库中的各个运作环节发生的成本分别统计,例如入库费用、出库费用、分拣费用、检查费用、盘点费用等。在仓库众多的情况下,采用按活动项目计算仓储成本的方法可以较容易地进行相互之间的比较,从而达到有效管理的目的。

③ 按适用对象计算仓储成本。仓储成本的计算也可以按照仓库商品所适用的对象,按产品、地区的不同分别计算仓储成本,这就是一般所说的按适用对象计算仓储成本。按照不同地点的仓储发生成本,计算出各单位仓储成本与销售金额或毛收入所占比例,及时发现仓储过程存在的问题,并加以解决。

(3)销售存货的成本计算。

仓储管理中的销售存货的成本计算是比较复杂的。对于种类众多、销售时间敏感的商品,必须选用正确的存货计算方法。所谓的商品销售是指企业以现金或转账结算的方式,向其他企业销售商品,同时商品的所有权转移的一种交易活动。

① 确认销售商品收入的条件。流通企业销售商品时,从财务角度出发如同时符合以下三个条件,即确认为收入。

第一,企业已将商品所有权上的主要风险和报酬转移给买方。风险主要是指商品由于贬值、损坏、报废等造成的损失;报酬是指商品中包含的未来经济利益,包括商品因升值等给企业带来的经济利益。判断一项商品所有权上的主要风险和报酬是否已转移给买方,需要视不同的情况而定:在大多数情况下,所有权上的风险和报酬的转移伴随着所有权凭证的转移,或实物的交付而转移。但在有些情况下,企业已将所有权凭证或实物交付给买方,但商品所有权上的主要风险和报酬并未转移。

第二，与交易相关的经济利益能够流入企业。与交易相关的经济利益即为企业销售商品的价款，销售商品的价款是否能够收回，是确认收入的一个重要条件，如收回的可能性大，则可作为收入确认，如收回的可能性不大，则不能确认为收入。

第三，相关的收入和成本能够被可靠地计算。根据收入与费用配比原则，与同一项销售有关的收入和成本，应在同一会计期间予以确认。因此，如果成本不能被可靠地计量，相关的收入也无法确认。

② 存货销货成本的计算。物流企业在将商品销售出去以后，既要及时反馈商品的销售收入，也要计算已售存货的成本，以便据以计算商品的销售成果。正确计算存货发出的成本，不仅影响当期的经营损益，而且也影响期末存货价值的真实值。

实行数量进行金额核算的物流企业，商品发出的计价方法主要有以下几种。

- 个别认定法。个别认定法也称个别计价法、分批认定法、具体辨认法等，是指以某批材料购入时的实际单位成本作为该批材料发出时的实际成本的存货的计价方法。适用于大件物品、贵重物品。这种方法使存货的成本流动与实物流动完全一致，因而能准确地反映销货成本和期末存货成本。

优点是：能正确计算存货的实际成本和耗用存货的实际成本。

缺点是：分别记录各批的单价和数量，工作量很大，进货批次较多时不宜采用。

- 加权平均法。加权平均法，是指期末用期初结存和本期入库存货的实际成本之和，据以计算加权平均成本作为期末存货成本和销货成本的存货计价方法。

$$加权平均单价 = \frac{期初结存金额 + 本期进货金额合计}{期初结存数量 + 本期进货数量合计}$$

期末存货成本 = 加权平均单价 × 期末结存数量

- 移动加权平均法。移动平均法，是指平时入库存货就根据当时库存存货总成本与总数量计算平均单位成本，作为下一次收入存货以前发出存货时的单位成本的存货计价方法。

采用移动加权平均法，存货的计价和明细账的登记在日常进行，可以随时了解存货占用资金的动态，但日常核算工作量较为繁琐。

$$移动加权平均单价 = \frac{新购进金额 + 原结存金额}{新购进数量 + 原结存数量}$$

- 先进先出法。先进先出法，是指假定先购进的存货先耗用或先销售，期末存货就是最近入库的存货，因此，先耗用或先销售的存货按先入库存货的单位成本计价，后耗用或后销售的存货按后入库存货的单位成本计价的存货计价方法。

特点是：期末存货的账面价值反映最近入库存货的实际成本。

- 后进先出法。后进先出法，是指假定后入库的存货先耗用或先销售，因此，耗用或销售的存货按最近入库存货的单位成本计价，期末存货按最早入库存货的单位成本计价的存货计价方法。

后进先出法在实地盘存制和永续盘存制下均可使用。但是采用不同的方法在不同的盘存制度下,计算的期末存货成本的销货成本是不同的。

三、仓储成本控制

1. 影响仓储成本的因素

构成仓储成本的重要部分是仓储存货成本,仓储存货增加,既增大了仓库的占用面积和运作量,同时占用了大量的资金。存货的存量多少是仓储费用的决定因素,那么决定货物的存量就成了控制成本的重要一环。对于不稳定的商品,易燃、易爆、易变质和时尚性强的商品,库存量要小一些,以避免在仓储过程中发生质量变化和商品贬值。对时尚性不强的商品,耐存储的商品的库存量可以提高一些。从货物管理方面来看,运输条件的便利与否也是影响因素之一。从交通方面来看,运输周期长的商品,可以保持较小的库存量。从货物的使用和销售方面来看,一般销售量增加,相应的库存量也要增加;反之,销售量减少,库存量也要减少。一般考虑以下因素来决定采购批量和存货数量。

(1) 取得成本。它主要包括在采购过程中所发生的各种费用的总和。这些费用大体可以归结为两大类:一是随采购数量的变化而变化的变动费用;二是与采购数量多少关系不大的固定费用。

(2) 存储成本。生产销售使用的各种货物,在一般情况下,都应该有一定的储备。只要储备就会有成本费用发生,这种费用也可以分为两大类:一是与储备资金多少有关的成本,如储备资金的利息、相关的税金、仓储货物合理损耗成本等;二是与仓储货物数量有关的成本,如仓库设施维护修理费、货物装卸搬运费、仓库设施折旧费、仓库管理人员工资、福利费、办公费等。

(3) 缺货成本。由于计划不周或环境条件发生变化,导致企业在仓促中发生了缺货现象,从而影响了生产的顺利进行,造成的生产或销售上的损失和其他额外支出称为缺货损失。所以,为了防止缺货损失,在确定采购批量时,必须综合考虑采购费用,存储费用等相关因素,以确定最佳的经济储量。

(4) 运输时间。在商品采购过程中,要做到随要随到的情况是有条件的。在一般情况下,从商品采购到企业仓库总是要一定的时间。所以,在商品采购时,需要将运输时间考虑在相关因素中。

只有对上述影响商品采购批量的因素进行分析之后,才能确定商品的最佳经济采购量,从而确定合适的货品仓储数量。

2. 仓储成本的控制

(1) 仓促成本控制的重要性。

仓促成本的重要性主要体现在以下几个方面。

① 仓储成本控制是企业增加盈利的"第三利润源",直接服务与企业的最终目标。增

加利润是企业的目标之一,也是社会经济发展的原动力。无论在什么情况下,降低成本都可以增加利润。在收入不变的情况下,降低成本可以使利润增加;在收入增加的情况下,降低成本可以使利润增加;在收入下降的情况下,降低成本可以抑制利润的下降。

② 仓储成本控制是加强企业竞争能力、求得生存和扩展的主要保障。企业在市场竞争中降低各种运作成本、提高产品质量、创新产品设计和增加产品销量是保持竞争力的有效手段。降低仓储成本可以提高企业价格竞争能力和安全边际率,使企业在经济萎缩时继续生存下去,在经济增长时得到较高的利润。

③ 仓储成本控制是企业持续发展的基础。只有把仓储成本控制在同类企业的先进水平上,才有迅速发展的基础。仓储成本降低了,可以削减售价以扩大销售,销售扩大后经营基础稳定了,才有力量去提高产品质量,创新产品设计,寻求新的发展。同时,仓促成本一旦失控,就会造成大量的资金沉淀,严重影响企业正常经营活动。

(2) 仓储成本控制的原则。

① 政策性原则。

● 质量和成本的关系。不能因片面追求降低储存成本,而忽视存储货物的保管要求和保管质量。

● 国家利益、企业利益和消费者利益的关系。降低仓储成本从根本上说对国家、企业、消费者都是有利的,但是如果在仓储成本控制过程中,采用不适当的手段损害国家和消费者的利益,就是错误的,应予避免。

● 全面性的原则。仓储成本涉及企业的管理的方方面面,因此,控制仓储成本要全员、全过程和全方位控制。

② 经济性原则。

经济性原则主要强调,推行仓储成本控制而发生的成本费用支出,不应超过因缺少控制而丧失的收益,同销售、生产、财务活动一样,任何仓储管理工作都要讲求经济效益,为了建立某项严格的仓储成本控制制度,需要发生一定的人力或物力支出,但这种支出要控制在一定的范围之内,不应超过建立这项控制所能节约的成本。

经济性原则在很大程度上,使企业只在仓储活动的重要领域和环节上对关键的因素加以控制,而不是对所有成本项目都进行同样周密的控制。

经济性原则要求仓储成本控制要能起到降低成本、纠正偏差的作用,并具有实用、方便、易于操作的特点。

经济性原则还要求管理活动遵循重要性原则,将注意力集中于重要事项,对一些无关大局的成本项目可以忽略。

3. 降低仓储及配送成本的思考方法

仓库或物流中心的配送活动是按用户的订单要求,在物流中心进行分拣、配货工作,并将配好的货品送达客户的过程。它是流通、加工、整理、拣选、分配、配货、装配、运送等一系列活动的集合。通过配送,才能最终使物流活动得以实现,而且配送活动是供应链整体优化的过程,它给整个供应系统带来了效益,提高了客户服务水平。但就具体仓库而言,配送活动可能增加到达客户的物流成本。那么,如何在提高客户满意和减少配送成本之间寻求平衡?在一定的配送成本下尽量提高客户服务水平,或在一定的客户服务水平下使配送成本最小。现代物流活动不能将各物流功能割裂开来,仓储活动与运输、与配送、与客户的满意度要求都有直接的关系。这里介绍在一定的客户服务水平下使配送成本最小的思考方法。仓库的规划思路和定位原则将影响到物流链中的配送综合成本。

(1) 差异化。差异化的指导思想是产品特征不同,客户群体服务需求也不同。当企业拥有多种产品线或仓库拥有不同客户组合时,不能对所有商品和所有客户都按同一标准的客户水平服务水平来运送,而应按产品的特点、销售水平来设置不同的库存、不同的运送方式以及不同的储存地点,按客户需求特点设置不同的 订货周期、不同的到店方式,忽视产品的差异会增加不必要的配送成本。例如,一家生产化学品添加剂的公司,为降低成本,按各种产品的销售量比重进行分类:A 类产品的销售量占总销售量的 70%以上,B 类产品占 20%左右,C 类产品则为 10%左右。对 A 类产品,公司在各个销售网点都备有库存,对 B 类产品,公司在各个销售网点不备有库存,C 类产品连地区分销中心都不设库存,仅在工厂的仓库才有存货。

(2) 混合法。混合法是指配送业务一部分由企业自身完成。这种策略的基本思想:尽管采用单一配送法(即配送活动要么全部由物流中心自身完成,要么完全外包给其他运输公司)易形成一定的规模经济,并使管理简化,但由于产品品种多变、规格不一、销量不等等情况,采用单一配送方式超出一定程度不仅不能取得规模效益,反而还会造成规模不经济。而采用混合法,合理安排物流中心自己完成的配送和外包给运输公司完成的配送,能使配送成本最低。

(3) 合并法。合并法包含两个层次:一是配送方法上的合作;二是共同配送。

① 配送方法上的合并。物流中心安排车辆完成配送任务时,充分利用车辆的容积和载重量,做到满载满装,这是降低成本的重要途径。由于产品品种繁多,不仅包装形态、储运性能不一,载容量方面,也往往相差甚远。一车上如果只装容量大的货物,往往是达到了载重量,但容积空余很多;只装容量小的货物侧刚好相反,看起来车装的满,实际上并未达到车辆载重量。这两种情况实际上都造成了浪费。实行合理的轻重装配、容积也大小不同的货物搭配装车,就可以不但在载重方面达到满载,而且也充分利用了车的有效容积,取得最优效果。最好是借助电子计算机计算货物配车的优化解。

② 共同配送。共同配送是一种产权层次上的共享,也称集中协作配送。它是几个企业联合集小量为大量共同利用同一配送设施的配送方式,其标准运作形式是:在中心机构的统一指挥和调度下,各配送主体一经营活动联合行动,在较大的地域内协调运作,共同对某一个或几个客户提供系列化的配送服务。

(4) 延迟法。在传统的配送计划安排中,大多数库存是按照对未来市场需求的预测量设置的,这用就存在着预测风险,当预测量与实际需求量不符合时,就出现库存过多或过少的情况，从而增加配送成本，延迟法的基本思想就是对产品外观、形状及生产、组装、配送要求应尽可能推迟到客户订单后再做确定。一旦接到订单就快速反应，因此，采用延迟法的一个基本前提是信息传递要非常快。一般来说，实施延迟法的企业应具备以下几个基本条件。

① 产品特征。生产技术非常成熟，模块化程度高，产品密集程度高，有特定的外形，产品特征易于表述，定制后可改变产品的容积或重量。

② 生产技术特征。产品设计模块化、设备智能化程度高、定制工艺与基本工艺差别不大。

③ 市场特征。产品生命周期短、销售波动性大、价格竞争激烈、市场变化大、产品的提前期短。

实施延迟法常采用两种方式：生产延迟（或称形成延迟）和物流延迟（或称时间延迟），而配送中往往存在着加工活动，例如，某墙漆生产企业将配漆过程放到仓库中进行，这既大大减少了不同产品的存货数量，有增加了产品的保质期限。实施配送延迟法既可采用形成延迟方式，也可采用物流延迟方式。

（5）标准化。标准化就是尽量减少因品种多变而导致的附加配送成本，尽可能多地采用标准零部件、模块化产品。如服装制造商按同一规格生产服装，直到客户购买时才按客户的身材调整尺寸大小。采用标准化要求厂家从产品设计开始就要站在消费者的立场去考虑怎么样节省配送成本，而不要等到产品定型生产出来了才考虑采用什么技巧降低配送成本。

4．降低仓储成本的对策

降低仓储费用首先要对仓储费用的组成要素进行分析，有针对性的找出对影响费用最大的因素加以控制，一达到对症下药的目的。例如，在国外先进国家的仓储费用中，人工费用占到50%以上，而我国目前仓储费用中的资产费用占据了相当大的一部分。控制仓储费用首先采取的措施是从快速见效的部分入手。可以从减低存货发生成本、降低产品包装成本和减低产品装卸成本等几方面来考虑降低仓储成本。

（1）降低存货发生成本。

① 排除无用的库存。定期核查仓库中的货品，将长期不用、过期、过时的货品及时进行清理。无用的库存既占用空间，又浪费库房运作费用，要建立制度对无用库存货品进行及时处理。

② 减少库存量。仓储费用的发生与库存数量成正比例的关系，在满足存货包装功能的前提下，将存货数量减到最低，无疑是减少仓储成本的最直接办法。库存数量的减少既要靠存货控制部门合理的计划、与客户和供应商的良好沟通，都能为减低库存提供良好的帮助。

③ 重新配置库存时，有效、灵活地运用库存量。

（2）降低产品包装成本。

① 使用价格低的包装材料。

② 使包装作业机械化。

③ 使包装简单化。

④ 采用大尺寸的包装。
(3) 降低装卸成本。
① 使用集装箱和托盘，通过机械化来实现省力化。
② 减少装卸次数。

这些合理的对策，可以单独实施，也可以同时实施。实施时，要充分掌握费用的权衡关系，必须在降低总的物流费用中研究其合理化的效果。

 工作任务

1. 工作目标

通过模拟真实的仓储成本分析，使学生认识仓储成本的构成，懂得仓储成本的计算，通过分析和计算仓储成本能知道采取相应措施进行成本的控制。

2. 工作准备

（1）了解仓储成本的内容。
（2）准备相关的表格。
（3）将全班学生分成若干组。
（4）工作时间安排 2 学时。

3. 工作任务

国内某制造企业规模日益扩大，对仓储需求越来越迫切，打算建立一个专业仓库以满足自身的仓储需求，要求小组成员能对仓储成本做一个预算（可参考表 10-2），以供管理者决策。

表 10-2 仓储费用预算表

编制部门			编制日期			
第 1 张，共 1 张			预算期间			
序号	费用项目	预算依据	上旬	中旬	下旬	全月合计
1	燃料动力					
2	劳动保护费					
3	非记件人员工资					
4	非记件人员福利费					
5	折旧费					
6	修理费					
7	办公费					
	其中包括：电话费					
	低值易耗品					

（续表）

	邮递费					
	交际应酬费					
	文具纸张等杂费					
8	机物料消耗					
9	装卸搬运费					
10	其他					
	其中包括：租赁费					
	差旅交通费					
	教育培训费					
	员工保险支出					
	费用合计					
	减：非付现费用					
	现金支出的费用					
审批：					制表：	

4．工作评价

工作评价的方式有教师评价、小组内部成员评价和第三方评分组成员评价三种，建议教师评价占60%权重，小组内部成员评价占20%的权重，第三方评分组成员评价占20%的权重，将三者综合起来的得分为该组在该项目的评价分。

表10-3 工作评价单

考评人		被考评人	
考评地点			
考评内容			
考评标准	具体内容	分值（分）	实际得分
	工作态度	15	
	沟通水平	15	
	仓储成本分析的全面性	25	
	仓储预算的准确性	30	
	表格的制作层次性	15	
合计		100	

注：考评满分100分，60以下为不及格；60~69分为及格，70~79分为中，80~89分为良，90分以上为优。

单元二　仓储绩效管理

学习情境

年末企业要对仓储部门进行考核，通过考核来检验今年的业绩情况，比如是否实现今年的目标？还存在哪些问题？从而可以改进企业存在的问题。这项任务公司安排小陈去完成，要求设计考核的内容和标准，考核内容要全面，不仅对仓储部门的相关人员要考核，同时也要对仓储部门的绩效进行全面考核。那小陈该如何做呢？

学习目标

1. 懂得仓储考核的内容和标准
2. 学会设计仓储绩效考核的表格

学习地点

1. 各类型仓库，如物流公司仓库、制造企业仓库等
2. 校内实训室

学习内容

一、仓储绩效管理的目标

仓储绩效管理的工作目标：按计划完成生产经营目标、保持并逐步提高对客户和其他部门适度的服务水平，控制仓储部成本和物流总成本，为了达到目标，就要建立起系统的仓储绩效考核体系。

以顾客为中心的公司在注重公司利润的同时，关注更好地为顾客服务。他们知道只有听取顾客的意见，满足顾客的需求，才能获得更多的利润，占据更大的市场份额。

1. 全体员工对客户礼貌、热情。
2. 雇佣和培训员工，是成功营造服务导向的公司文化的第一步。

3. 公司赏识那些既能保证工作效率又能使客户满意的员工。

4. 公司经理们的注意力放在支持员工做好工作上，这样就可以使员工们集中精力满足顾客的需求。

5. 好的服务和资历是职位提升的根据。

6. 对员工进行技术和人际交往方法的培训。

7. 所有员工都知道他们的顾客是谁（内部的和外部的），而且明白怎样使他们成为顾客链中的一员。

8. 人人参与公司的管理。

9. 管理者在做任何决定前，都要了解顾客的反馈意见。

10. 考虑公司的长远利益。

二、仓储绩效考核指标的管理原则

1. 按照仓储机构职能，实行归口管理和分工负责，使每一项指标从上到下层层有人负责，可以充分发挥各职能机构的积极作用。

2. 分解指标，落实到人。落实到部门、到班组、到个人。写进岗位职责内，明确每个人的职责和目标。

3. 开展奖惩，不断改进。

三、仓储部门绩效考核标准

表 10-4　仓储管理人员考核评分标准表

项目	内容	分 数					
		5	4	3	2	1	0
业绩 25 分	达标情况	超过	达到	尚可	欠佳	未达	无
	工作态度	非常积极	积极	尚可	欠佳	很低	无
	工作方法	规范灵活	规范简化	规范	欠佳	很低	无
	工作量	很大	大	尚可	欠佳	很少	无
	工作效率	很高	高	尚可	欠佳	很低	无
能力 25 分	执行力	坚决	能	尚可	欠佳	差	无
	创新力	经常	求新	尚可	欠佳	差	无
	理解力	举一反三	好	尚可	欠佳	差	无
	判断力	敏锐正确	正确	尚可	欠佳	差	无
	应变力	过人	机警	尚可	欠佳	差	无
品德 25 分	服从性	坚决	能	尚可	欠佳	差	无
	协调性	很好	好	尚可	欠佳	差	无
	个人修养	很高	高	尚可	欠佳	差	无

（续表）

项目	内容	分数					
		5	4	3	2	1	0
品德 25 分	集体荣誉感	很高	高	尚可	欠佳	差	无
	对公司态度	死忠	配合	尚可	欠佳	差	无
学识 25 分	专业知识	全面精深	全面	尚可	欠佳	差	无
	一般知识	全面精深	全面	尚可	欠佳	差	无
	文字表达能力	相当强	强	尚可	欠佳	差	无
	学识与岗位匹配程度	相当合适	合适	尚可	欠佳	差	无
	进取心	相当强	强	尚可	欠佳	差	无
备注							

表 10-5　仓储作业人员考核评分标准表

姓名：		工号：			职务：		
项目	内容	分数					
		5	4	3	2	1	0
工作能力 60 分	达标情况	超过	达到	尚可	欠佳	未达	无
	工作态度	非常积极	积极	尚可	欠佳	很低	无
	工作方法	规范灵活	规范简化	规范	欠佳	很低	无
	工作量	很大	大	尚可	欠佳	很少	无
	工作效率	很高	高	尚可	欠佳	很低	无
	执行力	坚决	能	尚可	欠佳	差	无
	学习力	很高	高	尚可	欠佳	很低	无
	创新力	经常	求新	尚可	欠佳	差	无
	理解力	举一反三	好	尚可	欠佳	差	无
	发展潜力	不可限量	有	尚可	欠佳	差	无
	判断力	敏锐正确	正确	尚可	欠佳	差	无
	进取心	相当强	强	尚可	欠佳	差	无
品德 30 分	责任感	很强	强	尚可	欠佳	差	无
	服从性	坚决	能	尚可	欠佳	差	无
	协调性	很好	好	尚可	欠佳	差	无
	个人修养	很高	高	尚可	欠佳	差	无
	集体荣誉感	很高	高	尚可	欠佳	差	无
	对公司态度	死忠	配合	尚可	欠佳	差	无
学识 10 分	学识与岗位匹配程度	相当合适	合适	尚可	欠佳	差	无
	专业知识	全面精深	全面	尚可	欠佳	差	无
面谈摘要：							
综合评语：							
总分数：		考核人：			时间：		

表 10-6　仓储作业管理绩效

类别	明细
总吞吐量	吞吐量＝记录期内总入库量＋记录期内总出库量
库存量	月平均库存量＝（月初库存＋月末库存）/2； 年平均库存量＝各月平均库存量之和/12
储运质量指标	收发差错率＝期内收发差错量/期内吞吐量 万箱差异率＝盘存差异绝对量×10000/库存总数量
仓容利用率	仓库面积利用率＝库房实际占用面积/库房总面积 库房利用率＝库房实际存货量/库房存货能力
设备完好率	设备完好率＝设备完好台日/设备总台日
生产效率	生产效率＝期内进出货数量/期内仓储总用工时数
单位储存成本	单位储存成本＝期内总成本/期内出活量
分拣效率	分拣效率＝分拣总箱数/期内总用工时

表 10-7　存货控制管理绩效

类别	明细
库存周转率	库存周转率＝期内总出库量/平均库存量
存货天数	存货天数＝（期初存货量＋期末存货量）/（日平均出货量×2）
订单更改率	订单更改率＝订单更改次数/发出订单总次数

表 10-8　客户满意度绩效

类别	明细
服务水平	服务水平＝完好订单总量/期内订单总量
订货周期	定期送货的两次送货间隔时间，以天计算
订单提前期	客户发出订单到收到货物的时间，以天或小时计算

表 10-9　仓储配送服务指标

服务项目	指标
仓储提供能力	100%
仓储扩充能力	100%
满足仓储要求	90%
账实相符率	100%

（续表）

服务项目	指标
客户满意率	大于 95%
库存完好率	100%
库存安全保障能力	100%
出入库保证能力	100%
货损率	小于 0.1%
货损赔付率	100%
配送准时率	大于 80%
配送准确率	100%
运输准确率	100%
货物卸错率	小于每年 2 次
响应速度	小于 2 小时
延迟率	小于 2%（零担货物）
	小于 0.3%（整车货物）
在途信息失控率	小于每年 5 次
物品出险率	小于每年 4 次
信息技术应用率	90%
远程信息提供能力	大于 90%

四、仓储业务考核指标

1. 吞吐量＝入库量＋出库量＋直拨量

不包括未验收、验收发现问题货物、备货未出库；直拨量是指直接从仓库外调拨给用户的量，出入库手续一样按正常流程办理，实际货物的仓库内流动是虚拟的。

2. 日平均库存量（吨）＝月初库存量＋月末库存量）/2

月平均库存量（吨）＝各月日平均库存量之和/12

包括寄存商品，不包括待处理、代验收的货物。

表 10-10 绩效考核质量标准表

序号	指标名称	标准量			计算方法			备注
		A	B	C	按笔数	按件数	按金额	
1	账实相符率							
2	破损率							
3	丢失率							
4	收发差错率							

（续表）

序号	指标名称	标准量			计算方法			备注
		A	B	C	按笔数	按件数	按金额	
5	物品损耗率							
6	在途破损率							
7	配送延迟率							
8	存货周转率							
9	信息准确率							
10	客户满意率							
11	投诉率							
12	业务赔偿率							
13	定额完成率							

3．存货周转率（%）＝存货销售成本/存货平均余额

存货平均余额＝（年初数＋年末数）/2。

反映库房空间利用程度和流动资金的周转速度。

4．收发差错率（%）＝收发差错累计笔数/收发货物总笔数

收发正确率（%）＝1－收发差错率

贵重物品双人复核，收发正确率要求100%；一般物品收发差错率要求0.1%~0.01%。

5．物品损耗率（%）＝物品损耗量/物品入库总量

有些货物可能用了几年也不用入库，入库量大，出库量小，考核的数据失真；

或者物品损耗率（%）＝物品损耗量/物品出库总量，货物不出库还能造成的损耗是不可原谅的。

6．投诉率（%）＝投诉累计笔数/收发货物总笔数。反映服务水平的指标

业务赔偿率（%）＝业务赔偿总额/业务总收入。反映仓储履行合同的质量。

7．账实相符率（%）＝账实相符品种数/库存总品种数。反映品种作业准确率，一般A类品种准确率低一些。

账实差错率（%）＝盘点账实差错金额累计/出入库金额合计。反映差错金额数量比，有些串货可以忽略不计，不论累计差错金额是正数还是负数，都是错误，不能因为是正数就得过且过。

8．物资消耗定额指标。如燃料、水电气、办公用品、消耗材料等。

9．作业量系数＝装卸作业总量/进出库数量合计。反映装卸作业的组织情况，等于1时是比较合理的情况。

10．单位仓储成本（元/吨）＝仓储总费用/各月平均库存重量之和。反映仓储劳动的

消耗成本。

单件进出库成本（元/件）＝仓储总费用/进出库数量之和。反映单件货物消耗的成本。

五、降低仓储库存成本对公司绩效的影响分析

为了说明仓储库存成本降低对公司利润绩效的影响作用，考虑 XYZ 公司的例子，该公司的财务数据如图 10-2 所示。公司的销售额为 1 亿元，减去 0.97 亿元的商品成本及营业税，产生 300 万元的税前利润。当减去 100 万元的所得税（假设所得税等于税前利润的 33%），净利润为 200 万元，净利润率为销售收入的 2%。

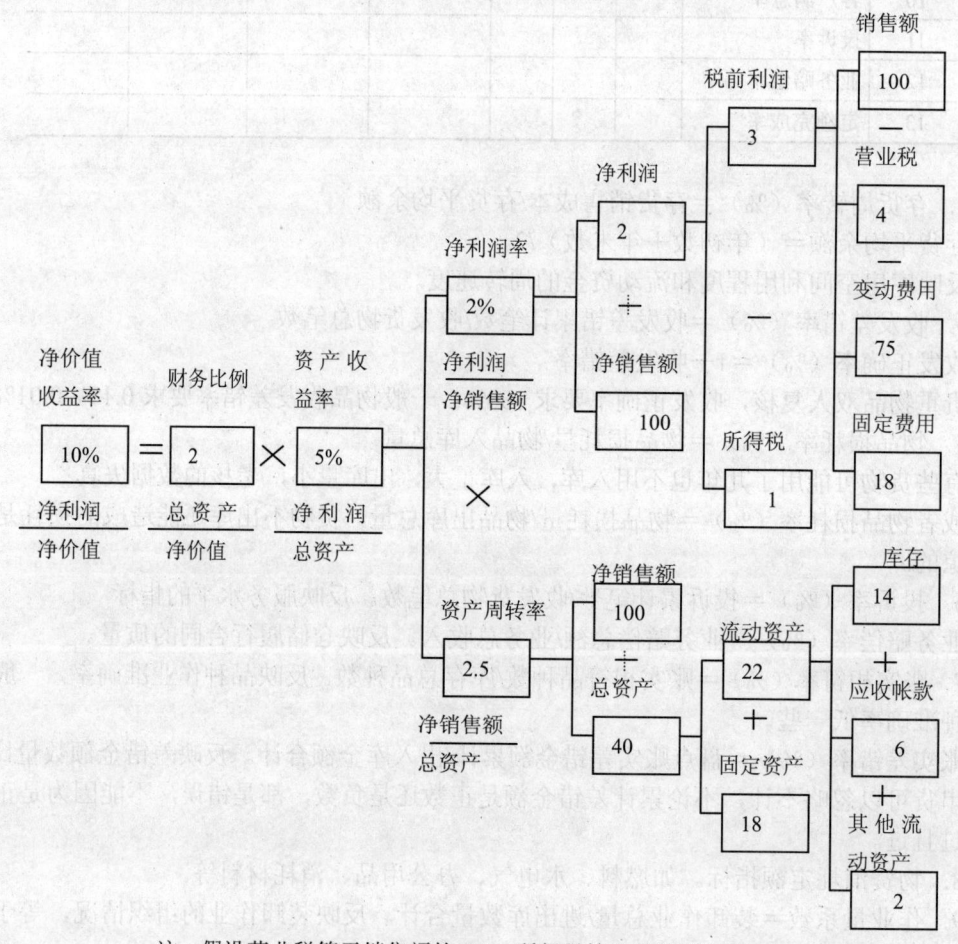

注：假设营业税等于销售额的 4%，所得税等于税前利润的 33%。

图 10-2　XYZ 公司财务数据计算模型——系统变化前（财务数据以百万元计）

在公司的资产负债表里，可以了解到，流动资产为 0.22 亿元，包括 0.14 亿元的库存，0.06 亿元的应收账款，以及其他流动资产 0.02 亿元。流动资产加上 0.18 亿元的固定资产，实现总资产为 0.4 亿元，资产的周转率为 2.5 次。2% 的净利润乘上 2.5 次的资产周转率，得到资产收益率为 5%。公司负债为 0.2 亿元，财务比例为 2∶1，使净价值收益率增加到 10%。

现在假定，如果将公司的物流信息系统改进，使其能够接受来自大型零售商的销售点数据和来自关键的原始设备制造商的物料需求数据，管理者能够利用信息来进行生产计划和补充库存，这将导致在整个公司范围降低 500 万元的库存。从库存降低中所获得的 500 万元的节约将可用来投资于新的工厂设备，而这在以前由于缺乏资金而被否决。投资项目将产生 30% 的税前收益率或 20% 的税后收益率。投资将以 10 年期的直线折旧基础进行折扣（如果投资为 500 万元，每年折旧额为 50 万元）。

此外，据预测，提议的信息系统改进所需的年费用将是 75 万元。提议中的系统对净价值的税后收益率的财务作用见图 10-3。

首先，考虑对资产周转率的影响。库存减少 500 万元，从 1400 万元下降到 900 万元，从而将流动资产减少到 1700 万元。然而，总资产保持 4000 万元不变，因为从库存中降低的 500 万元被用来购买价值 500 万元的工厂设备；这一购买使固定资产增加了 500 万元。因此，资产只是从流动资产转变成了固定资产。因为销售额和总资产都不变，资产周转率保持为 2.5 次。从 9700 万元下降到 9550 万元，使税前利润增加到 450 万元。

提议的系统将影响损益报表的许多账目。新的工厂设备将降低生产成本，产生了 20% 的税后收益率，或税前 30% 的收益率，或 150 万元。我们把它看成相当于降低产品变动成本 150 万元，使变动成本降低到 7350 万元。那些随库存量或随非资金成本变动的费用，与 500 万元的库存节约相关的预算外开支，使固定费用减少了 25 万元（库存持有成本的非资金成本部分，如保险、税收、变动储存成本、废弃成本、贬值成本和损坏成本，大约是平均库存价值的 5%。）。然而，增加的每年 75 万元的信息系统费用，加上每年 50 万元的新工厂设备的折旧费，使固定费用增加了 125 万元，因此，固定费用增加了 100 万元，或增加到 1900 万元。税前利润从 300 万元上升到 350 万元，导致 115.5 万元的所得税。税后净利润为 234.5 万元，净利润率为 2.345%。因此，资产收益率从 5% 上升到 5.86%。因为公司筹集资金没有受影响，因此，财务比例仍然为 2∶1，净价值收益率从 10% 上升到 11.7%。

下面，我们假设库存减少的 500 万元资金可用来将银行贷款减少 500 万美元，再来看净价值收益率将会是多少。假设贷款的利息率为 10%。当然，这是一项税前费用。

因为资金被用来减少负债，总资产将减少 500 万元，下降到 3500 万元，资产周转率从 2.5 次增加到 2.86 次。在该例子中，税前利润没有变化。固定费用下降了 75 万元——非资金成本和库存有关的成本减少 25 万元，加上减少的 50 万元的利息费用。然而，增加的 75 万元的信息系统和通讯成本抵消了费用的减少，导致总体上没有发生什么变化。净利润率保持在 2%，资产收益率变为 5.72%。负债的减少使财务比例从 2∶1（4000 万元比 2000 万元）下降到 1.75∶1（3500 万元比 2000 万元）。对净价值收益率的影响是较小的，净价值收益率从 10% 上升到 10.01。计算过程见图 10-4。

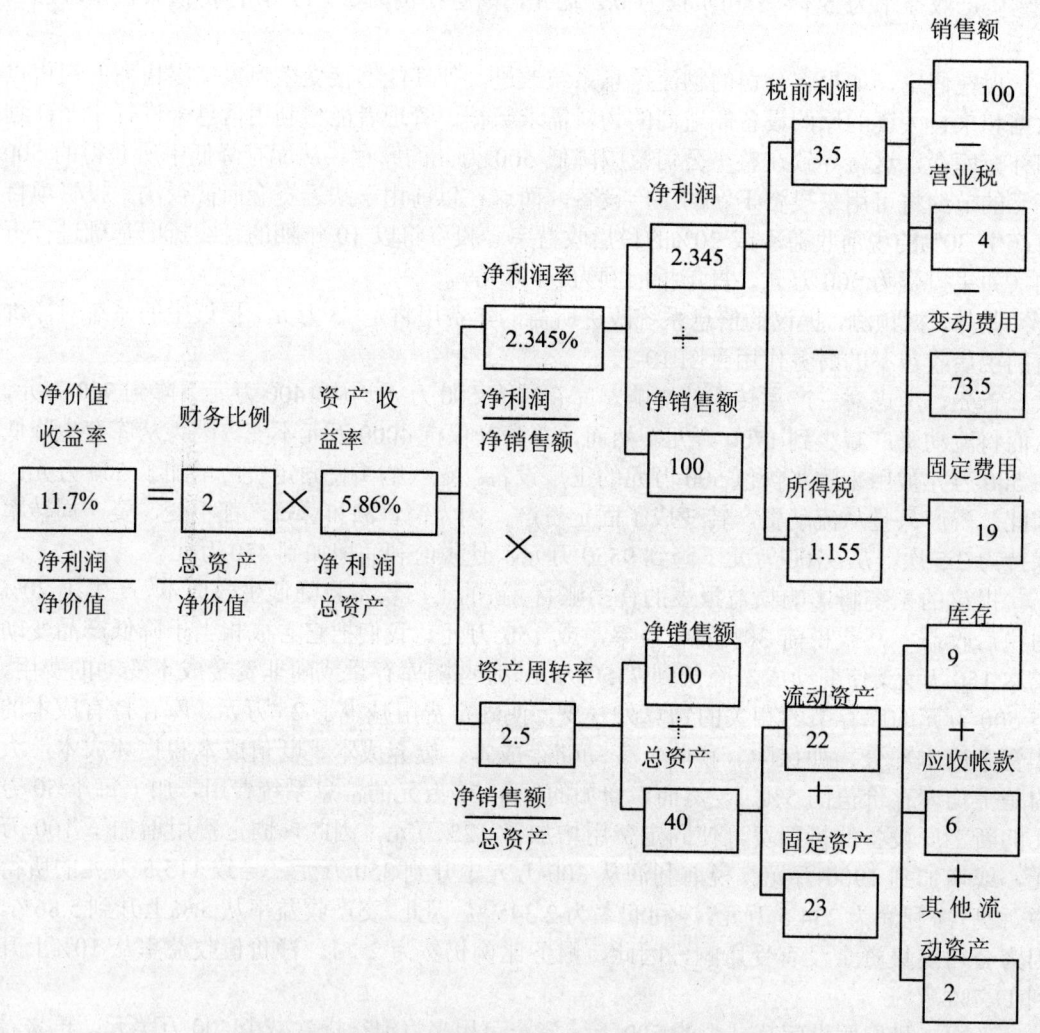

注：假设营业税等于销售额的 4%，所得税等于税前利润的 33%。

图 10-3　XYZ 公司财务数据计算模型——系统变化后（财务数据以百万元计）

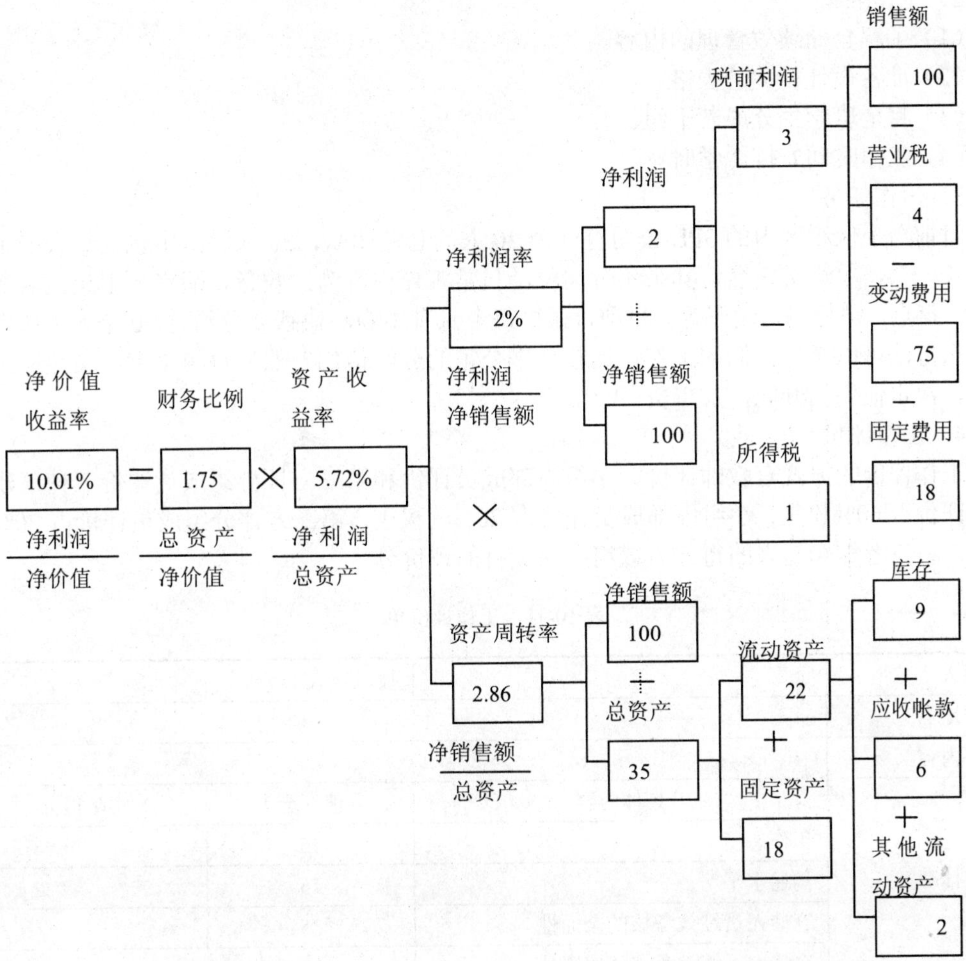

注：假设营业税等于销售额的 4%，所得税等于税前利润的 33%。

图 10-4 XYZ 公司财务数据计算模型——系统变化后，假设偿还银行贷款（财务数据以百万元计）

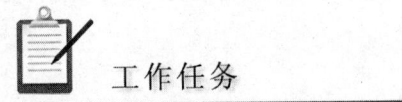
工作任务

1. 工作目标

通过案例模拟，使学生认识仓储绩效管理的内容和设计，懂得仓储绩效相关内容的管理和考核。

2．工作准备

（1）了解仓储绩效管理的内容。

（2）准备设计相关的表格。

（3）将全班学生分成若干组。

（4）工作时间安排 2 学时。

3．工作任务

目前一个保税区内的 3PL 公司有一个 20 人的仓储团队，20 人团队中包括组长一个，副组长一个，单证员 3 名，其余不分岗位，日常工作内容为：收货，清点，上架，取货，核对，盘点，贴标签，装车等。目前，如果每个月有 10000 块钱要分给这 20 个人，那么通过什么方法可以考核他们的工作，比较公平公正的分给他们？然后每年年末，又能通过该制度，决定他们的升职，加工资。

4．工作评价

工作评价的方式有教师评价、小组内部成员评价和第三方评分组成员评价三种，建议教师评价占 60%权重，小组内部成员评价占 20%的权重，第三方评分组成员评价占 20%的权重，将三者综合起来的得分为该组在该项目的评价分。

表 10-11　工作评价单

考评人			被考评人	
考评地点				
考评内容				
考评标准		具体内容	分值（分）	实际得分
		工作态度	15	
		沟通水平	15	
		仓储人员绩效考核的全面性	25	
		仓储人员绩效考核的客观性	30	
		仓储人员考核的弹性	15	
		合计	100	

注：考评满分 100 分，60 以下为不及格，60~69 分为及格，70~79 分为中，80~89 分为良，90 分以上为优。

参 考 文 献

[1] 李永生，郑文岭．仓储与配送管理［M］．机械工业出版社，2005．
[2] 赵启兰，刘宏志．库存管理［M］．高等教育出版社，2005．
[3] 王文信．仓储管理［M］．厦门：厦门大学出版社，2007．
[4] 朱春瑞．杰出仓库管理员工作手册［M］．北京：中华工商联合出版社，2007．
[5] 周万森．仓储配送管理［M］．北京：北京大学出版社，2005．
[6] 朱成钢．市场营销学［M］．上海：立信会计出版社，1999．
[7] 刘昌祺．物流配送中心设计［M］．北京：机械工业出版社，2002．
[8] 中国物流行业岗位规范指导丛书编委会．物流企业营销策划指导［M］．北京：中国海关出版社，2008．
[9] 方虹．物流企业管理［M］．北京：高等教育出版社，2005．
[10] 高本河，缪立新，郑力．仓储与配送管理［M］．深圳：海天出版社，2004．
[12] 上海现代物流教材编写委员会．现代物流管理教程［M］．上海：上海三联书店，2003．
[13] 蓝仁昌．仓储作业实训［M］．北京：高等教育出版社，2007．
[14] 程淑丽，杨从丽．物流公司规范化管理操作范本［M］．北京：人民邮电出版社，2007．
[15] 邹晓春．仓储部规范化管理工具箱［M］．北京：人民邮电出版社，2008．
[16] 全琳琛．物流管理工作细化执行与模板［M］．北京：人民邮电出版社，2008．
[17] 崔介何．物流学［M］．北京：北京大学出版社，2003．
[18] 俞仲文，陈代芬．物流配送技术与实务［M］．北京：人民交通出版社，2003．
[19] 方芳．运输管理［M］．北京：高等教育出版社，2005．
[20] 刘斌．物流配送营运与管理［M］．上海：立信会计出版社，2006．
[21] http://www.ups.com/cn
[22] http://www.119.cn/
[23] http://www.china-fire.com/